KB036080

Nuovo 표준 이탈리아어 문법 품사론 2

Nuovo 표준 이탈리아어 문법 품사론 2

Nuova Grammatica Italiana

김미애 지음

Il verbo
I tempi e i modi verbali
La congiunzione
L'interiezione
Il discorso

한울
아카데미

머리말

코비드19가 시작된 2019년에 이탈리아어는 프랑스어를 제치고 세계에서 네 번째로 많이 학습되는 언어로 발표되어 이탈리아인들에게 과거 로마 시대의 영광을 되찾은 듯한 놀라움을 선사했다. 이탈리아어는 음악과 종교뿐만 아니라 패션, 미술, 영화, 디자인, 건축, 요리 분야에 이르기까지 다양한 분야에서 전 세계의 전문인들이 연구하는 예술의 언어로 간주된다. 그래서 이탈리아어를 학습하면 그만큼 정신세계가 풍요로워질 수 있다. 전 세계 7000개 언어 중 네 번째로 많이 학습될 정도로 세계인의 사랑을 받는 이탈리아어가 우리나라에서도 시대의 흐름에 맞추어 좀 더 많이 학습되길 바라는 마음으로 코로나19가 창궐하던 시기에 『Nuovo 표준 이탈리아어 문법: 품사론 1, 2』 집필에 착수했다. 『표준 이탈리아어 문법: 품사론 1, 2』는 초판, 개정증보판, 제1개정판, 제2개정판과 『Nuovo 표준 이탈리아어 문법: 품사론 1, 2』에 이르기까지 출판된 지 30년이 다 되어가도록 독자들의 꾸준한 사랑을 받아왔다. 종이 서적이 디지털 서적으로 바뀌는 이 시대에 신간 출판이 가능했던 것은 필자의 의도를 인정해 주고 우리나라의 기초학문에 기여하고자 하는 한울엠플러스(주)의 출판문화에 대한 소신 있는 철학 덕분이라 생각한다.

필자는 "로마는 하루아침에 이루어지지 않았다"라는 문장을 좋아한다. 『Nuovo 표준 이탈리아어 문법』 또한 하루아침에 이루어진 책이 아니라, 전공자이자 교육자로서 이탈리아어에 대한 끊임없는 관심과 연구, 경험을 바탕으로 오랜 시간에 걸쳐 수정하고 보완하여 현재에 이르렀다. 이탈리아 장인이 한 땀 한 땀 바느질하여 명품을 만들어내듯 장인정신을 기반으로 문장 하나하나에 심혈을 기울여 어느 하나 간과할 수 없는 주옥같은 예문들로 책을 완성했다. 시대 상황이 반영된

유익한 예문들을 싣기 위해 지우고 고쳐 쓰기를 몇 번이나 거듭하면서 다시 원점으로 돌아가 마치 실을 꿰매었다 풀었다 하듯 필자 스스로가 장인임을 느낄 정도로 혼신의 힘을 쏟았다. 오랫동안 컴퓨터 작업에 시달려 몸 곳곳에 이상이 생겼지만, 책이 완성되고 나니 대장정을 끝낸 느낌이다.

우리는 팬데믹을 겪으면서 "세계는 하나"라는 말을 피부 깊숙이 체험했다. 코로나19는 컴퓨터와 통신기술의 발달로 정보화된 우리의 삶과 사회 전반에 커다란 변화의 물결을 일으켰다. 지식을 종이 위의 활자로 받아들이던 시대가 끝나고, 이제는 클릭 한 번으로 챗GPT 같은 인공지능이 인간이 할 일을 대신해 주며, 각종 통신매체와 소셜 미디어를 통해 지구촌 곳곳의 사람들과도 쉽게 의사소통을 할 수 있는 시대를 맞이했다. 사상 초유의 원격수업이 열리면서 학습 방법에도 커다란 변화가 일어났다. 이탈리아어를 배우러 직접 이탈리아나 학원에 가지 않고도 화상강의나 유튜브에 올라온 동영상 등 여러 매체를 통해 충분히 학습하는 것이 가능해졌다. 학습자의 자기 주도적 학습이 가능해진 만큼 학습자 중심으로 도움을 주는 책이 더욱 중요해졌다. 이 책은 이탈리아어 문법에 관한 모든 궁금한 점들을 힘들이지 않고 한 번에 신속하고 명확하게 해소해 줄 수 있는 인공지능과 같은 역할을 할 것이라고 확신한다. 문법은 언어 학습에서 매우 중요한 요소 중 하나로, 언어가 무수히 많은 다양한 문장을 산출할 수 있도록 해주는 기본 뼈대라고 할 수 있다. 문법을 안다는 것은 언어를 이루는 형식이나 양식을 알고, 단어를 적절하게 구성하여 의사소통하는 방법을 안다는 것을 뜻한다. 특히 이탈리아어는 신라틴어에 해당하는 로망스어군 가운데서도 라틴어의 어려운 문법이 가장 많이 남아 있는 언어로서, 문법을 모르고서는 글을 쓰거나 말을 할 수가 없다. 문법을 충분히 숙지하고 있으면 내가 전달하고자 하는 의미를 더 잘 전달할 수 있고, 이탈리아인들이 말로 전달하는 섬세한 느낌까지 파악해 서로를 더욱 잘 이해하며 올바른 의사소통의 길로 나갈 수 있다. 이 책은 말을 하기 위해 기본 뼈대가 되는 문법 규칙뿐만 아니라 일상생활에서 무의식적으로 사용되는 말에 어떠한 문법 규칙이 통용되는지까지 소상히 밝혔다.

오늘날의 이탈리아어는 사투리(il dialetto)에서 지역 이탈리아어(il regionalismo), 표준 이탈리아어(l'italiano standard)와 신표준 이탈리아어(l'italiano neostandard)에 이르기까지 다양한 종류로 구성된다. 표준 이탈리아어는 특정 지역에서만 국한해 사용하는 것이 아니라 초지역적으로 사용할 수 있는 중립적인 언어로서 문법 규칙을 준수하며, 사전이나 문법책에 체계적으로 명시되어 있고 문어체나 구어체에서 모든 용도로 사용할 수 있는 규범적 언어이다. 반면에 신표준 이탈리아어는 사용이 복잡한 표준 이탈리아어가 단순화된 형태로, 문법의 테두리에서 벗어나 이탈리아 전역에서 실제로 사용되는, 문체 면에서 개방된 형태를 띤 다양성 있는 언어이다. 이 책은 이탈리아어의 올바른 사용을 위해 학교 교육에 사용되는 승인된 규범인 표준 이탈리아어를 근간으로 기술했다. 이뿐 아니라 독자들의 이해를 돕기 위해 이탈리아인들이 실생활에서 사용하는 신표준 이탈리아어도 자세히 다루었다. 문법적으로 논란이 있는 사안은 세계에서 가장 권위 있는 이탈리아어 연구 기관인 아카데미아 델라 크루스카(L'Academia della Crusca)의 의견과 이탈리아 대백과 사전 『트레카니(Treccani)』에서 인정하는 표준 문법에 따라 기술했다. 이 책은 형식 면에서는 『표준 이탈리아어 문법: 품사론 1, 2』와 크게 달라진 점은 없다. "시대가 변해도 본질은 변하지 않는다"라는 말처럼 언어의 체계와 구조를 이해하는 것이 더 중요하기 때문이다. 내용 면에서는 일상생활과 직결되는 구어체적 예문을 좀 더 많이 싣고자 했다. 또한 문어체와 구어체에서 사용되는 문법을 구별해 기술했으며, 격식적인 상황과 비격적인 상황에서 쓸 수 있는 문법을 자세히 설명했다. 또한 참고, 예외, 주의 항목을 마련해 특히 유념해야 할 사항과 논쟁이 되는 문법 요소도 다루었다.

말의 근간이 되는 언어의 규칙인 문법은 시공을 초월해 꼭 알아야 하는 필수 요소로서, 우리가 반드시 학습해야 하는 것이다. 30년 넘게 대학 강단에서 학생들에게 가르쳐온 이탈리아어 문법 강의 노트를 전격 공개한 것인 만큼, 이 책이 이탈리아어 학습에 아주 유용한 길잡이가 되리라 확신한다. 소셜 미디어 발달로 세계인과의 거리가 좁혀들면서 소통을 하기 위한 언어 학습의 중요성은 더욱 커졌다. 이탈리아어 문법에 관심을 갖고 체계적으로 심도 있게 공부하고자 하는 분들과 이탈리아어 공인 인증시험을 준비하고 있는 모든 분들에게 이 책이 많은 도움을 줄 수 있기를 바란다.

이 책이 새로운 모습으로 거듭날 수 있도록 별색으로 작업해 준 한울엠플러스(주) 편집부 최진희 팀장의 노고에도 깊이 감사드린다. 책의 진가를 알아보고 『Nuovo 표준 이탈리아어 문법: 품사론 1, 2』 출판을 흔쾌히 허락해 주신 존경하는 김종수 대표님과 경영기획실 윤순현 부장님께도 진심으로 감사드린다. 끝으로 이 책이 나올 수 있도록 많은 격려를 아끼지 않았던 모든 분들과 가족들에게도 감사의 말을 전한다.

2023년 8월

김미애

차례

L'indice

3장
접속사
La congiunzione

1장

동사

Il verbo

동사는 사람이나 사물의 움직임이나 상태를 나타내는 말로, 보통 주어 다음에 위치하여 주어를 서술하는 역할을 한다. 동사 단독으로 또는 다른 요소와 함께 문장의 주어에 대한 정보를 시간에 따라 다양하게 제공한다. 이탈리아어는 말하는 법과 인칭에 따라 동사 형태가 다양하게 변화하고 일반적으로 주어가 생략되기 때문에 동사의 활용 형태를 잘 알면 문장 구조를 쉽게 이해할 수 있다.

1 동사의 종류: 자동사와 타동사

1 자동사 I verbi intransitivi

'스스로 움직이다'라는 의미를 지닌 자동사(自動詞)는 주어의 동작이나 상태가 다른 대상에 영향을 주는 것이 아니라 그 자체에서 끝나기 때문에 대상이 되는 직접 목적어(~을/를)를 갖지 않는 동사이다. 자동사의 상태나 행위를 보충 설명해 줄 수 있는 요소들, 즉 간접 보어(전치사 + 명사)들이 동사 뒤에 따라 나올 수는 있지만, 직접 목적어는 절대로 나올 수 없다. [주어 + 자동사 혹은 주어 + 자동사 + 간접 보어]

Paolo	dorme.		[dormire]	파올로는 잔다.
주어	자동사			
Noi	usciamo.		[uscire]	우리는 나간다.
주어	자동사			
Marco	parte	per Roma.	[partire]	마르코는 로마로 떠난다.
주어	자동사	간접 보어		
Io	vado	in Italia.	[andare]	나는 이탈리아에 간다.
주어	자동사	간접 보어		

2 타동사 I verbi transitivi

'타자에게 동작이 미치다'라는 의미를 지닌 타동사(他動詞)는 주어의 동작과 상태가 다른 대상에 영향을 미치기 때문에 대상이 되는 직접 목적어(~을/를)를 갖는 동사를 말한다. 즉 동작의 대상이 필요한 동사를 타동사라고 한다. che cosa(무엇을), chi(누구를)에 해당하는 단어가 있으면 타동사이다. 우리말로 동사에 '~을/~를 하다'를 붙여 자연스럽게 해석되면 타동사, 잘 어울리지 않고 말이 안 되면 자동사에 해당한다. [주어 + 타동사 + 직접 목적어(명사)]

Io	amo	Laura.	[amare]	나는 라우라를 사랑한다.
주어	타동사	직접 목적어		
Noi	prepariamo	la cena.	[preparare]	우리는 저녁 식사를 준비한다.
주어	타동사	직접 목적어		
Marco	guarda	la TV.	[guardare]	마르코는 텔레비전을 본다.
주어	타동사	직접 목적어		
Lui	legge	il giornale.	[leggere]	그는 신문을 읽는다.
주어	타동사	직접 목적어		

(1) 여격 동사(수여 동사)

타동사 가운데 직접 목적어(~을/를)와 간접 목적어(~에게)를 모두 취할 수 있는 동사(수여 동사)를 말한다. 이탈리아어에서 목적어는 목적어가 명사일 경우 직접 목적어 + 간접 목적어 순서로 쓴다. 그러나 직접 목적어가 간접 목적어보다 길 경우에는 직접 목적어와 간접 목적어의 위치를 바꾸어 간접 목적어 + 직접 목적어의 순서로 쓸 수 있다. [☞ 1권 238쪽 대명사 참조]

Io mando un pacco a Francesca. 나는 프란체스카에게 소포를 보낸다.
여격 동사 직접 목적어 간접 목적어 [mandare]

Io regalo a Sara un libro interessante. 나는 사라에게 재미있는 책을 선물한다.
여격 동사 간접 목적어 직접 목적어 [regalare]

(2) 간접 타동사 I transitivi indiretti

자동사 가운데 동사 자체로 충분한 의미를 전달하지 못하고 그 동사의 행위를 보충해 주는 요소, 즉 간접 목적 보어(전치사 a + 명사)가 필요한 경우가 있다. 이러한 동사들은 행위가 간접 목적 보어에 영향을 미치게 되는데, 일부 문법 학자들은 이를 가리켜 간접 타동사라고 부른다. [자동사 + a(~에게)]

Marco parla a Fancesco. [parlare a] 마르코는 프란체스코에게 말한다.

Io obbedisco alla mamma. [obbedire a] 나는 엄마에게 순종한다.

3 자동사와 타동사의 기능

어떤 동사를 전적으로 타동사 혹은 자동사라고 규정짓기는 어렵다. 동사의 속성은 고정적인 것이 아니라 문장에 쓰인 동사의 역할에 따라 유동적이므로, 일부 동사는 자동사와 타동사로 모두 쓰일 수 있다.

(1) 자동사의 타동사적 용법(동족 목적어를 갖는 자동사)

자동사가 동사와 어원이 같거나 그 동사에서 파생되어 의미가 유사한 명사를, 즉 동족 목적어를 취한 경우에 타동사 역할을 하게 된다.

Loro vivono una vita interessante. [vivere-vita]
그들은 재미있는 삶을 산다.

Il bambino dorme un sonno tranquillo. [dormire-sonno]
아이가 평온한 잠을 잔다.

Lei piangeva lacrime di gioia. [piangere-lacrime]
그녀는 기쁨의 눈물을 흘리고 있었다.

Marta sogna un brutto sogno. [sognare-sonno]
마르타는 나쁜 꿈을 꾼다.

(2) 타동사의 자동사적 용법(목적어가 생략된 타동사)

본래는 직접 목적어를 필요로 하는 타동사이지만, 목적어를 생략하고 동사만 쓰일 경우 자동사 역할을 하게 된다. 동작의 대상을 특별히 의식하지 않고 동작 그 자체를 중요시하는 경우이다.

타동사 + 직접 목적어	자동사[목적어가 생략된 타동사]
Lui non mangia la carne. 그는 육류를 먹지 않는다.	Lui non mangia. 그는 먹지 않는다.
Io studio l'italiano fino a tardi. 나는 늦게까지 이탈리아어를 공부한다.	Io studio fino a tardi. 나는 늦게까지 공부한다.
Il ragazzo legge un libro. 그 소년은 책을 읽는다.	Il ragazzo legge. 그 소년은 읽는다.

(3) 자동사와 타동사 두 가지 형태로 모두 사용될 수 있는 동사

직접 목적어를 취하는 타동사로도 쓰일 수 있고, 직접 목적어가 필요 없는 자동사로도 쓰일 수 있는 특수 동사들(i verbi particolari)이다.

자동사	타동사
La lezione comincia alle 8. 수업은 8시에 시작된다.	Remo comincia la lezione alle 8. 레모는 8시에 수업을 시작한다.
La lezione finisce alle 15. 수업은 15시에 끝난다.	Anna finisce la lezione alle 15. 안나는 15시에 수업을 끝낸다.
Io passo il tempo con lui. 나는 그와 시간을 보낸다.	Il tempo passa in fretta. 시간이 빨리 지나간다.
Il governo aumenta i prezzi. 정부가 가격을 인상한다.	Tutti i prezzi aumentano. 모든 가격이 오른다.
Franco sale per le scale. 프랑코는 계단으로 올라간다.	Franco sale le scale. 프랑코는 계단을 오른다.
Franca scende per le scale. 프랑카는 계단으로 내려온다.	Franca scende le scale. 프랑카는 계단을 내려온다.

참고

위의 (3)번에 해당하는 동사들이 복합 시제(avere / essere + 과거 분사)로 사용될 경우 타동사이면 avere + p.p가 되고, 자동사이면 essere + p.p가 된다. [☞ 154쪽 (5) 근과거 참조]

2 동사의 형태

동사는 문장의 주어에 부과된 역할에 따라 세 가지 형태로 구분할 수 있는데 능동 형태(la forma attiva), 수동 형태(la forma passiva), 재귀 형태(la forma riflessiva)이다.

1 능동태와 수동태 La forma attiva e la forma passiva

능동태는 주어가 동사의 동작이나 작용을 직접 실행한 것을 나타내는 문장이다. 자동사이든 타동사이든 두 동사 모두 능동태 문장을 취할 수 있다. 그러나 수동태 문장은 능동태 문장의 직접 목적어가 주어로 나오므로 직접 목적어가 없는 자동사는 수동태로 쓸 수 없고, 직접 목적어가 있는 타동사만 쓸 수 있다. 수동태는 주어가 동사의 동작이나 작용을 누군가나 무엇인가에 의해 당한 것을 나타내는 문장이다. 능동태 문장이 '주어가 무엇을 행하는가?', 즉 동작을 행하는 주체에 중점을 둔 표현인 데 반해 수동태는 행위자에 의해 '주어에게 무슨 일이 일어나게 되었는가', 즉 동작을 당하는 대상에 중점을 둔 표현 형태이다.

재귀 형태는 주어가 행위를 이행함과 동시에 부메랑이 되어 그 행위를 주어가 겪게 되는 형태이다. 자동사는 주어의 행위가 대상에 미치지 못하고 그 자체에서 끝나버리기 때문에 대상이 되는 직접 목적어가 없어 능동태 문장만 있고 수동태 문장은 없다.

Il malato dorme.	[자동사-능동태]	환자가 잔다.
Il medico cura il malato.	[타동사-능동태]	의사가 환자를 치료한다.
Il malato è curato dal medico.	[타동사-수동태]	환자가 의사한테 치료받는다.
Il malato si cura.	[재귀 동사]	환자가 자신을 스스로 치료한다.

(1) 능동태에서 수동태로 전환하는 방법

ⓐ 능동태 문장의 직접 목적어가 명사일 경우

능동태 문장의 직접 목적어가 수동태 문장에서는 주어가 된다. 수동태 동사는 essere + p.p(타동사의 과거 분사) 형태로 써주고, 과거 분사(p.p)의 어미는 주어의 성과 수에 맞춘다. 수동태의 시제는 원래 능동태 시제와 같아야 하며 능동태의 주어는 수동태 문장에서 da + 행위자 보어가 된다.

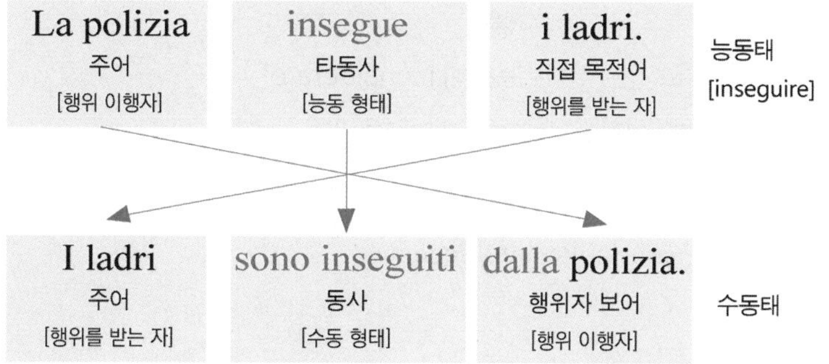

경찰은 도둑들을 쫓는다. [능동태] → 도둑들은 경찰한테 쫓긴다. [수동태]

ⓑ 능동태의 직접 목적어가 대명사일 경우

수동태에서는 능동태의 직접 목적격 대명사가 주격 대명사가 되어 앞으로 나온다.

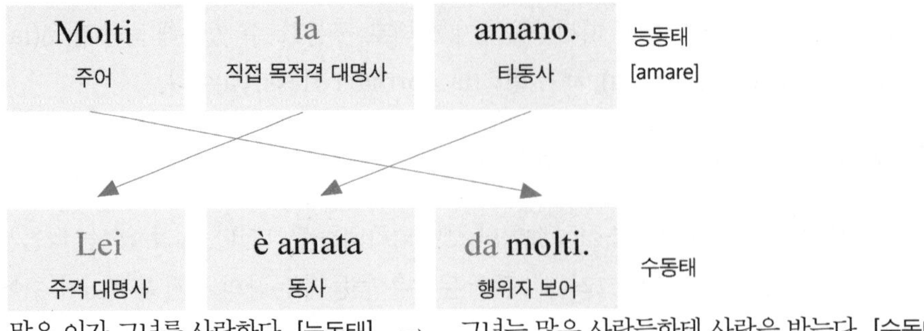

많은 이가 그녀를 사랑한다. [능동태] → 그녀는 많은 사람들한테 사랑을 받는다. [수동태]

ⓒ 능동태의 주어가 대명사일 경우

능동태의 주어는 수동태에서 da 다음에 써준다. 이때 da가 전치사이므로 da 다음에 대명사가 올 때에는 직접 목적격 대명사 강조형[me, te, lui / lei, noi, voi, loro]으로 사용한다.

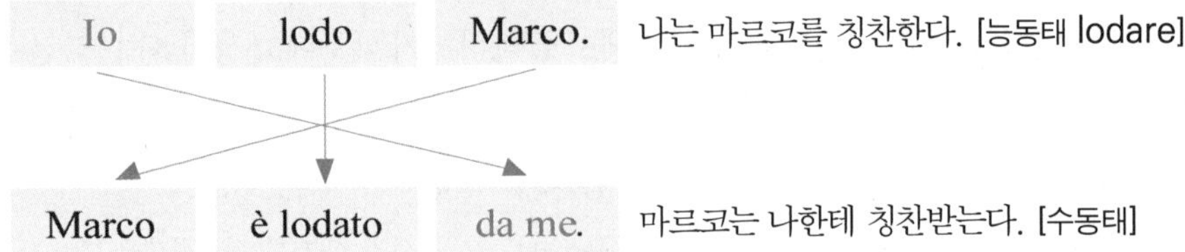

ⓓ 능동태 문장이 영어의 5형식 문장인 경우: 주어 + 타동사 + 목적어 + 목적 보어

능동태의 목적 보어(형용사나 명사)는 수동태에서 변화하지 않고 수동태 동사 뒤에 그대로 사용된다. 행위자가 일반 사람이거나 명시하고 싶지 않을 경우에 행위자를 생략하여 사용할 수 있다.

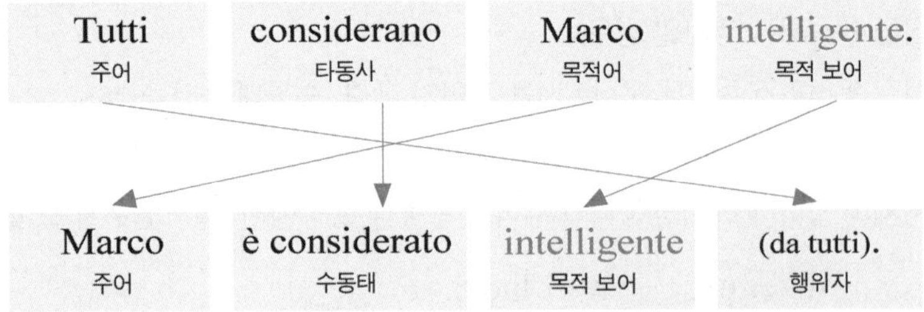

모든 사람들은 마르코를 똑똑하다고 간주한다. [능동태] [considerare]

→ 마르코는 모든 사람들에게서 똑똑하다고 간주된다. [수동태]

☞ 수동태에서 목적 보어가 길 경우 행위자와 목적 보어의 순서를 바꿀 수 있다.
Marco è considerato (da tutti) molto intelliegente.

(2) 수동태의 종류

ⓐ essere와 venire 동사를 수동태 보조사로 사용하는 경우

수동태에서 과거 분사(타동사)는 수동태 주어의 성과 수에 일치시킨다. 수동 보조사 essere와 venire 사용은 의미상의 차이 없이 사용자의 취향에 달려 있다. 그러나 어떤 경우에는 보조사 essere는 상태를 나타내고 venire는 움직임이나 행위를 가리키는 동사들과 함께 사용하여 결과보다는 행위의 과정을 강조한다. essere 보조사는 중립적이며 모든 시제로 사용된다.

주어	essere /venire + 과거 분사		da + 행위자
Il ragazzo La ragazza	è/viene	lodato lodata	dal professore.
I ragazzi Le ragazze	sono/vengono	lodati lodate	

소년은/소녀는/소년들은/소녀들은 선생님한테 칭찬받는다.

i) 단순 시제(미래, 현재, 반과거, 원과거)

능동태를 수동태로 고칠 때 보조사로 essere나 venire를 사용한다. 능동태와 수동태는 문장 표현상의 형태이기 때문에 능동태를 수동태로 고칠 때 능동태의 법과 시제를 그대로 따른다. 특별한 행위자(da + 명사) 보어가 필요 없을 경우에 생략할 수 있다.

능동태 문장	수동태 문장
Anna inviterà Emma a cena. 능동태 단순 미래 안나는 엠마를 저녁 식사에 초대할 것이다.	Emma sarà invitata a cena da Anna. Emma verrà invitata a cena da Anna. 수동태 단순 미래 엠마는 안나한테 저녁 식사에 초대받을 것이다.
Anna invita Emma a cena. 능동태 현재 안나는 엠마를 저녁 식사에 초대한다.	Emma è invitata a cena da Anna. Emma viene invitata a cena da Anna. 수동태 현재 엠마는 안나한테 저녁 식사에 초대받는다.
Anna invitava Emma a cena. 능동태 반과거 안나는 엠마를 저녁 식사에 초대하곤 했다.	Emma era invitata a cena da Anna. Emma veniva invitata a cena da Anna. 수동태 반과거 엠마는 안나한테 저녁 식사에 초대받곤 했다.
Anna invitò Emma a cena. 능동태 원과거 안나는 엠마를 저녁 식사에 초대했다.	Emma fu invitata a cena da Anna. Emma venne invitata a cena da Anna. 수동태 원과거 엠마는 안나한테 저녁 식사에 초대받았다.

ii) 복합 시제(선립 미래, 근과거, 대과거): 현대 언어에서 선립 과거는 수동태로 잘 사용되지 않는다.

복합 시제 능동태를 수동태로 고칠 경우에는 수동태 보조사로 essere 동사만 사용하고, venire 동사는 수동태로 사용할 수 없다. 능동태를 수동태로 고칠 때 시제와 법은 동일하다. 능동태 복합 시제의 보조사 avere를 수동태 보조사 essere로 바꾸고 essere + 과거 분사(p.p) 사이에 stato(영어의 been에 해당)만 추가하면 수동태 문장이 된다.

경찰은 도둑들을 체포했다. [능동태] / 도둑들은 경찰한테 체포되었다. [수동태]

수동태 복합 시제(주어 + essere + stato + p.p + da + 행위자)인 경우 stato와 과거 분사(p.p)는 주어의 성과 수에 일치시킨다. 수동 보조사 venire는 복합 시제로 사용하지 못한다.

주어	essere + stato + p.p		da + 행위자
Un uomo Una ragazza	è	stato ucciso stata uccisa	da un rapinatore.
한 남자가 강도에 의해 살해되었다/한 소녀가 강도에 의해 살해되었다.			
I ladri Le due donne	sono	stati arrestati state arrestate	dalla polizia.
도둑들이 경찰한테 체포되었다/그 두 여자가 경찰한테 체포되었다.			

Anna avrà invitato Emma a cena. [능동태 선립 미래]
Emma sarà stata invitata a cena da Anna. [수동태 선립 미래]
엠마는 안나한테 저녁 식사에 초대받았을 것이다. [→ verrà stata invitata ×]

Anna ha invitato Emma a cena. [능동태 근과거]
Emma è stata invitata a cena da Anna. [수동태 근과거]
엠마는 안나한테 저녁 식사에 초대받았다. [→ viene stata invitata ×]

Anna aveva invitato Emma a cena. [능동태 대과거]
Emma era stata invitata a cena da Anna. [수동태 대과거]
엠마는 안나한테 저녁 식사에 초대받았었다. [→ veniva stata invitata ×]

iii) essere/venire + p.p 형태의 수동태 문장 예문들[venire는 복합 시제로 사용하지 못한다.]

수동태 문장에서 행위자 보어(da + 행위자)가 중요하지 않거나 잘 모르거나, 혹은 명백하거나 일반적인 다수의 사람들인 경우에 생략할 수 있다.

Questo vino è/viene prodotto in Italia. [단순 시제]
이 포도주는 이탈리아에서 생산된다. [produrre 타동사]

La forma passiva è/viene molto usata in italiano. [단순 시제]
수동태는 이탈리아어에서 많이 사용된다. [usare 타동사]

I biglietti sono/vengono venduti su Internet. [단순 시제]
티켓들은 인터넷상에서 판매된다. [vendere 타동사]

Queste macchine sono/vengono fabbricate in Corea. [단순 시제]
이 자동차들은 한국에서 제조된다. [fabbricare 타동사]

Marco è stato investito da una macchina. [복합 시제]
마르코는 한 자동차에 치었다. [investire 타동사]

La mia bambina è stata morsa da un cane. [복합 시제]
나의 아이가 개한테 물렸다. [mordere 타동사]

L'esame orale è stato posticipato al 3 aprile alle 9. [복합 시제]
구술시험이 4월 3일 9시로 연기되었다. [posticipare 타동사]

Roma non è stata costruita in un giorno. [복합 시제]
로마는 하루 만에 세워지지 않았다. [costruire 타동사]

I tre bambini sono stati salvati nell'incendio. [복합 시제]
그 세 명의 아이가 화재에서 구조되었다. [salvare 타동사]

✎ 참고

1. 타동사의 근과거는 보조사를 avere로 취한다. 그러나 타동사가 보조사를 essere로 사용한 경우에는 수동태 문장이 된다.

Io ho fatto così.	[fare-능동태 근과거]	나는 그렇게 했다.
Io sono fatto/a così.	[fare-수동태 현재]	나는 천성이 그렇게 만들어졌다.

2. 수동 형태로 많이 사용되는 동사들

Questo è conosciuto anche in Corea.	이것은 한국에도 알려져 있다.
Marco è stato promosso / bocciato.	마르코는 진급/낙제되었다.
Paola è stata assunta / licenziata.	파올라가 고용/해고되었다.
L'appuntamento è stato cancellato.	약속이 취소되었다.

iv) 능동태 문장에 간접 목적어와 직접 목적어가 있는 경우

• 간접 목적어가 약형 대명사인 경우[영어의 4형식 문장]

능동태의 직접 목적어가 수동태에서 주어가 되고 간접 목적어는 그대로 사용된다. 수동태 주어가 문장 앞에 나올 수도 있고 동사 뒤로 갈 수도 있다. 행위자가 중요하지 않을 경우에 많이 사용되는 형태로 주로 관계 대명사절(che ~)에서 사용된다.

주어	간접 목적어	능동태 타동사	직접 목적어
Un amico	mi	ha dato	questo libro.

주어	간접 목적어	수동태 타동사	da + 행위자
Questo libro	mi	è stato dato	(da un amico).

간접 목적어	수동태 타동사	주어	da + 행위자
Mi	è stato dato	questo libro	(da un amico).

한 친구가 내게 이 책을 줬다. [능동태] → 이 책이 친구에 의해서 내게 주어졌다. [수동태]

• 간접 목적어가 명사인 경우: 이탈리아어에서는 직접 목적어만 수동태 주어로 사용된다.

주어	능동태 타동사	직접 목적어	간접 목적어
Lui	ha dato	un consiglio	a Maria

주어	수동태 타동사	간접 목적어	da + 행위자
Un consiglio	è stato dato	a Maria	(da lui).

간접 목적어	수동태 타동사	주어	da + 행위자
A Maria	è stato dato	un consiglio	(da lui).

그는 마리아에게 충고를 주었다. [능동태 근과거] → 마리아에게 충고가 주어졌다. [수동태 근과거]

• 행위자가 중요하지 않고 주어에게 일어난 일이 더 중요한 경우에 수동태가 사용된다.

Io faccio solo quello che mi è/viene richiesto.

나는 내게 요구되는 것을 할 뿐이다/요구되는 것만 한다. [richiedere]

Oggi rispondo alla domanda che mi è stata fatta ieri.

오늘 나는 어제 받았던 질문에 대답한다. [fare una domanda]

Questo video mi è stato mandato. [da una mia cara amica]

이 영상은 나의 사랑하는 한 친구한테서 받은 것이다. [mandare]

Ci è stato consigliato questo locale da un'amico.

우리는 한 친구한테서 이 장소를 추천받았다. [consigliare]

v) 능동태 문장에서 목적격 보어가 di + 동사 원형인 경우[영어의 5형식 문장]

- (주어) + 여격(수여) 동사 + 간접 목적어(명사) + di + 동사 원형인 경우
  (주어) + 간접 목적격 약형 대명사 + 여격(수여) 동사 + di + 동사 원형인 경우

능동태의 간접 목적어는 수동태에서 그대로 사용되며, di + 동사 원형은 그대로 형태를 유지한다. 행위자 보어가 중요하지 않은 경우에 수동태 형식으로 많이 쓴다.

Hanno detto a Marco di fare questo. [능동태 근과거]
그들은 마르코에게 이것을 하라고 말했다.
A Marco è stato detto di fare questo. [수동태 근과거]
마르코에게 이것을 하라는 말이 전해졌다.

Gli hanno chiesto di scrivere un libro. [능동태 근과거]
그들은 그에게 책을 쓰라고 부탁했다.
Gli è stato chiesto di scrivere un libro. [수동태 근과거]
그에게 책을 쓰라는 부탁이 들어왔다.

Ci hanno consigliato di usare questo sistema. [능동태 근과거]
그들은 우리에게 이 시스템을 사용하라고 충고했다.
Ci è stato consigliato di usare questo sistema. [수동태 근과거]
우리에게 이 시스템을 사용해 보라는 충고가 주어졌다.

- (주어) + 타동사 + 직접 목적어(명사) + a + 동사 원형인 경우
  (주어) + 직접 목적격 약형 대명사 + 타동사 + a + 동사 원형인 경우

능동태 문장의 직접 목적어가 수동태에서 주어로 사용되며, a + 동사 원형은 그대로 형태를 유지한다. 행위자 보어가 중요하지 않은 경우에 수동태 형식으로 많이 쓴다.

Hanno invitato Marco a suonare sul palco. [능동태 근과거]
그들은 마르코를 무대 위에서 연주하도록 초대했다.
Marco è stato invitato a suonare sul palco. [수동태 근과거]
마르코는 무대 위에서 연주하도록 초대되었다.

Loro mi hanno costretto a farlo. [능동태 근과거]
그들은 내게 그것을 할 것을 강요했다.
Io sono stato costretto a farlo. [수동태 근과거]
나는 그것을 하도록 강요받았다. (나는 그것을 하지 않을 수가 없었다.)

vi) 능동태 문장이 의문문인 경우

능동태 의문문을 수동태 의문문으로 고칠 경우 의문문에서는 항상 의문사가 문두에 위치하기 때문에 da + chi (행위자)가 문장 앞으로 나온다. 수동태 동사는 주어의 성과 수에 일치시킨다.

Chi mangia il lombrico? [능동태 의문문]
누가 지렁이를 먹습니까?

Da chi viene mangiato il lombrico? [수동태 의문문]
지렁이는 누구한테 먹힙니까?

Chi ha scritto *la Divina Commedia*? [능동태 의문문]
누가 「신곡」을 썼습니까?

Da chi è stata scritta *la Divina Commedia*? [수동태 의문문]
누구에 의해서 「신곡」이 쓰였습니까?

vii) 능동태 문장에 직접 목적격 대명사나 결합 대명사가 사용되었을 경우

능동태 문장에 직접 목적격 대명사나 혹은 결합 대명사(약형 간접 목적격 대명사 + 약형 직접 목적격 대명사)가 사용되었을 때, 수동태 문장으로 전환할 경우 직접 목적격 대명사는 사라지고 간접 목적격 대명사는 본래의 대명사 형태로 돌아간다.

능동태에 직접 목적격 대명사가 사용된 경우

È una regola fondamentale:	la	conoscono	tutti.
	-	è conosciuta	da tutti.

기본 규칙이다.
모두가 그것을 알고 있다. [능동태 현재]
모두한테 알려져 있다. [수동태 현재]

능동태에 결합 대명사가 사용된 경우

È un fatto certo:	me	l'	ha detto	Fabio.
	mi	-	è stato detto	da Fabio.

확실한 사실이다.
파비오가 내게 그것을 말했다. [능동태 근과거]
파비오한테서 내게 말이 전해졌다. [수동태 근과거]

능동태에 의문사 + 결합 대명사가 사용된 경우

Bella questa collana!	Chi	te	l'	ha regalata?
	Da chi	ti	-	è stata regalata?

이 목걸이 멋지다!
누가 네게 그것을 선물했어? [능동태 근과거]
누구한테서 네게 선물이 들어온 거야? [수동태 근과거]

viii) 능동태 문장에 조동사(potere, dovere)가 쓰인 경우

능동태 조동사			수동태 조동사	
potere dovere	동사 원형	→	potere dovere	essere + p.p

Il bambino non può leggere un libro così difficile.
아이가 그렇게 어려운 책을 읽을 수 없다.
Un libro così difficile non può essere letto dal bambino.
그렇게 어려운 책은 아이한테 읽힐 수 없다.

Il Parlamento potrà modificare le leggi.
국회는 법들을 개정할 수 있을 것이다.
Le leggi potranno essere modificate dal Parlamento.
법들이 국회에서 개정될 수 있을 것이다.

Tutti devono rispettare la legge.
모든 사람들이 법을 준수해야 한다.
La legge deve essere rispettata da tutti.
법은 모든 사람들에 의해 준수되어야 한다.

Il Parlamento dovrà fare prima questa riforma.
국회는 이 개혁 법안을 먼저 만들어야 할 것이다.
Questa riforma dovrà essere fatta prima dal Parlamento.
이 개혁 법안이 국회에서 먼저 만들어져야 될 것이다.

✎ 참고

조동사 volere + essere + p.p(타동사)

Luisa non vuole disturbare nessuno. [능동태 문장]
루이자는 아무도 방해하고 싶어 하지 않는다.
Nessuno vuole essere disturbato da Luisa. [수동태 문장]
아무도 루이자한테 방해받고 싶어 하지 않는다.
Luisa non vuole essere disturbata da nessuno. [수동태 문장]
루이자는 아무한테도 방해 받고 싶어 하지 않는다.

ⓑ 수동화(passivante) si [☞ 34쪽 참조]

행위자 보어(da + 행위자)를 나타내지 않고 사물이 주어인 경우에 가장 많이 사용되는 수동 형태이다. 3인칭 단수와 3인칭 복수 형태로만 사용 가능하며, 주어가 되는 명사는 수동화 si 앞에 올 수도 있고 타동사 뒤에 갈 수도 있다. 수동을 강조할 경우에 타동사 앞에 위치하고 일반적으로 타동사 뒤에 위치하는 경우가 많다. 주어가 되는 명사가 타동사 뒤에 위치할 경우 비인칭 주어 si의 목적어 역할을 한다고 보는 문법 학자들도 있다. 오늘날 의미상의 차이가 별로 없어서 수동화 si와 비인칭 주어 si를 구분하지 않고 혼용되어 사용하기도 하지만 타동사의 형태는 명사의 수에 반드시 일치시킨다. 명사가 단수이면 단수 동사, 명사가 복수이면 복수 동사를 사용한다.

i) 수동화 si가 단순 시제(현재)로 사용될 경우

주어	si + 타동사	
단수 명사	si	3인칭 단수 동사
복수 명사		3인칭 복수 동사

si + 타동사		주어(목적어 역할)
Si	3인칭 단수 동사	단수 명사
	3인칭 복수 동사	복수 명사

Questo vino	è / viene	venduto	al supermercato. 이 포도주는 슈퍼마켓에서 판매된다.
	si vende		

Questi vini	sono / vengono	venduti	anche all'estero. 이 포도주들은 해외에서도 판매된다.
	si vendono		

Da qui si vede il mare.
여기서 바다가 보인다.

Dalla finestra si vedono i monti.
창문에서 산들이 보인다.

Quando si usa il congiuntivo?
접속법은 언제 사용됩니까?

Come si usano queste parole?
이 단어들은 어떻게 사용됩니까?

La colazione si paga a parte.
아침 식사는 별도로 계산됩니다.

Le bevande si pagano a parte.
음료수는 별도로 계산됩니다.

Come si prepara il tiramisù?
티라미수는 어떻게 준비되는 것입니까?

Come si preparano le lasagne?
라자냐는 어떻게 준비되어집니까?

Quest'olio si produce in Italia.
이 기름은 이탈리아에서 생산된다.

Questi vini si producono in Italia.
이 포도주들은 이탈리아에서 생산된다.

Quando si mangia il panettone?
파네토네는 언제 먹습니까?

Quando si mangiano le lenticchie?
렌틸콩은 언제 먹습니까?

ii) 수동화 si가 복합 시제(과거)로 사용될 경우

수동화 si의 복합 시제는 essere를 보조사로 사용하며, 과거 분사는 명사의 성과 수에 따라 일치시켜야 한다. 3인칭 단수와 3인칭 복수로만 사용되며 명사가 수동화 si 앞에 위치할 수도 있고, 과거 분사 뒤에 위치할 수도 있다. 명사가 과거 분사 뒤에 위치할 때도 수동태 문장에 해당하기 때문에 동사는 명사인 주어의 성과 수에 반드시 일치시킨다.

주어	si + essere + 과거 분사(타동사의 p.p)		
단수 명사	si	essere의 3인칭 단수 동사	과거 분사
복수 명사		essere의 3인칭 복수 동사	

si + essere + 과거 분사(타동사의 p.p)			주어(목적어 역할)
Si	essere의 3인칭 단수 동사	과거 분사	단수 명사
	essere의 3인칭 복수 동사		복수 명사

Per fare questa ricerca,	si	usa è usato	il computer.

이 연구를 위해서는 컴퓨터가 사용된다/사용되었다.

La colazione	si	serve è servita	alle 8.

아침 식사가 8시에 제공된다/제공되었다.

Il concerto si è tenuto al teatro Verdi.
음악회가 베르디 극장에서 열렸다. [tenere 타동사]

La partita si è giocata sotto la pioggia.
경기가 비속에 행해졌다. [giocare 타동사]

Si sono fatti molti progressi in tutti i campi.
모든 분야에 있어서 많은 발전이 이루어졌다. [fare 타동사]

Si sono esaminate le cause della crisi economica.
경제 위기의 원인들이 조사되었다. [esaminare 타동사]

✎ 참고

오늘날 수동화 si와 비인칭 주어 si를 구분하지 않고 두 개를 아울러서 'si 구문(costruzione)'으로 다루는 문법 학자들도 많다. 수동화 si 구문에서 사용되는 주어(명사)가 비인칭 구문에서 비인칭 동사의 목적어가 된다고 보기 때문이다. 실제 수동화 si인지 비인칭 주어 si인지 경계가 모호한 경우가 많고, 해석에도 차이가 없는 경우가 많다.

iii) 수동화 si가 조동사(dovere, potere)와 함께 사용될 경우

조동사는 동사 원형 뒤에 따라오는 명사의 수(전통 문법 학자들은 수동태의 주어로 보고, 비인칭 문법 학자들은 비인칭 주어 si의 목적어로 본다)에 따라 3인칭 단수형이나 복수형이 된다. 명사가 동사 원형 뒤에 갈 수도 있고 조동사 앞에 위치할 수도 있다. 이때 수동화 si는 조동사 + essere + p.p의 문장과 같은 의미이다.

	3인칭 조동사 단수와 복수	동사 원형	주어(목적어)		조동사 수동태
Si	può deve	동사 원형	단수 명사	=	può essere + p.p deve essere + p.p
	possono devono		복수 명사		possono essere + p.p devono essere + p.p

Si può comprare questo libro in tutte le librerie.
Questo libro può essere comprato in tutte le librerie.
이 책은 모든 서점에서 구입될 수 있다.

La pasta si può condire in tanti modi.
La pasta può essere condita in tanti modi.
파스타는 많은 방법으로 조미될 수 있다.

A Firenze si possono vedere molte opere d'arte.
A Firenze possono essere viste molte opere d'arte.
피렌체의 많은 예술 작품들을 볼 수 있다.

Si deve finire questo lavoro entro oggi.
Questo lavoro deve essere finito entro oggi.
이 일은 오늘 안으로 끝내져야 한다.

Quali errori non si devono fare?
Quali errori non devono essere fatti?
실수해서는 안 되는 것이 어떤 것입니까?

Queste compresse si dovono prendere prima dei pasti.
Queste compresse devono essere prese prima dei pasti.
이 정제약은 식사 전에 복용해야 합니다.

ⓒ andare + 과거 분사(p.p) 형태

행위의 당위성이나 필수성을 부여하고자 할 때 사용되는 수동태로 '~해져야만 한다(dovere essere + p.p)'는 의미를 갖는다. 공문, 법문, 공지 사항, 설명서 등에서 의무와 필요성을 강조하기 위해 많이 사용되는 수동 형태로 단순 시제(단순 미래, 현재, 반과거, 원과거)로만 사용된다. 과거 분사 어미는 주어의 성과 수에 일치 시킨다. 행위자 보어는 일반 사람(da tutti)을 나타내기 때문에 주로 생략해서 사용되며, 특정한 행위자 보어(da + 특정 행위자)를 사용하지 않는다. 직설법, 조건법, 접속법으로 모두 사용 가능하다.

andare + 과거 분사(p.p)	=	dovere + essere + 과거 분사(p.p) si + dovere + 동사 원형

Il parmigiano	va conservato deve essere conservato si deve conservare	in luogo fresco e asciutto.

파르마산 치즈는 서늘하고 건조한 곳에 보관되어야 한다.

Questa stoffa	va lavata deve essere lavata si deve lavare	a secco.

이 직물은 드라이크리닝되어야 한다.

I documenti	vanno presentati devono essere presentati si devono presentare	entro il 30 marzo.

서류들은 3월 30일 안으로 제출되어야 한다.

Queste lettere	vanno spedite devono essere spedite si devono spedire	oggi.

이 편지들은 오늘 발송되어야 한다.

✎ 참고

andare + p.p의 수동태: 조건법과 접속법

Tutti dovrebbero leggere questo libro. [조건법 능동태]

모두가 이 책을 읽어야만 할 것이다.

Questo libro andrebbe letto. (da tutti) [조건법 수동태]

이 책은 읽혀야만 될 것이다. (모두에 의해서).

Penso che questo libro vada letto. (da tutti) [접속법 수동태]

나는 이 책이 모든 사람들에게 읽혀야 한다고 생각한다.

✎ 참고

1. andare + p.p 수동태에서 행위자 보어는 일반 사람들로 특정 행위자 보어를 사용하지 않는다.
Questa lettera va spediata oggi da Marco. (×)
이 편지는 오늘 마르코에 의해서 발송되어야만 한다. [da Marco를 사용 못한다]

2. andare + p.p 수동태는 단순 시제[현재, 단순 미래, 반과거, 원과거] 형태로만 사용된다.
Questa lettera andava spedita ieri. [단순 시제인 반과거로 사용 가능]
이 편지는 어제 발송되어야만 했다. [그런데 발송되었는지, 안 되었는지는 알 수 없다.]

3. perdere, smarrire, distruggere 등의 동사들이 andare + p.p의 복합 시제 수동태로 사용될 때 당위성의 의미가 없고 일반 수동태의 의미(essere + stato + p.p)이다.
L'edificio è andato distrutto. 건물이 파괴되었다.
È andata persa la mia valigia. 내 여행 가방이 분실되었다.
I documenti sono andati smarriti. 문서가 유실되었다.

4. essere + p.p는 행위의 상태를 나타내고 venire + p.p는 행위의 동작을 강조한다.
Il negozio è chiuso alle 8. 상점이 8시에 문 닫혀 있다.
Il negozio viene chiuso alle 8. 상점이 8시에 문 닫힌다.

ⓓ rimanere (restare) + 과거 분사(p.p): 상태의 지속성이나 영속성을 표현하는 수동태

rimanere (restare) + 과거 분사(p.p) 형태의 수동태는 essere + 과거 분사(p.p) 형태의 수동태와 같지만 특정 사건의 결과로 상태의 지속성이나 영속성을 더 잘 표현하는 수동태이다. 주로 사람의 감정에 관계되며, 과거 분사는 주어의 성과 수에 따라 변화한다. da + 행위자 보어가 아니라 da + 요인 보어로 주로 생략되어 사용되며, 다른 형태로도 표현될 수 있다.

Sono rimasto offeso. (dalle parole)
나는 기분이 상해 있었다. (그 말로 인해)

Sono rimasta molto colpita. (da una cosa)
나는 많은 감명을 받았다. (어떤 것에 의해)

Lei è rimasta sorpresa. (da un comportamento)
그녀는 놀라워했다. (어떤 행동에 의해)

Lui è rimasto ferito. (da un'esplosione)
그는 상처를 입었다. (어떤 폭발로 인해)

Siamo rimasti sconvolti anche noi. (da un fatto)
우리도 충격에 휩싸여 있었다. (어떤 사실로 인해)

Loro sono rimasti bloccati nel traffico.
그들은 교통 체증에 갇혀 있었다.

ⓔ **da +** 수동 **si** 부정사 [재귀 동사 형태와 동일하며 문어체 형식이다.]

수동의 뜻이 들어 있는 구로서 의무나 어떤 일이 적합하고 좋지 못함을 나타낸다.

È un formaggio da mangiarsi fresco. 신선하게 먹는 치즈이다.
Non sono cose da farsi in pubblico. 그것들은 공개적으로 행해질 것이 아니다.
La patria è da difendersi. 조국은 수호되어야만 한다.

ⓕ **da +** 타동사

수동이 뜻이 들어 있는 구로서, 의무나 필요성을 나타낸다.

Sul foglio ho scritto le cose da fare. [=che devono essere fatte]
종이 위에 내가 행해야 할 일을 적었다.

Questi sono i libri da leggere. [=che devono essere letti]
이것들은 읽어야 할 책들이다. (읽혀야 할 책들)

Questi sono i luoghi da visitare. [=che devono essere visitati]
이것들은 방문할 장소들이다. (방문되어야 할)

10 cose da non fare in in Italia. [=che non devono essere fatte]
이탈리아에서 해서는 안 되는 10가지 사항.

ⓖ 상업적 광고에서 사용되는 수동 형태 **si**

간결하게 나타내기 위해 si를 동사 뒤에 두고 한 단어로 사용된다. 오늘날에는 주로 단수로 사용되며 복수로 사용되는 경우는 지역적이다.

Vendesi appartamento	[=Si vende appartamento]	아파트 매매
Vendonsi appartamenti	[=Si vendono appartamenti]	아파트 매매
Affittasi appartamento	[=Si affitta appartamento]	아파트 임대
Cercasi personale	[=Si cerca personale]	직원 구함
Offresi lavoro.	[=Si offre lavoro]	구직(일자리 제공)

ⓗ 의무, 요청, 권고를 나타내기 위해 특히 아이들에게 많이 사용되는 명령 의미의 **si**

Questo non si fa! 이것은 하지 않습니다!
Queste cose non si fanno! 이런 것들은 하지 않습니다!
Non si dicono le parolacce! 욕설하지 않습니다!
Non si dicono le bugie! 거짓말하지 않습니다!
Non si sporcano i muri! 벽에 낙서하지 않습니다!

☞ 비인칭 si로도 명령 의미를 나타낸다. [☞ 206쪽 (2) 명령법 참조]

Non si mangia durante la lezione! 수업 시간에 먹지 않습니다!
Non si parla a bocca piena! 입에 음식 넣고 말하지 않습니다!

(3) 수동태의 법

능동태의 법과 시제에 따라서 수동태의 법도 일치되어야 한다. 능동태가 직설법이면 수동태도 직설법, 능동태가 접속법이면 수동태도 접속법, 능동태가 조건법이면 수동태도 조건법이 되어야 한다.

Dobbiamo finire questo lavoro entro oggi. [직설법 능동태 현재]
우리는 오늘 안으로 이 일을 끝내야 한다.

Questo lavoro deve essere finito entro oggi. [직설법 수동태 현재]
Questo lavoro va finito entro oggi. [직설법 수동태 현재]
Questo lavoro si deve finire entro oggi. [직설법 수동태 현재]
오늘 안으로 이 일이 끝내져야 한다.

Dovremmo finire questo lavoro entro oggi. [조건법 능동태 현재]
우리는 오늘 안으로 이 일을 끝내야만 할 것이다.

Questo lavoro dovrebbe essere finito entro oggi. [조건법 수동태 현재]
Questo lavoro andrebbe finito entro oggi. [조건법 수동태 현재]
Questo lavoro si dovrebbe finire entro oggi. [조건법 수동태 현재]
오늘 안으로 이 일이 끝내져야 될 것이다.

Io credo che molti amino Stella. [접속법 능동태 현재]
나는 많은 사람들이 스텔라를 사랑한다고 생각한다.

Io credo che Stella sia amata da molti. [접속법 수동태 현재]
나는 스텔라가 많은 사람들한테 사랑을 받는다고 생각한다.

(4) 능동태와 수동태 표현 문장

ⓐ 주어 자신이 일상적으로 행하는 동사들은 수동태 문장으로 고치는 것이 부적절하다.

Faccio ogni giorno una lunga nuotata. [능동태 ○]
Una lunga nuotata è fatta da me ogni giorno.
나는 장시간 수영을 한다. → 장시간의 수영이 매일 나에 의해 행해진다. (X)

ⓑ stare + gerundio 형태의 진행형 문장은 수동태로 고칠 수 없다.

Il meccanico sta riparando la macchina di Lucia.
정비공이 루치아의 자동차를 고치고 있는 중이다. [능동태]

ⓒ 수동태 문장으로 잘 쓰이는 경우

행위의 주체를 알 수 없거나, 밝히고 싶지 않거나, 행위를 하는 사람보다 그 행위의 결과를 당한 측에 관심이 있는 경우에 수동태 형식으로 사용된다. 명명(appellativi) 동사, 선출(elettivi) 동사, 평가(estimativi) 동사, 결과(risultativi) 동사 등이 행위의 주체를 밝히고 싶지 않을 경우 수동태로 잘 쓰인다. 이 동사들은 능동태에서 목적 보어를 갖지만, 수동태로 고칠 경우 주격 보어를 갖게 된다. [영어의 5형식 능동태가 2형식 수동태가 되는 경우에 해당한다.]

Chiamano la bimba Stella. 그들은 여자 아기를 스텔라라고 부른다.
La bimba è chiamata Stella. 여자 아기는 스텔라라고 불린다.

Chiamano l'Italia il Bel Paese. 이탈리아를 '아름다운 나라'로 부른다.
L'Italia viene chiamata il Bel Paese. 이탈리아가 '아름다운 나라'로 불린다.

Loro l'hanno nominato ambasciatore. 그들은 그를 대사로 임명했다.
Lui è stato nominato ambasciatore. 그는 대사로 임명되었다.

Hanno eletto Marco capoclasse. 그들은 마르코를 반장으로 선출했다.
Marco è stato eletto capoclasse. 마르코는 반장으로 선출되었다.

Considerano Mauro intelligente. 그들은 마우로를 지적이라고 여긴다.
Mauro è considerato intelligente. 마우로가 지적이라고 간주된다.

Ritengono il nuoto uno sport completo. 수영을 전신운동이라 평가한다.
Il nuoto viene ritenuto uno sport completo. 수영이 전신운동으로 평가된다.

L'esperienza mi ha reso saggio. 경험이 나를 현명하게 만들었다.
Io sono stato reso saggio dall'esperienza 경험에 의해 나는 현명해졌다.

참고

1. 수동태로 잘 사용되는 동사들

명명 동사: chiamare, nominare, intitolare, dire
선출 동사: eleggere, nominare, scegliere
평가 동사: considerare, ritenere, definire
결과 동사: rendere, risultare, ridurre

2. 행위자 보어가 불분명하거나 나타내고 싶지 않은 경우에 수동태로 표현된다.

È stato rubato un quadro di Van goh. [rubare]
반 고흐의 그림이 도난당했다.
La riunione è stata spostata a domani. [spostare]
회의가 내일로 변경되었다.
L'appuntamento è stato rimandato a martedi. [rimandare]
약속이 화요일로 연기되었다.

(5) 비인칭 주어 si와 수동화 si의 구별 방법 [☞ 26쪽 수동화 si, 86쪽 비인칭 형식 si 참조]

전통 문법에 의하면 타동사인 경우에 동사의 목적어인 명사가 있는가, 없는가에 따라서 비인칭 주어 si (일반 사람)와 수동화 si가 구분된다. 목적어인 명사가 생략되어 있으면 비인칭 주어 si가 되고, 목적어인 명사가 명시되어 있으면 수동화 si가 된다. 수동화 si 구문에서 동사의 목적어인 명사는 문장에서 주어가 된다. 비인칭 주어 si 구문은 동사에 표현된 행위가 강조되고, 반면에 수동화 si 구문에서는 동사의 목적어(문장에서 주어)가 강조된다. 수동화 si 구문과 비인칭 주어 si 구문에서 형식의 차이는 있지만 의미상의 차이가 없는 경우가 많아서 오늘날에는 비인칭 si와 수동 si를 구분하지 않고 혼용되어 사용되거나 두 개를 아울러 'si 구문(costruzione con si)'으로 통합하여 사용되기도 한다.

Da qui si vede bene.	[비인칭 si]
여기에서 (사람들이) 잘 본다.	[동사 vedere가 강조된다]
Da qui si vede bene il mare.	[수동화 si]
여기에서 바다가 잘 보인다.	[주어(목적어 역할) il mare가 강조된다]
Da qui si vedono bene le montagne.	[수동화 si]
여기서 산들이 잘 보인다.	[주어(목적어 역할) le montagne가 강조된다]

비인칭 si + 타동사(목적어 없음)	수동 si + 타동사 + 명사(주어)
Come si scrive? 어떻게 쓰죠?	Come si scrive il tuo nome? 너의 이름 철자가 어떻게 되지?
In Italia si mangia bene ovunque. 이탈리아에 어디든지 음식이 맛있다.	La pizza si mangia bene a Napoli. 피자는 나폴리 지방이 맛있다.
Si capisce! 이해합니다! [당연하죠.]	Non si capisce questa lezione. 이 수업은 이해가 가지 않는다.
Non si sa mai. 결코 알 수 없다.	Non si sanno mai queste cose. 이런 것들은 절대 모르게 된다.
Come si fa? 어떻게 하는 거죠?	Come si fa il vino? 포도주는 어떻게 만들어지죠?
A scuola si studia molto. 학교에서 공부 많이 한다.	A scuola si studia l'inglese. 학교에서 영어가 공부된다.
D'estate si beve di più. 여름에 사람들은 더 많이 마신다.	D'estate si beve più acqua 여름에 물이 더 많이 마셔진다.

2 재귀 형태 La forma riflessiva

이탈리아아어의 모든 대명사의 약형은 항상 동사 앞에 위치하고, 강조형은 일반적으로 동사 뒤에 위치한다. 직접 목적격 대명사 약형, 간접 목적격 대명사 약형, 재귀 대명사 약형은 1인칭과 2인칭 형태가 모두 동일하기 때문에 문장에서 동사의 쓰임을 보아야만 대명사를 구분할 수 있다. 그러나 3인칭은 대명사들은 각기 고유한 형태를 지니고 있어 그 형태만 보고도 무슨 대명사인지 쉽게 구분할 수 있다. 재귀 동사는 일반적으로 재귀 대명사 약형을 사용하고 재귀를 강조하는 특별한 경우에만 재귀 대명사 강조형을 사용한다. 전치사 다음에는 재귀 대명사 강조형을 사용한다. 3인칭 sé는 접속사 se (if)와 단어 구분을 위해 악센트 표기를 한다. 그러나 stesso와 함께 사용될 경우에는 혼동의 우려가 없기 때문에 se stesso/a로 쓴다.

목적격 주격(~는, ~가)		직접 목적격 대명사 (~을/를)		간접 목적격 대명사 (~에게)		재귀 대명사 (자신을/에게)	
		약형	강조형	약형	강조형	약형	강조형
io		mi	me	mi	a me	mi	me (stesso/a)
tu		ti	te	ti	a te	ti	te (stesso/a)
lui		lo	lui	gli	a lui	si	sé (stesso/a)
lei		la	lei	le	a lei		
Lei		La	Lei	Le	a Lei		
noi		ci	noi	ci	a noi	ci	noi (stessi/e)
voi		vi	voi	vi	a voi	vi	voi (stessi/e)
loro	essi	li	loro	gli / loro	a loro	si	sé (stessi/e)
	esse	le					
		동사 앞	동사 뒤	동사 앞	동사 뒤	동사 앞	동사 뒤

☞ 격식체 loro(간접 목적격 대명사)는 약형이라고 하더라도 예외적으로 동사 뒤에 위치한다.
재귀 대명사 강조형(me, te, sé, noi, voi, sé 등)은 stesso를 사용하여 대명사 의미를 더 강조할 수 있다.

타동사들은 다음과 같은 형태를 취할 수 있다: 능동 형태, 수동 형태, 재귀 형태

능동 형태 attiva	주어	타동사	직접 목적어
주어가 동사의 행위를 이행한다.	Carlo	lava	la macchina.
	카를로는 자동차를 세차한다.		
수동 형태 passiva	**주어**	**동사**	**행위자 보어**
주어가 동사의 행위를 겪게 된다.	La macchina	è lavata	da Carlo.
	자동차는 카를로에 의해 세차된다.		
재귀 형태 riflessiva	**주어**	**재귀 대명사**	**재귀 동사**
주어가 동사의 행위를 이행함과 동시에 겪게 된다.	Carlo	si	lava.
	카를로는 자기 자신을 씻는다.		

(1) 재귀 동사 형태 La forma dei verbi riflessivi

재귀 동사는 항상 재귀 대명사(mi, ti, si, ci, vi, si)와 함께 쓰인다. 원형은 타동사의 마지막 모음 -e를 제거하고 si(-arsi, -ersi, -irsi)를 붙이며, 동사의 각 군에 맞게 활용된다. 재귀 동사의 복합 시제는 essere를 보조사로 취하며, 과거 분사의 어미는 주어의 성과 수에 일치시킨다.

재귀 대명사 현재 형태

	alzarsi [1군]		mettersi [2군]		vestirsi [3군]	
io	mi	alzo	mi	metto	mi	vesto
tu	ti	alzi	ti	metti	ti	vesti
lui/lei (Lei)	si	alza	si	mette	si	veste
noi	ci	alziamo	ci	mettiamo	ci	vestiamo
voi	vi	alzate	vi	mettete	vi	vestite
loro	si	alzano	si	mettono	si	vestono

재귀 대명사 미래 형태

	alzarsi		mettersi		vestirsi	
io	mi	alzerò	mi	metterò	mi	vestirò
tu	ti	alzerai	ti	metterai	ti	vestirai
lui/lei (Lei)	si	alzerà	si	metterà	si	vestirà
noi	ci	alzeremo	ci	metteremo	ci	vestiremo
voi	vi	alzerete	vi	metterete	vi	vestirete
loro	si	alzeranno	si	metteranno	si	vestiranno

재귀 대명사의 반과거 형태

	alzarsi		mettersi		vestirsi	
io	mi	alzavo	mi	mettevo	mi	vestivo
tu	ti	alzavi	ti	mettevi	ti	vestivi
lui/lei (Lei)	si	alzava	si	metteva	si	vestiva
noi	ci	alzavamo	ci	mettevamo	ci	vestivamo
voi	vi	alzavate	vi	mettevate	vi	vestivate
loro	si	alzavano	si	mettevano	si	vestivano

재귀 대명사 복합 시제 형태: 보조사는 essere를 사용하며 과거 분사의 어미는 주어의 성과 수에 일치시킨다.

	근과거			선립 미래		
io	mi	sono	alzato/a	mi	sarò	alzato/a
tu	ti	sei	alzato/a	ti	sarai	alzato/a
lui/lei (Lei)	si	è	alzato/a	si	sarà	alzato/a
noi	ci	siamo	alzati/e	ci	saremo	alzati/e
voi	vi	siete	alzati/e	vi	sarete	alzati/e
loro	si	sono	alzati/e	si	saranno	alzati/e

(2) 재귀 동사의 종류

이탈리아어의 재귀 대명사는 3인칭 si를 제외하고 1인칭과 2인칭은 직접 목적격 대명사, 간접 목적격 대명사와 형태가 동일하여 재귀 대명사만의 독특한 형태는 따로 없다. 그러나 재귀 대명사(mi, ti, si, ci, vi, si)의 기능 면에서 보면 독자적인 역할을 한다. 재귀 대명사의 역할에 따라 재귀 동사의 종류를 다음과 같이 구분할 수 있다.

ⓐ 본질적 재귀 동사 형태 **la forma riflessiva propria**

재귀 대명사가 직접 목적어 역할(~을, ~를)을 하는 경우이다. 하지만 직접 목적격 대명사와 다른 점은 직접 목적어 역할(~을/~를)을 하는 동시에 '자기 자신을'이라는 재귀(셀프)의 개념을 갖는다.

[타동사 + si] 예) Marco si lava.

ⓑ 형식적 재귀 동사 형태 **la forma riflessiva apparente**

재귀 대명사가 간접 목적어 역할(~에게)을 하는 경우이다. 하지만 간접 목적격 대명사와 다른 점은 간접 목적어 역할을 하는 동시에 '자기 자신에게'라는 재귀(셀프)의 개념을 갖고 직접 목적어를 따로 취하는 경우이다.

[타동사 + si] 예) Marco si lava le mani.

ⓒ 상호적 재귀 동사 형태 **la forma riflessiva reciproca**

재귀 대명사가 직접 목적어(~을, ~를)와 간접 목적어(~에게) 역할을 하는 동시에 '서로를, 서로에게'라는 상호의 개념을 갖게 되는 경우이다. 예) Ci vediamo dopo!

[타동사 + si, 간접 타동사(~에게 라는 전치사 a를 갖는 자동사) + si]

ⓓ 대명 자동사 형태 **la forma intransitiva pronominale**

자동사이기 때문에 재귀 형식과는 관계가 없지만 재귀 대명사와 결합하여 재귀 동사 형태처럼 활용되기 때문에 재귀 동사 형식의 범주에 넣는다.

i) 대명 동사 형태로만 존재하는 대명 자동사: 재귀 대명사와 결합된 동사 형태밖에 없어서 재귀 대명사 si를 떼어버린 형태의 동사는 이탈리아어에 존재하지 않는다. 예) vergognarsi

ii) 자동사 + si: 본래 자동사는 재귀 형식을 취할 수 없기 때문에 재귀 동사가 아니지만, 자동사에 재귀 대명사를 붙인 경우이다. 예) sedere → sedersi

iii) 자동사처럼 해석이 되는 타동사: 타동사 + si 형태의 본질적 재귀 동사들(위의 ⓐ번) 중 자동사적 의미를 지니는 동사들은 대명 재귀 동사로 간주할 수 있다. 사전에 v.intr.pron. (verbo intransitivo pronomiale)이라고 표시된 동사 형태들이 여기에 속한다.

(3) 재귀 동사의 사용

ⓐ 본질적 재귀 동사 형태 La forma riflessiva propria

본질적 재귀 동사는 주어의 동작이 재귀 대명사를 통해 다시 주어 자신에게로 돌아오는 동사를 말한다. 즉, 문장의 목적어가 주어와 동일인일 경우 반드시 재귀 대명사를 사용해야 한다. 재귀 대명사(mi, ti, si, ci, vi, si)가 직접 목적어 역할(~을, ~를)을 하는 동시에 '자기 자신을'이라는 재귀 개념을 포함할 때 본질적 재귀 동사 형식이라고 부른다.

lavare 타동사(v.tr.)

주어	타동사	직접 목적어	
Carlo	lava	suo figlio.	카를로는 그의 아들을 씻겨준다.

주어	직접 목적격 대명사 약형	타동사	
Carlo	lo	lava.	카를로는 그를 씻긴다.

주어인 카를로가 행위를 이행하고 그의 아들인 직접 목적어가 행위를 겪게 된다.
[주어 Carlo와 직접 목적어 lo는 다른 인물이다. 이런 경우 직접 목적격 약형 대명사를 사용한다.]

lavarsi 재귀 동사(v.rifl.)

주어	타동사	직접 목적어	
Carlo	lava	sé. (Carlo)	카를로는 자기 자신인 카를로를 씻겨준다.

주어	재귀 대명사(직목 역할)	재귀 동사	
Carlo	si	lava.	카를로는 자기 자신을 씻는다.

주어인 카를로가 행위를 가하지만 행위를 받는 목적어는 다시 주어 자신으로 돌아온다.
[주어 Carlo와 직접 목적어 sé가 동일 인물이다. 이런 경우 재귀 대명사 약형을 사용한다.]

재귀 동사의 복합 시제: essere + p.p(과거 분사는 주어의 성과 수에 일치)

타동사의 복합 시제는 avere + p.p이지만 재귀 동사의 복합 시제는 essere + p.p이다.

Mario	lava ha lavato	il bambino.	마리오는 아이를 씻긴다. 마리오는 아이를 씻겼다.	[타동사]
Mario	si lava. si è lavato.		마리오는 스스로 자신을 씻는다. 마리오는 자기 몸을 씻었다.	[재귀 동사]
Anna	veste ha vestito	la bambina.	안나는 아이에게 옷을 입힌다. 안나는 아이에게 옷을 입혔다.	[타동사]
La bambina	si veste. si è vestita.		아이는 스스로 옷을 입는다. 아이는 스스로 옷을 입었다.	[재귀 동사]

i) 재귀 동사와 일반 타동사

본질적 재귀 동사들은 일반 타동사에 si를 붙여서 재귀 동사(verbi riflessivi)가 되는 경우로 사전에 v.rifl.라고 표시되어 있다. 재귀 동사는 재귀 대명사를 특별히 강조할 경우에만 동사 뒤에 재귀 대명사 강조형을 사용하고, 일반적으로 동사 앞에 약형 형태를 사용한다. 주로 일상생활에 관련된 행위들이 재귀 동사 형태를 취한다. 주어와 목적어가 다르면 일반 타동사이고, 주어와 목적어가 같으면 재귀 동사가 된다.

amare

Io ti amo. [타동사]
나는 너를 사랑한다.

Io mi amo. [재귀 동사]
나는 나 자신을 사랑한다.

Devi amare te stesso prima di amare gli altri. [재귀 동사 강조형]
너는 다른 사람들을 사랑하기 전에 네 자신을 사랑해야 한다.

capire

Io non ti capisco. [타동사]
난 너를 이해 못 하겠어.

Io non mi capisco. [재귀 동사]
난 내 자신을 이해 못 하겠어.

Forse ancora non capisco me stesso. [재귀 동사 강조형]
아마도 아직 내가 나 자신을 이해하지 못하는 것 같다.

ii) 일상생활에 많이 사용되는 본질적 재귀 동사들

alzarsi	E tu, a che ora ti alzi la mattina? 너는 아침에 몇 시에 일어나니?
lavarsi	Di solito mi lavo con l'acqua calda. 주로 나는 따뜻한 물로 씻는다.
pettinarsi	Lui si pettina sempre con cura. 그는 항상 머리를 조심스럽게 빗는다.
truccarsi	Mi trucco un po' prima di uscire. 나는 외출 전에 화장을 약간 한다.
vestirsi	Valentina si veste sempre alla moda. 발렌티나는 항상 유행에 맞춰 옷을 입는다.
guardarsi	Paola, non ti guardi allo specchio? 파올라, 거울에 네 모습을 안 보니?
divertirsi	Mi sono divertito molto a casa di Paolo. 나는 파올로 집에서 아주 재미있게 놀았다.
riposarsi	La domenica di solito mi riposo in casa. 일요일에 나는 주로 집에서 휴식한다.

prepararsi	Mi preparo in fretta per uscire. 나는 나갈 준비를 급히 한다.
laurearsi	Mi sono laureato in Musica nel 2023. 나는 2023년에 음대를 졸업했다.
diplomarsi	Giulia si è diplomata al liceo artistico. 줄리아는 예술 고등학교를 졸업했다.
iscriversi	Vorrei iscrivermi al corso preparatorio. 제가 기초 과정에 등록하고 싶습니다.
sposarsi	Francesca si è sposata con Marco. 프란체스카는 마르코와 결혼했다.
specializzarsi	In che cosa ti sei specializzato all'università? 넌 대학에서 무엇을 전공했니?
sbrigarsi	Se ci sbrighiamo, possiamo arrivare in tempo. 만일 우리가 서두르면, 제시간에 도착할 수 있다.
rivolgersi	A chi devo rivolgermi per avere informazioni? 제가 정보를 얻으려면 누구한테 문의해야 합니까?
impegnarsi	Devo impegnarmi di più nello studio. 나는 공부에 더 매진해야 한다.
concentrarsi	Non riesco a concentrarmi sullo studio. 나는 공부에 집중을 할 수가 없다. (집중이 안 된다.)
scusarsi	Mi scuso, ma devo proprio andare. 죄송합니다만, 정말 가봐야 합니다.
spiegarsi	Mi spiego meglio. / Mi sono spiegato? 내가 더 잘 설명해 볼게요./내 말이 무슨 뜻인지 이해했어요?
esercitarsi	Mi esercito in italiano tutti i giorni. 나는 매일 이탈리아어 연습을 한다.
	Devi esercitarti a parlare in italiano più spesso. 너는 이탈리아어 말하기 연습을 더 자주 해야 한다.
raccomandarsi	Mi raccomando, non dire niente a Franco! 제발 내 부탁인데, 프랑코에게 아무것도 말하지 마!
abituarsi	Non mi sono ancora abituato ad alzare presto. 나는 아직 일찍 일어나는 데 습관이 안 되었다.
controllarsi	Alberto non sa controllarsi. 알베르토는 자제할 줄 모른다.

presentarsi — Mi presento, mi chiamo Monica.
제 소개할게요, 제 이름은 모니카예요.

allenarsi — Mi alleno in palestra tutti i giorni.
나는 매일 헬스장에서 체력 단련을 한다.

rilassarsi — Mi rilasso un po' sul divano.
소파에서 잠시 편히 쉰다.

sentirsi — [육체적인 감각이나 심리적인 감정을 느끼다.]
Come ti senti? 기분/몸이 어때?
Come si sente? 기분/몸이 어떠세요?

재귀 동사	형용사/부사/명사/동사	해석
Mi sento	bene / meglio.	좋아/나아졌어.
	male / peggio.	나빠/더 안 좋아.
	in forma.	컨디션이 좋다.
	giù / a terra.	기운이 없다.
	a pezzi.	만신창이 된 느낌이다.
	stanco/a.	피곤하다.
	offeso/a.	기분이 상했다.
	solo/a.	외롭다.
	inutile / niente.	아무 쓸모없이 느껴진다.
	piccolo/a.	내 자신이 작은 느낌이다.
	un bambino.	내가 아이같이 느껴진다.
	a disagio.	내 마음이 불편하다.
	in colpa.	내가 죄책감을 느낀다.
	responsabile.	내가 책임감을 느낀다.
	ad agio.	내 마음이 편안하다.
	soffocare.	내가 질식할 것 같다.
	morire.	내가 죽을 것 같다.

✎ 참고

재귀 대명사 강조형은 동사 뒤나 혹은 전치사 다음에 사용된다.

Io conosco bene me stesso. [동사 뒤] 나는 내 자신을 잘 안다.
Dovete amare voi stessi. [동사 뒤] 너희는 너희들 자신을 사랑해야 한다.
Devi fidarti di te stesso. [전치사 뒤] 너는 네 자신을 믿어야 해.
Lui pensa sempre a se stesso. [전치사 뒤] 그는 항상 자기 자신만 생각한다.
Parliamo di noi stessi. [전치사 뒤] 우리 자신에 관해서 말합시다.

ⓑ 형식적 재귀 동사 형태 La forma riflessiva apparente

재귀 대명사(mi, ti, si, ci, vi, si)가 본질적 재귀 동사처럼 직접 목적어(~을/를)의 역할이 아닌 간접 목적어(~에게)의 역할을 하는 동시에 '~자신에게'(재귀 여격)라는 재귀의 의미를 갖는 경우이다. 외형은 재귀 동사 형태이지만 주어의 행위가 직접 재귀 대명사에게 미치지 않고 실질적인 직접 목적어인 명사에 미치기 때문에 형식적 재귀 동사라고 부른다. [직접 목적어를 따로 취하는 형태]
[주어 + 재귀 대명사(자신에게) + 재귀 동사 + 직접 목적어(~을~를)]

이탈리아어에서는 영어와 달리 신체 부위에 관계된 표현은 소유격(~의)을 사용하지 않고 간접 목적어(~에게)을 사용한다. 간접 목적어가 소유격처럼 해석이 된다.

주어	타동사	직접 목적어	간접 목적어
Anna	lava	le mani	al bambino.

안나는 아이에게 손을 씻겨준다. [→ Anna lava le mani del bambino. ×]

주어	간접 목적 대명사 약형	타동사	직접 목적어
Anna	gli	lava	le mani.

안나는 그에게 손을 씻겨준다. [→ Anna lava le sue mani. ×]

주어와 간접 목적어가 동일인일 경우 신체 부위에 관계된 명사는 재귀 여격 대명사(~자신에게)를 사용한다. '~자신에게'라는 재귀 여격 대명사가 없으면 누구에게 행위를 가하는지 의미가 모호해지기 때문에 반드시 재귀 대명사가 필요하다. 따라서 재귀 여격 대명사는 '누구에게(a chi)'라는 여격의 의미를 분명히 하는 역할을 하며, 소유격처럼 해석이 된다.

주어	타동사	직접 목적어	재귀 대명사 강조형
Anna	lava	le mani	a sé.

안나는 자기 자신에게 손을 씻겨준다. [→ Anna lava le sue mani. ×]

주어	재귀 대명사 약형	재귀 동사	직접 목적어
Anna	si	lava	le mani.

안나는 자기 자신의 손을 씻는다. [si가 없으면 타인의 손이 될 수도 있다.]

모든 재귀 동사와 마찬가지로 형식적 재귀 동사도 복합 시제로 사용될 경우 essere + p.p가 된다. 이때 과거 분사는 주어의 성과 수에 일치시킨다.

Il bambino	si	lava è lavato	le mani.

아이가 자기 손을 씻는다/아이가 자기 손을 씻었다. [남성 명사]

Anna	si	lava è lavata	le mani.

안나가 자기 손을 씻는다/안나가 자신의 손을 씻었다. [여성 명사]

asciugarsi	Ti asciughi i capelli al naturale o con il fon? 너는 머리카락을 자연 바람으로 말리니, 아니면 드라이기로 말리니?
cambiarsi	Vi cambiate i vestiti o venite così alla festa? 너희들은 옷을 갈아입고 파티에 올래, 아니면 그냥 그렇게 올래?
tagliarsi	Angela si è tagliata i capelli molto corti. 안젤라는 머리카락을 아주 짧게 잘랐다.
pettinarsi	Come mi pettino i capelli ricci? 나의 곱슬머리를 어떻게 빗을까? [어떤 스타일로 할까?]
rompersi	Mi sono rotto una gamba giocando a calcio. 나는 축구하다가 한쪽 다리를 부러뜨렸다.
soffiarsi	Lui starnutisce e si soffia il naso. 그는 재채기를 하고 코를 푼다.
complicarsi	Perché ci complichiamo la vita? 왜 우리는 인생을 복잡하게 만드는가?
farsi la barba	Ogni mattina mi faccio la barba. 매일 아침 나는 면도를 한다.
farsi male	Sono caduto e mi sono fatto male. 나는 넘어져서 다쳤다.

lavarsi + 직접 목적어(신체 부분)

mi lavo ti lavi si lava ci laviamo vi lavate	la faccia / il viso	세수한다
	i capelli	머리 감는다
	i denti	양치질한다
	le mani	손 씻는다
	i piedi	발 씻는다

mettersi + 직접 목적어(명사) ↔ togliersi + 직접 목적어(명사)

mi metto ti metti si mette ↕ mi tolgo ti togli si toglie	il cappello	모자를 쓴다 ↔ 벗는다
	il cappotto	외투를 입는다 ↔ 벗는다
	la cravatta	넥타이를 맨다 ↔ 푼다
	la mascherina	마스크를 쓴다 ↔ 벗는다
	i guanti	장갑을 낀다 ↔ 벗는다
	gli occhiali	안경을 쓴다 ↔ 벗는다
	le scarpe	신발을 신는다 ↔ 벗는다

ⓒ 상호적 재귀 동사 형식 La forma riflessiva reciproca

상호적 재귀 동사 형식은 상호성이 있는 복수형 noi, voi, loro에서만 사용 가능하며, 두 주어가 동시에 서로 행위를 교환하는 관계를 나타낸다. 재귀 대명사가 직접 목적어(~을)와 간접 목적어(~에게) 역할을 하면서 동시에 '서로를, 서로에게'라는 상호적 의미를 지닌다. 상호적인 '서로'의 의미를 강조하기 위해서 l'un l'altro, a vicenda, reciprocamente 등의 부사 및 부사구를 넣어서 사용할 수 있다.

	재귀	-are	-ere	-ire	
(noi)	ci	-iamo	-iamo	-iamo	-iamo
(voi)	vi	-ate	-ete	-ite	-ite
(loro)	si	-ano	-ono	-ono	-iscono

Finalmente ci incontriamo. 드디어 우리가 서로 만난다.
Dove vi incontrate di solito? 너희들은 주로 어디에서 서로 만나니?
Quando si incontrano loro? 그들은 언제 서로 만납니까?

i) 상호 재귀 동사의 유형

• si + 타동사: 그들 서로를

Marco abbraccia Silvia.
마르코는 실비아를 포옹한다.

Silvia abbraccia Marco.
실비아는 마르코를 포옹한다.

→ Marco e Silvia si abbracciano.
마르코와 실비아는 서로 포옹한다.

Michele ama Paola molto.
미켈레는 파올라를 무척 사랑한다.

Paola ama Michele molto.
파올라는 미켈레를 무척 사랑한다.

→ Michele e Paola si amano molto.
미켈레와 파올라는 서로 무척 사랑한다.

• si + 여격 동사(~에게) + 직접 목적어(명사): 그들 서로에게 ~을

Sara dà appuntamento a Luca.
사라는 루카에게 약속을 준다.

Luca dà appuntamento a Sara.
루카는 사라에게 약속을 준다.

→ Sara e Luca si danno appuntamento.
사라와 루카는 서로 약속을 주고받는다.

• si + 간접 목적어(~에게)를 갖는 자동사: 그들 서로에게

Anna non parla a Sara. 안나는 사라에게 말하지 않는다. Sara non parla ad Anna. 사라는 안나에게 말하지 않는다.	Anna e Sara non si parlano. 안나와 사라는 서로 말하지 않는다.
Gina telefona a Viola. 지나는 비올라에게 전화한다. Viola telefona a Gina. 비올라는 지나에게 전화한다.	Gina e Viola si telefonano. 지나와 비올라는 서로 전화를 주고받는다.
Aldo scrive a Chiara. 알도는 키아라에게 편지를 쓴다. Chiara scrive ad Aldo. 키아라는 알도에게 편지를 쓴다.	Aldo e Chiara si scrivono. 알도와 키아라는 서로 편지를 주고받는다.

ii) 일상생활에서 자주 사용되는 상호 재귀 동사들

salutarsi	Allora ci salutiamo qui? 그러면 우리 여기서 작별 인사 나눌까요?
incontrarsi	Quando loro si incontrano, non si salutano. 그들이 만날 때 서로 인사하지 않는다.
conoscersi	Da quanto tempo vi conoscete? 너희들 서로 안 지가 얼마나 되었어? Mi scusi, ci conosciamo? 죄송한데, 우리 서로 아는 사이죠? Come vi siete conosciuti? 너희들은 서로 어떻게 알았어?
vedersi	A che ora ci vediamo domani? 우리 내일 몇 시에 볼까? Ci vediamo alla prossima lezione. 우리 다음 수업시간에 봐요.
arrivederci	Caio e arrivederci! 안녕, 다음에 또 봐! (Arrivederci) a presto! 조만간 다시 보자/봅시다!

sentirsi	Ci sentiamo dopo! 나중에 (글이나 말로) 연락하자!
guardarsi	Loro non si guardano nemmeno. 그들은 서로 쳐다보지도 않는다.
baciarsi	Loro si baciano davanti alla porta di casa. 그들은 집 문 앞에서 서로 키스를 나눈다.
fidanzarsi	Non si sono ancora fidanzati ufficialmente. 그들은 아직 서로 공식적으로 약혼하지 않았다.
innamorarsi	Lei e Federico si sono innamorati. 그녀와 페데리코는 서로 사랑에 빠졌다.
sposarsi	Loro si sposeranno l'anno prossimo. 그들은 내년에 결혼할 것이다.
odiarsi	Loro si odiano come due nemici. 그들은 원수지간처럼 서로 증오한다.
lasciarsi	Si sono lasciati dopo due anni di fidanzamento. 그들은 약혼 2년 만에 서로 헤어졌다.
separarsi	Tutto è finito. Ci siamo separati. 모든 것이 끝났어. 우리는 서로 헤어졌다.
amarsi	Ci siamo lasciati ma ci amiamo ancora. 우리는 헤어졌지만 여전히 서로를 사랑한다.
lodarsi	Loro si lodano reciprocamente. 그들은 서로 칭찬을 한다.
picchiarsi	Due uomini si picchiano per la strada. 두 명의 남자가 길에서 서로 때리며 싸운다.
darsi del tu	Perché non ci diamo del tu? 우리 서로 반말하는 것이 어때요?
darsi del Lei	Dopo tanti anni si danno ancora del Lei. 몇 년이 지나도 그들은 아직도 서로 존댓말을 한다.
volersi bene	Noi ci vogliamo molto bene. 우리는 서로 무척 아끼며 사랑한다. Loro si vogliono tanto bene. 그들은 서로 무척 아끼며 사랑한다.
scambiarsi	Gli italiani si scambiano i regali a Natale. 이탈리아인들은 성탄절에 선물을 서로 교환한다.

ⓓ 대명 자동사 형식 **La forma intransitiva pronominale**

대명 자동사는 재귀 대명사가 동사 앞에 위치하고 재귀 동사처럼 활용되기 때문에 형식면에 있어서 재귀 동사와 같아 재귀 동사 유형들 속에 넣는다. 하지만 실제적으로 재귀 대명사가 재귀적인 의미를 전혀 가지고 있지 않으며 자동사적인 성질을 지니고 있다. 사전에 재귀 동사는 v.rifl.로 표시되어 있고 대명 자동사는 v.intr.pron.이라고 표시되어 있다. 대명 자동사에는 다음과 같은 유형들이 있다.

i) 대명 동사 형태로만 존재하는 대명 자동사

동사에 -si를 제거하면 그러한 동사가 이탈리아어에서 존재하지 않는 형태들로서 오직 재귀 대명사가 붙은 형태로 사용될 수 있는 동사들이다. 재귀 대명사가 직접 목적어(~을/를)나 간접 목적어(~에게) 역할 중 그 어떤 역할도 하지 못하고 단지 동사의 한 부분으로서 동사에 붙어 있는 장식품에 지나지 않는다. 이러한 대명 자동사들은 주로 전치사 di와 함께 사용된다.

vergognarsi di [vergognare ×]	Non ti vergogni di me? 너는 내가 부끄럽지 않니? Mi vergogno di cantare in pubblico. 나는 청중 앞에서 노래하는 것을 부끄러워한다.
accorgersi di [accorgere ×]	Mi accorgo adesso della tua presenza. 이제야 너의 존재에 대해서 알아차린다. Non mi sono accorto di niente. 나는 아무것도 눈치채지 않았다. Mi sono accorto di aver sbagliato. 내가 실수했다는 것을 깨달았다.
pentirsi di [pentire ×]	Marco si pente di quello che ha detto. 마르코는 자신이 한 말에 대해서 후회한다. Ti pentirai di non avermi ascoltato. 너는 내 말을 듣지 않은 것에 대해서 후회할 거야.

ii) 거의 재귀 동사 형태로 사용되는 동사: si를 제거한 형태의 일반 동사가 존재 하지만 거의 재귀 동사 형태로 사용된다.

arrabbiarsi	Perché ti arrabbi subito? 왜 금방 화를 내니? Lui si è arrabbiato con me. 그는 나한테 화를 냈다.

ammalarsi Il figlio di Laura si ammala spesso.
라우라의 아들은 자주 아프다/병이 난다.
Mi sono ammalato un mese fa.
나는 한 달 전에 병이 났다.

fidarsi Da quella volta lei non si fida di nessuno.
그때부터 그녀는 아무도 믿지 않는다.
Mi fido di te. Non ti fidi di me?
나는 너를 믿는다. 너는 나를 믿지 않니?

meravigliarsi Mi meraviglio di te.
나는 너한테 감탄한다.
Mi meraviglio di vederti qui.
내가 여기서 너를 보게 되다니 놀랍다.

lamentarsi Daniela si lamenta di tutto.
다니엘라는 모든 것에 대해 불평한다.

iii) 자동사 + si의 형태

재귀 동사는 본래 타동사 + si로 이루어진다. 자동사는 주어의 행위가 다른 대상에게 미치지 않고 스스로 자체에서 끝나버리기 때문에 재귀 대명사가 필요 없다. 그런데 일부 자동사 가운데 불필요하게 재귀 대명사를 붙여서 사용하는 대명 자동사도 있다.

sedersi [sedere] Franco si siede sempre in prima fila.
프랑코는 항상 앞줄에 앉는다.
Che bella giornata! Ci sediamo fuori!
화창한 날씨구나! 밖에 앉자!
Posso sedermi? / Mi siedo qui?
제가 앉아도 됩니까? 제가 여기에 앉을까요?

iv) 자동사적 의미로 해석이 되는 타동사

타동사 + si형의 본질적 재귀 동사들 가운데 해석이 자동사적 의미가 되는 타동사들이 대명 자동사에 속한다. 형태 면으로 보아선 본질적 재귀 동사에 속하지만, 재귀 대명사들이 재귀적인 기능을 하는 것이 아니라 오히려 자동사적인 해석이 되도록 하기 때문에 대명 자동사 범주 속에 넣는다.

svegliarsi Stamattina mi sono svegliato molto presto.
오늘 아침 나는 아주 일찍 잠을 깼다.
La mattina mi sveglio sempre alla stessa ora.
아침에 나는 항상 같은 시간에 잠을 깬다.

addormentarsi	A che ora ti sei addormentato ieri sera? 어제 저녁에 몇 시에 잠이 들었어? Mi sono addormentato molto tardi. 나는 아주 늦게 잠이 들었다.
stancarsi	In questo periodo mi stanco facilmente. 요즘 나는 쉽게 피곤해진다. Mi sono stancato delle tue lamentele. 나는 너의 불평에 지쳤다.
annoiarsi	Se ti annoi qui, leggi questo libro. 여기에서 지루하면, 이 책을 읽어. Mi sono annoiato da morire al concerto. 음악회에서 죽을 만큼 지겨웠다/지겨워 죽는 줄 알았다.
sbagliarsi	Ti sbagli, non è così. 네가 실수한 거야. 그렇지 않아. Hai ragione, mi sono sbagliato. 네 말이 맞아, 내가 틀렸어.
chiamarsi	Come ti chiami? -Mi chiamo Marco. 네 이름이 뭐야? 내 이름은 마르코야.
preoccuparsi	I miei genitori si preoccupano molto per me. 나의 부모님께서는 내 걱정을 너무 많이 하신다. Mi preoccupo per la salute di mio padre. 나는 아버지 건강이 걱정된다.
confondersi	Scusami, mi sono confuso. 미안해, 내가 혼동했어.
offendersi	Mi offendo se non lo mangi. 네가 그것을 안 먹으면 내가 마음 상한다.
comportarsi	Perché ti comporti così? 왜 그렇게 행동하니?
emozionarsi	Mi sono emozionato. 가슴이 뭉클했다/ 나는 흥분했다.
commuoversi	Mi sono commosso. 나는 감동했다.
avvicinarsi	L'estate si avvicina. Che progetti hai? 여름이 다가 온다. 너는 무슨 계획들을 가지고 있니?

occuparsi	Di che cosa si occupa? -Mi occupo di moda. 무슨 일에 종사하십니까? 패션에 종사합니다.
	Mia madre si occupa dei miei figli. 나의 어머니가 아이들을 돌보신다.
fermarsi	Quanto tempo ti fermi a Roma? 로마에 얼마 동안 머무르니?
	Mi sono fermato qualche giorno a Firenze. 나는 피렌체에 며칠 동안 머물렀다.
trovarsi [지내다]	Come si trova qui a Roma? -Mi trovo bene. 여기 로마에 지내기가 어떠세요? 잘 지냅니다.
	Come ti sei trovato in Italia? 이탈리아에서 어떻게 지냈어?
[위치하다]	Assisi si trova vicino a Perugia. 아씨시는 페루자 근처에 있습니다.
	Mi trovo in difficoltà economica. 나는 경제적 어려움에 처해 있다.
intendersi	Non mi intendo di vini. Decidi tu. 나는 포도주에 대해서 일가견이 없어. 네가 결정해.
ricordarsi	Ti ricordi di me? -No, non mi ricordo. 너 나 기억나니? 아니, 기억이 안나.
dimenticarsi	Mi sono dimenticato di comprare il latte. 나는 우유 사는 걸 깜박했다.
informarsi	Se mi informo e poi ti chiamo. 만일 내가 정보를 얻게 되면 이후에 네게 전화할게.
decidersi	Finalmente ti sei deciso a venire con noi? 드디어 우리와 함께 가기로 결심했어?
spaventarsi	Mi sono spaventato. 나는 깜짝 놀랐다.
trasferirsi	Mi sono trasferito da Roma a Bologna. 나는 로마에서 볼로냐로 이주했다.
perdersi	Mi scusi, mi sono perso. 죄송한데, 제가 길을 잃었어요.
innamorarsi	Mi sono innamorata di lui. 나는(여성) 그와 사랑에 빠졌다/그를 사랑하게 되었다.

(4) 강조 재귀 동사 I verbi riflessivi intensivi

강조 재귀 동사는 재귀 대명사의 역할에 따라 분류할 경우에 형식적 재귀 동사 형태에 속하거나 대명 동사 형태에 속한다. 그러나 동사의 의미상 다음과 같이 따로 구분할 수도 있다.

ⓐ 애정 강조 재귀 형식 La forma riflessiva affettiva-intensitiva

애정 강조 재귀 형식은 일반 타동사에 대명사 si를 붙인 형태로서, 대명사를 제거해도 동사의 의미 변화는 없지만, 대명사를 통해서 애정의 감정을 불어넣는다. 애정 재귀 동사 형식은 중남부 지역에서 나온 지역 언어로 일상 구어체나 비격식적인 문어체에서 많이 사용되었지만, 이제는 이탈리아 전역에 걸쳐 격식적인 언어에까지 많이 확대되어 사용되는 표현 형식이다. 왜냐하면 화자가 애정 강조 재귀 대명사를 통해 행위에 심리적 강도를 담아서 즉각적으로 메시지를 전달할 수 있기 때문이다. 애정 강조 재귀 형식은 재귀 대명사가 간접 목적어 역할을 하며 직접 목적어(명사)가 따로 있기 때문에, 형식적 재귀 동사 형태를 취하고 있다. 재귀 대명사 si를 없애고 보통 타동사로 표현할 수 있기 때문에 재귀 대명사 si가 불필요하다. 그러나 재귀 대명사를 사용하여 애정 감정 재귀 동사로 표현하면 어떤 행위를 단순히 전달하는 중립적인 문장보다도 주어의 적극적인 개입이 강조되기 때문에 표현의 의미에 영향을 미친다. 즉 동사의 행위를 행하는 데 있어서 자기 자신을 위해서 하는 행위로 개인적인 감정이 개입되어 만족감이나 기쁨을 나타낸다. 주어의 만족감을 극대화하기 위해서 주로 형용사 bello가 명사와 함께 쓰인다. 애정 강조 재귀 형식을 복합 시제로 사용할 때도 essere + p.p가 되며 과거 분사의 어미는 주어의 성과 수에 일치시킨다.

mangiare Mangio una crostata quando vado da mia nonna.
내가 할머니 집에 가면 나는 크루아상을 먹는다. [중립 문장-단순한 사실]

mangiarsi Mi mangio una (bella) crostata quando vado dalla nonna.
내가 할머니 집에 가면 나는 맛있는 크루아상을 먹는다. [감정 강조 문장]
[할머니 집에 가서 크루아상을 먹는 것이 아주 행복하고 기쁘다는 의미이다.]

bere Adesso bevo un caffè. [중립 문장]
지금 나는 커피를 마신다. [커피를 마신다는 단순한 사실을 전달한다.]

bersi Adesso mi bevo un (bel) caffè. [감정 강조 문장]
[지금 나 자신을 위해서 아주 기쁘게 커피를 마신다는 의미를 나타낸다.]

prendere Tu che prendi? -Io prendo questo. [중립 문장]
너는 뭐 먹을래? 난 이것 먹을게. [이것을 먹겠다는 단순한 사실을 전달한다.]

prendersi Tu che ti prendi? -Io mi prendo questo. [감정 강조 문장]
[카페나 음식점 등 그곳에서 주문해서 먹는 것이 기쁘다는 의미를 내포한다.]

ascoltare	Ora ascoltaimo una canzone! [단순한 중립 문장] 지금 우리 노래 한 곡 듣자.
ascoltarsi	Ora ci ascoltiamo una (bella) canzone! [감정 강조 문장] 지금 우리 멋진 노래를 한 곡 기분 좋게 들어보자.
fare	Oggi ho fatto una lunga passeggiata. [단순한 중립 문장] 나는 오늘 오랫동안 산책을 했다.
farsi	Oggi mi sono fatto una lunga passeggiata. [감정 강조 문장] 나는 오늘 오랫동안 기분 좋게 산책을 해서 기쁘다.
comprare	Laura ha comprato un nuovo vestito. [단순한 중립 문장] 라우라는 새로운 옷을 하나 샀다.
comprarsi	Laura si è comprata un nuovo vestito. [감정 강조 문장] 라우라는 자신이 입을 새로운 옷을 산 것이 기쁘고 마음에 들어 한다.

ⓑ 강조사 intensivi [☞ 1권 대명사 참조]

행위의 의미를 강조하기 위해서 동사에 재귀 대명사를 붙여서 특수하게 사용되는 대명 동사들(i verbi pronominali)이다. 재귀 대명사(mi, ti, si, ci, vi, si)들이 대명사 ne, la와 결합하여 다음과 같은 변화된 형태로 강조적으로 사용된다. 재귀 대명사들은 대명사 ne, la 앞에서 발음상 i가 모두 e로 변화한다. [☞ 1권 251, 271, 281쪽 대명사 참조]

	mi	ti	si	ci	vi	si
ne	me ne	te ne	se ne	ce ne	ve ne	se ne
la	me la	te la	se la	ce la	ve la	se la

andarsene	Ciao, me ne vado!	안녕, 나 이만 갈게.
venirsene	Se ne veniva tranquillo.	그는 얌전히 오고 있었다.
starsene	Se ne sta seduto all'ombra.	그는 그늘에 앉아 있다.
tornarsene	Me ne torno a casa.	나는 집에 돌아간다.
restarsene	Se ne resta sola.	그녀는 혼자 남아 있다.
prendersela	Perché te la prendi con me?	왜 나한테 기분 나빠 해?
sentirsela	Non me la sento di uscire.	난 외출할 기분이 안 든다.
cavarsela	Me la cavo da solo.	혼자서 어떻게든 할 수 있어.
godersela	Lui se la gode in spiaggia.	그는 해변에서 즐긴다.
passarsela	Come te la passi?	요즘 어떻게 생활하니?

✎ 참고

다음 동사들은 의미의 차이 없이 사용되기는 하지만 실제로 약간의 의미 차이는 있다.

1. **riposare**: 신체적·정신적 힘을 얻기 위해 하던 일을 멈추고 쉬다(take a break)

v.intr.
- Riposiamo un po'! 잠깐 쉽시다!
- Ho bisogno di riposare. 나는 휴식이 필요하다.

졸다(sonnecchiare), 자다(dormire), 영면하다
- Ho riposato un po' in treno. 나는 기차에서 조금 잤다.
- Hai riposato bene? 잘 잤어? /잘 쉬었어?
- Riposa in pace, amore mio! 편히 잠드소서, 내 사랑!

2. **riposarsi**: 휴식하다(to take a rest), 자신의 신체에 휴식을 주다

v.rifl.
- Perché non ti riposi? 조금 휴식하는 것이 어때?
- Mi riposo sempre dopo pranzo. 난 점심 식사 후 항상 휴식한다.
- Dopo il lavoro mi sono riposato. 일 끝나고 나는 휴식했다.
- Oggi loro si riposano in casa. 오늘 그들은 집에서 휴식한다.

3. **ricordare**: (마음이나 머릿속에) 간직하다, 기억나게 하다, 상기시키다, 기념하다

v.tr.
- Ricordo le tue parole. 나는 너의 말들을 기억하고 있다.
- Ricordi il suo nome? 그의 이름을 기억하고 있어?
- Ti ricordo bene. 나는 너를 잘 기억하고 있다.
- Mi ricordi tuo padre. 너는 네 아버지를 기억나게 한다.
- Oggi ricordiamo i caduti per la libertà.
  오늘 우리는 자유를 위해 전사한 사람들을 기억합시다.
- Dopo mi ricordi di comprare il latte?
  나중에 내게 우유 사는 것을 상기시켜 줄래?
- Ti ricordo che domani è il mio compelanno.
  내일 나의 생일이라는 것을 네게 상기시킨다.

4. **ricordarsi**: ~에 대해서 기억나다, 생각나다, 기억을 떠올리다

v.intr.pron.
- Mi ricordo delle tue parole. 너의 말들이 기억난다.
- Ti ricordi del suo nome? 그의 이름이 기억나니?
- Ti ricordi di me? 너는 내가 기억나니?
- Mi ricordo di tutto. 나는 모든 것이 기억난다.
- Non mi ricordo di niente. 나는 아무것도 기억 안 난다.
- Ricordati di comprare il latte! 우유 사는 것을 기억해!
- Mi ricordo che era carina. 그녀가 귀여웠던 기억이 난다.

(5) 재귀 사역 동사: farsi + 타동사

ⓐ 주어가 행위자로 하여금 동사의 행위를 주어 자신에게 하게 만드는 경우이다.
재귀 대명사가 '~자기 자신을'이라는 직접 목적어 역할을 하며 수동 의미로 해석된다.

주어	farsi + 동사 원형	(da + 행위자)
	~로 하여금 자기 자신을 ~하게 하다	

- **farsi capire**: 자신을 이해받다(~한테 자기 말을 알아듣게 하다, 이해하게 하다)
  Mi faccio capire, anche se non parlo bene l'italiano.
  비록 내가 이탈리아어를 잘 못해도 사람들이 내 말을 알아듣게는 한다.
  Perché è così difficile farsi capire dagli altri?
  왜 다른 사람들한테 자신을 이해시키는 것이 그렇게 어려운가요?

- **farsi riconoscere**: 자신을 알리다(~로 하여금 자신을 알아보게 하다)
  Lui si fa riconoscere mostrando il passaporto.
  그는 여권을 보여줌으로써 자신을 알아보게 한다.

- **farsi notare**: 시선(이목)을 끌다(~로 하여금 자신을 주목하게 만들다), 눈에 띄다
  Gina si veste sempre in modo esagerato per farsi notare.
  지나는 항상 눈에 띄기 위해 과하게 옷을 입는다.

- **farsi sentire**: 들리다(~로 하여금 자기 자신의 말을 듣게 하다), 연락하다
  Ma che fine hai fatto? È da tanto che non ti fai sentire!
  어떻게 된 일이야? 너의 소식/연락을 못 들은 지 한참 되었어.
  Perché non ti fai mai sentire? Mi manchi. Fatti sentire spesso!
  왜 절대 연락을 안 하는 거야? 네가 보고 싶어. 자주 연락 좀 해!

- **farsi vedere**: 보이다(~로 하여금 자기 자신을 보게 하다)
  Perché Matteo non si fa più vedere a scuola?
  왜 마테오가 학교에 더 이상 안 보이지/안 나타나지?
  Perché non ti sei fatta vedere in questi giorni, Rita?
  리타, 너는 왜 요 며칠 동안 보이지 않았니?
  Lei non ha voluto farsi vedere nel video.
  그녀는 영상에 자신의 모습을 보이고 싶어 하지 않았다.

• **farsi abbracciare** 안기다(~로 하여금 자기를 포옹하게 하다)
Giulia, vieni qui! Fatti abbracciare!
줄리아, 이리 와! 안아보자(안겨봐)!

• **farsi aiutare**: 도움받다(~로 하여금 자기를 도와주게 하다)
Perché non ti fai aiutare da qualcuno?
누군가로부터 도움을 받는 게 어때?

• **farsi aspettare**: 기다려지다(~로 하여금 자기를 기다리게 하다)
Quel cameriere si fa sempre aspettare.
저 종업원은 항상 자기를 기다리게 만든다.

• **farsi perdonare**: 용서받다(~로 하여금 자기를 용서하게 하다)
Per farmi perdonare come devo fare?
내가 용서를 받으려면 어떻게 해야 되지?

• **farsi visitare**: 진찰받다(~한테 자기를 진찰하게 하게 하다)
Devi farti visitare da uno specialista.
너는 한 전문의한테 진찰을 받아야 한다.
Mi sono fatto visitare recentemente per un problema al collo.
나는 최근에 목에 문제가 있어서 진찰받았다.

ⓑ 주어가 행위자를 통하여 주어 자신에게 동사에 표현된 행위를 하게 만든다.
재귀 대명사가 '자신에게'라는 간접 목적어 역할을 하며, 행위자가 생략될 수 있다.

주어	farsi + 동사 원형	직접 목적어(사물)	(da + 행위자)
~로 하여금 자기에게 ~하게 하다			

• **farsi regalare** + 직접 목적어 + [da + 행위자]: ~한테 자신에게 ~를 선물하게 하다
Che cosa mi faccio regalare dal mio ragazzo per Natale?
나는 크리스마스 때 남자 친구한테 내게 무슨 선물을 하게 할까?

• **farsi mandare** + 직접 목적어(사물) + [da + 행위자]: 자신에게 ~를 보내게 하다
Luigi si è fatto mandare i soldi dai suoi genitori.
루이지는 부모님한테 자기에게 돈을 보내오도록 했다.

• **farsi prestare** + 직접 목적어(사물) + [da + 행위자]: 빌리다(~한테 자기에게 빌려주게 하다)
Marco si fa prestare 5000 euro da un amico.
마르코는 한 친구한테 5000유로를 빌려달라고 한다.

• **farsi dare** + 직접 목적어(사물) + [da + 행위자]: ~한테 자기에게 ~를 주게 하다

Mi sono fatto dare un passaggio da una collega.

나는 한 직장 여자 동료에게 나를 태워달라고 했다.

• **farsi portare** + 직접 목적어 +[da + 행위자]: ~한테 자신에게 ~를 가져오게 오다

Lucio si è fatto portare la cena da sua madre.

루치오는 어머니한테 저녁 식사를 자기에게 가져오게 했다.

ⓒ 주어 + 사역 동사(fare / lasciare) + 재귀 동사인 경우 [☞ 79쪽 참조]

사역 동사와 재귀 동사가 함께 사용될 때 재귀 대명사는 사라지고 재귀 동사는 일반 타동사로 돌아가며 재귀적인 성질을 잃기 때문에 직접 목적격 대명사를 사용해야 한다.

arrabbiarsi	Faccio arrabbiare Carlo. [=Lo faccio arrabbiare.] 나는 카를로를 화나게 한다. [→ Faccio arrabbiarsi Carlo. ×]
vergognarsi	Tu mi fai vergognare. 너는 나를 부끄럽게 만든다. [→ Tu mi fai vergognarmi. ×]
pentirsi	Lo farò pentire di questo. [→ Lo farò pentirsi. ×] 나는 이것에 대해 그가 후회하게 만들 것이다.

(6) 재귀 동사가 조동사와 함께 사용될 때

ⓐ 재귀 대명사는 주어의 인칭에 동일하게 변화해야 한다.

재귀 대명사가 주어의 인칭과 동일하지 않으면 재귀 동사가 아니라 타동사이다.

주어	조동사	동사 원형	부사
io	voglio	alzarmi	presto. 일찍 일어나고 싶다.
tu	vuoi	alzarti	
lui / lei / Lei	vuole	alzarsi	
noi	vogliamo	alzarci	
voi	volete	alzarvi	
loro	vogliono	alzarsi	

Scusi, posso sedermi qui?

실례합니다만, 제가 여기에 앉아도 될까요?

Paolo, vuoi iscriverti in palestra?

파올로, 헬스장/체육관에 등록하길 원하니?

Lei vuole sposarsi dopo i trent'anni.
그녀는 서른 살 넘어서 결혼하길 원한다.

Noi non possiamo dimenticarci di voi.
우리는 너희들에 대해서 잊을 수가 없다.

Voi dovete sbrigarvi, altrimenti perdete il treno.
너희들은 서둘러야만 해, 그렇지 않으면 기차를 놓쳐.

Loro vogliono divertirsi con gli amici stasera.
그들은 오늘 저녁 친구들과 재미있게 놀고(즐거운 시간을 보내고) 싶어 한다.

ⓑ 재귀 대명사는 조동사 앞에 위치하거나 본동사 뒤에 위치할 수 있다.

재귀 대명사가 조동사 앞에 위치할 경우 본동사는 형태가 그대로이다.
재귀 대명사가 본동사 뒤에 위치할 경우 본동사의 -e를 떼고 재귀 대명사를 붙인다.
조동사와 함께 사용될 때 재귀 대명사는 주어의 인칭과 일치해야 한다.

Io	voglio posso devo	alzarmi	presto.	**Io**	mi	voglio posso devo	alzare	presto.
Tu	vuoi puoi devi	alzarti	presto.	**Tu**	ti	vuoi puoi devi	alzare	presto.
Lui **Lei**	vuole può deve	alzarsi	presto.	**Lui** **Lei**	si	vuole può deve	alzare	presto.

ⓒ 전치사 다음에 재귀 동사가 사용될 경우

조동사의 경우와 마찬가지로 재귀 대명사는 주어의 인칭과 동일해야 한다.

Io vado a riposarmi un po'. 나는 잠시 휴식하러 간다.
Tu hai deciso di trasferirti a Roma? 로마로 이사하기로 결정했어?
Lei ha l'abitudine di alzarsi presto. 그녀는 일찍 일어나는 습관이 있다.
Noi siamo qui solo per divertirci. 우리는 단지 즐기려고 여기 있다.
Voi preparate la tesi per laurearvi? 너희는 졸업 논문 준비 하니?
Loro non hanno tempo di annoiarsi. 그들은 지루할 시간이 없다.

(7) 재귀 동사의 복합 시제 I verbi riflessivi nei tempi composti

ⓐ 재귀 동사가 복합 시제로 사용될 때 essere를 보조사(il verbo ausiliare)로 취하며, 이때 과거 분사의 어미는 주어의 성과 수에 따라 일치시킨다.

	부정문	현재		근과거(복합 시제)		
io	(non)	mi	alzo	mi	sono	alzato/a
tu		ti	alzi	ti	sei	alzato/a
lui / lei / Lei		si	alza	si	è	alzato/a
noi		ci	alziamo	ci	siamo	alzati/e
voi		vi	alzate	vi	siete	alzati/e
loro		si	alzano	si	sono	alzati/e

Mi sveglio presto.
나는 일찍 잠을 깬다.

Mi sono svegliato/a presto.
나는 일찍 잠을 깼다.

Ti fermi a Roma?
로마에 머무니?

Ti sei fermato/a a Roma?
로마에 머물렀니?

Si diverte con gli amici.
그/그녀는 친구들과 즐겁게 논다.

Si è divertito/a con gli amici.
그/그녀는 친구들과 즐겁게 놀았다.

Ci alziamo alle 7.
우리는 7시에 일어난다.

Ci siamo alzati/e alle 7.
우리는 7시에 일어났다.

Dove vi incontrate?
너희들은 어디에서 서로 만나니?

Dove vi siete incontrati/e?
너희들은 어디에서 서로 만났니?

Come si trovano a Roma?
그들이 로마에서 어떻게 지내죠?

Come si sono trovati/e a Roma?
그들이 로마에서 어떻게 지냈죠?

ⓑ 조동사(i verbi servili)와 재귀 동사가 함께 쓰일 때 조동사의 복합 시제

재귀 동사의 복합 시제는 앞의 ⓐ에서 볼 수 있듯 항상 essere를 보조사로 사용한다. 그러나 조동사와 함께 사용된 재귀 동사의 경우 복합 시제로 고칠 때 재귀 대명사의 위치에 따라 보조사 avere와 essere의 사용이 달라진다. 조동사가 보조사를 essere 동사로 사용할 경우 과거 분사의 어미는 반드시 주어의 성과 수에 따라 일치시킨다. 재귀 대명사가 조동사 앞에 오면 essere를 보조사로 사용하고, 재귀 대명사가 본동사 뒤에 가면 avere를 보조사로 사용한다.

재귀 대명사가 조동사 앞에 위치할 경우: 재귀 대명사 + essere + 조동사의 p.p + 동사 원형

재귀 대명사가 본동사 뒤에 위치할 경우: avere + 조동사의 p.p + 재귀 동사 원형

재귀 대명사	essere + p.p	동사 원형	avere + p.p	동사 원형(재귀 대명사)
Mi	devo posso voglio	alzare presto.	Devo Posso Voglio	alzarmi presto.
Mi	sono dovuto/a potuto/a voluto/a	alzare presto.	Ho dovuto potuto voluto	alzarmi presto.

나는 일찍 일어나야만 했다/일어날 수 있었다/일어나길 원했다. [그래서 일어났다 의미]

(8) 재귀 동사가 장소 부사 ci와 함께 사용될 때 ci의 위치

장소 부사 ci가 재귀 동사와 함께 쓰일 때 ci는 3인칭일 경우에만 재귀 대명사 앞에 위치한다. 1인칭과 2인칭인 경우 ci는 재귀 대명사 뒤에 위치한다. 오늘날 1인칭 복수(noi)인 경우에 장소 부사 ci는 재귀 대명사의 ci와 중복되어 혼란이 생길 수 있기 때문에 같이 사용하지 않는다.

Mi trovo bene in Italia.	→	Mi ci trovo bene.
Ti trovi bene in Italia.	→	Ti ci trovi bene.
Si trova bene in Italia.	→	Ci si trova bene. [3인칭 단수]
Vi trovate bene in Italia.	→	Vi ci trovate bene.
Si trovano bene in Italia.	→	Ci si trovano bene. [3인칭 복수]
이탈리아에서 잘 지낸다.		그곳에서 잘 지낸다.

(9) 재귀 대명사가 명령형일 때 재귀 대명사의 위치 [☞ 196쪽 명령법 참조]

존칭 명령형 Lei만 재귀 대명사가 동사 앞에 위치하고, 나머지는 동사 뒤에 위치한다.

Si alzi! (Lei)	Alzati! (tu)	Alzatevi! (voi)	Alziamoci! (noi)
일어나세요!	일어나!	일어들 나세요!	일어납시다!

(10) 비인칭 주어 si + 재귀 동사인 경우: 비인칭 주어 si가 재귀 대명사 si 앞에 위치

비인칭 주어 si가 재귀 대명사 si 앞에서 si가 중복되므로 비인칭 si는 ci로 변화한다.

In Corea ci si sposa dopo i 30 anni. [=la gente si sposa]

한국에서 사람들이 30세 넘어서 결혼한다. [si si → ci si]

3 보조 기능 동사 | verbi d'appoggio

일부 동사들은 동사 자체의 고유한 의미를 갖는 것 이외에도 다른 동사들과 결합해서 하나의 술어를 형성하는 것이 있다. 두 번째 동사는 주요한 의미를 나타내고, 첫 번째 동사는 여러 가지 기능을 하면서 두 번째 동사를 떠받쳐 주게 된다. 첫 번째 동사를 보조기능 동사(i verbi d'appoggio)라고 하는데, 이것에는 복합 시제(i tempi composti)나 수동태(la forma passiva) 만드는 것을 도와주는 보조사(i verbi ausiliari), 조동사(i verbi servili), 행위의 양상을 나타내는 양상 동사(i verbi aspettuali), 사역 동사(i verbi causativi)들이 있다.

1 보조사 | verbi ausiliari

avere와 essere가 '~을 가지다', '~이다'라는 본동사 의미 이외에 과거 분사(p.p)와 결합하여 능동형의 복합 시제(avere + p.p, essere + p.p)와 수동태(essere + p.p)를 만드는 것을 도와주는 기능을 한다. 이때 avere와 essere 동사를 보조사(i verbi ausiliari)라고 일컫는다.

(1) 복합 시제[선립 미래, 근과거, 대과거, 선립 과거]에서 -avere를 보조사로 취하는 동사

ⓐ 직접 목적어를 갖는 능동태의 모든 타동사들: 주어 + 타동사 + 직접 목적어 [☞ 150쪽 i) 참조]

Io studio l'italiano. 나는 이탈리아어를 공부한다.	Io ho studiato l'italiano. 나는 이탈리아어를 공부했다.
Tu ricevi molti regali? 너는 많은 선물을 받니?	Tu hai ricevuto molti regali? 너는 많은 선물을 받았니?
Lui non sente la sveglia. 그는 자명종 소리를 못 듣는다.	Lui non ha sentito la sveglia. 그는 자명종 소리를 못 들었다.
Noi non capiamo la lezione. 우리는 수업을 이해하지 못한다.	Noi non abbiamo capito la lezione. 우리는 수업을 이해하지 못했다.

ⓑ 동사 자체에 움직임이 내포되어 있는 약간의 방향 자동사들 [☞ 151쪽 iii) 근과거 참조]

viaggiare	Ho viaggiato in treno.	난 기차 여행을 했다.
camminare	Ho camminato per un'ora.	나는 한 시간 걸었다.
passeggiare	Ho passeggiato con Anna.	나는 안나와 산책했다.

ⓒ 동사 자체로 완전한 의미를 나타내는 완전 자동사들 [☞ 151쪽 ii) 근과거 참조]

parlare	Ho parlato **molto.**	내가 말을 많이 했다.
dormire	Ho dormito **poco.**	나는 조금 밖에 못 잤다.
ballare	Abbiamo ballato **insieme.**	우리는 같이 춤췄다.
nuotare	Hai nuotato **molto bene.**	너는 아주 수영을 잘했다.
lavorare	Hanno lavorato **male.**	그들은 일을 잘 못했다.
pranzare	**Lui** non ha pranzato.	그는 점심 식사를 안했다.
cenare	Avete cenato **fuori?**	너희들 저녁 외식했어?
sorridere	**La ragazza** ha sorriso.	소녀가 미소를 지었다.
ridere	Abbiamo riso **tanto.**	우리는 많이 웃었다.
piangere	**Lei** ha pianto **di gioia.**	그녀는 기뻐서 울었다.
tossire	**Il bambino** ha tossito.	아이가 기침을 했다.
russare	**Tu** hai russato **molto.**	너는 코를 많이 골았다.
starnutire	**Marco** ha starnutito.	마르코가 재채기했다.
sbadigliare	Ho sbadigliato **molto.**	나는 하품을 많이 했다.
scherzare	**Scusa,** ho scherzato.	미안해, 내가 농담했어.
litigare	Ho litigato **con Sara.**	나는 사라와 싸웠다.
chiacchierare	Ho chiacchierato **con lei.**	나는 그녀와 잡담했다.

ⓓ 기후를 나타내는 **fare**, **tirare** 등의 비인칭 동사들

fare	Ha fatto **molto caldo.**	아주 더웠다
	Non ha fatto **freddo.**	춥지가 않았다.
	Ha fatto **bel tempo.**	날씨가 좋았다.
	Ha fatto **brutto tempo.**	날씨가 나빴다.
tirare	Ha tirato **vento forte.**	바람이 세게 불었다.
	Ha tirato **un forte vento.**	강한 바람이 불었다.
	Ha tirato **un po' di vento.**	바람이 조금 불었다.
	Ha tirato **molto vento.**	바람이 많이 불었다.

참고

비인칭 동사로 사용되는 farsi는 essere를 보조사로 사용한다.

Si fa **giorno.** [현재]　　Si è fatto **giorno.** [과거]

날이 밝는다.　　날이 밝았다.

(2) -essere를 보조사로 취하는 동사 [☞ 152쪽 근과거 참조]

essere를 보조사로 사용할 때 과거 분사의 어미는 주어의 성과 수에 일치시킨다.

ⓐ 왕래, 발착을 나타내는 장소 방향의 자동사들 **verbi di moto a luogo**

andare 가다	↔	venire		arrivare 도착하다	↔	partire
entrare 들어가다	↔	uscire		salire 오르다	↔	scendere
tornare 돌아오다		ritornare		cadere 떨어지다		scappare

ⓑ 장소 상태를 나타내는 자동사들 **verbi di stato in luogo**

essere / stare 있다　　restare / rimanere 남다

ⓒ 다음 동사의 의미를 나타내는 자동사들

i) '태어나다, 나타나다, 떠오르다'라는 의미를 나타내는 자동사들

nascere	Mario, dove sei nato?	마리오, 어디에서 태어났니?
sorgere	Il sole è sorto alle 7.	7시에 해가 떴다.
spuntare	È spuntato il sole.	해가 솟아올랐다.
apparire	È apparsa una stella.	별 하나가 나타났다.
comparire	Lui è comparso sul palco.	그가 무대에 나타났다.
sbucare	Da dove sei sbucato?	넌 어디서 불쑥 나온 거야?
sbocciare	I fiori sono sbocciati.	꽃들이 폈다.
emergere	È emersa una tendenza.	어떤 추세가 부상했다.

ii) '죽다, 사라지다, 실종되다, 지다'라는 의미를 나타내는 자동사들

morire　Mio nonno è morto l'anno scorso.
나의 할아버지는 작년에 돌아가셨다.

sparire　Marta è sparita all'improvviso.
마르타가 갑자기 사라졌다.

scomparire　Il sole è scomparso all'orizzonte.
태양이 수평선에서 사라졌다.

tramontare　Il sole è già tramontato.
해가 이미 저물었다.

appassire　I fiori sono appassiti.
꽃들이 시들었다.

iii) '변화(mutamento)' 의미를 나타내는 자동사들

crescere	La tua pianta è cresciuta molto. 너의 식물이 많이 자랐다.
arrosire	Lei è arrosita per la vergogna. 그녀는 부끄러워서 얼굴이 빨개졌다.
invecchiare	Mio padre è invecchiato molto negli utimi tempi. 나의 아버지는 최근에 많이 늙으셨다.
ingrassare	Sono ingrassata troppo. Mi metto a dieta. 나는 살이 너무 많이 쪘다. 다이어트에 들어간다.
dimagrire	Negli ultimi mesi lei è dimagrita di 5 chili. 최근 몇 달 사이에 그녀는 살이 5킬로그램 빠졌다.
diventare	Lui è diventato un famoso musicista. 그는 유명한 음악가가 되었다.

iv) '발생하다, 일어나다' 의미를 나타내는 자동사들 [☞ 84쪽 ⓐ비인칭 형식 참조]

succedere [중립적]	Non è successo niente. 아무 일도 일어나지 않았다.
accadere [격식적]	È accaduta una disgrazia. . 불행한 일(재난)이 발생했다.
capitare [비격식적]	Sei in ritardo. Che cosa ti è capitato? 늦었구나. 네게 무슨 일이 생겼어?
avvenire [문어체]	L'aggressione è avvenuta il primo maggio. 침략이 5월 1일에 일어났다.
scoppiare	Perché è scoppiata la guerra in Ucraina? 우크라이나에서 전쟁이 발발한 이유가 무엇입니까?

v) '충분함, 필요성, 적합성'의 판단 의미를 나타내는 자동사들 [☞ 84쪽 ⓑ비인칭 형식 참조]

bastare	La torta non è bastata per tutti. 파이가 모든 사람들이 먹기에 충분치 않았다.
importare	Non mi è importato di lui. 그에 대한 것은 내게 중요하지 않았다.
convenire	L'affare non mi è convenuto. 사업이 나한테 적합하지 않았다.

vi) '만족, 불만족, 유감' 등 감정의 판단을 나타내는 자동사들 [☞ 85쪽 비인칭 형식 참조]

piacere	Ti è piaciuto il film? 영화가 네 마음에 들었어?
dispiacere	Il cibo non mi è dispiacuito. 음식이 내게 싫지 않았다.
rincrescere	Ci è rincresciuto molto (di) partire. 우리가 떠나는 것이 무척 유감이었다.

vii) '외견상의 판단'을 나타내는 자동사들 [☞ 85쪽 비인칭 형식 참조]

sembrare	Non mi è sembrato così. 내게는 그렇게 보이지 않았다.
parere	La tua risposta non mi è parsa giusta. 너의 답이 네게는 옳아 보이지 않았다.

ⓓ 재귀 동사의 복합 시제 [☞ 58쪽 ⓐ 재귀 동사 참조]

alzarsi	A che ora ti sei alzato?	몇 시에 일어났어?
lavarsi	Ti sei lavato le mani?	손을 씻었니?
incontrarsi	Ci siamo incontrati per caso.	우리는 우연히 만났다.

ⓔ 수동 형태(주어 + essere + 타동사의 p.p): essere를 수동 보조사로 사용한다. [☞ 19, 27쪽 참조]

Molte persone amano la cucina italiana. [능동태 현재]
많은 사람들이 이탈리아 요리를 사랑한다.
La cucina italiana è amata da molte persone. [수동태 현재]
이탈리아 요리는 많은 사람들한테 사랑을 받는다.

Per fare questa ricerca si usa il computer. [수동태 현재]
이 연구를 위해서 컴퓨터가 사용된다.
Per fare questa ricerca si è usato il computer. [수동태 과거]
이 연구를 위해서 컴퓨터가 사용되었다.

La colazione si serve all 8. [수동태 현재]
아침 식사는 8시에 제공된다.
La colazione si è servita alle 8. [수동태 과거]
아침 식사는 8시에 제공되었다.

ⓕ 비인칭 형식 **si**의 복합 시제(si + essere + p.p) [☞ 90쪽 비인칭 **si** 복합 시제 참조]

In quel ristorante si mangia molto bene. [비인칭 형식 현재]
In quel ristorante si è mangiato molto bene. [비인칭 형식 과거]
그 레스토랑은 음식이 아주 맛있다. → 그 레스토랑은 음식이 아주 맛있었다.

Quando uno ha dormito abbastanza, si sente riposato. [비인칭 uno]
Quando si è dormito abbastanza, ci si sente riposati. [비인칭 si]
사람이 충분히 잠을 잤을 때, 쉬었다는 느낌이 들게 된다.

(3) 동사의 쓰임에 따라서 avere와 essere를 둘 다 보조사로 취할 수 있는 동사들

자동사와 타동사 두 가지 모두로 사용되는 일부 동사들은 복합 시제로 고칠 때, 타동사로 쓰였는가 아니면 자동사로 쓰였는가에 따라서 보조사가 달라진다. [☞ 154쪽 근과거 참조]

타동사로 사용될 경우: **avere**를 보조사로 취한다. [avere + p.p]
자동사로 사용될 경우: **essere**를 보조사로 취한다. [essere + p.p]

crescere
Ho cresciuto mia figlia da sola. [타동사]
내(여성)가 혼자서 나의 딸을 키웠다.
Mia figlia è cresciuta molto. [자동사]
나의 딸이 많이 컸다.

cambiare
Marina ha cambiato casa. [타동사]
마리나는 이사를 했다.
Marina è cambiata molto. [자동사]
마리나는 많이 변했다.

passare
Ho passato le vacanze al mare. [타동사]
나는 바다에서 휴가를 보냈다.
Il tempo è passato in fretta. [자동사]
시간이 빨리 지나갔다.

finire
Quando hai finito l'Università? [타동사]
대학을 언제 마쳤니/졸업했니?
A che ora è finita la lezione? [자동사]
몇 시에 수업이 끝났죠?

suonare
Paola ha suonato il pianoforte. [타동사]
파올라가 피아노를 쳤다.
La sveglia è suonata alle 7. [자동사]
자명종이 7시에 울렸다.

aumentare
- Il governo ha aumentato le tasse. [타동사]
  정부가 세금들을 인상했다.
- Le tasse sono aumentate molto. [자동사]
  세금들이 많이 올랐다(증가했다).

guarire
- Il medico ha guarito molte persone malate. [타동사]
  의사가 많은 병든 사람을 고쳐주었다.
- Molte persone malate sono guarite. [자동사]
  많은 병든 사람들이 나았다.

migliorare
- Lui ha migliorato il suo italiano. [타동사]
  그는 이탈리아어 실력을 향상했다.
- La situazione è migliorata. [자동사]
  상황이 호전되었다(나아졌다).

iniziare
- Abbiamo iniziato il corso di cucina. [타동사]
  우리는 요리 강좌를 시작했다.
- Il corso di cucina è iniziato ieri. [자동사]
  요리 강좌가 어제 시작됐다.

(4) 의미에 따라서 보조사 avere와 essere를 달리 사용하는 동사들

essere: 장소의 출발점이나 이동 방향을 분명하게 나타낼 때
avere: 동사 자체의 행위만을 표현할 때

correre
- Sono corso alla stazione / all'ospedale.
  나는 역/병원으로 달려갔다. [방향점이 표시됨]
- Sono stanco perché ho corso molto.
  많이 뛰어서 피곤하다. [방향점 표시가 없다]

volare
- Quando ho aperto la gabbia, l'uccellino è volato via.
  내가 새장을 열었을 때 새가 날아가 버렸다.
- Il pilota è così esperto, perché ha volato molto.
  조종사는 아주 노련한데, 비행을 많이 했기 때문이다.

saltare
- Il cane è saltato dalla finestra per venirmi incontro.
  개가 나에게로 오려고 창밖으로 뛰어내렸다.
- Quando mi ha rivisto, il cane ha saltato dalla gioia.
  개가 나를 다시 보자, 기뻐서 뛰어올랐다.
- Come ti è saltata in mente quest'idea?
  네 머릿속에 어떻게 이런 생각이 떠올랐지?

2 조동사 I verbi servili

조동사는 본동사 앞에서 그 뜻을 보조해 주는 역할을 하는 동사로서 potere, volere, dovere 등이 있다. 이 동사들은 일반적으로 조동사로 사용되는 것 이외에도 독자적인 뜻을 지닌 일반 본동사로도 사용될 수 있다. 서법 조동사(i verbi modali)라고도 한다.

(1) dovere, potere, volere가 일반 동사로 사용될 경우

'~을 빚지다' '힘/능력이 있다' '~을 원하다' 등의 독자적인 의미를 지닌다.

Quanto Le devo? 제가 당신께 얼마를 드리면 될까요?
Ti devo due euro. 나는 네게 2유로를 빚졌다(줘야 한다).
È un uomo che può. 그는 힘/능력이 있는 사람이다.
Voglio i soldi. 나는 돈을 원한다.

(2) 조동사(i verbi servili)로 사용될 경우

ⓐ **dovere, potere, volere + 부정사**(동사 원형): 조동사 다음에는 동사 원형을 사용한다.

	조동사	동사 원형	시간 부사
Io	devo posso voglio	partire	subito.

나는 당장 떠나야 한다/떠날 수 있다/떠나길 원한다.

ⓑ **dovere는 '~해야 한다'라는 의무(obbligo) 이외에도 '틀림없이 ~일 것이다, ~였을 것이다'라는 사실일 확률이 높은 가능성이나 추측을 나타낸다.** [must be]

Devi essere stanco. 너는 정말 피곤하겠다.
Deve fare freddo fuori. 밖이 틀림없이 추울 것이다.
Deve essere già uscito. 그는 이미 나간 것이 틀림없다.
Deve aver fatto bene. 그/그녀가 틀림없이 잘했을 것이다.

참고

추측을 나타내는 표현으로서 potere는 dovere보다 약한 추측을 나타낸다.

Deve essere Michele. [직설법] 미켈레임에 틀림없다.
Dovrebbe essere Michele. [조건법] 미켈레임에 틀림없을 것이다.
Può essere Michele. [직설법] 미켈레일 수 있다.
Potrebbe essere Michele. [조건법] 미켈레일 수 있을 것이다.

ⓒ 조동사(dovere, potere, volere)의 복합 시제

i) 조동사의 복합 시제에서 본동사가 avere를 보조사로 취하는 동사이면 본동사 앞에 위치하는 조동사도 avere를 보조사로 취하고, 본동사가 essere를 보조사로 취하는 동사이면 조동사도 essere를 보조사로 취한다.

studiare — Ho studiato tutto il giorno. 나는 하루 종일 공부했다.

Ho [dovuto / potuto / voluto] studiare tutto il giorno. [본동사]

나는 하루 종일 공부를 해야만 했다/할 수 있었다/하길 원했다. [공부했다는 의미]

partire — Sono partito/a subito. 나는 곧장 출발했다.

Sono [dovuto/a / potuto/a / voluto/a] partire subito. [본동사]

나는 곧장 떠나야만 했다/떠날 수 있었다/떠나길 원했다. [떠났다는 의미]

ii) 조동사가 복합 시제에서 본동사 없이 단독으로 사용될 때 avere를 보조사로 사용한다.

Perché lui non è venuto?
왜 그가 안 왔습니까?

- Non ha potuto / voluto. [본동사 없음]
  그는 올 수 없었어요/오길 원치 않았어요.
- Non è potuto / voluto venire.
  그는 올 수 없었어요/오길 원치 않았어요.

☞ 문법적으로 조동사 다음에 venire 자동사가 올 경우 essere를 보조사로 사용해야 하지만, 오늘날 실생활에서 조동사의 개념(의무, 가능, 의지) 강조를 위해 avere 보조사 사용도 확산되어 있다.
Lui non è potuto venire. [표준] / Lui non ha potuto venire. [강조]
Lui non è voluto venire. [표준] / Lui non ha voluto venire. [강조]

iii) 조동사 뒤에 essere 동사가 나오거나 수동태 보조사 essere가 따라 나올 경우에 조동사의 복합 시제는 반드시 avere를 보조사로 사용해야 한다.

Ho voluto essere sincero. 나는 솔직하고 싶었다.
Non ho potuto essere presente. 나는 출석할 수 없었다.
Ho dovuto essere qui. 나는 여기에 있어야 했다.
Non ho voluto essere disturbato. [수동] 나는 방해받고 싶지 않았다.

iv) 조동사가 재귀 동사와 함께 복합 시제로 사용될 경우

재귀 동사의 복합 시제는 보조사를 essere로 사용하는 것이 원칙이지만, 재귀 동사가 조동사와 함께 사용될 때는 두 가지 경우가 있다. 재귀 대명사가 조동사 앞에 위치하면 조동사는 essere를 보조사로 사용하고 조동사의 과거 분사는 주어의 성과 수에 일치시킨다. 반면에 재귀 대명사가 본동사 뒤에 위치하면 조동사는 avere를 보조사로 사용하고 과거 분사는 남성 단수 형태 -o로 불변이다. [☞ 59쪽 도표 참조]

Marco si è dovuto alzare presto. [doversi alzare]
Marco ha dovuto alzarsi presto. [dovere alzarsi]
마르코는 일찍 일어나야만 했다. [일찍 일어났음을 의미]

Marta si è dovuta alzare presto. [doversi alzare]
Marta ha dovuto alzarsi presto. [dovere alzarsi]
마르타는 일찍 일어나야만 했다. [일찍 일어났음을 의미]

(3) 조동사로 사용될 수 있는 동사 sapere

sapere 동사는 일반 동사로 사용되지만 sapere 동사 다음에 동사 원형이 오면 조동사로 사용된다. 무엇인가를 배워서 알게 되는 정신적이거나 육체적인 능력을 나타낸다. '~할 줄 알다, ~하는 방법을 알다'라는 의미이다. 반면에 조동사 potere는 실현 가능성의 유무로 '~할 수 있다'라는 의미이다.

Non so guidare la macchina. Non ho ancora preso la patente.
나는 차를 운전할 줄 모른다. 아직 운전면허증을 취득하지 못했다.

Non posso guidare la macchina, perché ho bevuto troppo.
나는 차를 운전할 수가 없다. 왜냐하면 술을 너무 많이 마셨기 때문이다.

Sai nuotare? -No, non so nuotare. Non ho imparato.
수영할 줄 아니? 아니, 수영할 줄 몰라. 안 배웠어.

Puoi nuotare? -No, non posso, non sono ancora guarito.
수영할 수 있어? 아니, 안 돼. 아직 낫지 않았어.

Paola sa cantare bene, ma io non so cantare. Sono stonato.
파올라는 노래를 잘할 줄 알지만, 나는 노래할 줄 몰라. 난 음치야.

Paola non può cantare bene, perché ha mal di gola.
파올라는 노래를 잘할 수가 없다, 왜냐하면 목이 아프다.

✎ 참고

riuscire a + 동사 원형(~하는 데 성공하다)은 정신적이거나 육체적인 노력을 나타낸다.
Non riesco a nuotare. 나는 수영을 못 하겠다. (노력했으나 안 된다.)

3 양상 동사 I verbi aspettuali

양상 동사는 독자적인 의미를 지니고 있는 일반 본동사로 사용되는 것 외에도 시작, 계속, 결과, 진행, 반복, 일시성 등과 관련된 행위의 양상을 정확하게 나타낸다. 양상 동사는 주로 전치사 a, di와 함께 부정사(동사 원형)을 사용한다. [☞ 286쪽 ii) 부정사 참조]

(1) 시작점과 계속성을 나타내는 동사들은 전치사 a + 부정사(동사 원형)

cominciare a	Paolo comincia a lavorare alle 9. 파올로는 9시에 일을 시작한다.
iniziare a	Il bambino inizia a camminare. 아이가 걷기 시작한다.
mettersi a	Loro si mettono a lavorare. 그들은 일을 착수한다.
continuare a	Lui continua a studiare dopo la laurea. 그는 대학 졸업 후에 공부를 계속한다.
riprendere a	Finalmente riprendono a lavorare. 드디어 그들은 일을 재개한다.
proseguire a [문어체]	Proseguiamo a vincere nel mese prossimo. 우리는 다음 달에 계속해서 승리를 이어나간다.
seguitare a [문어체]	Ha seguitato a piovere tutto il giorno. 하루 종일 계속해서 비가 왔다.

(2) 종료나 중단을 나타내는 동사들은 전치사 di + 부정사(동사 원형)

smettere di	Smetto di lavorare. 나는 일을 그만둔다. Ho smesso di fumare. 나는 담배를 끊었다.
finire di	A che ora hai finito di lavorare? 몇 시에 일을 끝마쳤어?
terminare di	Lui ha terminato di studiare a 26 anni. 그는 26세에 학업을 종료했다.
cessare di	Ha cessato di piovere. 비가 그쳤다.

(3) 의도, 시도(intenzioni)를 나타내는 동사들

provare a	Provo a contattare Anna.	안나에게 연락을 시도해 본다.
tentare di	Lui tenta di uccidersi.	그는 자살을 시도한다.
cercare di	Cerco di essere forte.	나는 강해지려고 노력한다.
sforzarsi di	Mi sforzo di non piangere.	나는 울지 않으려고 애쓴다.

(3) 우언적 구성/구조 La costruzione perifrastica

우언적 구성이란 단일 의미를 전달하기 위해 여러 단어로 구성된 동사의 조합으로 동사 관용구라고 할 수 있다.

ⓐ 곧바로 일어날 미래의 행위를 나타내는 동사 관용구

i) 막 ~하려고 하다, 막 ~하려고 하던 참이었다[일반적인 표현] be about to [☞ 296쪽 참조]

stare의 현재 / stare의 반과거	per	동사 원형

Sto per uscire. 내가 막 나가려던 참이다.
Stavo per uscire. 내가 막 나가려던 참이었다.
Il treno sta per partire. 기차가 막 떠나려고 한다.
Il treno stava per partire. 기차가 막 떠나려고 했다.
Il film sta per iniziare. 영화가 막 시작하려고 한다.
Il film stava per iniziare. 영화가 막 시작하려고 했다.

ii) 막 ~하려던 찰나이다, 막 ~하려던 찰나였다[문어체] be ~ on the point of

essere의 현재 / essere의 반과거	sul punto di	동사 원형

È sul punto di esplodere. 폭발 직전이다.
Ero sul punto di cadere. 내가 넘어지기 일보 직전이었다.

iii) 막 ~하려던 시점/순간이다, 막 ~하려던 시점/순간이었다[문어체]

essere의 현재 / essere의 반과거	lì lì per	동사 원형

È lì lì per abbandonare tutto. 그는 모든 것을 포기하려던 순간이다.
Ero lì lì per confessare tutto. 내가 모든 것을 다 고백하려던 순간이었다.

ⓑ 행위의 진행상을 나타내는 동사 관용구 [☞ 280, 281쪽 제룬디오 참조]

i) ~하고 있는 중이다/~하고 있던 중이었다(진행 중인 행위를 나타낸다.)

stare의 현재	제룬디오(-ando, -endo)
stare의 반과거	

Sto studiando.	[studiare]	공부하고 있는 중이다.
Sto leggendo.	[leggere]	읽고 있는 중이다.
Stavo dormendo.	[dormire]	자고 있던 중이었다.
Stavo uscendo.	[uscire]	나가던 중이었다.

ii) ~해 나가고 있다(전개되는 행위가 점점 앞으로 나아감을 나타낸다.)

andare의 현재	제룬디오(-ando, -endo)
andare의 반과거	

La nostra vita va migliorando.
우리들의 삶은 점점 나아져 간다.

La situazione andava peggiorando.
상황이 점점 나빠져 가고 있었다.

iii) ~되어간다(진행 중인 행위가 점차적으로 결말을 향해 다가가는 것을 나타낸다.) [오늘날에는 잘 쓰지 않는다.]

venire의 현재	제룬디오(-ando, -endo)
venire의 반과거	

Vengo scrivendo una grammatica.
나는 문법책 하나를 써오고 있다.

La nebbia si veniva dirando.
안개가 걷혀가고 있었다.

✎ 참고

stare + a + 동사 원형: 행위의 연속성과 지속성을 나타낸다. 특히 중부 지역에서 사용된다.

Stai sempre a pensare a tuo figlio!	당신은 언제나 아들 생각을 하고 있군!
Ti sto a guardare da molto tempo.	오래전부터 너를 지켜보고 있다.
Perché ti sto a sentire?	내가 왜 너의 말을 듣고 있지?
È inutile stare a discutere con te.	너와 논의하고 있어 봤자 소용없다.

4 사역 동사 I verbi causativi

사역 동사란 어떤 결과의 원인이 되는 동사로 주어가 스스로 무언가를 하는 것이 아니라 누군가로 하여금 무언가를 하도록 시키는 동사이다. 이탈리아어에서는 fare, lasciare 동사가 일반 동사 의미 이외에도 사역 동사로 사용된다. fare는 '~하게 하다'라는 강요의 의미를 지니고, lasciare는 '~하게 놔두다'라는 허락이나 양보의 의미, 때로는 부탁의 의미까지 지닌다.

(1) 주어 + fare / lasciare + 자동사 + 행위자 [영어의 make, let]

ⓐ 사역 동사의 직접 목적어(행위자)가 동사 원형(자동사)의 의미상 주어가 된다.
~하게 하다, ~ 하게 시키다/~하게 내버려 두다, ~하게 놔두다

주어	사역 동사	자동사	명사(행위자)
주어	fare lasciare	동사 원형	직접 목적어

Carla fa piangere il bambino.
사역 동사 / 동사 원형 / 행위자(우는 행위를 하는 자)
카를라가 아이를 울게 한다.

Carla lascia uscire i bambini.
사역 동사 / 동사 원형 / 행위자(나가는 행위를 하는 자)
카를라가 아이들이 나가게 놔둔다.

ⓑ 사역 동사의 직접 목적어가 약형 대명사일 경우 사역 동사 앞에 위치한다.
자동사 뒤에 오는 명사(행위자)는 자동사의 의미상 주어이지만 사역 동사 fare의 목적어에 해당하기 때문에 대명사로 나타낼 경우 직접 목적격 대명사를 사용해야 한다.

주어	직목 대명사 약형	사역 동사	자동사
주어	mi, ti, ci, vi lo, la, li, le	fare lasciare	동사 원형

Carla fa piangere il bambino.
주어 / 사역 동사 / 자동사 / 행위자(직목)
카를라가 아이를 울게 한다.

Carla lo fa piangere.
주어 / 직목 / 사역 동사 / 자동사
카를라가 그를 울린다.

Carla lascia uscire i bambini.
주어 / 사역 동사 / 자동사 / 행위자(직목)
카를라가 아이들이 나가도록 놔둔다.

Carla li lascia uscire.
주어 / 직목 / 사역 동사 / 자동사
카를라가 그들을 나가게 놔둔다.

ⓒ 사역 동사(fare, lasciare)가 복합 시제로 사용될 경우: **avere**를 보조사로 사용

사역 동사의 과거 분사 어미는 직접 목적격 약형 대명사(lo, la, li, le)의 성과 수에 일치시킨다.

Carla	ha fatto	piangere	il bambino.	Carla	l'ha fatto	piangere.
주어	사역 동사	자동사	행위자	주어	직목 사역 동사	자동사

카를라가 아이를 울게 했다. / 카를라가 그를 울렸다.

Carla	ha fatto	piangere	i bambini.	Carla	li ha fatti	piangere.
주어	사역 동사	자동사	행위자	주어	직목 사역 동사	자동사

카를라가 아이들을 울게 했다. / 카를라가 그들을 울렸다.

Mi fai ridere!
(너는) 나를 웃겨!

Mi hai fatto ridere!
너는 나를 웃겼다.

Lui ci fa impazzire.
그는 우리를 미치게 한다.

Lui ci ha fatto impazzire.
그는 우리를 미치게 했다.

Li lascio andare.
나는 그들을 가게 놔둔다.

Li ho lasciati andare.
나는 그들을 가게 놔두었다.

ⓓ 사역 동사가 간접 목적격 대명사(~에게)가 있는 자동사+명사와 함께 사용될 경우

이때 명사는 자동사의 의미상 주어 역할을 하며, 간접 목적어는 그대로 둔다.

Quando leggo, mi viene sonno. 난 독서를 하면 잠이 온다.
Leggere mi fa venire sonno. 독서는 내게 잠이 오게 한다.
Mangia questo e ti passerà il dolore. 이것 먹어 그러면 통증이 가실 거야.
Questo ti farà passare il dolore. 이것은 네게 통증을 가시게 할 거야.

Il profumo della torta mi fa venire l'acquolina in bocca.
케이크 냄새가 내 입에 군침이 돌게 한다.

Che cosa ti fa venire in mente questa parola?
이 단어는 네 머릿속에 무엇을 생각나게 해?

Questa musica ci fa venire i brividi.
이 음악은 우리를 전율케 한다.

ⓔ 행위자를 예측할 수 없거나 모르거나 중요하지 않을 경우에 생략할 수 있다.

Il caffè non fa dormire. 커피는 잠 못 자게 한다.
La pasta fa ingrassare. 파스타는 살찌게 한다.
Camminare fa dimagrire. 걷기는 살 빠지게 한다.

(2) **주어 + 사역 동사(fare, lasciare) + 타동사(직접 목적어가 생략) + 행위자**

타동사가 직접 목적어를 따로 갖지 않는 경우로 (1)번 자동사와 마찬가지로 타동사 뒤에 오는 명사(행위자)는 타동사의 의미상 주어이다. 행위자(명사)를 대명사로 고칠 때 행위자는 사역 동사 fare, lasciare의 직접 목적어 역할을 하기 때문에 직접 목적격 대명사를 취하게 된다.

주어	사역 동사	타동사(직목 생략)	명사(행위자)
주어	fare lasciare	동사 원형	직접 목적어

주어	약형 직목 대명사	사역 동사	타동사
주어	mi, ti, ci, vi lo, la, li, le	fare lasciare	동사 원형

Io faccio scrivere Aldo.
주어 사역 동사 타동사 명사(행위자)
나는 알도를 쓰게 한다.

Io lo faccio scrivere.
주어 직목 사역 동사 타동사
나는 그를 쓰게 한다.

Io lascio leggere Anna.
주어 사역 동사 타동사 명사(행위자)
나는 안나를 읽게 놔둔다.

Io la lascio leggere.
주어 직목 사역 동사 타동사
나는 그녀를 읽게 놔둔다.

Io faccio studiare i bambini.
주어 사역 동사 타동사 명사(행위자)
나는 아이들을 공부하게 한다.

Io li faccio studiare.
주어 직목 사역 동사 타동사
나는 그들을 공부하게 한다.

Io lascio suonare Elsa e Rita.
주어 사역 동사 타동사 명사(행위자)
나는 엘사와 리타가 연주하게 놔둔다.

Io le lascio suonare.
주어 직목 사역 동사 타동사
나는 그녀들이 연주하도록 놔둔다.

Scusa se ti ho fatto aspettare. 너를 기다리게 해서 미안해.
Scusi se L'ho fatta attendere. 당신을 기다리게 해서 죄송해요.
Scusate se vi ho fatto aspettare. 너희들을 기다리게 해서 미안해.
Lui mi lascia decidere da solo. 그는 나 혼자서 결정하게 놔둔다.
Lei non ci lascia mangiare. 그녀는 우리가 먹게 놔두지 않는다.
Ora vi lascio continuare. 이제 너희들이 계속하게 놔둘게.

(3) 주어 + fare / lasciare + 타동사 + 명사(타동사의 직목) + 행위자(간접 목적어)

ⓐ 사역 동사의 간접 목적어(a + 행위자)가 타동사의 의미상 주어 역할을 한다.

타동사 다음에 직접 목적어(명사)가 있을 경우에 행위자는 간접 목적어(a + 행위자)로 표시된다. 간접 목적어(a + 행위자)는 의미상 타동사의 행위를 이행하는 주어 역할을 하고, 문장에서 간접 목적격 약형 대명사 형태가 된다. fare는 '~에게 하도록 하다', lasciare는 '~에게 하도록 놔두다, 허락하다'는 의미를 지닌다. 행위자를 표시할 때 '주로 'a + 행위자(~에게)'가 사용되며, da + 행위자는 '~로 하여금, ~한테'를 강조할 경우에 사용된다.

주어	사역 동사	타동사	타동사의 직접 목적어	간접 목적어	
주어	fare lasciare	동사 원형	명사(사물)	a (da)	행위자

주어	약형 간목 대명사	사역 동사	타동사	타동사의 직접 목적어
주어	mi, ti, ci, vi gli, le, Le, gli	fare lasciare	동사 원형	명사(사물)

Faccio guidare la macchina a Sara. 난 사라에게 자동차를 운전하게 한다.
Lascio guidare la macchina a Sara. 난 사라에게 자동차를 운전하게 둔다.

Faccio riparare la bici a mio figlio. 난 아들에게 자전거를 수리하게 한다.
Faccio riparare la bici da mio figlio. 난 아들한테 자전거를 수리하게 한다.

타동사의 직접 목적어(명사)를 직접 목적격 약형 대명사로 받을 수 있고, 결합/복합 대명사(약형 간접 목적격 대명사 + 약형 직접 목적격 대명사가 결합된 형태)로도 고칠 수도 있다.

Io faccio scrivere un'email a Pino. 나는 피노에게 이메일을 쓰게 한다.
주어 사역 동사 타동사 직접 목적어 행위자[명사]

Io gli faccio scrivere un'email. [간접] 나는 그에게 이메일을 쓰게 한다.
Io la faccio scrivere a Pino. [직접] 나는 그것을 피노에게 쓰게 한다.
Io gliela faccio scrivere. [결합 대명사] 나는 그에게 그것을 쓰게 한다.

Io faccio leggere il libro a Sara. 나는 사라에게 책을 읽게 한다.
주어 사역 동사 타동사 직접 목적어 행위자[명사]

Io le faccio leggere il libro. [간접] 나는 그녀에게 책을 읽게 한다.
Io lo faccio leggere a Sara. [직접] 나는 그것을 사라에게 읽게 한다.
Io glielo faccio leggere. [결합 대명사] 나는 그녀에게 그것을 읽게 한다.

Ti faccio sentire una cosa! 네게 한 가지 들려줄게!
Vi faccio vedere la mia camera. 너희들에게 내 방을 보여줄게.
Le faccio sapere il risultato. 당신께 결과를 알려드릴게요.
Mi hai fatto perdere la testa. 너는 나를 정신 잃게 했어.
Scusa, ti ho fatto perdere tempo. 네게 시간을 낭비하게 해서 미안해.
Ci fai conoscere il tuo ragazzo? 우리에게 네 남자 친구를 알게 해줄래?
Tu non gli farai cambiare idea. 넌 그에게 생각을 바꾸게 못할 거야.
Non mi lasci mai decidere il menù! 넌 절대 내게 메뉴 결정을 안 맡겨!

Faccio mangiare la verdura ai bambini. 난 아이들에게 야채를 먹게 한다.
Faccio mangiare loro la verdura. [격식적] 나는 그들에게 야채를 먹게 한다.
Gli faccio mangiare la verdura. [비격식적] 나는 그들에게 야채를 먹게 한다.

ⓑ 사역 동사 다음에 오는 동사가 간접 목적어를 갖는 자동사나 타동사인 경우

이런 경우에 a + 행위자는 앞에 있는 간접 목적어 a와 혼동의 우려가 있기 때문에 da로 바꾸어 표현한다. da + 행위자와 간접 목적어가 혼동되지 않을 경우에 간접 목적격 대명사로 바꾸어서 사용할 수 있다. [~로 하여금 ~에게, ~로 하여금 ~에게 ~을]

주어	사역 동사	자/타동사	(직목)	간접 목적어		행위자	
주어	fare lasciare	동사 원형	(명사)	a	명사	da (a)	명사

Io faccio telefonare ai miei genitori da mia moglie.
나는 나의 아내로 하여금 나의 부모님께 전화하게 한다. [telefonare a]
Io gli faccio telefonare da mia moglie. [gli = ai miei genitori]
나는 아내로 하여금 그들에게 전화하게 한다.
Io le faccio telefonare ai miei genitori. [le = a mia moglie]
나는 그녀에게 나의 부모님한테 전화하게 한다.

Io faccio scrivere a Marco da Paola. [← a Paola]
나는 파올라한테 마르코에게 쓰게 한다. [a가 중복되면 혼동의 우려가 있어 da로 사용]
Io faccio scrivere un'email a Marco da Paola. [← a Paola]
나는 파올라로 하여금 마르코에게 메일을 쓰게 한다. [a가 중복되기 때문에 da로 사용]
Io le faccio scrivere un'email a Marco. [le = a Paola]
나는 그녀에게 마르코한테 메일을 쓰게 한다.

ⓒ 사역 동사 다음에 여격(수여) 동사가 오는 경우 대명사의 형태

Io faccio scrivere un'email a Marco da Paola.

Io gli faccio scrivere un'email da Paola.

나는 파올라한테 그에게(a Marco) 이메일을 쓰게 한다. [간접 목적격 대명사 약형]

Io la faccio scrivere a Marco da Paola.

나는 파올라한테 그것을(un'email) 마르코에게 쓰게 한다. [직접 목적격 대명사 약형]

Io gliela faccio scrivere da Paola.

나는 파올라한테 그에게 그것을(마르코에게 그것을) 쓰게 한다. [결합 대명사]

☞ Perché fai tutto questo? Ma chi te lo fa fare?
왜 이 모든 일을 하는 거지? 누가 너한테 그걸 하라고 시킨다고? (사서 고생이다.)
Perché sto facendo questo? Ma chi me l'ha fatto fare?
왜 내가 이것을 하고 있는 거지? 누가 나한테 이것을 하라고 시켰다고? (사서 고생한다.)

ⓓ 사역 동사 다음에 타동사가 di + 동사 원형을 직접 목적어로 갖는 경우
행위자는 간접 목적어 형태가 되며 di + 동사 원형의 의미상 주어이다.

Io le faccio promettere di non fare mai più una cosa simile.

나는 그녀에게 절대로 다시는 그 같은 일을 하지 않겠다고 약속하게 한다.

Io gli faccio giurare di non farlo.

나는 그에게 그것을 하지 않겠다고 맹세하게 한다.

Lui mi ha fatto credere di essere single, invece era sposato!

그는 내게 자신이 독신자라고 믿게 했는데, 반면에 기혼이었다.

ⓔ 사역 동사 다음에 타동사가 che 이하의 명사절(목적격절)을 갖는 경우
행위자는 간접 목적어 형태가 되며 명사절(목적격절)의 의미상 주어이다.

Lui ci fa capire che non siamo soli.

그는 우리가 혼자가 아니라는 것을 이해하게 한다.

Lei mi ha fatto credere che mi amasse ancora.

그녀는 내게 아직도 나를 사랑하고 있다고 믿게 했다.

ⓕ 사역 동사 lasciare 다음에 che 이하의 명사절(목적격절)이 올 수 있다.
이런 경우에 che 이하의 종속절에는 접속법 동사를 사용하며 격식적 표현이다.

Marco lascia guidare la sua macchina a Paolo.

Marco lascia che Paolo guidi la sua macchina.

마르코는 파올라가 그의 자동차를 운전하게 놔둔다. [격식적 표현]

(4) 사역 동사 + 재귀 동사일 경우 [☞ 56쪽 ⓒ 재귀 동사 참조]

재귀 동사가 사역 동사와 함께 사용될 경우에 재귀 동사는 재귀로서의 의미를 상실하고 완전한 타동사의 의미가 된다. 따라서 직접 목적격 대명사를 사용하며 복합 시제에서 사역 동사의 과거 분사 어미는 약형 직접 목적격 대명사(lo, la, li, le)의 성과 수에 일치시킨다.

- **arrabbiarsi**: 재귀 동사(화가 나다)

Fabio si arrabbia con me. 파비오는 나한테 화낸다. [재귀 대명사]
Faccio arrabbiare Fabio. 나는 파비오를 화나게 한다.
Lo faccio arrabbiare. 나는 그를 화나게 한다. [직접 목적격 대명사]

Laura si è arrabbiata con me. 라우라는 나한테 화냈다. [재귀 대명사]
Ho fatto arrabbiare Laura. 나는 라우라를 화나게 했다.
L'ho fatta arrabbiare. [la] 나는 그녀를 화나게 했다. [직접 목적격 대명사]

- **preoccuparsi**: 재귀 동사(걱정하다)

Mi preoccupo per te. 내가 너 때문에 걱정이다. [재귀 대명사]
Mi fai preoccupare. 너는 나를 걱정하게 만든다. [직접 목적격 대명사]

Mi sono preoccupato per te. 내가 너 때문에 걱정했다. [재귀 대명사]
Mi hai fatto preoccupare. 너는 나를 걱정하게 만들었다. [직접 목적격 대명사]

- **divertirsi**: 재귀 동사(재미있게 놀다, 즐기다)

I bambini si divertono. 아이들이 재미있게 논다. [재귀 대명사]
Io lascio divertire i bambini. 나는 아이들이 재미있게 놀게 놔둔다.
Io li lascio divertire. 나는 그들이 재미있게 놀게 놔둔다. [직접 대명사]
Io li ho lasciati divertire. 나는 그들이 재미있게 놀게 놔두었다. [직접 대명사]

✎ 참고

사역 동사가 조동사와 함께 사용될 경우 대명사의 위치는 조동사 앞에 위치하거나 혹은 사역 동사 fare 뒤에 e를 떼고 한 단어가 된다.

Io non voglio fare arrabbiare mio padre. 난 아버지를 화나게 하고 싶지 않다.
Io non voglio farlo arrabbiare. 나는 그를 화나게 하고 싶지 않다.
Io non lo voglio fare arrabbiare. 나는 그를 화나게 하고 싶지 않다.

(5) 재귀 사역 동사(farsi, lasciarsi) + 타동사 + da + 행위자 [☞ 54, 55쪽 재귀 사역 동사 참조]

재귀 사역 동사(farsi, lasciarsi) 다음에 타동사가 오면 주어가 행위자로 하여금 동사의 행위를 주어 자신에게 하도록 만드는 경우이다. 복합 시제는 essere를 보조사로 사용하며 사역 동사의 과거 분사(fatto, lasciato) 어미는 주어의 성과 수에 일치시킨다.

Ti faccio accompagnare da mio padre. [fare accompangare]
내가 나의 아버지로 하여금 너를 데려다주게 할게. [일반 사역 동사-직접 목적격 대명사 ti]

Ti ho fatto accompagnare da mio padre. [fare accompagnare]
내가 나의 아버지한테 너를 데려다주게 했다. [일반 사역 동사-avere + p.p]

Mi faccio accompagnare da mio padre. [farsi accompagnare]
나는 아버지한테 나를 데려다 달라고 한다. [재귀 사역 동사-재귀 대명사 mi]

Mi sono fatto accompagnare da mio padre. [farsi accompagnare]
나는 아버지한테 나를 데려다 달라고 했다. [재귀 사역 동사-essere + p.p]

Non mi lascio ingannare da nessuno. [lasciarsi ingannare]
나는 아무도 나를 속게 놔두지 않는다/나는 아무에게도 속지 않는다. [재귀 사역 동사-재귀 대명사 mi]

Mi sono lasciato convincere da Marco. [lasciarsi convincere]
나는 마르코한테 설득되어 버렸다. [재귀 사역 동사-essere + p.p]

(6) 사역 동사가 명령 형태로 사용될 경우 [☞ 196, 197쪽 명령법 참조]

존칭 명령(Lei, Loro)의 경우에만 약형 대명사가 사역 동사 앞에 위치하고 나머지 인칭(tu, noi, voi)들은 모두 사역 동사 뒤에 붙어서 한 단어로 사용된다. 강조형 대명사일 경우에는 동사와 분리해서 사용한다.

Lascia stare, oggi offro io. 가만있어, 오늘 내가 낼게.
Lasciamo perdere! 내버려 두자(잊어버립시다)!
Lascia fare a me! 내가 하게 놔둬! [Lasciami fare! - 약형]
Lasciatemi cantare! (너희들) 내게 노래하게 놔둬.
Lascia che io pianga! 내가 울게 놔둬(울게 하소서)

Fammi vedere! [tu]
내게 보여줘!

Fateci sapere! [voi]
너희들 우리에게 알려줘!

Mi faccia vedere! [Lei]
제게 보여주세요!

Facciamogli sapere! [noi]
우리 그에게 알려줍시다!

4 동사의 활용

동사가 활용되는 형태에 따라서 비인칭 동사, 과변 동사, 결여 동사로 나눌 수 있다. 비인칭 동사는 항상 3인칭 단수 형태로만 활용되는 동사이며, 과변 동사는 동사 활용 형태가 두 가지인 동사이며, 결여 동사는 인칭에 따른 변화 형태가 부족한 동사이다. 이 책에서는 결여 동사의 설명을 생략한다.

1 비인칭 동사 I verbi impersonali

비인칭 동사란 특정한 사람에 관계된 주어 없이 모든 시제와 법에 있어서 항상 3인칭 단수만으로 사용되는 동사를 말한다. 비인칭 동사에는 주어 없이 동사 자체로서 완전한 의미를 나타내는 전형적인 비인칭 경우와 문법상의 주어가 존재하는 경우가 있다.

comincia a **piovere** 비가 오기 시작한다.	sta **piovendo** 비가 오고 있는 중이다	smette di **piovere**. 비가 그친다.
sta per **piovere** 막 비가 올 것 같다.	piove 비가 온다.	pioverà 비가 올 것이다.
pioveva 비가 내리고 있었다.	è/ha piovuto 비가 왔다.	dovrebbe piovere 틀림없이 비가 올 것이다.

(1) 전형적인 비인칭 동사들 I verbi tipicamente impersonali

기후 현상에 관계된 동사로서 주어 없이 3인칭 단수로만 사용되는 형태이다.

ⓐ 기후 현상을 나타내는 동사들

albeggiare	→	albeggia	동이 튼다.
diluviare	→	diluvia	홍수 난다.
piovere	→	piove	비가 온다.
piovigginare	→	pioviggina	이슬비가 내린다.
tuonare	→	tuona	천둥 친다.
lampeggiare	→	lampeggia	번개가 친다, 번쩍거린다.
fulminare	→	fulmina	벼락 친다, 낙뢰한다.
grandinare	→	grandina	우박이 내린다.
nevicare	→	nevica	눈이 내린다.
nevischiare	→	nevischia	진눈깨비가 내린다.

✎ 참고

기후를 나타내는 비인칭 동사의 복합 시제

전통 문법에서는 행위의 지속을 강조할 경우에만 avere 보조사를 사용하고, 나머지 경우는 모두 essere 보조사로 사용했다. 그러나 오늘날 현대 이탈리아어에서는 avere와 essere 보조사가 의미상 차이 없이 사용되며, 오히려 구어체에서 avere 보조사가 더 많이 사용된다.

piovere	È/Ha piovuto tutto il giorno.	어제 종일 비가 왔다.
nevicare	Quest'inverno è/ha nevicato tanto.	이번 겨울에 눈이 많이 왔다.

ⓑ **fare + 형용사/명사 형태의 동사구**

fare 동사도 기후 현상을 나타내는 비인칭 동사(3인칭 단수)로 사용될 수 있다.

i) 날씨를 나타내는 경우: fare 동사의 3인칭 단수형 + 형용사, 형용사 + 명사

Che tempo fa oggi? Come è il tempo oggi?

오늘 어떤 날씨입니까? 오늘 날씨가 어떠합니까?

Fa freddo.	(Il tempo) è freddo.	춥다.
Fa molto freddo.	(Il tempo) è molto freddo.	매우 춥다.
Fa freddissimo.	(Il tempo) è freddissimo.	아주 춥다.
Fa caldo.	(Il tempo) è caldo.	덥다.
Fa molto caldo.	(Il tempo) è molto caldo.	매우 덥다.
Fa caldissimo.	(Il tempo) è caldissimo.	아주 덥다.
Fa bello.	(Il tempo) è bello.	좋다.
Fa brutto.	(Il tempo) è brutto.	나쁘다.
Fa bel tempo.	(Il tempo) è bello.	좋은 날씨다.
Fa brutto tempo.	(Il tempo) è brutto.	나쁜 날씨다.

ii) 때를 나타내는 경우: fare / farsi 동사의 3인칭 단수형 + 명사

fare는 복합 시제에서 avere를 보조사로 취한다. farsi는 '~이 되다'(영어의 be getting)라는 의미를 강조하고, essere를 보조사로 사용한다.

fare (farsi) giorno, fare (farsi) sera, fare (farsi) notte

Si fa notte presto d'inverno. [=Fa notte]	겨울에는 일찍 밤이 된다.
D'estate si fa giorno subito. [=fa giorno]	여름에 금방 날이 샌다.
Si fa sera. [=Fa sera]	저녁이 된다.
Si è fatto buio. [=Ha fatto buio]	날이 어두워졌다.

ⓒ **tirare 동사도 비인칭 동사로 사용될 수 있다. 복합 시제는 avere를 보조사로 사용한다.**

Oggi tira molto vento.	[현재]	오늘 바람이 많이 분다.
Tira un po' di vento.	[현재]	바람이 약간 분다.
Ha tirato vento forte.	[근과거]	바람이 세게 불었다.
Ha tirato un forte vento.	[근과거]	강한 바람이 불었다.

✎ 참고

1. essere와 esserci 동사를 사용하여 날씨를 나타내는 표현들

È + 날씨 형용사		C'è / Ci sono + 명사
È sereno.	맑다.	Non c'è una nuvola.
È soleggiato.	해가 있다.	C'è il sole.
È nuvoloso.	구름이 꼈다.	Ci sono nuvole.
È piovoso.	비가 많이 온다.	C'è la pioggia.
È nevoso.	눈이 많이 온다.	C'è la neve.
È nebbioso.	안개가 많다.	C'è la nebbia.
È tempestoso.	폭풍이 친다.	C'è la tempesta.
È ventoso.	바람이 분다.	C'è vento.
È afoso	무덥다.	C'è afa.
È umido	습하다.	C'è umidità.

2. 날씨에 관한 표현

Si muore dal caldo!	더워서 사람 죽겠어요!
C'è un sole che spacca le pietre.	돌이 뜨거워 터질 정도로 해가 뜨겁다.
Fa un freddo cane.	개도 추위를 탈 정도로 춥다.
Piove a dirotto.	비가 억수같이 온다/장대비가 온다.
Piove a cantinelle.	비가 양동이로 쏟아붓듯 쏟아진다.
C'è l'arcobaleno.	무지개가 있다.

(2) 비인칭 형식(la forma impersoanle)으로 사용될 수 있는 동사들

비인칭 형식의 동사들은 문장에서 문법적 주어 역할을 하는 주격 종속절을 갖는 형태의 동사들이다. 주격 종속절과의 일치를 위해 주절에는 항상 3인칭 단수 형태로 사용되기 때문에 편의상 비인칭으로 간주된다. 주격 종속절은 동사 원형을 사용하는 함축 형태(명사구)와 접속사(che)를 사용한 명사절의 형태가 있다. 동사 원형의 명사구는 문장에서 문법상의 주어가 되고, 의미상의 주어를 따로 한정하지 않는 한 모든 일반 사람이 의미상의 주어가 된다. 반면에 접속사 che를 사용하는 명사절(주격 종속절)은 의미상 주어가 필요한 경우에 사용하며, 일반적으로 접속법 동사를 사용한다. 비인칭 동사는 복합

시제일 때 essere 보조사를 사용하며, 형용사와 함께 사용될 때 다수를 지칭하기 때문에 형용사는 남성 복수 형태(-i)를 취하게 된다. 여성을 강조할 경우 여성 복수 형태(-e)가 사용되기도 한다.

주절	주격 종속절	
3인칭 단수 동사	che	주어 + 동사
	(di)	동사 원형

ⓐ 사건 동사들(I verbi di avvenimento): 주격 종속절에서 접속법 동사를 사용한다.

capitare [비격식적]
Capita spesso che piova.
비가 오는 경우가 자주 생긴다.
Ti è mai capitato di perdere l'aereo?
비행기를 놓치는 일이 네게 생긴 적 있어?

succedere [중립적]
Adesso succede che tu torni in Italia.
이제 네가 이탈리아로 돌아가는 일이 생겼다.
Mi succede di lavorare anche il sabato.
토요일에도 일하는 경우가 내게 일어난다.

accadere [격식적]
Accade spesso che tu sbagli.
네가 실수하는 일이 자주 발생한다.
Mi accade spesso di sbagliare.
내가 실수하는 경우가 자주 발생한다.

ⓑ 적합함, 충분함, 중요성, 필요(당위성), 외견, 감정의 판단(좋음, 유감, 슬픔, 놀라움)은 비인칭 형식으로 사용될 수 있다.

convenire
In certe situazioni conviene tacere.
어떤 상황에서는 침묵하는 것이 낫다.

bastare
Basta che funzioni. 작동하기만 하면 된다.
Basta cliccare. 클릭하기만 하면 된다.

importare
Non importa che tu sia uomo o donna.
네가 남자든 여자든 상관없다.

occorrere
Occorre che tu arrivi subito.
네가 당장 와야 할 필요가 있다.
Occorre avere pazienza.
참는 것이 필요하다.

bisognare	Bisogna che facciate attenzione. 너희들이 조심해야 한다.
	Bisogna stare attenti. 모두가 조심해야 한다.
sembrare	Sembra che tutto vada bene. 모든 것이 잘되어 가는 것처럼 보인다.
parere	Pare che siamo arrivati per primi. 우리가 제일 먼저 도착한 것 같아.
dispiacere	Mi dispiace che voi non stiate bene. 너희들이 잘 지내지 못해 내가 유감이다.

ⓒ essere + 보어(형용사/부사/명사) + 동사 원형 혹은 che

주절		주격 종속절	
essere 동사의 3인칭 단수 형태	형용사	che	주어 + 동사
	부사		
	명사	(di)	동사 원형

☞ 동사 원형이 문법적인 주어이고 의미상의 주어는 일반적인 사람이다. 의미상의 주어를 한정할 경우에 전치사 per + 목적격 대명사를 사용할 수 있다. che 이하가 문장에서 문법적 주어 역할을 한다. 영어의 가주어와 진주어 구문에 해당한다. [It ~ for ~ to, It ~ that]

È necessario che tu venga al più presto.
네가 최대한 빨리 올 필요가 있다. [essere + 형용사 + che]

Per me è importante che la scuola sia vicina.
내게 있어서 학교가 가까운 것이 중요하다. [essere + 형용사 + che]

È bene che la gente usi spesso i mezzi pubblici.
사람들이 자주 대중교통을 이용하는 것이 좋다. [essere + 부사 + che]

È un peccato che Lei non sia venuto.
당신이 오지 않은 것은 유감스러운 일이다. [essere + 명사 + che]

Per me non è facile imparare l'italiano.
내게 있어서 이탈리아어를 배우는 것이 쉽지가 않다. [essere + 형용사 + 동사 원형]

È meglio partire domani.
내일 떠나는 것이 더 낫다. [essere + 부사 + 동사 원형]

È ora di andare a letto.
잠자리에 들 시간이다. [essere + 명사 + di + 동사 원형]

(3) 비인칭 형식 si La forma impersonale si [☞ 34쪽 수동화 **si** 참조]

특정한 주어를 사용하지 않고 많은 사람들, 즉 일반 사람들(la gente, le persone, tutti)이 보편적으로 행하는 일을 나타낸다. 어떤 동사이든지 간에 모든 동사 앞에 비인칭 주어 si를 붙여서 si + 3인칭 단수 형태로 사용되면 비인칭 형식이 된다. 일반 사람을 나타내는 비인칭 형식으로 가장 많이 사용되는 형태로 현재, 과거, 미래 등 여러 시제로 사용될 수 있다.

ⓐ si + 타동사의 3인칭 단수형

Carlo mangia bene in questo ristorante. [인칭]
카를로는 이 레스토랑에서 잘 먹는다.

Uno mangia bene in questo ristorante. [비인칭]
이 레스토랑에서 사람들이 잘 먹는다. (영어의 총칭 인칭 one)

Si mangia bene in questo ristorante. [비인칭]
이 레스토랑에서 사람들이 잘 먹는다/음식을 잘한다. [=la gente]

Come si scrive?	철자가 어떻게 됩니까?
Come si dice in italiano?	이탈리아어로 어떻게 말합니까?
Come si cucina?	어떻게 요리합니까?
Come si fa?	어떻게 하는 거죠?
Come si usa?	어떻게 사용하는 거죠?

ⓑ si + 자동사의 3인칭 단수형

Se Giorgio arriva in ritardo, non può entrare [인칭]
조르조가 지각한다면 입장할 수 없다.

Se uno arriva in ritardo, non può entrare. [비인칭]
지각하면 입장할 수 없다.

Se si arriva in ritardo, non si può entrare. [비인칭]
지각을 한다면 입장할 수 없다.

Si sta bene a Milano?	밀라노에서 지내기/살기가 좋습니까?
Si vive una volta sola.	인생은 단 한 번 사는 것이다.
Qui si muore dal caldo.	여기 더워죽어요.
Come si arriva al Duomo?	두오모 성당에는 어떻게 가야 되나요?
Si entra gratis.	무료입장입니다.
Si parte!	출발합니다!

ⓒ 비인칭 si+재귀 동사의 3인칭 단수형 → ci + si + 3인칭 동사

비인칭 주어 si가 재귀 대명사 si와 중복되므로 비인칭 si는 발음상 ci로 변화한다.

D'estate Fabio si alza presto la mattina. [인칭]
여름에 파비오는 아침 일찍 일어난다.

D'estate uno si alza presto la mattina. [비인칭]
여름에 사람은 아침 일찍 일어난다.

D'estate ci si alza presto la mattina. [=la gente] [비인칭]
여름에 사람들은 아침 일찍 일어난다. [비인칭 si → ci]

In Italia, in media, a che età ci si sposa? [sposarsi]
이탈리아에서는 사람들이 평균적으로 몇 세에 결혼합니까?

Se si va a Verona, ci si innamora della città. [innamorarsi]
사람들이 베로나에 가면 도시에 반하게 된다.

Quando ci si annoia, il tempo non passa mai. [annoiarsi]
지루할 때는 시간이 절대 가지 않는다.

Quando si beve troppo, il giorno dopo ci si sente male. [sentirsi]
사람들이 과음할 경우, 그다음 날 안 좋다고 느낀다.

Alla festa ci si diverte di più quando si è fra amici. [divertirsi]
사람들은 파티에서 친구들끼리 있을 때 더 재미있게 논다.

ⓓ si + 조동사 3인칭 단수형

Si	조동사의 3인칭 단수	동사 원형

Scusi, si può entrare? -No, non si può.
실례지만, 입장할 수 있어요? 아뇨, 할 수 없어요.

Si può pagare con la carta di credito?
신용카드로 계산할 수 있습니까?

Non si può salire sull'autobus senza biglietto.
표 없이 버스에 승차할 수 없다.

In India si deve mangiare con la mano destra.
인도에서는 오른손으로 먹어야 한다.

Se si vuole vivere a lungo, non si deve fumare troppo.
오래 살고 싶다면 담배를 너무 많이 피우면 안 된다.

ⓔ 비인칭 주어 si + 조동사의 3인칭 단수형 + 재귀 동사일 경우

비인칭 si는 재귀 대명사 si와 중복되어 si si가 되기 때문에 발음상 비인칭 주어 si가 ci 형태로 변화한다. 재귀 대명사 si는 조동사 앞에 위치한다.

Ci	si	조동사의 3인칭 단수	동사 원형

abituarsi　Ci si deve abituare a questa realtà.
이 현실에 적응해야 한다. [→ si deve abituarsi X]

lavarsi　Prima di mangiare ci si deve lavare le mani.
먹기 전에 손을 씻어야 한다. [→ si deve lavarsi X]

truccarsi　Come ci si può truccare bene?
어떻게 화장을 잘 할 수 있을까? [→ si può truccarsi X]

ⓕ si + 3인칭 단수 타동사 + che + 주어 + 동사(직설법/접속법) [☞ 245쪽 접속법 참조]

i) 주절의 동사가 확실함을 나타내면 주격 종속절(che)에서는 직설법을 사용한다.

Si certifica che il signor Carlo Rossi ha conseguito la laurea.
카를로 로씨 씨가 학사 학위를 취득했음을 인증합니다. [certificare]

Si attesta che la merce è originaria dell'Italia.
상품이 원산지가 이탈리아임을 증명합니다. [attestare]

Si comunica che domani la scuola riapre regolarmente.
학교가 내일 정상적으로 다시 문을 열게 됨을 알려드립니다. [comunicare]

Si sa che la risata è un rimedio per ogni cosa.
웃음은 만병통치약이라고 알고 있다. [sapere]

ii) 주절의 동사가 불확실성을 나타내면 주격 종속절(che)에서는 접속법을 사용한다.

Si crede che lui non sia di qui.　다들 그가 이곳 출신이 아니라 믿는다.
Si pensa che lui sia fuggito.　사람들은 그가 도망갔다고 생각한다.
Si dice che lui sia molto ricco.　사람들은 그가 아주 부자라고 말한다.

ⓖ si + 3인칭 단수 동사 + di + 동사 원형

Si spera di partire domani.　사람들은 내일 떠나길 바란다.
Si consiglia di consultare il medico.　의사와 상담할 것을 권장합니다.
Si raccomanda di non fumare.　흡연을 삼갈 것을 간청드립니다.
Si prega di chiudere bene la porta.　문을 잘 닫아줄 것을 부탁합니다.

(4) 비인칭 주어 si + 동사와 형용사와의 어미 일치의 관계

ⓐ **si + essere, diventare, rimanere, stare** 3인칭 단수형 + 형용사(-i)

복수의 의미로 형용사는 어미가 남성 복수 형태인 -i가 된다. [여성만 지칭할 경우 -e]

Uno è felice quando è libero. [felice]
Si è felici quando si è liberi. [felici]
사람은 자유로울 때 행복하다.

Uno è triste, se rimane solo nella vita. [solo]
Si è tristi, se si rimane soli nella vita. [soli]
인생에 홀로 남게 되면 슬프다.

Se uno non trova lavoro, non sta tranquillo. [tranquillo]
Se non si trova lavoro, non si sta tranquilli. [tranquilli]
사람이 일자리를 구하지 못하면 마음이 편치 못하다.

Uno diventa vecchio quando smette di sognare. [vecchio]
Si deventa vecchi quando si smette di sognare. [vecchi]
사람은 꿈을 꾸는 것을 멈추면 늙게 된다.

ⓑ **si + 수동태(essere의 3인칭 단수형 + 타동사의 p.p)**

수동태 과거 분사의 어미도 보조사가 essere이기 때문에 남성 복수 어미 -i가 된다.

Quando uno è amato, è felice. [amare]
Quando si è amati, si è felici.
사람은 사랑을 받을 때 행복하다.

Quando uno è apprezzato, lavora con più attenzione
Quando si è apprezzati, si lavora con più attenzione.
사람은 인정받을 때 더욱 신중하게 일한다. [apprezzare]

ⓒ **ci + 재귀 동사 + 형용사(-i)**

재귀 동사 다음에 형용사가 오는 경우에도 형용사는 남성 복수 어미 -i가 된다.

Dopo un lungo viaggio uno si sente stanco. [sentirsi]
Dopo un lungo viaggio ci si sente stanchi. [si si → ci si]
긴 여행을 하고 나면 사람들은 피곤함을 느낀다.

Facendo dello sport, uno si mantiene giovane. [mantenersi]
Facendo dello sport, ci si mantiene giovani. [si si → ci si]
스포츠를 함으로써 사람은 젊음을 유지한다.

(5) 비인칭 'si'의 복합 시제

ⓐ 본래 동사가 **avere**를 보조사로 취하는 경우 비인칭 형식에서 과거 분사(p.p)는 항상 **-o**(남성 단수 형태)가 된다.

dormire	Io ho dormito molto. 나는 많이 잤다	Si è dormito molto. 사람들이 많이 잤다.
bere	Lui ha bevuto molto. 그는 많이 마셨다.	Si è bevuto molto. 사람들이 많이 마셨다.

Si è mangiato molto bene in quel ristorante. [mangiare]
그 레스토랑에서 사람들이 아주 잘 먹었다/음식이 아주 맛있었다.

Stanotte per il caldo non si è dormito bene. [dormire]
간밤에 더워서 사람들이 잠을 잘 못 잤다.

ⓑ 본래 동사가 **essere**를 보조사로 취하는 경우 비인칭 형식에서 과거 분사(p.p)는 항상 남성 복수 어미 **-i**가 된다.

arrivare	Io sono arrivato tardi. 나는 늦게 도착했다.	Si è arrivati tardi. 사람들이 늦게 도착했다.
andare	Lui è andato al mare. 그는 바다에 갔다.	Si è andati al mare. 사람들은 바다에 갔다.

Ieri si è arrivati tardi all'appuntamento e non si è partiti presto.
어제 사람들이 약속에 늦게 도착해서 빨리 떠나지 못했다. [arrivare, partire]

Quando si è stati in Italia, è impossibile di dimenticarla.
사람들이 이탈리아에 가보았다면, 이탈리아를 잊기가 불가능하다. [stare]

ⓒ **si** + 재귀 동사의 복합 시제

비인칭 주어 si는 ci로 변화하고 재귀 동사는 본래 essere를 보조사로 사용하기 때문에 과거 분사(p.p) 형태는 항상 남성 복수 어미 -i가 된다.

Dopo che uno si è lavato, si sente meglio. [lavarsi]
Dopo che ci si è lavati, ci si sente meglio. [si si → ci si]
사람은 씻고 난 후에, 몸이 한결 나아진 것을 느낀다. [sentirsi]

Se uno si è alzato presto, la sera si addormenta prima. [alzarsi]
Se ci si è alzati presto, la sera ci si addormenta prima. [si si → ci si]
만일 사람이 일찍 일어났다면, 저녁에 빨리 잠이 든다. [addormentarsi]

(6) 비인칭 주어 si와 수동태 si의 구분 방법 [☞ 26, 27, 34쪽 수동화 si 참조]

비인칭 주어 si는 모든 동사(자동사, 타동사, 재귀 동사) 앞에 사용할 수 있으나 항상 si + 3인칭 단수 동사 형태로만 사용되며 일반적으로 타동사 뒤에 동사의 목적어인 명사가 따라오지 않는다. 반면에 수동화 si는 3인칭 단수 타동사와 복수 타동사 형태 모두 사용되며, 동사 뒤에 타동사의 목적어인 명사가 따라오게 된다. 이 명사들은 수동태 문장에서 문법상의 주어가 되기 때문에 단순 시제에서는 명사의 수에 따라 동사의 형태(단수와 복수)를 일치시키고, 복합 시제에서는 명사의 성과 수에 따라 과거 분사의 어미를 일치시켜야 한다.

ⓐ 단순 시제에서 비인칭 형식과 수동 형식의 구분[표준 문법]

비인칭 형식	si	3인칭 단수 동사(자동사, 타동사, 재귀 동사)	
수동 형식	si	3인칭 단수 타동사	단수 명사(문법적 주어)
		3인칭 복수 타동사	복수 명사(문법적 주어)

In questo ristorante si mangia bene. [비인칭 si 형식]
이 레스토랑에선 사람들이 잘 먹는다. (음식 맛있다 의미) [명사가 없다.]
In questo ristorante si mangia una buona pizza. [수동 si 형식]
이 레스토랑에선 맛있는 피자가 먹힌다(맛있다). [=viene mangiata]

In Italia a Natale si mangia molto. [비인칭 si 형식]
이탈리아에서 성탄절 때 사람들은 많이 먹는다. [명사가 없다.]
In Italia a Natale si mangiano molti dolci. [수동 si 형식]
이탈리아에서 성탄절 때 많은 돌체들이 먹힌다. [=vengono mangiati]

✎ 참고

si + 3인칭 타동사 + 명사인 경우 명사를 타동사의 목적어로 간주하여 si를 비인칭 주어로 보는 문법 학자도 있고, 문장의 문법적 주어로 간주하여 수동화 si로 보는 문법 학자도 있다. 그러나 의미적으로 볼 때 비인칭 주어 si와 수동화 si가 차이가 없는 경우가 많기 때문에, 오늘날에는 si 구문으로 통합해서 사용하거나 혼용되어 사용된다. 복합 시제에는 essere를 보조사로 사용한다.

In Italia a Natale si mangia il panettone. [=viene mangiato]
이탈리아에서 성탄절 때 사람들은 파네토네를 먹는다/파네토네가 먹힌다.
In Italia a Natale si è mangiato il panettone. [수동 si 과거]
이탈리아에서 성탄절 때 사람들은 파테토네를 먹었다/파네토네가 먹혔다.
In Italia a Capodanno si mangiano le lenticchie. [=vengono mangiate]
이탈리아에서 새해 때 사람들은 렌틸콩을 먹는다/렌틸콩이 먹힌다.
In Italia a Capdoanno si sono mangiate le lenticchie. [수동 si 과거]
이탈리아에서 새해 때 사람들은 렌틸콩을 먹었다/렌틸콩이 먹혔다.
Come si festeggia il Natale in Italia? [si 구문]
이탈리아에서 성탄절을 어떻게 축하합니까?/성탄절이 어떻게 축하됩니까?

ⓑ si + 조동사인 경우

비인칭 형식	si	3인칭 단수 조동사 + 동사 원형	
수동 형식	si	3인칭 단수 조동사 + 동사 원형	단수 명사(문법적 주어)
		3인칭 복수 조동사 + 동사 원형	복수 명사(문법적 주어)

In Italia si può fumare nei locali pubblici? [비인칭 형식]
이탈리아에서는 공공장소에서 담배를 피울 수 있습니까? [문법적 주어인 명사가 없다.]
Si può fumare la sigaretta elettronica qui? [수동 형식]
여기서 전자 담배를 피울 수 있습니까? [la sigaretta elettronica - 문법적 주어]

Mi dispiace, ma non si può fare diversamente. [비인칭 형식]
죄송하지만, 달리할 수가 없습니다. [문법적 주어인 명사가 없다.]
Non si possono fare (delle) fotografie nei musei. [수동 형식]
박물관에서는 사진을 찍을 수 없습니다. [fotografie - 문법적 주어]

Fino a quando si deve aspettare? [비인칭 형식]
언제까지 기다려야 합니까? [문법적 주어인 명사가 없다.]
Fino a quando si deve usare la mascherina? [수동 형식]
언제까지 마스크를 사용해야 합니까? [la mascherina - 문법적 주어]

ⓒ 복합 시제에서 비인칭 형식과 수동 형식의 구분

i) 비인칭 si (si impersonale): 항상 essere의 3인칭 단수 동사로만 사용된다.

본동사가 essere를 취하는 동사일 경우: si + essere의 3인칭 단수 형태 + 과거 분사(-i)
본동사가 avere를 취하는 동사일 경우: si + essere의 3인칭 단수 형태 + 과거 분사(-o)

Al concerto si entra senza biglietto. 음악회에 표 없이 입장한다. [entrare]
Al concerto si è entrati biglietto. 음악회에 표 없이 입장했다. [essere]

Si parte con un'ora di ritardo. 한 시간 늦게 출발한다. [partire]
Si è partiti con un'ora di ritardo. 한 시간 늦게 출발했다. [essere]

A casa mia si mangia sempre bene. 나의 집 음식은 항상 맛있다. [mangiare]
A casa mia si è mangiato sempre bene. 나의 집 음식은 항상 맛있었다. [avere]

In questa scuola si studia molto. 이 학교에서 열심히 공부한다. [studiare]
In questa scuola si è studiato molto. 이 학교에서 열심히 공부했다. [avere]

ii) 수동화 si (si passivante): 명사에 따라 essere는 3인칭 단수와 복수 형태로 사용된다. 복합 시제인 경우 과거 분사는 명사의 성과 수에 따라 일치시킨다. [☞ 27쪽 참조]

In questa scuola si studia la lingua italiana.
이 학교에서 이탈리아어가 공부된다(이탈리아어를 공부한다).

In questa scuola si è studiata la lingua italiana.
이 학교에서 이탈리아어가 공부되었다(이탈리아어를 공부했다).

In questa scuola si studiano le lingue straniere.
이 학교에서는 외국어들이 공부된다(공부한다).

In questa scuola si sono studiate le lingue straniere.
이 학교에서는 외국어들이 공부되었다(공부했다).

(7) 비인칭 주어 si (si impersonale)가 대명사와 함께 사용될 때 대명사의 위치

ⓐ 비인칭 주어 **si**가 접어 **ci**와 함께 쓰일 때: 접어 **ci**가 비인칭 si 앞에 위치한다.

Come si arriva al Duomo? 두오모 성당에 가려면 어떻게 가요?

Come ci si arriva? [ci=al Duomo] 그곳에는 어떻게 가요?

ⓑ 비인칭 주어 **si**가 접어 **ne**와 함께 쓰일 때: 접어 **ne**가 비인칭 si 뒤에 위치한다. 비인칭 si가 ne 앞에 위치하며 si는 발음상 se로 변한다.

Non si parla di questa cosa! 이것에 대한 말은 안 합니다!

Non se ne parla! [ne=di questa cosa] 그런 얘기는 하는 게 아니에요!

ⓒ 비인칭 주어 si + 직접 목적격 약형 대명사 lo, la, li, le와 함께 사용될 때 직접 목적격 약형 대명사가 비인칭 주어 si 앞에 위치한다. 비인칭 형태는 안 변한다.

Questo lavoro viene pagato poco. Lo si fa per passione.
이 일은 급여가 적게 지불된다. 사람들은 그 일을 열정으로 한다. [Lo=questo lavoro]

Si dice che andrà tutto bene. Lo si dice per dare speranza.
다 잘될 것이라고 사람들이 말한다. 사람들이 희망을 주려고 그것을 말한다. [Lo는 che 문장]

☞ 반면에 재귀 대명사 si는 직접목적격 약형 대명사(lo, la, li, le) 앞에 위치하며 형태가 se로 변하고, 간접 목적격 약형 대명사(mi, ti, gli, le, ci, vi)와 함께 사용될 때는 간접 목적격 대명사 뒤에 위치한다.

Lui se lo ricorda. [ricordarsi] 그는 그것을 기억한다.

Gli si illuminano gli occhi. [illuminarsi] 그의 눈이 환하게 빛난다. [=I suoi occhi]

(7) 의미적인 측면에서 비인칭 동사로 사용되는 비인칭 형식들

주어가 문법적으로 표시되어 있든 없든, 실제 의미상의 주어는 확실히 정해져 있지 않은 일반 사람이다.

ⓐ **dire 동사의 3인칭 복수 형태**

[문법상의 주어는 loro이지만, 특정한 집단이 아니라 일반 사람들을 나타낸다.]

Dicono che i prezzi aumenteranno ancora.

[=La gente dice che / Alcune persone dicono che / Tutti dicono che]

사람들이 가격이 더 오를 거라고 말한다.

ⓑ **인칭 대명사 1인칭 복수 noi** [형식적 주어는 noi이지만 실제적인 의미는 일반인이다.]

Diciamo spesso cose che non pensiamo.

우리는 자주 우리가 생각지도 않는 것을 말한다.

ⓒ **인칭 대명사 2인칭 단수 tu** [주어가 종종 생략된다.]

Se vai a Perugia, trovi sempre tanti giovani di paesi lontani.

페루자에 가면 항상 먼 나라에서 온 많은 젊은이들을 발견하게 된다.

ⓓ **인칭 대명사 2인칭 복수 voi** [광고문, 충고 등에서]

Bevete pure alcolici, se volete rovinare il fegato!

간을 망치고 싶다면, 술을 어서 마시도록 하세요.

ⓔ **일반 사람 uno**(영어의 one) [비인칭 주어 si보다 비격식적]

Quando uno si trova in difficoltà, chiede aiuto. [=qualcuno, una persona]

사람이 어려움에 처할 때 도움을 청한다.

ⓕ **일부 동사의 3인칭 복수 형태**

Che film danno stasera? 오늘 저녁 무슨 영화를 하지?

A teatro fanno *l'Amuleto*. 극장에서 〈햄릿〉을 공연한다.

ⓖ **동사 원형 형태는 군사적 명령, 공고, 광고문, 도로 표지판 등에서 많이 사용된다.** [☞ 206쪽 참조]

NON TOCCARE 손대지 마시오. (DON'T TOUCH)

SPINGERE 미시오. (PUSH)

TIRARE 당기시오. (PULL)

ⓗ 특별한 대화자를 부르지 않고 감탄, 지연, 빈정거림 등의 마음 상태를 강조하여 나타내 보이기 위해 2인칭 단수 명령형 형태로 사용되기도 한다.

Ma guarda, siamo stati due ore a parlare.
이봐, 우리가 이야기한 지 두 시간이나 됐어.

Ma senti un po'!
좀 들어봐!

ⓘ andare, finire의 복합 시제

andare, finire, andare a finire 등의 동사들이 복합 시제에서 과거 분사를 여성형 어미 -a를 사용하는 경우가 있는데, 이것은 생략된 주어 la situazione나 la cosa의 일반적인 명사와 일치시키기 위한 것이다.

Com'è andata ieri? 어제 어떻게 되었지?
È andata molto bene. 아주 잘됐어.
Come è finita? 어떻게 끝났어?
Com'è andata a finire? 어떻게 끝나게 되었지?

2 과변 동사 I verbi sovrabbondanti

어근이 같기 때문에 근본적인 의미가 변화하지 않고 동사 활용 형태가 두 가지 유형인 동사를 과변 동사(i verbi sovrabbondanti)라고 한다.

(1) 과변 동사 형태

comprare [일반적] Mamma, compri il pane?
comperare Mamma, comperi il pane?
엄마, 빵 사는 거예요?

adempire Abbiamo adempito il nostro dovere.
adempiere [일반적] Abbiamo adempiuto il nostro dovere.
우리는 우리의 의무를 수행했다.

compire Ha compito gli studi.
compiere [일반적] Ha compiuto gli studi.
그는 학업을 완수했다.

(2) 활용 형태에 따라 의미가 달라지는 과변 동사

과변 동사에 속하는 동사들 중에는 활용 형태가 변하면 의미도 달라지는 동사가 있다. 그러나 같은 어근에서 유래한 것이기 때문에 기본적으로 유사한 의미를 지닌다.

arrossare	v.tr. 붉게 하다	Il freddo gli ha arrossato le guance. 추위가 그의 볼을 빨갛게 만들었다.
arrossire	v.intr. 붉어지다	Siamo arrossiti di vergogna. 우리는 부끄러움에 얼굴이 붉어졌다.
fallare	v.intr. 잘못하다	Ho fallato nei tuoi confronti. 나는 너한테 잘못했다.
fallire	v.intr. 실패하다	Ho fallito in un'impresa. 나는 작전에 실패했다.
imboscare	v.tr. 숨기다	Dove hai imboscato le sigarette? 담배는 어디에다 숨겼니?
imboschire	v.tr. 식목하다	Bisogna imboschire i monti. 산에 나무를 심어야 한다.
impazzare	v.intr. 열광하다	La folla impazzava per le strade. 군중은 거리에서 열광하고 있었다.
impazzire	v.intr. 미치게 되다	Impazzisco per il rumore. 나는 소음 때문에 미치겠다.
scolorare	v.tr. 탈색시키다	L'acqua calda scolora i tessuti. 뜨거운 물은 직물을 탈색시킨다.
scolorire	v.intr. 변색되다	Questo vestito scolorisce col tempo. 이 옷은 시간이 지나면 색이 바래진다.

(3) 의미가 완전히 다른 과변 동사 형태

어떤 동사들은 어근이 완전히 다른 데서 유래하여 의미에도 상당한 차이가 난다.

sfiorare	v.tr. 스치며 지나가다	Un'auto l'ha sfiorato. 자동차 한 대가 그를 스쳐 지나갔다.
sfiorire	v.intr. 시들다	Le rose sono sfiorite. 장미꽃들이 시들었다.
atterrare	v.intr. 착륙하다	L'aereo atterra. 비행기가 착륙한다.
atterrire	v.tr. 무섭게 하다	Mi ha atterrito con un pugno. 나를 주먹으로 위협했다.
ardere	v.intr. 불타다	Ardeva d'amore. 사랑으로 불타오르고 있었다.
ardire	v.intr. 감행하다	Non ardisco neppure immaginarlo. 나는 그것을 감히 상상하지도 못한다.

2장

동사의 법과 시제

I tempi e i modi verbali

이탈리아어의 동사의 법(modi)은 시제(tempi), 인칭(persona), 성(genere)과 수(numero)를 분명하게 나타내 주는 한정법(i modi finiti)과 불분명하게 나타내는 부정법(i modi indefiniti)으로 구분된다. 시제, 인칭, 성과 수가 분명하여 행위를 명확하게 표현해 주는 한정법에는 직설법(l'indicativo), 접속법(il congiuntivo), 조건법(il condizionale), 명령법(l'imperativo)이라는 네 가지 법이 있다. 반면에 성이나 수, 인칭과 시제가 분명히 드러나지 않는 부정법에는 제룬디오(il gerundio), 부정사(l'infinito), 분사(il participio)가 있다. 한정법은 명시 형태(le forme esplicite, 절 형태), 부정법은 함축 형태(le forme implicite, 구 형태)라고도 한다.

법과 시제의 일반적 도식

법(modi)		시제(tempi)		
		현재	과거	미래
한정법	직설법(l'indicativo)	현재	반과거 근과거 원과거 선립 과거 대과거	선립 미래 단순 미래
	접속법(il congiuntivo)	현재	반과거 과거 대과거	
	조건법(il condizionale)	현재	과거	
	명령법(l'imperativo)	현재		(미래)
부정법	부정사(l'infinito)	현재	과거	
	분사(il participio)	현재	과거	
	제룬디오(il gerundio)	현재	과거	

1. 직설법(il modo indicativo) [8가지 시제]

단순 시제(i tempi semplici)는 동사의 어미가 독자적으로 활용되는 형태이고, 복합 시제(i tempi composti)는 보조사 avere와 essere를 과거 분사(p.p)와 결합시켜 만드는 형태이다.

- 미래(il futuro)
  - 단순 미래: [-rò, -rai, -rà, -remo, -rete, -ranno] [단순 시제]
  - 선립 미래: [avere/essere의 단순 미래 + 과거 분사(p.p)] [복합 시제]
- 현재(il presente) [단순 시제]
- 과거(il passato)
  - 완료형 (il perfetto)
    - 근과거[avere/essere의 현재 + p.p] [복합 시제]
    - 원과거[-i, -sti, -ò, é, ì, -mmo, -ste, -rono] [단순 시제]
  - 불완료형/반과거(l'imperfetto): [-vo, -vi, -va, -vamo, -vate, -vano] [단순 시제]
  - 대과거(il trapassato)
    - 선립 과거: [avere/essere의 원과거 + p.p] [복합 시제]
    - 대과거: [avere/essere의 반과거 + p.p] [복합 시제]

2. 접속법(il modo congiuntivo) [4가지 시제]

- 현재[단순 시제]
- 과거: [avere/essere의 접속법 현재 + p.p] [복합 시제]
- 반과거: [-ssi, -ssi, -sse, -ssimo, -ste, -ssero] [단순 시제]
- 대과거: [avere/essere의 접속법 반과거 + p.p] [복합 시제]

3. 조건법(il modo condizionale) [2가지 시제]

- 현재: [-rei, -resti, -rebbe, -remmo, -reste, -rebbero] [단순 시제]
- 과거: [avere/essere의 조건법 현재 + p.p] [복합 시제]

4. 명령법(il modo imperativo) [2가지 시제]

현재 미래(직설법 미래와 동일)

5. 부정법(I modi indefiniti)

① 부정사(l'infinito)(원형 동사) [2가지 시제]

현재: [-are, -ere, -ire]	parlare	partire
과거: [avere/essere의 + p.p]	avere parlato	essere partito/a [복합 시제]

② 분사(il participio) [2가지 시제]

현재: [-ante, -ente, -ente]	parlante	partente
과거: [-ato, -uto, -ito]	parlato	partito

③ 제룬디오(il gerundio) [2가지 시제]

현재: [-ando, -endo, -endo]	parlando	partendo
과거: [avendo/essendo + p.p]	avendo parlato	essendo partito/a [복합 시제]

1 직설법 Il modo indicativo

법(il modo)이란 말하거나 글을 쓰는 사람이 동사의 형태를 통해서 이야기의 전달 내용을 어떤 식으로 표현하는가를 나타내는, 화자의 심적인 태도를 반영한 동사의 어형 변화 방법이다. 이탈리아어의 법에는 직설법, 조건법, 명령법, 접속법, 부정법 다섯 가지가 있다. 직설법은 긍정문, 부정문, 의문문의 구별 없이 어떤 사실을 '사실' 그대로 나타내는 방식으로, 현재 사실은 현재로, 미래 사실은 미래로, 과거 사실은 과거로 나타내는 표현법이다. 이야기하는 사람이 그 이야기의 내용을 현실 세계의 사실로 인정하는 문법상의 표현법으로 현실과 확실성에 바탕을 둔 객관적 어법이기 때문에 단정적 어조가 강하다. 다섯 가지 법 가운데 가장 많이 사용되며 주어의 인칭과 수, 시제에 따라 동사 형태가 변한다.

1 직설법 현재 Il presente indicativo

이탈리아어 동사는 그 부정사(동사 원형)가 사전에 등재되어 있는 형태적 어미에 따라 크게 세 가지로 구분된다. -are 로 끝나는 1군(gruppo) 동사, -ere로 끝나는 2군 동사, -ire로 끝나는 3군 동사가 있다. 3군 동사는 다시 첫 번째 종류인 1종(classificazione)과 -isc가 들어가는 두 번째 종류인 2종으로 나눌 수 있다. 이 각 그룹에 속한 동사들은 대부분 같은 어미변화를 하는데, 규칙인 경우와 불규칙인 경우가 있다.

(1) 기본 동사 essere와 avere

가장 기본이 되는 동사는 자동사 essere (to be) 동사와 타동사 avere (to have) 동사이다. 이탈리아어에서 부정문을 만들 경우 모든 동사 앞에 non만 붙이면 부정문이 된다. 존칭 Lei도 형태 면에서 3인칭 lei와 같기 때문에 동사를 사용할 때 3인칭 단수 동사를 사용한다. 동사 어미가 변화된 형태(굴절 어미)를 통해 인칭을 알 수 있기 때문에, 이탈리아어에서 주어를 강조하거나 주어가 누구인지 불분명할 경우에만 주어를 표시하고, 일반적으로는 생략해서 사용한다.

주격	부정문	essere
(io)	(non)	sono
(tu)		sei
(lui / lei) (Lei)		è
(noi)		siamo
(voi)		siete
(loro)		sono

주격	부정문	avere
(io)	(non)	ho
(tu)		hai
(lui / lei) (Lei)		ha
(noi)		abbiamo
(voi)		avete
(loro)		hanno

☞ essere 동사의 3인칭 단수 형태 è[ɛ]는 반드시 개음 표시(`)를 해야 한다. 개음 표시를 하지 않을 경우에 접속사 e (and)가 되어버린다.

ⓐ essere 동사(to be)

essere 동사는 자동사로서 '~에 있다, ~이다'라는 의미이다. essere 동사가 장소 부사 및 부사구와 함께 사용될 경우 '~이 있다'라고 해석되고, essere 동사 다음에 주격 보어로서 형용사나 명사가 올 경우 '~이다'라고 해석된다. 주격 보어로서 형용사는 반드시 주어의 성과 수에 일치시켜야 한다. essere 동사의 부정문은 동사 앞에 non만 붙이면 된다.

i) 주어 + essere + 장소 부사(구): ~에 있다(일시적인 위치)

Come mai sei qui? 여기 어쩐 일이니?	Sono qui per studiare l'italiano. 이탈리아어를 공부하기 위해서 여기 있어.
Perché è in Italia? 왜 이탈리아에 계시죠?	Sono in Italia per lavoro. 저는 이탈리아에 일 때문에 있습니다.
Dove è Sofia? 소피아가 어디 있죠?	(Lei) è a casa. (그녀는) 집에 있어요. [현재 위치]
Dove è il libro? 책이 어디 있어요?	(Il libro) è sul banco. (책은) 책상 위에 있습니다. [현재 위치]

☞ essere 동사는 사람이나 물건이 현재 있는 위치를 나타내고, stare (to stay) 동사는 사람이 얼마간 머물러 있거나 사물이 일상적으로 있는 위치를 나타낸다.

Dove sei? 어디 있어?	-Sono a casa. (현재) 집에 있어.	Che cosa fai domani? 내일 뭐 해?	-Sto a casa. 집에 (남아) 있을 거야.

I libri sono sul tavolo.
책들이 탁자 위에 있다. [현 위치]

I libri stanno nello scaffale.
책들은 책장에 꽂혀 있다. [일상적 위치]

ii) 주어 + essere + 주격 보어(형용사): ~이다 [☞ 1권 형용사 128, 130쪽 참조]

-o로 끝나는 1종 형용사들은 주어의 성과 수에 따라 네 가지 형태(-o, a, i, e)로 변화하고, -e로 끝나는 2종 형태는 수에 따라 두 가지 형태(e, i)로 변화한다.

주어	부정문	essere	주격 보어(형용사)	
(io)	(non)	sono	contento/a. 기쁜, 만족한	felice. 행복한
(tu)		sei		
(lui / lei) (Lei)		è		
(noi)		siamo	contenti/e. 기쁜, 만족한	felici 행복한
(voi)		siete		
(loro)		sono		

iii) 주어 + essere + 주격 보어(명사): ~이다[실체, 신분 상태]

Chi è Paul?
폴은 누구입니까?

Chi è lui?
그는 누구입니까?

Chi è Mary?
메리는 누구입니까?

Chi è lei?
그녀는 누구입니까?

Chi sono Paul e Mary?
폴과 메리는 누구입니까?

Chi sono loro?
그들은 누구입니까?

Paul (Lui)	è	un ragazzo americano. 폴은 미국 소년이다.
Mary (Lei)		una ragazza americana 메리는 미국 소녀이다.
Paul e Mary (Loro)	sono	(dei) ragazzi americani. 폴과 메리는 미국 소녀들이다.
Mary e Betty (Loro)		(delle) ragazze americane. 메리와 베티는 미국 소녀들이다.

ⓑ **avere 동사(to have)**

avere는 '~을 가지다'라는 의미의 타동사로서 직접 목적어를 갖는다.

i) 주어 + avere + 직접 목적어(명사) ~을 가지다, ~을 소유하다

주어	부정문	avere	직접 목적어(명사)	해석
(io)	(non)	ho	un fratello.	남형제가 하나 있다.
(tu)		hai	una sorella.	여형제가 하나 있다.
(lui / lei) (Lei)		ha	un appuntamento. una domanda.	약속이 하나 있다. 질문이 하나 있다.
(noi)		abbiamo	molti amici. molte penne.	많은 친구들이 있다. 많은 펜들을 가지고 있다.
(voi)		avete		
(loro)		hanno		

✎ 참고

noi abbiamo와 voi avete와는 달리 io, tu, lui/lei, loro 인칭에서 avere 동사 활용 시 h가 삽입된 이유는 ( ) 속 단어들과 혼동의 우려가 있어서 구별하기 위한 것이다.

io ho (o)　　tu hai (ai)　　lui/lei ha (a)　　loro hanno (anno)

ii) 주어 + avere + 직접 목적어(명사)

avere 동사는 타동사이기 때문에 직접 목적어를 가진다. 이때 일부 avere 동사 관용구는 명사 앞에 정관사를 붙이지 않으며, 신체적 상태를 표현하는 경우가 많다.

부정문	avere	직접 목적어(명사)	해석
(Non)	ho hai ha abbiamo avete hanno	freddo / caldo.	춥다/덥다.
		sonno.	졸리다.
		appetito.	입맛이 있다.
		tempo.	시간이 있다.
		sete.	갈증 난다.
		paura.	두렵다/무섭다.
		fretta.	급하다/바쁘다.
		fame.	배고프다.
		famiglia.	가족이 있다.
		ragione.	옳다, 맞다[right]
		torto.	틀렸다[wrong]
		lezione.	수업이 있다.
		mal di testa.	머리가 아프다.
		bisogno di aiuto. bisogno di riposare.	도움이 필요하다. 휴식이 필요하다
		voglia di un caffè. voglia di dormire.	커피 한잔을 원한다. 자고 싶다.

iii) essere 동사 + 형용사: 감정, 성격, 성질, 신체적 특징 등을 나타낼 때 사용한다.

부정문	essere	1종 형용사(-o)	해석	2종 형용사(-e)	해석
(Non)	sono	arrabbiato/a	화났다	felice	행복하다
		preoccupato/a	걱정된다	triste	슬프다
		contento/a	기쁘다	gentile	친절하다
		fortunato/a	행운이다	giovane	젊다
		magro/a	말랐다	forte	강하다
		stanco/a	피곤하다	debole	약하다
		piccolo/a	어리다, 작다	grande	크다, 대단하다
		bello/a	예쁘다	elegante	우아하다
		bravo/a	장하다	intelligente	똑똑하다
		ricco/a	부자이다	importante	중요하다

(2) 직설법 규칙 동사의 어미변화 형태

-are로 끝나는 1군 동사(제1활용 동사), -ere로 끝나는 2군 동사(제2활용 동사), -ire로 끝나는 3군 동사(제3활용 동사)이다. 3군 동사는 1종과 -isc가 들어가는 2종으로 나뉜다.

동사 / 주격	are	ere	ire	
	parl-are	ripet-ere	part-ire	fin-ire
io	parl-o	ripet-o	part-o	fin-isco
tu	parl-i	ripet-i	part-i	fin-isci
lui / lei	parl-a	ripet-e	part-e	fin-isce
noi	parl-iamo	ripet-iamo	part-iamo	fin-iamo
voi	parl-ate	ripet-ete	part-ite	fin-ite
loro	parl-ano	ripet-ono	part-ono	fin-iscono
현재 분사	-ante	-ente	-ente	-ente
과거 분사	-ato	-uto	-ito	-ito
제룬디오	-ando	-endo	-endo	-endo

ⓐ 현재 동사의 악센트의 위치

i) 1, 2, 3인칭 단수 동사는 주로 끝에서 두 번째 음절의 모음(penultima)에 강세가 있다.

parlare	pàr-lo	pàr-li	pàr-la
ripetere	ri-pè-to	ri-pè-ti	ri-pè-te
partire	pàr-to	pàr-ti	pàr-te

ii) 1, 2인칭 복수 동사도 끝에서 두 번째 음절의 모음에 강세가 있다.

parlare	par-lià-mo	par-là-te
ripetere	ri-pe-tià-mo	ri-pe-tè-te
partire	par-tià-mo	par-tì-te

iii) 3인칭 복수 동사는 끝에서 세 번째 음절의 모음(terzultima)에 강세가 있다. 3인칭 복수형은 1, 2, 3인칭 단수형과 동일한 음절에 강세가 있기 때문에 특히 강세에 유의해서 발음해야 한다. (동사의 음절이 긴 경우 끝에서 네 번째 음절에 강세가 위치하기도 한다.)

pàr-la-no   ri-pè-to-no   pàr-to-no   fi-nì-sco-no

iv) 3군 동사의 2종은 1인칭 복수(noi)를 제외하고 항상 -ì 위에 강세가 있다.

finìsco   finìsci   finìsce   finiàmo   finìte   finìscono

ⓑ 규칙 동사의 형태들

i) 1군의 주요 규칙 동사들: -are

[1군 동사 원형은 끝에서 두 번째 모음 a에 강세]

이탈리아어에는 1군 동사가 제일 많기 때문에 신조어나 외래어를 이탈리아어로 만들 경우에도 거의 1군 동사를 사용한다(chattare, cliccare, bloggare, spammare, taggare...)

aspettare	Chi aspetti? -Aspetto i miei amici. 누구를 기다리니? 내 친구들을 기다려.
ascoltare	Ascolto sempre la radio in macchina. 나는 자동차에서 항상 라디오를 듣는다.
aiutare	Aiuto i bambini a fare i compiti. 나는 아이들이 숙제하는 것을 돕는다.
amare	Stefania ama molto la musica. 스테파니아는 음악을 무척 사랑한다.
ballare	Marta e Giulia ballano molto bene. 마르타와 줄리아는 춤을 아주 잘 춘다.
comprare	Compro un regalo per mia madre. 나는 어머니에게 드릴 선물을 하나 산다.
continuare	Continuo a studiare la lingua italiana. 나는 이탈리아어를 계속 공부한다.
desiderare	Buongiorno! Che cosa desidera? 안녕하세요! 무엇을 원하세요?/도와드릴까요? [상점에서]
frequentare	Lui frequenta l'Università a Milano. 그는 밀라노에서 대학을 다닌다.
guardare	Io guardo sempre la TV dopo cena. 나는 저녁 식사 후에 항상 텔레비전을 본다.
guadagnare	In Corea, i medici guadagnano bene. 한국에서 의사들이 돈을 잘 번다.
insegnare	Che cosa insegna al liceo, professore? 선생님, 고등학교에서 무엇을 가르칩니까?
imparare	Io imparo l'italiano su YouTube. 나는 유튜브에서 이탈리아어를 배운다.
incontrare	Ogni giorno incontro molte persone. 나는 매일 많은 사람들을 만난다.

invitare	Stasera noi invitiamo Maurizio a cena 오늘 저녁 우리는 마우리치오를 저녁 식사에 초대한다.
lavare	Chi lava i piatti oggi? / Lavi spesso la macchina? 오늘 누가 설거지하지?/자주 세차하니?
ordinare	Ragazzi, per primo, che cosa ordinate? 얘들아, 첫 번째 코스 요리로, 무엇을 주문할래?
passare	Come passi il fine-settimana? 주말을 어떻게 보내니?
parlare	Io non parlo bene l'italiano. 나는 이탈리아 말을 잘 못합니다.
preparare	Preparo la cena per la mia famiglia. 나는 나의 가족을 위해서 저녁식사를 준비한다.
pensare	Quando pensi di andare in Italia? 언제 이탈리아에 갈 생각이니?
suonare	Sandra suona il violino molto bene. 산드라는 바이올린을 아주 잘 연주한다.
salutare	Chi saluti? -Saluto il professore. 누구한테 인사하니? 교수님께 인사를 한다.
significare	Che cosa significa questa frase? 이 문장은 무슨 뜻입니까?
trovare	Non trovo più la chiave della macchina. 더 이상 자동차 열쇠를 못 찾겠다.
entrare	Il professore entra in classe alle 9. 교수님이 9시에 교실에 들어오신다.
tornare	Ogni sera lui torna a casa molto tardi. 매일 저녁 그는 집에 아주 늦게 돌아온다.
abitare	Lei dove abita? -Abito a Roma. 당신은 어디에 사세요? 로마에 삽니다.
arrivare	Lui arriva sempre tardi a lezione. 그는 항상 수업에 늦게 도착한다.
cantare	Loro cantano una canzone coreana. 그들은 한국 가요를 한 곡 부른다.
cenare	Diego, a che ora ceni di solito? 디에고, 주로 몇 시에 저녁 식사를 하니?
costare	Quanto costa questo libro? 이 책값이 얼마입니까?

lavorare	Lei lavora come barista in un bar. 그녀는 카페에서 바리스타로 일한다.
funzionare	L'acensore non funziona. 승강기가 작동하지 않는다.
telefonare	A chi telefoni? -Telefono a Marco. 누구에게 전화하니? 마르코에게 전화한다.
pranzare	Con chi pranza? -Pranzo da solo. 누구와 점심 식사를 하세요? 혼자서 점심을 먹습니다.
restare	Oggi resto a casa, perché sono molto stanco. 오늘 나는 무척 피곤해서 집에 남아 있다.
riposare	Siamo stanchi. Riposiamo un po'? 우리 피곤해요. 좀 쉴까요?

ii) 2군의 주요 규칙 동사들: -ere

[2군 동사 원형은 주로 끝에서 세 번째의 모음에 강세]

chièdere	Chiedo aiuto a Francesco. 나는 프란체스코에게 도움을 청한다.
conóscere	Conosce questa signorina? 이 아가씨를 아세요?
córrere	Lui corre alla fermata dell'autobus. 그는 버스 정류소로 달려간다.
chiùdere	A che ora chiudono i negozi? 상점들은 몇 시에 문을 닫습니까?
lèggere	Leggo il giornale cartaceo tutti i giorni. 나는 날마다 종이 신문을 읽는다.
méttere	Quanto zucchero metti nel caffè? 커피에 설탕을 얼마나 넣니?
prèndere	Signorina, che cosa prende? -Prendo un caffè. 아가씨, 무엇을 드실래요? 커피 마실게요.
pèrdere	Ho paura di perdere il treno per Milano. 나는 밀라노행 기차를 놓칠까 봐 두렵다.
piàngere	Perché piangi? -Piango di gioia. 왜 울어? 기뻐서 울어.

ricévere	Ricevo molte e-mail di spam. 나는 많은 스팸 메일을 받는다.
rìdere	Perché ridi? Non è il caso di ridere. 왜 웃어? 웃을 경우가 아니다.
ripètere	Ragazzi, ripetete la lezione ogni giorno? 여러분, 매일 수업을 복습해요?
rispóndere	Rispondo io al telefono! 내가 전화받을게.
vedére	Quando vedi Federico? 페데리코를 언제 보니?
vìvere	Loro vivono in Italia, a Milano. 그들은 이탈리아 밀라노에 삽니다.
vìncere	Quando giochiamo a carte, vince sempre lui. 우리가 카드놀이를 할 때, 항상 그가 이긴다.
scrìvere	Scrivo un messaggio a Francesco. 나는 프란체스코에게 메시지를 쓴다.
spèndere	Anna spende molti soldi per i vestiti. 안나는 옷에 돈을 많이 쓴다.
scéndere	Scendo alla prossima fermata. 나는 다음 정류장에서 내린다.

iii) 3군의 1종 주요 규칙 동사들

[3군 동사 원형은 끝에서 두 번째 모음 i에 강세]

aprire	A che ora aprono le banche? [자동사] 은행들은 몇 시에 문 열죠?
	Matteo apre la finestra perché fa caldo. [타동사] 마테오는 날씨가 더워서 창문을 연다.
dormire	Paolo, dormi? -No, non dormo. 파올로, 자니? 아니, 안 자.
	Quante ore dorme al giorno? -Dormo otto ore. 하루에 몇 시간 주무세요? 8시간 잡니다.
offrire	Oggi è il mio compleanno. Offro io! 오늘 나의 생일이야. 내가 낼게.

sentire	Sento un rumore. [to hear] 나는 소음을 듣는다. (소음이 들린다.) Non senti freddo? [to feel] 너는 안 춥니? (추위가 안 느껴져?) Sento odore di bruciato. [to smell] 나는 타는 냄새를 맡는다. (타는 냄새가 난다.)
partire	Quando parte per Roma? -Parto domani. 언제 로마로 떠나세요? 내일 떠나요.
seguire	Marina non segue mai la moda. 마리나는 결코 유행을 따르지 않는다.

iv) 3군의 2종 주요 규칙 동사들

3군 동사의 2종은 사전에 동사 변화가 예시되어 있다. 1·2·3인칭 단수형과 3인칭 복수형에 -isc가 들어가는 것이 특징이다.

finire	Quando finisci l'Università? 언제 대학을 마치니?
capire	Signora, capisce l'italiano? 여사님, 이탈리아어를 알아들으세요?
preferire	Che genere di musica preferisce? 어떤 종류의 음악을 더 좋아하십니까?
spedire	Spedisco un pacco in Italia. 이탈리아에 소포를 한 개 보낸다.
pulire	Loro non puliscono mai la stanza. 그들은 절대로 방 청소를 하지 않는다.
digerire	Non digerisco bene la carne. 난 고기를 잘 소화하지 못한다.
gradire	Gradisce un caffè? -No, grazie. 커피 한잔하시겠어요? 아뇨, 감사합니다.
sostituire	Anna sostituisce un'insegnante assente. 안나는 결근한 여선생님을 대신한다.
restituire	Restituisco questo libro alla biblioteca. 나는 이 책을 도서관에 반납한다.

(3) 주요 규칙 동사들의 쓰임

ⓐ **abitare**: 자동사(v.intr.) 거주하다, 살다

Abito Abiti Abita Abitiamo Abitate Abitano	in	국가	Italia	이탈리아에 산다.
		구역	centro periferia	시내에 산다. 교외에 산다.
		길 도로 광장	via Manzoni corso Garibaldi Piazza Cavour	만조니가에 산다. 가리발디로에 산다. 카부르 광장에 산다.
		아파트 주택	un appartamento una casa	어느 아파트에 산다. 어느 주택에 산다.
	a	도시	Roma	로마에 산다.
	al	층	primo piano	2층에 산다.
	vicino a lontano da fuori		Milano	밀라노 가까이에 산다. 밀라노에서 멀리 산다. 밀라노 외곽에 산다.
	qui vicino			이 근처(부근)에 산다.
	presso una famiglia			한 가정 안에서 산다.

ⓑ **partire**: 자동사(v.intr.) 떠나다, 출발하다

Parto Parti Parte Partiamo Partite Partono	per 방향	도시	Roma (무관사)	로마로 떠난다.
		국가	l'Italia (유관사)	이탈리아로 떠난다.
		행선지	il mare le vacanze	바다로 떠난다. 휴가를 향해 떠난다.
	da	부터	Roma	로마에서 출발한다.
	dal	기점	binario 12	12번 플랫폼에서 출발한다.
	da	solo/a		혼자 떠난다.
	alle	시간	dieci	10시에 떠난다.
	fra		venti minuti	20분 후에 떠난다.
	in	수단	treno (무관사)	늦게 출발한다.
	con	수단	il treno (유관사)	기차로 떠난다.
		동반	Paolo	파올로와 함께 떠난다.
			due valigie	여행 가방 2개 들고 떠난다.

(4) 불규칙 동사 변화

ⓐ 불규칙 형태의 동사들

i) 1군 동사 불규칙: -ciare와 -giare로 끝나는 1군 동사는 tu와 noi에서 i의 발음이 길어지는 발음상의 이유로 i가 탈락하여 i 하나만 남는다. -gare와 -care로 끝나는 1군 동사는 원형과 발음을 일치시키기 위해 tu, noi에서 h가 삽입된다.

	cominciare	mangiare	pagare	cercare
io	comincio	mangio	pago	cerco
tu	cominci	mangi	paghi	cerchi
lui / lei	comincia	mangia	paga	cerca
noi	cominciamo	mangiamo	paghiamo	cerchiamo
voi	cominciate	mangiate	pagate	cercate
loro	cominciano	mangiano	pagano	cercano

☞ lasciare, viaggiare, passeggiare, navigare, spiegare, giocare, caricare...

ii) 동사 활용이 비슷한 1군 불규칙 동사(sapere는 2군 동사이지만 1군 동사와 활용이 비슷하다.)

	andare	fare	stare	dare	sapere
io	vado	faccio	sto	do	so
tu	vai	fai	stai	dai	sai
lui / lei	va	fa	sta	dà	sa
noi	andiamo	facciamo	stiamo	diamo	sappiamo
voi	andate	fate	state	date	sapete
loro	vanno	fanno	stanno	danno	sanno

☞ fare는 라틴어 facere에서 유래했기 때문에 라틴어근(ce)를 살려서 활용된다.

iii) 2군 불규칙 동사(dovere, potere, volere는 조동사)

	dovere	potere	volere	bere	sedere
io	devo	posso	voglio	bevo	siedo
tu	devi	puoi	vuoi	bevi	siedi
lui / lei	deve	può	vuole	beve	siede
noi	dobbiamo	possiamo	vogliamo	beviamo	sediamo
voi	dovete	potete	volete	bevete	sedete
loro	devono	possono	vogliono	bevono	siedono

☞ bere는 라틴어 bevere에서 유래되었기 때문에 라틴어근(-ve)을 살려서 활용된다.

iv) 2군 변형 불규칙 동사: -urre, -orre, -arre [라틴어에서 유래한 동사들]

	tradurre (traducere)	porre (ponere)	trarre (traere)	piacere (-iacere)
io	tracuco	pongo	traggo	piaccio
tu	traduci	poni	trai	piaci
lui / lei	traduce	pone	trae	piace
noi	traduciamo	poniamo	traiamo	piacciamo
voi	traducete	ponete	traete	piacete
loro	traducono	pongono	traggono	piacciono

☞ 2군 동사 －urre(-cere), -orre(-nere), -arre(-aere)는 라틴 동사에서 유래했다.

-urre: tradurre, produrre, condurre, introdurre, ridurre, sedurre...

-orre: porre, proporre, supporre, imporre, comporre, esporre...

-arre: trarre, estrarre, sottrarre, attrarre, contrarre, distrarre...

v) 2군 불규칙 동사들

	rimanere	spegnere	tenere	scegliere	valere
io	rimango	spengo	tengo	scelgo	valgo
tu	rimani	spegni	tieni	scegli	vali
lui / lei	rimane	spegne	tiene	sceglie	vale
noi	rimaniamo	spegniamo	teniamo	scegliamo	valiamo
voi	rimanete	spegnete	tenete	scegliete	valete
loro	rimangono	spengono	tengono	scelgono	valgono

☞ -gliere (togliere, cogliere, accogliere, raccogliere, sciogliere, distogliere...)로 끝나는 동사들은 scegliere처럼 활용한다.
-tenere (contenere, ritenere, sostenere, ottenere, trattenere, mantenere...)로 끝나는 동사들은 tenere처럼 활용한다.

vi) 3군 불규칙 동사

	salire	venire	dire	uscire	morire
io	salgo	vengo	dico	esco	muoio
tu	sali	vieni	dici	esci	muori
lui / lei	sale	viene	dice	esce	muore
noi	saliamo	veniamo	diciamo	usciamo	moriamo
voi	salite	venite	dite	uscite	morite
loro	salgono	vengono	dicono	escono	muoiono

☞ dire는 라틴어 dicere에서 유래했기 때문에 라틴어근(ce)를 살려서 활용한다.

ⓑ 일상생활에 자주 사용되는 불규칙 동사들

cominciare	Quando cominci il tuo nuovo lavoro? [타동사] 언제 너의 새로운 일을 시작하니?
	A che ora comincia la lezione d'italiano? [자동사] 이탈리아어 수업이 몇 시에 시작합니까?
mangiare	Di solito mangio poco a cena. 난 저녁 식사 때에 주로 적게 먹는다.
	Che cosa mangiamo per pranzo? 우리 점심으로 무엇을 먹을까?
viaggiare	Viaggi spesso in treno? 기차로 자주 여행하니?
	Noi viaggiamo molto durante le vacanze. 우리는 방학 동안에 여행을 많이 한다.
studiare	Da quanto tempo studi l'italiano? 이탈리아어를 공부한 지 얼마나 되니?
pagare	Quanto paghi d'affitto? / Quanto pago? 임대료 얼마 지불하니?/제가 얼마 지불해야 하나요?
	Paghiamo alla romana! / Pago io. 로마식으로 계산합시다(n분의 1)/내가 계산할게.
pregare	Io prego sempre Dio per te. 나는 너를 위해 항상 하느님께 기도드린다.
navigare	Navighiamo spesso in/su internet con il cellulare. 우리는 휴대폰으로 자주 인터넷 서핑을 한다.
cercare	Cerchiamo un appartamento in affitto. 우리는 세놓은 아파트를 찾고 있습니다.
	Che cosa cerchi? -Cerco il mio cellulare. 무엇을 찾니? 나의 휴대폰을 찾아.
mancare	Oggi in classe mancano tre studenti. 오늘 교실에 학생 세 명이 모자란다.
andare	Di solito Elena va a letto a mezzanotte. 주로 엘레나는 자정에 잠자리에 든다.
	Ciao, Piero, come va? -Va bene, grazie. 안녕, 피에로, 요즘 어때? 덕분에 잘 지내.
	Piero, come vai a scuola? -Vado a piedi. 피에로, 학교에 어떻게 가니? 걸어서 가.

fare

Che lavoro fa? -Faccio l'insegnante.
무슨 일을 하십니까? 교사직을 합니다.

Come facciamo? -Facciamo così.
우리 어떻게 할까? 이렇게 하자.

Che cosa fai nel tempo libero?
너는 여가 시간에 무엇을 하니?

Come fanno colazione gli italiani?
이탈리아인들은 아침 식사를 어떻게 합니까?

sapere

Non so ancora. / Non so bene.
나는 아직 모른다/나는 잘 모른다.

Come lo sai? / Che sai di Fabio?
네가 그것을 어떻게 아니?/너는 파비오에 대해 뭘 아니?

Lui sa già tutto. / Lui non sa niente.
그는 이미 다 알고 있다/그는 아무것도 모른다.

tenere

Tengo sempre il cellulare accesso.
나는 항상 휴대폰을 켜둔다.

Marta tiene il bambino in braccio.
마르타는 아이를 안고 있다.

Loro tengono una conferenza stampa.
그들은 기자회견을 연다.

mantenere

Io mantengo sempre le promesse.
나는 항상 약속들을 지킨다.

Lui mantiene la famiglia.
그가 가족을 부양한다.

Non mantegono la distanza di sicurezza.
그들은 안전거리를 유지하지 않는다.

scegliere

Scelgo io il vino per la cena di stasera!
오늘 저녁 식사를 위해서 내가 포도주를 고를게!

Quale pizza scegli? -Io scelgo la Margherita.
어떤 피자를 고를 거니? 난 마르게리타 피자를 선택한다.

morire

Molti bambini africani muoiono di fame.
많은 아프리카 아이들이 기아로 죽는다.

In questa casa muoio dal freddo.
이 집에서 나는 추워 죽겠다.

• **giocare**: **v.intr.** 놀다(to play)

Gioco Giochi Gioca Giochiamo Giocate Giocano	a	tennis. calcio. pallone. golf. pallacanestro. carte. scacchi. nascondino.	테니스를 한다. 축구를 한다. 공놀이를 한다. 골프를 친다. 농구를 한다. 카드놀이를 한다. 서양장기를 둔다. 숨바꼭질을 한다.
	con	il gatto. i bambini. Sandro.	고양이와 논다. 아이들과 논다. 산드로와 논다.
	da	solo.	혼자서 논다.

• **dare**: **v.tr.** ~을 주다(to give)

Do Dai Dà Diamo Date Danno	un passaggio un consiglio una notizia una mano	a Luca.	루카를 태워(a ride)준다. 루카에게 충고를 준다. 루카에게 소식을 준다 루카에게 도움을 준다.
	del Lei del tu	al professore.	교수에게 존댓말을 한다. 교수에게 반말을 한다.
	una festa. l'esame di grammatica. lezioni private di piano.		파티를 연다. 문법 시험을 본다. 피아노 개인 레슨을 한다.

☞ 3인칭 dà (gives)는 전치사 da (from)와 구별하기 위해 개음 부호를 표기한다.

• **stare**: **v.intr.** 얼마 동안 있다(to stay), 남다, 머무르다, 위치하다, 지내다

Sto Stai Sta Stiamo State Stanno	a	casa. letto. Roma.	집에 있다. (집에 머물다.) 침대(병석)에 있다. 로마에 있다. (머물러 있다.)
	in	Italia. piedi.	이탈리아에 있다. (머물러 있다) 서 있다.
	da	Carlo.	카를로의 집에 머문다.
	con	i bambini. i nonni.	아이들과 함께 있다. 조부님과 함께 있다.
	bene.		잘 지낸다.
	male.		못 지낸다.
Come stai?	-Sto bene / male.		어떻게 지내니? 잘 지내/못 지내.

• **tradurre**(라틴어 traducere에서 유래): **v.tr.** 번역하다(to translate)

Traduco Traduci Traduce Traduciamo Traducete Traducono	in	coreano.	한국어로 번역한다.
	nella	mia lingua (madre).	나의 모국어로 번역한다.
	dall'	italiano. inglese in coreano.	이탈리아어에서 번역한다. 영어에서 한국어로 번역한다.
	con	Google Traduttore.	구글 번역기로 번역한다.
	senza	vocabolario.	어휘 사전 없이 번역한다.
	un documento.		서류 한 장을 번역한다.
	un libro.		책 한 권을 번역한다.
	molto velocemente.		아주 빨리 번역한다.

• **spegnere**: **v.tr.** ~을 끄다(to turn off)

Spengo Spegni Spegne Spegniamo Spegnete Spengono	la luce.	전기 불을 끈다.
	la musica.	음악을 끈다.
	la televisione.	텔레비전을 끈다.
	la radio.	라디오를 끈다.
	il cellulare.	휴대폰을 끈다.
	il computer.	컴퓨터를 끈다.

• **rimanere**: **v.intr.** 남다, 머물다(to remain)

Rimango Rimani Rimane Rimaniamo Rimanete Rimangono	a	casa. cena da Mara. Roma. scuola. studiare.	집에 남는다. 마라 집 저녁 식사에 남는다. 로마에 머문다. 학교에 남는다. 공부하려고 남는다.
	in	Italia. città.	이탈리아에 머문다. 도시에 남는다.
	da	Paolo.	파올로 집에 남는다.
	qui	a chiacchierare.	여기 남아서 수다 떤다.

• **bere**(라틴어 bevere에서 유래): **v.tr.** ~을 마시다(to drink)

Bevo Bevi Beve Beviamo Bevete Bevono	un caffè.	커피 한 잔을 마신다.
	una bibita fresca.	시원한 음료수를 마신다.
	un'aranciata.	오렌지 주스를 마신다.
	un po' di vino.	약간의 포도주를 마신다.
	un bicchiere d'acqua.	물 한 컵을 마신다.
	un tè freddo.	아이스티 한 잔을 마신다.

• **salire**: v.intr. 오르다(to get on, to climb)

Salgo **Sali** **Sale** **Saliamo** **Salite** **Salgono**	a	piedi.	걸어서 오른다.
	al	secondo piano.	3층에 오른다.
		piano di sopra.	위층에 오른다.
	sul	treno.	기차에 오른다.
	sull'	autobus.	버스에 오른다.
		aereo.	비행기에 오른다.
	in	macchina.	자동차 안에 오른다.
		montagna.	산에 오른다.
	con	l'ascensore.	승강기로 오른다.
	fino in	cima.	정상까지 오른다.
	per	le scale.	계단으로 오른다.

• **uscire**: v.intr. 나가다(to go out)

Esco **Esci** **Esce** **Usciamo** **Uscite** **Escono**	di	casa.	집에서 나온다.
	da	scuola.	학교에서 나온다.
	dal	lavoro.	직장에서 나온다.
	dall'	ufficio.	사무실에서 나온다.
		ospedale	병원에서 나온다.
		aula.	강의실에서 나온다.
		Università.	대학에서 나온다.
	con	gli amici.	친구들하고 나간다.
		Lucia.	루치아와 함께 나간다.
		la macchina. [유관사]	자동차로 나간다.
	in	macchina. [무관사]	자동차로 나간다.
	a	fare una passeggiata.	산책하러 간다.
		prendere un po' d'aria.	바람 쐬러 나간다.
	per	fare la spesa.	장을 보기 위해 나간다.

• **dire**: tr. 말하다(to tell, to say)

Dico	a te.		네게 말한다.
	per	scherzo.	농담으로 말한다.
		ridere.	웃자고 말한다.
	la verità.		사실을 말한다.
Dici	davvero?		정말로 말하는 거니?/진담이니?
Dice	sul serio?		진지하게 말하시는 겁니까?
Non diciamo	niente.		우리는 아무 말을 안 한다.
Dite	di sì?		그렇다고 말하는 거니?
Dicono	di no.		아니라고 말한다.
Come	dici?		뭐라고? (못 알아들었을 때)
	dice?		뭐라고요? (못 알아들었을 때)
Che	dici?		무슨 소리야?/네 의견은?
	dice?		무슨 말씀이세요?/당신 의견은요?

이탈리아 서법 조동사(i verbi servili)는 volere, potere, dovere 세 가지이며, 추가로 sapere 동사도 조동사로 쓰일 수 있다. 조동사 다음에는 동사 원형이 온다.

• **volere**: 조동사(want)로 '~을 원하다'라는 의미이며, 동사를 생략하고 명사만 사용할 수 있다.

Voglio	(prendere) un caffè. (mangiare) un gelato.	커피 한 잔 마시고 싶다. 아이스크림 하나 먹고 싶다.
Vuoi	un caffè? un passaggio? una mano?	커피 한 잔 줄까? 태워줄까? 거들어줄까?
Vuole	venire con noi?	우리와 같이 가길 원하세요?
Vogliamo	organizzare una festa.	파티를 계획하길 원한다.
Volete	visitare Firenze?	피렌체를 방문하길 원하니?
Vogliono	rimanere a casa.	집에 남기를 원한다.

Che vuoi / vuole? 뭘 원하는 거야?/뭘 원하시는 거예요?
Se vuoi / vuole, 네가 원한다면/당신이 원하신다면,
Come vuoi / vuole, 네가 원하는 대로/당신 원하시는 대로,
Che vuoi / vuol dire? 네 말이 무슨 뜻이야/당신 말의 의미가 뭐에요?
Dove vuoi / vuole andare? 어디에 가고 싶니/어디로 가고 싶으세요?

• **potere**: 조동사(may, can)로 허락·요청·가능성을 나타낸다.

Posso	entrare? fare una domanda? provare?	허락을 구함	들어가도 돼요? 질문 하나 해도 돼요? 한번 해봐도 돼요?
Puoi	chiudere la finestra? aspettare un momento?	부탁 요청	창문 닫아줄래? 잠깐 기다려줄 수 있니?
Può	ripetere, per favore? parlare lentamente?		반복해 주실 수 있으세요? 천천히 말씀해 주시겠습니까?
Possiamo	andare in bagno? cominciare?	허락을 구함	우리 화장실에 가도 돼요? 우리 시작해도 될까요?
Potete	uscire se volete. parlare più forte?	허락 요청	너희들이 원하면 나가도 돼. 더 크게 말씀해 주시겠어요?
Possono	entrare gratis. capire l'italiano.	가능성	무료로 입장할 수 있다. 이탈리아어를 이해할 수 있다.

Come posso fare per prenotare? 예약하려면 제가 어떻게 해야 하나요?
Come posso arrivare al museo? 제가 박물관은 어떻게 가면 될까요?
Che cosa posso fare per te? 너를 위해서 내가 무엇을 할 수 있을까?
Dove posso trovare una farmacia? 어디 가면 약국을 찾을 수 있어요?

• dovere: 조동사(must, have to)로 의무를 나타내며 '~을 해야 한다' 의미이다.

Devo	cambiare treno?	기차를 갈아타야만 됩니까?
Devi	stuidare molto.	공부를 많이 해야 돼.
Deve	andare avanti.	직진하셔야 합니다.
Dobbiamo	prendere l'autobus.	버스를 타야 한다.
Dovete	lavorare fino a tardi?	늦게까지 일해야 되니?
Devono	tornare presto.	빨리 돌아가야 한다.

Quale autobus devo prendere per andare in Piazza Garibaldi?

가리발디 광장에 가려면 제가 어떤 버스를 타야 합니까?

Che linea della metropolitana devo prendere per stazione Centrale?

중앙역으로 가려면 제가 몇 호선 지하철을 타야 합니까?

Scusi, per piazza del Popolo, a quale fermata devo scendere?

실례합니다, 포폴로 광장으로 가려면 어느 정류장에서 내려야 하나요?

• sapere + 동사 원형: '~할 줄 알다, ~하는 방법을 알다'는 의미로 조동사로 사용된다.

So	parlare spagnolo.	스페인어를 말할 줄 안다.
Sai	suonare la chitarra?	기타 칠 줄 아니?
Sa	cucinare molto bene.	요리를 아주 잘할 줄 안다.
Sappiamo	sciare.	스키 탈 줄 안다.
Sapete	nuotare?	수영할 줄 아니?
Sanno	giocare a golf.	골프 칠 줄 안다.

참고

non potere, non sapere, non riuscire a의 차이점

non potere는 주로 외적인 원인이며, non riuscire a는 내적인 원인이다.

Non posso bere alcolici. (perché non sto bene)

나는 술을 마실 수가 없다. (왜냐하면 몸이 안 좋아서)

Non so bere alcolici. (perché non ho mai imparato)

나는 술을 마실 줄 모른다. (왜냐하면 배운 적이 없어서)

Non riesco a bere alcolici. (perché è troppo forte per me)

나는 술을 못 마시겠다. (왜냐하면 나한테 너무 독하기 때문이다.)

ⓒ conoscere와 sapere 동사의 공통점과 차이점

i) 공통점: conoscere는 능동적 혹은 노력으로, sapere는 수동적으로 알게 됨을 나타낸다.

	conoscere	sapere
언어를 알다	Conosci il tedesco? 독일어를 아니? [학습을 통해서]	Sai il tedesco? 독일어를 아니? [별 노력 없이]
전화번호를 알다	Conosci il mio numero di telefonino? 내 휴대폰 번호 아니?	Sai il mio numero di telefonino? 내 휴대폰 번호 아니?
주소를 알다	Conosci il mio indirizzo e-mail? 내 이메일 주소 알아?	Sai il mio indirizzo e-mail? 내 이메일 주소 알아?

ii) 차이점

'사람과 장소를 알다'는 conoscere 동사만 가능하며, 반면에 조동사로 사용되거나 문장(명사절)을 이끌 수 있는 것은 sapere 동사만 가능하다.

	conoscere	sapere
사람을 알다	Conosci Luca? 루카를 아니?	×
장소를 알다	Consci Roma? 로마를 아니?	×
조동사로 사용	×	Sai guidare? 운전할 줄 아니? Non so nuotare. 나는 수영할 줄을 모른다.
명사절(문장)을 이끈다.	×	Sai che lui cambia casa? 그가 이사하는 것을 아니? Sai se lui viene a lezione? 그가 수업에 오는지를 아니? Sai dove abita lui? 그가 어디에 사는지를 아니? Sai come si chiama lui? 그의 이름이 뭔지를 아니? Sai chi è lui? 그가 누군지를 아니? Sai quanto costa? 값이 얼마인지를 아니? Sai quando parte lui? 그가 언제 떠나는지를 아니?

ⓓ **andare와 venire 동사의 차이점**

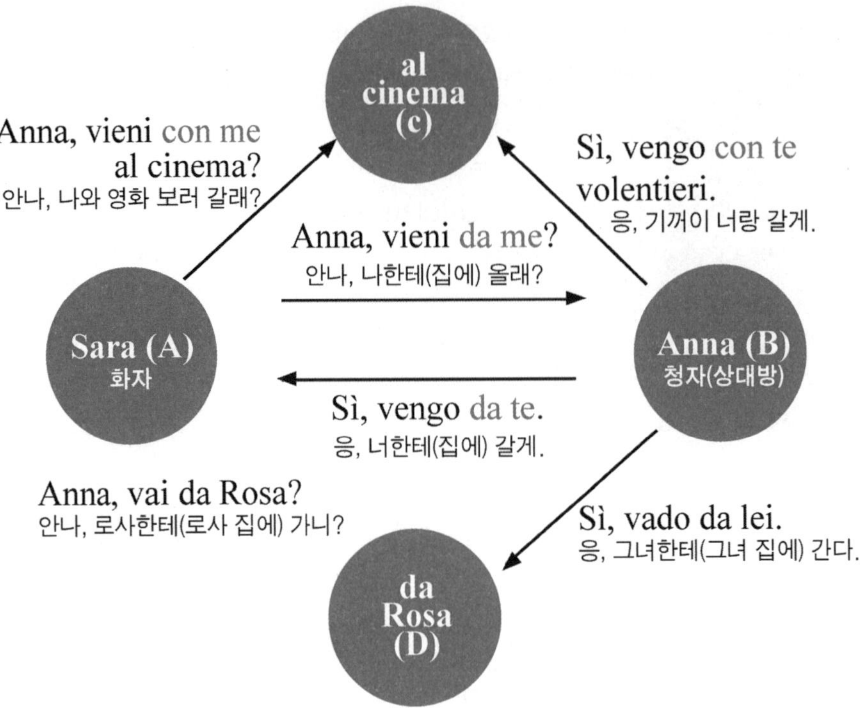

andare 동사는 우리말로 '가다'라는 의미를 지니고, venire 동사는 '오다'라는 의미를 지닌다. 그런데 venire 동사가 우리말로 '가다'라고 해석이 되는 경우가 있다. 화자가 상대방이 있는 곳으로 가거나, 화자가 어떤 장소에 가니까 그곳에 상대방에게 함께 가자고 제안할 때 혹은 상대방이 초대자가 가는 곳에 함께 간다고 대답할 때 '가다'란 의미로 venire 동사를 사용한다. 그러나 우리가 같이 가자고 할 때는 andare insieme를 사용한다.

Marco, dove sei? -Sto venendo da te.	마르코, 어디니? 너한테 가고 있어.
Domani vengo in Italia.	내일 네가 있는 이탈리아에 간다.
Vieni a casa mia? -Sì, vengo subito.	나의 집에 오니? 응, 금방 갈게.
Oggi vado al cinema. Vieni con me?	오늘 영화관에 가는데, 나랑 갈래?
Marco, vieni con me al cinema?	마르코, 나랑 영화 보러 갈래?
-Sì, vengo con te. Andiamo insieme!	그래, 너랑 갈게. 우리 같이 가자.

화자가 상대방이 없는 곳에 간다거나 화자와 무관한 장소에 상대방이 가는 것인지를 물어볼 때 혹은 화자가 갈지 안 갈지 결정이 안 된 곳에 상대방이 가는지를 물어볼 때는 '가다'의 의미로 andare 동사를 그대로 사용하면 된다.

Domani vado in Italia. -Ah, sì? Perché ci vai?
내일 나는 이탈리아에 간다. 아 그래, 왜 그곳에 가니? [상대방이 이탈리아에 없다.]

Domani vengo in Italia. -Ah, sì? Vieni, ti aspetto.
내일 네가 있는 이탈리아에 간다. 아, 그래? 와라, 너를 기다릴게. [상대방이 이탈리아에 있다.]

Tu vai a casa di Rosa stasera? 너 오늘 저녁에 로사 집에 가니?
[화자가 로사 집에 안 가거나, 아직 갈 결정이 나지 않았다.]

Tu vieni a casa di Rosa stasera? 너 오늘 저녁에 로사 집에 오니?
[화자가 이미 로사 집에 있거나 아니면 나중에 로사 집에 있을 것이다.]

ⓔ andare + 전치사

andare + a + 동사 원형은 '~하러 가다' 의미이다. 도시명에는 전치사 a를 사용한다.

Vado Vai Va Andiamo Andate Vanno	a	lezione.	수업받으러 간다.
		scuola.	학교에 간다.
		casa.	집에 간다.
		teatro.	극장(연극)에 간다.
		messa.	미사에 간다.
		pranzo.	점심 식사 하러 간다.
		cena fuori.	저녁 외식 하러 간다.
		Roma.	로마에 간다.
		studiare.	공부하러 간다.
		dormire.	자러 간다.
	al (a + il)	mare.	바다에 간다.
		fiume.	강에 간다.
		lago.	호수에 간다.
		concerto.	음악회에 간다.
		museo.	박물관에 간다.
		parco.	공원에 간다.
		ristorante.	레스토랑에 간다.
		bar.	바에 간다.
		cinema.	영화 보러 간다.
		lavoro.	직장에 간다.
		mercato.	시장에 간다.
		supermercato.	슈퍼마켓에 간다.
	all' (a + l')	aeroporto.	공항에 간다.
		estero.	해외에 간다.
		ospedale.	병원에 간다.
		opera.	오페라 보러 간다.

Vado Vai Va Andiamo Andate Vanno	allo (a + lo)	stadio. spettacolo. zoo.	경기장에 간다. 공연 보러 간다. 동물원에 간다.
	alla (a + la)	mensa. posta. stazione. fermata dell'autobus.	구내식당에 간다. 우체국에 간다. 역에 간다. 버스 정류장에 간다.
	da	Paolo. [사람]	파올로한테(파올로 집에) 간다.
	dal (da + il)	dentista. parruchiere. [사람] dottore.	치과에 간다. 미용실에 간다. 의사한테(병원에) 간다.

☞ andare + da + 사람인 경우 장소의 의미이다.

Vado Vai Va Andiamo Andate Vanno	in	città. centro. montagna. campagna. discoteca. biblioteca. palestra. piscina. banca. ufficio. albergo. cucina. bagno. chiesa. farmacia. vacanza. pensione. pizzeria. libreria. Europa. [대륙명] Toscana. [지방명] Corea. [국가명]	도시에 간다. 시내에 간다. 산에 간다. 시골/들판에 간다. 클럽에 간다. 도서관에 간다. 체육관에 간다. 수영장에 간다. 은행에 간다. 사무실에 간다. 호텔에 간다. 부엌에 간다. 욕실/화장실에 간다. 교회에 간다. 약국에 간다. 휴가를 간다. 퇴직한다. 피자집에 간다. 서점에 간다. 유럽에 간다. 토스카나 지방에 간다. 한국에 간다.

☞ 대륙, 국가, 지방명은 전치사 in을 사용한다.
장소 접미사(-eria)와 -teca로 끝나는 단어 앞에는 전치사 in을 사용한다.

ⓕ **venire** 동사: 출신을 나타낼 때 사용한다(영어의 come from).

도시명은 무관사 명사이고 국가명은 유관사임을 유의해야 한다.

Da dove vieni/e? 어디서 왔니/오셨나요? [Where do you come from?]

Vengo Vieni Viene Veniamo Venite Vengono	da	Roma. Seul.	로마에서 왔어요. 서울에서 왔어요.
	dal	Giappone. Canada	일본에서 왔어요. 캐나다에서 왔어요.
	dall'	Italia. Austria.	이탈리아에서 왔어요. 오스트리아에서 왔어요.
	dalla	Corea del Sud. Cina.	남한에서 왔어요. 중국에서 왔어요.
	dagli	Stati Uniti.	미국에서 왔어요.
	dalle	Filippine	필리핀에서 왔어요.

☞ venire + da + 사람: '~한테 가다, ~가 있는 곳에 가다'라는 의미이다.

Vengo da te. 너한테 간다. Vengo da voi. 너희들한테 간다.

☞ venire + da + 장소: '~장소 에서부터 오다'라는 의미도 있다.

Questo treno viene da Roma? [=arriva] 이 기차 로마에서 오는 건가요?

Vengo da casa mia. 나의 집에서 오는 길이다.

ⓖ **dire**와 **parlare** 동사의 차이점

i) parlare: 타동사로 쓰이는 경우(to speak)

Io non parlo bene l'italiano. 나는 이탈리아 말을 잘 못한다.

Quante lingue parli? 몇 개 국어를 말하니?

Scusi, parla (l')inglese? 실례하지만, 영어 할 줄 아세요?

Loro parlano solo l'italiano. 그들은 이탈리아어만 말한다.

Lui parla anche un po' di francese. 그는 프랑스어도 약간 합니다.

참고

parlare 동사는 타동사로 사용하지 못한다.

Che cosa parla Marco? (×) 마르코가 뭐라고 말해요?

→ Che cosa dice Marco? (○)

Lui parla che domani è libero. (×) 그는 내일 한가하다고 말한다.

→ Lui dice che domani è libero. (○)

ii) parlare: 자동사로 쓰이는 경우[parlare + di, con, a (to talk)]

Pronto, posso parlare con Anna? 안나와 통화 좀 할 수 있어요?
Chi parla, scusi? 실례지만, 전화하시는 분 누구세요?
Di chi parli? -Parlo di Marco. 누구 얘기 하는 거니? 마르코에 대해서.
Di che cosa parlate? 너희들 무슨 얘기하는 거야?
Giovanna parla poco. 조반나는 말이 별로 없다.
Marta parla troppo. 마르타는 말이 너무 많다.
Parliamo in italiano! 우리 이탈리아어로 말합시다!

iii) dire: 타동사로 사용되는 경우(to say, to tell)

직접 목적어와 간접 목적어를 모두 가질 수 있는 동사이다. [☞ 1권 240쪽 대명사 참조]

Io dico la verità. 나는 사실대로 말한다.
Lui dice spesso bugie. 그는 자주 거짓말을 한다.
Che vuol dire questa frase? 이 문장은 무슨 뜻입니까?
Noi non diciamo mai parolacce. 우리는 결코 욕을 하지 않는다.
Allora, cosa dite, ragazzi? 얘들아, 그래서 너희 의견은 어때?
Loro dicono che non hanno tempo. 그들은 시간이 없다고 말한다.

ⓗ **fare 동사**

일반 타동사로서 '만들다(to make), 하다(to do)'라는 대표적 의미를 지닌다. 명사와 결합하여 동사를 만들 수 있는데, 특히 중부와 남부 지방에서 많이 사용된다.

i) 만들다(to make)

Ti faccio un caffè. 네게 커피 한 잔 만들어줄게.
Facciamo una torta. 우리는 파이(케이크)를 하나 만든다.
Elena fa un vestito. 엘레나는 옷을 하나 만든다.

ii) 하다(to do): fare + 명사 → 동사

Faccio un giro in macchina. [=Giro] 나는 시내를 한 바퀴 돈다.
Faccio un viaggio all'estero. [=Viaggio] 나는 해외여행을 한다.
Faccio una passeggiata in centro. [=Passeggio] 나는 시내를 산책한다.
Faccio una telefonata a casa. [=Telefono] 집에 전화 한 통을 한다.
Posso fare una domanda? [=domandare] 질문 한 가지 해도 돼요?

iii) 직업을 물어볼 때: fare + 정관사 + 직업명 형태 [= essere + 무관사 직업명]

Che cosa fa nella vita?
무엇을 하십니까?

Che lavoro fa?
무슨 일을 하십니까?

Faccio il medico.
의사 일을 합니다(의사입니다).

Sono medico.
의사입니다.

Faccio l'insegnante.
교사직을 합니다(교사입니다).

Sono insegnante.
교사입니다

Faccio il cuoco.
요리사직을 합니다(요리사입니다).

Sono cuoco.
요리사입니다.

iv) fare 동사의 숙어: fare + 명사

fare	colazione	아침 식사 하다	un esame	시험 하나를 보다
	merenda	간식 먹다	uno sbaglio	실수 하나를 하다
	ginnastica	체조하다	una gita	소풍 가다
	sport	스포츠를 하다	una foto	사진 하나를 찍다
	rumore	떠들다	una pausa	휴식하다
	silenzio	조용히 하다	una festa	파티를 하다
	attenzione	조심하다	il biglietto	표를 끊다
	festa	재미있게 놀다	il compito	숙제하다
	conoscenza	통성명/면식하다	il conto	계산하다
	carriera	경력을 쌓다	il bagno	목욕/수영하다
	benzina	주유하다, 기름 넣다	la doccia	샤워하다
	tardi	지각하다, 늦다	la dieta	다이어트하다
	amicizia con	~와 교제하다	la fila	줄서다
	pace con	~와 화해하다	la valigia	짐을 싸다
	amore con	~와 섹스하다	fare la spersa	시장보다
	in fretta	급히/서둘러 하다	fare spese	쇼핑하다
	fatica a + 동사	~하는 데 힘들다	fare acquisti	쇼핑하다
	finta di niente	아닌 척하다	fare shopping	쇼핑하다
	di tutto	뭐든지 하다	fare gli esercizi	연습 문제를 풀다
	un esempio	예를 들다	le pulizie	청소하다

(5) 평서문 La frase enunciativa

평서문은 어떤 사실을 서술하거나 정보를 제공하는 하는 문장으로 다른 유형의 문장을 만드는 기초가 된다. 평서문의 내용이 긍정인가 부정인가에 따라서 긍정문과 부정문으로 나뉜다. 문장 처음은 반드시 대문자로 시작하고 문장이 끝날 때는 마침표(.)를 찍는다.

ⓐ 주어의 위치(posizione)와 위치변경(dislocazione)

이탈리아어에서 주어의 위치는 고정되어 있지 않다. 평서문은 일반적으로 주어 + 동사의 어순이다. 정보를 제공하는 술어와 그 주체를 강조하고자 할 경우에 주어는 동사 뒤에 위치한다.

Marco legge il libro. [일반 문장: 주어+동사] 마르코는 책을 읽는다.
Legge Marco il libro. [강조 문장: 동사+주어] 마르코가 책을 읽는다.
Lei ha ragione. [일반 문장: 주어+술어] 당신은 옳습니다.
Ha ragione Lei. [강조 문장: 술어+주어] 당신이 옳습니다.
Tutto questo è bello. [일반 문장: 주어+술어] 이 모든 것은 아름답다.
È bello tutto questo. [강조 문장: 술어+주어] 이 모든 것이 아름답다.

ⓑ 주격 보어의 위치변경(dislocazione)

주격 보어는 essere 동사 뒤에 위치하지만(S+V+C), 주격 보어에 대화 상대의 관심을 집중시키기 위해 주격 보어를 essere 동사 앞에 위치를 이동시켜서 의미를 강조할 수 있다.

Questo panorama è meraviglioso. [일반 문장: 주어 + 동사 + 주격 보어]
이 경치가 장관이다.

Meraviglioso è questo panorama. [강조 문장: 주격 보어 + 동사 + 주어]
장관이다, 이 경치가.

ⓒ 목적어의 위치변경(dislocazione)

직접 목적어가 명사일 경우 어순은 주어 + 타동사 + 목적어(S+V+O)이지만, 직접 목적어(명사)를 강조하기 위해서 동사 앞에 위치시킬 수 있다. 이런 경우 직접 목적어 명사 다음에 명사에 해당하는 직접 목적격 약형 대명사(lo, la, li, le)를 표기해야 어법에 맞다.

Mangio spesso la pasta. 나는 파스타를 자주 먹는다.
[직접 목적어-명사]

La pasta la mangio spesso. 나는 파스타 그것을 자주 먹는다.
[직목-명사] [직·대]

La pasta non la mangio mai. 나는 파스타 그것을 절대 안 먹는다.
[직목-명사] [직·대]

(6) 의문문 La frase interrogativa

이탈리아어에서 평서문과 의문문의 구조가 같기 때문에, 구두점과 억양을 통해서 알 수 있다. 평서문은 문어체에서 마침표(.)를 사용하고, 구어체에서 마지막 음절의 억양을 살짝 내린다. 반면에 의문문은 문어체에서 의문 부호(?)를 써서 나타내고, 구어체에서는 마지막 음절에 억양을 주어 끝을 살짝 올린다. 누군가가 문장을 올려서 말하면 질문을 하는 것이라고 생각하면 된다.

Lui è italiano. [평서문] 그는 이탈리아인입니다.

Lui è italiano? [의문문] 그는 이탈리아인입니까?

ⓐ 의문사가 없는 의문문(전체 의문문) La frase interrogativa totale

의문사가 없는 의문문은 평서문과 동일한 구조로 물음표(?)를 사용하거나 마지막 음절의 억양을 올린다. 주어가 무엇인지 알 수 있을 때 주어를 생략하고 질문할 수 있다. 문장 전체에 대한 긍정이나 부정을 물어보기 때문에 대답을 할 때 Sì(예)와 No(아니요)를 사용하여 답해야 한다. 그러나 essere와 avere를 비롯한 모든 동사에 대한 대답은 영어처럼 규칙이 있는 것이 아니라 한국어처럼 자유롭게 답하면 된다. '예, 아니요'로 답한 다음, 정보를 더 제공할 수도 있다.

Fabio, sei stanco? 파비오, 피곤하니? [essere 동사]
Sì, un po'. 응, 조금.
Sì, sono molto stanco. 응, 아주 피곤해.
No, non sono stanco. 아니, 피곤하지 않아.

Paola, hai sonno? 파올라, 졸리니? [avere 동사]
Sì, un po'. 응, 조금.
Sì, ho molto sonno. 응, 많이 졸려.
No, non ho sonno. 아니, 졸리지 않아.
No, sono un po' stanca. 아니, 조금 피곤해.

Enrico, studi ancora? 엔리코, 아직도 공부하니? [일반 동사]
Sì, studio ancora. 응, 아직도 공부해.
No, non studio più. 아니, 더 이상 공부 안 해.
No, adesso lavoro. 아니, 지금은 일해.

☞ Fabio, sei stanco? -Sì, io sono. (X) [Yes, I am.]
-No, io non sono. (X) [No, I am not.]

의문사가 없는 의문문에서 주어의 위치는 평서문과 동일하게 동사 앞에 두는 경우(S + V), 주어를 동사나 술어 뒤(V + S)에 두는 경우, 혹은 문장 끝(V + S)에 두는 세 가지 경우가 있다. 의문문의 특징상 정보를 제공하는 술어와 그 정보를 행하는 주체를 강조하기 위해 주어를 동사나 술어 뒤에 두는 경우가 많다. 문장의 요소들이 길 경우에는 주어를 문장 끝에 둘 수 있다.

Scusi, Lei è il signor Paolo Bianchi? -Sì, sono io. [일반 문장 S + V]
실례지만, 당신이 파올로 비앙키 씨인가요? 예, 접니다.

Scusi, è Lei il signor Paolo Bianchi? -Sì, sono io. [강조 문장 V + S]
당신이 바로 파올로 비앙키 씨입니까? 예, 접니다.

Scusi, questo posto è libero? [일반 문장 S + V(술어)]
실례지만, 이 자리가 비었어요?

Scusi, è libero questo posto? [강조 문장 V + S(술어)]
실례지만 비었어요, 이 자리가?

Marco viene in vacanza con Noi? [일반 문장 S + V]
Viene Marco in vacanza con noi? [강조 문장 V + S]
Viene in vacanza con noi Marco? [강조 문장 V + S]
마르코가 우리와 함께 휴가를 갑니까?

ⓑ 부정 의문문 La frase interrogativa negativa

부정 의문문은 동사의 부정형으로 시작하는 부정적인 물음이다. 일반 의문문보다 상대방에게 조금 더 동의를 구하거나 약간 놀란 듯한 느낌을 준다. 부정 의문문에서 유의할 점은 대답할 때 우리말과 다른 점이다. 영어에서와 마찬가지로 이탈리아어 대답도 동일하다. **Sì**(예) 다음에는 긍정문이 나오고, **No**(아니요) 다음에는 부정문이 따라 오기 때문에, 대답 내용이 긍정이면 답을 **sì**(예, ~입니다)로 하고, 대답의 내용이 부정이면 답을 **no**(아니요, ~아닙니다)로 해야 한다.

Quest'albergo non è caro. [부정문] 이 호텔은 비싸지 않다.

Quest'albergo non è caro? [부정 의문문] 이 호텔은 비싸지 않습니까?

Gianni, non sei stanco? 잔니, 안 피곤해?
Sì, sono stanco. 응, 피곤해. [Sì, non sono stanco. X]
No, non sono stanco. 아니, 안 피곤해. [No, sono stanco. X]
Monica, non hai sonno? 모니카, 졸리지 않니?
Sì, ho sonno. 응, 졸려. [Sì, non ho sonno. X]
No, non ho sonno. 아니, 안 졸려. [No, ho sonno. X]

ⓒ 의문사가 있는 의문문(부분 의문문) **La frase interrogativa parziale**

의문사가 있는 의문문(che cosa, chi, come, quando, perché, quale, quanto...)은 특정한 상황에 대한 정보를 구하는 질문으로 sì나 혹은 no로 대답하지 못한다. 이 질문의 답은 의문사의 물음에 맞는 답을 해야 하며 강조를 위해서 문장 끝에 둔다. 문장에서 모르는 새로운 요소는 알고 있는 요소보다 뒤에 위치하기 때문이다. 이유를 묻는 의문사 perché, come mai를 제외하고 의문사가 있는 의문문에서 주어는 문장 끝에 위치하고, 주어가 누구인가 분명할 경우 주어가 생략될 수 있다. 의문사가 있는 의문문은 의문사를 통해서 의문문임을 알 수 있기 때문에 반드시 억양을 올릴 필요가 없지만, 끝을 올리게 되면 공손하고 예의 바른 질문이 된다. 반면에 마지막 음절을 내려서 질문을 하게 되면 예의가 없고 무례하게 들린다.

Perché Marco **parte**? [이유를 묻는 질문] 왜 마르코가 떠납니까?

Quando **parte** Marco? [시간을 묻는 질문] 언제 마르코가 떠납니까?

Quando **parti**?	-Parto oggi.	너는 언제 떠나? 오늘 떠나.
Come sta Anna?	-Sta bene.	안나가 어떻게 지내요? 잘 지내요.
Dove va lui?	-Va a scuola.	그가 어디에 가요? 학교에 가요.
Chi **paga**?	-Oggi pago io.	누가 계산하지? 오늘 내가 계산해.

ⓓ 선택 의문문 **La frase interrotiva disgiuntiva**

의문문에 접속사 o, oppure(혹은)가 쓰여 어느 한쪽의 선택을 요구할 때 사용하는 의문문이다. 대답에 sì와 no가 나오면 안 된다. 두 선택 요소를 번갈아가며 끝을 살짝 올려서 발음한다.

Preferisci un caffè o un tè?	커피가 더 좋아, 아니면 차가 더 좋아?
Vuoi o non vuoi?	원하는 거야, 아니면 안 원하는 거야?
Studi o lavori?	공부하니, 아니면 직장 다니니?
Questo qui o quello lì?	여기 이것이니, 아니면 저기 저것이니?
Sì o no?	'예'야 '아니'야?

ⓔ 수사 의문문 **La frase interrogativa retorica**

의문에 대한 답을 요하는 것이 아니라 질문 속에 이미 답이 들어 있어서 상대방에게 화자 자신이 한 말에 대해서 동의를 구하거나 확인을 하고 싶을 때 사용하는 형태이다. 이러한 문장은 은근히 화자가 원하는 답을 들을 수 있도록 유도한다. 문장 끝에 (è) vero나 non è vero? 혹은 no? 등을 붙일 수 있으며, 끝을 살짝 올려서 발음한다.

Non sono bravo io? 내가 훌륭하지 않아? [=Io sono bravo.]
Ha due figli, non è vero? 자녀가 둘이죠, 그렇지 않아요?
Voi siete stranieri, è vero? 너희들 외국인이지, 그렇지?
Sei stanco, vero? 피곤하지, 그렇지?
Abiti a Roma, no? 너 로마에 살지, 아니니?

ⓕ 간접 의문문 La frase interrogativa indiretta

의문문이 문장의 일부가 되어 명사절(주어, 목적어, 보어)로 사용될 때 간접 의문문이라 한다. 이탈리아어는 영어와 달리 직접 의문문과 간접 의문문의 어순이 동일하다.

Dove abita Paolo? [직접 의문문] (Where does Paolo live?)
파올로가 어디에 살죠?

Sai dove abita Paolo? [간접 의문문] (Do you know where he lives?)
파올로가 어디에 사는지 아니?

Chi è lui? [직접 의문문] (Who is he?)
그가 누구입니까?

Sa chi è lui? [간접 의문문] (Do you know who he is?)
그가 누구인지 아세요?

(6) 부정문 La frase negativa

이탈리아어에서 부정문은 시제와 법에 상관없이 모든 동사 앞에 non만 붙이면 된다.

긍정문(현재)		부정문(현재)
(Io) sono stanco. 나는 피곤하다.	→	(Io) non sono stanco. [essere 동사] 나는 피곤하지 않다.
(Tu) hai sonno. 넌 졸리다.	→	(Tu) non hai sonno. [avere 동사] 넌 졸리지 않다.
(Lui) lavora. 그는 일한다.	→	(Lui) non lavora. [lavorare 동사] 그는 일하지 않는다.
(Lei) va a scuola. 그녀는 학교에 간다.	→	(Lei) non va a scuola. [andare 동사] 그녀는 학교에 안 간다.
(Noi) possiamo uscire. 우리는 나갈 수 있다.	→	(Noi) non possiamo uscire. [potere 조동사] 우리는 나갈 수 없다.
(Loro) vogliono mangiare. 그들은 먹고 싶어 한다.	→	(Loro) non vogliono mangiare. 그들은 먹고 싶어 하지 않는다. [volere 조동사]

(7) 직설법 현재 동사 용법 L'uso del presente indicativo

ⓐ 현재의 사실(상태나 동작)이나 말하는 순간에 진행되고 있는 행위를 나타낼 때 사용된다.

In questi giorni lavoro molto. 나는 요즘 일을 많이 한다.
Adesso sono molto stanco. 나는 지금 몹시 피곤하다.
Che fai qui? -Aspetto un amico. 여기서 뭐 해? 한 친구를 기다려.

ⓑ 현재의 습관적 행위를 나타낼 때: **sempre, ogni ~, tutti ~** 등의 부사와 함께 사용된다.

Ogni mattina esco di casa alle 8.
나는 매일 아침 8시에 집에서 나온다.

Vado in palestra tutti i giorni.
나는 날마다 헬스장에 간다.

ⓒ 현재와 관련하여 사람, 동물, 사물, 장소 등을 묘사하기 위해 사용된다.

Alberto è molto magro e porta gli occhiali.
알베르토는 아주 말랐고 안경을 쓴다.

La mia casa è piccola, ma ha un bel giardino.
나의 집은 작지만 예쁜 정원이 있다.

ⓓ 절대 변하지 않는 일반적인 사실이나 절대적 진리를 표현할 때 사용된다.

La Terra gira intorno al Sole. 지구는 태양 주위를 돈다.
Due più due fa quattro. 2 더하기 2는 4이다.
L'Italia è una penisola. 이탈리아는 반도이다.

ⓔ 전치사 **da**와 함께 과거에 시작된 행위가 현재까지 계속될 때: [영어의 현재 완료-계속]

Da quanto tempo lavori qui? 여기서 일한 지 얼마나 되니?
Abito a Roma da tre anni. 나는 로마에 3년째 살고 있다.

ⓕ 가까운 미래에 일어날 일을 말하기 위해 미래 시제 대신에 시간 부사를 사용하여 현재 시제로 나타낸다. 특히 구어체에서 많이 사용된다.

Domani parto per Roma. [=partirò]
내일 나는 로마로 떠난다.

Vado a Roma fra una settimana. [=andrò]
일주일 후에 나는 로마에 간다.

ⓖ 역사적 인물이 한 말을 인용할 때 사용된다.

Cicerone dice che la storia è maestra di vita. [=disse]

키케로가 말하길 역사는 인생의 스승이라 한다.

ⓗ 격언이나 속담 등에서 사용된다.

La salute è un bene prezioso. 건강은 소중한 재산입니다.

Chi va piano, va sano e va lontano. 천천히 가는 자가 건강하게 멀리까지 간다.

ⓘ 특히 문학 작품에서 역사적 사실을 카메라 줌처럼 당겨와 마치 눈앞에 생생히 보이는 것처럼 묘사할 때 사용된다. 이를 역사적 현재(Presente storico)라고 일컫는다.

Dante nasce a Firenze ma muore a Ravenna nel 1321.

단테는 피렌체에서 태어났지만 1321년 라벤나에서 사망했다.

Cristo Colombo scopre l'America nel 1492.

크리스토퍼 콜럼버스는 1492년에 아메리카 대륙을 발견했다.

La Seconda Guerra Mondiale termina nel 1945.

제2차 세계대전은 1945년에 끝났다.

ⓙ 과거에 일어난 사건이나 지나간 일을 현재에 다시 되살아난 듯이 얘기하여 듣는 사람이나 읽는 사람에게 현장감을 주면서 더 많은 관심을 불러일으키기 위해 사용된다. 하나의 표현 기법으로서 구어체뿐만 아니라 신문기사나 영화 혹은 동화책 등에서 많이 쓰인다.

Io vado al ristorante con un'amica e chi incontro? -Mia moglie!

제가 한 여자 친구와 식당에 갔는데 누구를 만났을까요? 제 아내입니다!

Ieri incontro la mia ex ragazza, mi guarda e poi mi dice: "Ti odio!"

어제 나는 전 여자 친구를 만났는데, 그녀는 나를 보고 "네가 미워"라고 말했습니다.

ⓚ 특히 구어체에서 명령법 대신에 현재 시제를 사용하여 명령의 의미를 나타내기도 한다.

Mi dà due etti di prosciutto? [=dia]

제게 햄 200그램 주시겠어요?

Mi dai il tuo numero di telefono? [=Dammi]

내게 너의 전화번호를 줄래?

Scusa, mi passi quella borsa? [=passami]

미안하지만, 그 가방 내게 건네줄래?

Marco, mi porti un bicchiere d'acqua? [=portami]

마르코, 내게 물 한 컵 가져다줄래?

2 단순 미래와 선립 미래 Il futuro semplice e anteriore

직설법 미래의 종류에는 단순 미래(Il futuro semplice)와 선립 미래(il futuro anteriore, 先立未來)가 있다. 선립 미래는 전 미래, 복합 미래(il futro composto)라고도 한다.

(1) 단순 미래 il futuro semplice 형태

ⓐ 단순 미래 규칙 동사 형태

1군 동사(-are)에서 -a를 -e로 바꾼 다음, 미래 활용 어미(-rò, -rai, -rà, -remo, -rete, -ranno)를 붙인다. 그러나 2군 동사(-ere)와 3군 동사(-ire)는 e와 i를 각각 그대로 놔둔 상태에서 미래형 어미를 붙인다. 따라서 1군 동사와 2군 동사는 결과적으로 미래 활용 형태가 동일하다.

	are	ere	ire	
	arriv-are	prend-ere	part-ire	fin-ire
io	arriv-erò	prend-erò	part-irò	fin-irò
tu	arriv-erai	prend-erai	part-irai	fin-irai
lui / lei	arriv-erà	prend-erà	part-irà	fin-irà
noi	arriv-eremo	prend-eremo	part-iremo	fin-iremo
voi	arriv-erete	prend-erete	part-irete	fin-irete
loro	arriv-eranno	prend-eranno	part-iranno	fin-iranno

ⓑ 단순 미래 불규칙 동사 형태

단순 미래 악센트는 1인칭 단수(rò)와 3인칭 단수(rà)는 끝모음에 강세가 있기 때문에 반드시 악센트 표기를 해야 한다. 나머지 인칭들은 끝에서 두 번째 모음에 강세가 있다.

i) -e가 탈락하고 미래 어미(-rò, rai, rà, remo, rete, ranno)가 붙는 동사들

대부분의 2군 동사에 해당한다. andare 동사만 예외적으로 1군 동사이다.

	vedere	vivere	cadere	andare
io	ved-rò	viv-rò	cad-rò	and-rò
tu	ved-rai	viv-rai	cad-rai	and-rai
lui / lei	ved-rà	viv-rà	cad-rà	and-rà
noi	ved-remo	viv-remo	cad-remo	and-remo
voi	ved-rete	viv-rete	cad-rete	and-rete
loro	ved-ranno	viv-ranno	cad-ranno	and-ranno

	dovere	potere	sapere	avere
io	dov-rò	pot-rò	sap-rò	av-rò
tu	dov-rai	pot-rai	sap-rai	av-rai
lui / lei	dov-rà	pot-rà	sap-rà	av-rà
noi	dov-remo	pot-remo	sap-remo	av-remo
voi	dov-rete	pot-rete	sap-rete	av-rete
loro	dov-ranno	pot-ranno	sap-ranno	av-ranno

ii) 미래 어미(-ro, rai, rà, remo...)에 r이 하나 더 첨가되어 -rr 형태가 되는 동사들

	volere	venire	bere	rimanere	tenere
io	vo-rrò	ve-rrò	be-rrò	rima-rrò	te-rrò
tu	vo-rrai	ve-rrai	be-rrai	rima-rrai	te-rrai
lui / lei	vo-rrà	ve-rrà	be-rrà	rima-rrà	te-rrà
noi	vo-rremo	ve-rremo	be-rremo	rima-rremo	te-rremo
voi	vo-rrete	ve-rrete	be-rrete	rima-rrete	te-rrete
loro	vo-rranno	ve-rranno	be-rranno	rima-rranno	te-rranno

☞ -tenere로 끝나는 동사들은 tenere처럼 활용된다: mantenere, contenere, ottenere

iii) -gare, -care로 끝나는 1군 동사는 원형과 발음을 일치시키기 위해서 미래 어미(-erò, erai, erà, eremo, erete, eranno) 앞에 -h가 삽입된다.

	pagare	spiegare	cercare	giocare
io	pag-herò	spieg-herò	cerc-herò	gioc-herò
tu	pag-herai	spieg-herai	cerc-herai	gioc-herai
lui / lei	pag-herà	spieg-herà	cerc-herà	gioc-herà
noi	pag-heremo	spieg-heremo	cerc-heremo	gioc-heremo
voi	pag-herete	spieg-herete	cerc-herete	gioc-herete
loro	pag-heranno	spieg-heranno	cerc-heranno	gioc-heranno

iv) -giare, -ciare로 끝나는 1군 동사는 발음상 i가 탈락되고 미래 어미가 붙는다.

	mangiare	cominciare	lasciare
io	mang-erò	cominc-erò	lasc-erò
tu	mang-erai	cominc-erai	lasc-erai
lui / lei	mang-erà	cominc-erà	lasc-erà
noi	mang-eremo	cominc-eremo	lasc-eremo
voi	mang-erete	cominc-erete	lasc-erete
loro	mang-eranno	cominc-eranno	lasc-eranno

v) 미래형이 -e로 변하지 않고 그대로 -a를 사용하는 동사들과 완전 불규칙 essere 동사

	fare	stare	dare	essere
io	fa-rò	sta-rò	da-rò	sa-rò
tu	fa-rai	sta-rai	da-rai	sa-rai
lui / lei	fa-rà	sta-rà	da-rà	sa-rà
noi	fa-remo	sta-remo	da-remo	sa-remo
voi	fa-rete	sta-rete	da-rete	sa-rete
loro	fa-ranno	sta-ranno	da-ranno	sa-ranno

☞ essere 동사는 완전 불규칙 형태로 어근이 sa이다. 직설법 단순 미래 형태는 조건법 현재와 어근이 동일하기 때문에 형태를 숙지해 놓으면 조건법 현재 시제 학습에 도움이 된다.

(2) 단순 미래 용법 L'uso del futuro semplice

ⓐ 현재와 비교했을 때 미래에 해당하는 사실이나 행위를 나타낸다.

i) 미래의 사실이나 행위를 나타낼 때

Nel 2040 avrò 50 anni. 나는 2040년에 50살이 된다.
Fra tre giorni sarà Natale. 3일 후에 성탄절이다.
Lui arriverà la settimana prossima. 그가 다음 주에 도착할 것이다.

ii) 미래의 의도, 계획을 나타낼 때

Domani comincerò a studiare. 나는 내일 공부를 시작할 것이다.
Da domani inizierò la dieta. 내일부터 다이어트를 시작할 것이다.
Da grande farò il calciatore. 나는 커서 축구선수를 할 것이다.
Che cosa farai dopo la laurea? 대학 졸업 후에 뭐 할 거야?

iii) 예상이나 예견(previsioni)을 나타낼 때

Come sarà il tempo domani? 내일은 날씨가 어떻겠습니까?
Domani tornerà il bel tempo. 내일은 날씨가 다시 좋아질 거예요.
Domani pioverà su tutta la Corea. 내일 전국적으로 비가 올 것이다.
Domani sarà una bella giornata di sole. 내일은 화창한 날이 될 거예요.
Non si preoccupi! Andrà tutto bene. 걱정 마세요! 다 잘될 거예요.
Secondo me, Luca tornerà presto. 내 생각에, 루카가 빨리 돌아올 것이다.
Diventerai un bravo avvocato. 너는 훌륭한 변호사가 될 거야.
Vedrai che tutto passerà. 두고 보면 모든 것이 지나갈 거야.

iv) 약속(promesse)을 나타낼 경우

Non si preoccupi! Le prometto che non succederà più.
걱정하지 마세요! 다시는 그런 일이 일어나지 않을 거라 당신께 약속드립니다.

Paola, amore mio, ti amerò per tutta la vita, non ti lascerò mai.
파올라 내 사랑, 평생토록 너를 사랑하며 절대 너랑 헤어지지 않을 거야.

Da ora in poi studierò di più. Prometto, mamma!
지금부터 더 열심히 공부할게요. 엄마, 약속해요!

Ti prometto che pulirò la casa oggi.
오늘 내가 집 청소할 것을 네게 약속해.

ⓑ 특히 구어체와 비격식적 문어체에서 가까운 미래를 나타낼 때 시간 부사가 있을 경우 미래 시제 대신 현재 시제를 많이 사용한다.

Torno fra un mese. [=Tornerò]	한 달 후에 돌아올게.
Rimani a casa stasera? [=Rimarrai]	오늘 저녁 집에 남아 있을 거니?
Parti presto domattina? [=Partirai]	내일 아침 일찍 출발하니?
Quest'estate vado al mare. [=andrò]	이번 여름에 바다에 간다.

✎ 참고

현재와 미래의 차이점은 경우에 따라 행위의 실현 가능성이 어느 쪽이 더 크고 작은가에 있다.

Fra 10 anni mi trasferisco in campagna. [현재 시제]
10년 후에 나는 시골로 이사 간다. [이미 계획하고 있어서 실현 가능성이 높다.]

Fra 10 anni mi trasferirò in campagna. [미래 시제]
10년 후에 나는 시골로 이사 갈 것이다. [10년 이후 일이라 아직 불확실하다.]

ⓒ 가능성(forse, probabilmente)이나, 확실함(sicuramente, certamente)을 나타내는 판단 부사들과 함께 미래 시제를 사용하여 가능성이나 확실함을 나타낼 수 있다.

Forse andrò in Italia l'anno prossimo.
아마 나는 내년에 이탈리아에 갈 것이다.

Probabilmente partirò domani.
나는 아마 내일 떠날 확률이 높다. (십중팔구 내일 떠날 것이다.)

Magari andrò a vivere da solo.
나는 어쩌면 혼자 살러 갈 것이다. (독립생활을 할 것이다.)

Francesco avrà sicuramente successo.
프란체스코는 반드시(분명히) 성공할 것이다.

ⓓ 단순 미래는 경우에 따라서 부드러운 명령이나 충고의 의미를 나타낸다. 단순 미래는 당장 실천에 옮겨야 하는 명령법 형태가 아니라 미래 지향적 형태를 취함으로써 명령의 의미가 다소 완화된 부드러운 어감을 준다. [☞ 207쪽 미래 명령법 참조]

Oggi pago io, un'altra volta, pagherai tu. [← 명령법 paga]
오늘은 내가 낼 테니 다음번에는 네가 계산하렴!

Metterai subito in ordine la tua stanza. [← 명령법 metti]
당장 네 방을 청소하는 거야.

Adesso andrai a Giulia e le chiederai scusa. [← 명령법 chiedi]
지금 줄리아한테 가서 그녀에게 사과하는 거야.

La prossima volta farete più attenzione. [← 명령법 fate]
다음에는 너희들이 더 조심하는 거야.

☞ 단순 미래는 윤리적으로 반드시 지켜야 할 정언적(단언적) 명령을 나타내기도 한다. 이것은 라틴어 문법의 기능과 용도가 현대 이탈리아어에서도 변하지 않고 아직까지 남아 있는 경우이다.
Amerai il prossimo tuo come te stesso.
이웃을 네 몸과 같이 사랑하여라!

ⓔ 현재 일에 대한 추측이나 추정(supposizione)으로 '아마 ~일 것이다'를 의미한다.

Non vedo Laura, dov'è? -Non so, ma sarà in bagno. [=forse è]
라우라가 안 보이는데 어디 있지? 모르겠는데, 아마 화장실에 있을 거야.

Come mai Paola è così giù? -Avrà qualche problema. [=Forse ha]
웬일로 파올라가 그렇게 처져 있지? 아마도 무슨 문제가 있나 봐.

Lui sarà troppo occupato a divertirsi con gli amici. [=forse è]
그는 아마 친구들이랑 재미있게 노느라고 너무 바쁠 것이다.

Questo vestito costerà almeno 200 euro, immagino! [=forse costa]
상상컨대, 옷값이 적어도 200유로 나갈 거야!

Lei sarà occupato, starà lavorando ancora. [=forse è, sta lavorando]
그녀는 바쁠 것이며, 아직 일하고 있을 것이다.

✎ 참고

추측을 나타내는 표현들

Lui deve essere stanco.	그는 아픈 것이 틀림없다.
Probabilmente lui è stanco.	그는 십중팔구 피곤할 것이다.
Forse lui è stanco.	아마도 그는 피곤할 것이다.
Lui sarà stanco.	그는 피곤할 것이다.

ⓕ 현재 일에 대한 의심(dubbio)이나 불확실함(incertezza)을 나타내며, 주로 의문문 형태로 사용된다. '~일까?' 의미이다.

Dove sarà 어디에 있을까?	Carlo 카를로가	in questo momento? 이 순간에
Che cosa farà 무엇을 할까?		ora? 지금
Come starà 어떻게 있을까?		adesso? 지금

Quanti anni avrà quella ragazza? -Avrà 25 anni, penso.
저 아가씨가 몇 살일까? 난 25살 정도 되었다고 난 생각해.

Qualcuno ha suonato alla porta. Chi sarà a quest'ora?
누군가가 초인종을 눌렀다. 이 시간에 누굴까?

È buio fuori, sembra tardi. Che ore saranno adesso?
밖이 어두워서 늦은 것 같다. 지금 몇 시쯤 되었을까?

ⓖ 앞에서 말한 내용에 대해 이견이나 비공감을 나타낸다. 주절에서 말한 내용이 실제 상황이지만, 화자에게는 전혀 영향력이 없음을 나타낸다. 주로 **pure**, **anche**와 함께 사용되어 '비록 ~일지라도'라는 양보의 의미를 나타낼 수 있다. [il futuro concessivo]

Anna sarà anche una brava ragazza, ma a me non piace.
안나가 훌륭한 소녀이겠지만, 그러나 내 마음에는 안 든다. [=Anche se è una brava ragazza]

Sarà pure vero, ma non ci credo. [=Anche se è vero]
사실일 수도 있겠지만, 나는 그것을 믿지 않는다.

Avrà pure 70 anni, però lui si sente ancora giovane.
그의 나이가 70세이지만, 아직 젊다고 느낀다. [=Anche se ha 70 anni]

Avrete anche ragione, però esagerate. [=Anhe se avete ragione]
너희들이 옳을 수도 있겠지만, 하지만 너희들 정도가 지나치다.

ⓗ 단순 미래는 너무 직접적인 발언을 부드럽게 완화시킨다. (il futuro attenuativo)

Ti dirò che Antonella non mi piace.
내가 안토넬라를 좋아하지 않는다고 말할게.

Non ti nasconderò che le tue parole mi hanno fatto male.
너의 말이 내게 상처를 줬다는 사실을 숨기지 않을게.

(3) 주요 동사들의 단순 미래 사용

ⓐ 규칙 미래 동사들

tornare	Quando tornerà a casa Federico? 페데리코가 언제 집에 돌아옵니까?
arrivare	Noi arriveremo a Firenze alle 12 : 00. 우리는 12시에 피렌체에 도착할 것이다.
restare	Angela, resterai a casa stasera? 안젤라, 오늘 저녁에 집에 남아 있을 거니?
passare	Dove passerete le vacanze quest'anno? 올해 너희들 어디에서 휴가를 보낼 거니?
ingrassare	Se mangi troppo, ingrasserai. 네가 너무 많이 먹으면, 살찔 거야.
trovare	Lui troverà subito un buon lavoro. 그는 금방 좋은 일자리를 구할 것이다. Noi troveremo molto traffico. 우리는 교통 체증을 겪을 것이다.
invitare	Inviterai Mauro alla tua festa di compleanno? 너의 생일 파티에 마우로를 초대할 거니?
continuare	Continuerò a studiare dopo la laurea. 나는 대학 졸업 후에 공부를 계속할 것이다.
studiare	Studierò la lingua a Perugia, poi andrò a Milano. 먼저 페루자에서 언어를 공부하고, 그다음에 밀라노로 갈 것이다.
frequentare	Frequenterò un corso d'inglese in una scuola di lingue. 나는 한 어학 학원에 영어 과정을 다닐 것이다.
comprare	Un giorno comprerò anch'io una macchina nuova. 언젠가 나도 새 자동차를 하나 살 것이다.
prendere	Quest'anno prenderò le ferie a luglio. 나는 올 7월에 휴가를 쓸 것이다.
smettere	Quando smetterai di fumare? 언제 담배를 끊을 거야?
conoscere	Domani conoscerete i risultati dell'esame scritto. 너희들은 내일 필기시험의 결과들을 알게 될 것이다.

spendere	Quanto spenderete per il viaggio? 너희들은 여행 경비를 얼마나 쓸 거니?
leggere	Leggerò molti libri durante le vacanze. 나는 방학 동안에 많은 책을 읽을 것이다.
dormire	Domani mattina dormirò fino a tardi. 내일 아침 나는 늦잠을 잘 것이다.
seguire	Seguirò sicuramente i tuoi consigli. 나는 반드시 너의 충고들을 따를 것이다.
partire	Quando partirai? -Partirò verso le otto. 언제 출발할 거니? 8시경에 떠날 거야.
uscire	Luciano uscirà dall'ufficio alle 7. 루치아노는 7시에 사무실에서 나올 것이다.
riuscire	Lui non riuscirà a superare l'esame. 그는 시험에 합격하지 못할 것이다.
sentire	Io sentirò sicuramente la tua mancanza. 나는 틀림없이 너를 그리워하게 될 것이다.
capire	Da grande capirai tutto. 네가 어른이 되면 다 알게 될 거야.
finire	Finirò questo lavoro entro domani. 나는 이 일을 내일 안으로 끝낼 것이다.
spedire	Spedirò una cartolina a Francesca. 나는 프란체스카에게 엽서 한 장을 부칠 것이다.

ⓑ 불규칙 미래 동사들

cercare	Cercherò un'altra casa in centro. 나는 시내에 다른 집을 하나 찾아볼 것이다. Cercheremo di trovare una soluzione. 우린 해결책을 찾도록 노력해 볼 것이다.
dimenticare	Non dimenticherò mai la tua cortesia. 나는 결코 너의 친절을 잊지 않을 것이다.
pagare	Pagherai in contanti o con carta di credito? 현금으로 지불할 거야, 아니면 카드로 지불할 거야?

cominciare	A settembre cominicerò l'Università. 나는 9월에 대학을 시작할 것이다.
viaggiare	Viaggeremo insieme in treno. 우리는 같이 기차로 여행할 것이다.
fare	Che farai questo fine-settimana, Alberto? 이번 주말에 무엇을 할 거야, 알베르토?
	Secondo la previsione, domani farà bel tempo. 일기예보에 의하면, 내일 날씨가 좋을 것이라 한다.
dare	Domani sera i signori Rossi daranno una festa. 내일 로씨 부부가 파티를 열 것이다.
	Domani darò un esame molto importante. 내일 나는 중요한 시험 한 과목을 볼 것이다.
stare	Se bevi un caffè, starai subito meglio. 커피를 한 잔 마시면, 넌 금방 나아질 거야.
	Starete a casa domani sera? 너희들 내일 저녁에 집에 있을 거니?
andare	Il prossimo fine-settimana andremo al mare. 다음 주말에 우리는 바다에 갈 것이다.
	Domani andrò a casa dei miei genitori. 나는 내일 나의 부모님 집에 갈 것이다.
dovere	Dovrò studiare molto per superare l'esame. 시험에 합격하기 위해 난 공부를 열심히 해야 할 것이다.
	Domattina dovremo partire molto presto. 내일 아침 우린 아주 일찍 출발해야만 될 것이다.
potere	Cristina non potrà venire alla festa. 크리스티나는 파티에 오지 못할 것이다.
	Mi dispiace, stasera non potremo uscire insieme. 죄송해요, 오늘 저녁 우리가 같이 나갈 수가 없을 겁니다.
sapere	Quando lo sapremo? -Lo saprete domani. 우리가 언제 그것을 알게 될까요? 내일 그것을 알 거예요.
essere	Domani non saremo a casa. 내일 우리는 집에 없을 것이다.
	Domani ci sarà il sole. 내일은 해가 있을 것이다.

avere	Valentina avrà sicuramente successo. 발렌티나는 틀림없이 성공할 것이다.
	Domani avrò tutta la giornata libera. 내일 나는 하루 종일 자유로울 것이다.
	Oggi avremo molti ospiti a casa. 오늘 우리는 집에 많은 손님을 맞게 될 것이다.
vedere	Vedrai che andrà tutto bene. 너는 다 잘되어 가는 것을 보게 될 거야.
	Signorina, quando vedrà il signor Neri? 아가씨, 언제 네리 씨를 보게 되나요?
rimanere	Quanto tempo rimarrai in Italia? 이탈리아에 얼마 동안 남아 있을 거야?
bere	Berremo un bicchiere di vino rosso. 우리는 레드 와인을 한 잔 마실 것이다.
venire	Lunedì prossimo non verrò a lezione. 다음 월요일에 나는 수업에 안 올 것이다.

(4) 선립 미래 il futuro anteriore

선립 미래 형태: avere, essere의 단순 미래형 + 과거 분사(p.p)

선립 미래에서 보조사 avere, essere 사용은 모든 복합 시제에서와 마찬가지로 동일하다. 과거 분사가 essere 동사를 보조사로 취할 경우 과거 분사의 어미는 주어의 성과 수에 일치시킨다. 과거 분사가 avere를 보조사로 취할 경우 과거 분사는 남성 단수 형태 -o로 변하지 않는다. 그러나 직접 목적격 약형 대명사 lo, la, li, le+avere+p.p일 경우 과거 분사는 주어가 아니라 직접 목적격 대명사의 성과 수에 따라 어미를 일치시킨다. [☞ 1권 254쪽 대명사 참조, 2권 147쪽 근과거 참조]

주격	avere 미래	과거 분사
io	avrò	mangiato ripetuto dormito finito
tu	avrai	
lui/lei/Lei	avrà	
noi	avremo	
voi	avrete	
loro	avranno	

주격	essere 미래	과거 분사
io	sarò	entrato/a caduto/a partito/a
tu	sarai	
lui/lei/Lei	sarà	
noi	saremo	entrati/e caduti/e partiti/e
voi	sarete	
loro	saranno	

(5) 선립 미래 용법 L'uso del futuro anteriore

선립(先立) 미래란 '먼저 일어나는 미래'라는 의미로, 형태 면에서 avere와 essere를 보조사로 사용하기 때문에 복합 미래(il futuro composto)라고도 부른다. [☞ 148쪽 불규칙 과거 분사 형태 참조]

ⓐ **선립 미래가 시간 부사 종속절에 사용될 경우: 미래 일의 순서를 나타낸다.**

선립 미래는 시간 부사 접속사(dopo che, appena, quando)와 함께 시간 부사 종속절로 사용된다. 즉, 미래에 일어날 행위 중에서 먼저 일어날 행위는 시간 부사 종속절인 선립 미래로 나타내고, 그다음에 일어날 나중 행위는 주절인 단순 미래로 나타낸다. 주절과 시간 부사 종속절의 주어가 같을 수도 있고 다를 수도 있다. 미래 일의 순서는 시간 부사인 prima(먼저), poi(그다음에)와 함께 두 절 모두 단순 미래를 나란히 사용하여 등위절로도 나타낼 수도 있다.

Prima <u>parlerò</u> con i miei genitori e poi ti <u>telefonerò</u>.

[단순 미래] [단순 미래]

먼저 나의 부모님과 말을 해보고, 그다음에 네게 전화할게. [복문- 등위절]

Dopo che <u>avrò parlato</u> con i miei genitori, ti <u>telefonerò</u>.

[접속사] [선립 미래] - 시간 부사 종속절 [단순 미래] - 주절

나의 부모님과 말을 해 본 후에 네게 전화할게. [복문-종속절]

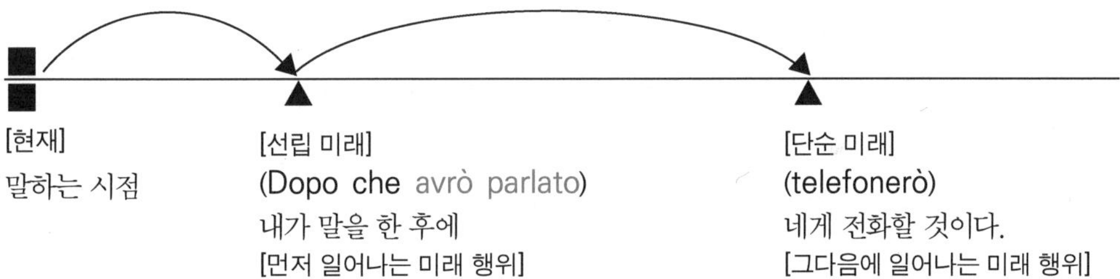

✎ 참고

선립 미래가 이끄는 부사 종속절은 주절 앞에 올 수도 있고, 주절 뒤에 올 수도 있다. 어느 절이 더 강조되는가에 따라 문장의 위치가 달라진다. 부사 종속절이 문장 앞에 오면 종속절이 강조되는 경우이고, 주절이 문장 앞에 오면 주절이 강조되는 경우이다.

Prima mangerò qualcosa e poi studierò per l'esame.

나는 먼저 뭔가를 먹고 그다음에 시험공부를 할 것이다.

i) Dopo che avrò mangiato qualcosa, studierò per l'esame.

나는 뭔가를 먹고 난 후에 시험공부를 할 것이다. [부사 종속절이 강조되는 경우]

ii) Studierò per l'esame, dopo che avrò mangiato qualcosa.

나는 시험공부를 할 것이다, 뭔가를 먹고 난 후에. [주절이 강조되는 경우]

시간 부사 종속절		주절
시간 접속사	선립 미래	단순 미래
Dopo che ~하고 나서	avrò finito l'Università 나는 대학을 마친 다음	farò il servizio militare. 군 복무를 할 것이다.
	avrai finito questo corso 너는 이 과정을 끝낸 후에	che cosa farai? 무엇을 할 거니?
Appena ~하자마자	sarò arrivato a Roma 내가 로마에 도착하자마자	ti telefonerò. 네게 전화할게.
	sarà finità questa lezione 이 수업이 끝나는 즉시	prenderò un caffè. 나는 커피를 한 잔 마실 것이다.
Quando ~하면	avrò finito questo lavoro 내가 이 일을 끝내고 나면	partirò per le vacanze. 휴가를 떠날 것이다.
	mi sarò laureato/a 내가 대학 졸업하면	cercherò un lavoro. 일자리를 찾을 것이다.

ⓑ 선립 미래(전 미래)가 주절에 사용될 경우

시간 부사 종속절(단순 미래)보다, 주절의 일이 먼저 일어난 미래 행위를 나타낸다.

Quando vedrai questo messaggio, io sarò già partito.

네가 이 메시지를 볼 때면, 나는 이미 떠났을 것이다. [주절-선립 미래]

Quando lui si sveglierà, Sofia avrà già preparato la colazione.

그가 일어날 때면 소피아는 이미 아침 식사를 준비했을 것이다. [주절-선립 미래]

Quando rientrerò in casa, Anna si sarà già addormentata.

내가 집에 귀가할 때면 안나는 이미 잠들었을 것이다. [주절-선립 미래]

ⓒ 선립 미래가 접속사 없이 독립절로 사용될 경우

i) 미래의 어떤 시점에서 완료되어 있을 행위를 나타낸다.

Domani a quest'ora sarò già andato via.

내일 이 시간에 나는 이미 가버렸을 것이다.

Fra tre anni Alberto si sarà laureato e lavorerà.

3년 후에 알렉산드로는 대학을 졸업하고 일하고 있을 것이다.

Alla fine di questo corso avrai imparato molte cose.

이 과정이 끝났을 때 너는 많은 것을 배우게 되었을 것이다.

ii) 과거 일(일어난 일)에 대한 추측(supposizione)으로, '아마 ~했을 것이다'를 의미한다.

Chi ha mangiato questa torta? -L'avrà mangiata Antonio.
누가 이 케이크 먹었지? 안토니오가 그것을 먹었을 거야. [=Forse l'ha mangiata]

Dove è Lucia? Non la vedo. -Sarà uscita a prendere un po' d'aria.
루치아가 어디에 있어? 그녀가 안 보이네. 바람을 좀 쐬러 나갔을 거야. [=Forse è uscita]

A quest'ora i nostri amici saranno già arrivati a Roma.
이 시간에 우리 친구들은 이미 로마에 도착했을 것이다.

Fabio non ha passato l'esame, non avrà studiato molto.
파비오는 시험을 통과하지 못했는데, 아마 공부를 많이 하지 않았을 것이다.

Come avrete capito dal video, mi piace tanto cucinare.
영상을 통해 이해들 했을 테지만, 전 요리하는 것을 무척 좋아해요. [=Forse come avete capito]

iii) 과거 일(일어난 일)에 대한 불확실함(incertezza)이나 의심(dubbio)을 나타내며, 주로 의문문 형태로 사용된다. '~했을까?'라는 의미이다.

Perché Andrea non arriva? Avrà cambiato idea?
왜 안드레아가 도착 안 하지? 생각을 바꾼 것일까?

Come sarà stato Marco in Italia e che cosa avrà fatto?
마르코가 이탈리아에서 어떻게 지냈으며 무엇을 했을까?

Avranno capito bene la spiegazione gli studenti?
학생들이 설명을 잘 이해했을까?

Sarà piaciuto a Giulia il libro che le ho regalato?
내가 줄리아에게 선물한 책이 그녀 마음에 들었을까?

Maria è già arrivata a Roma: avrà fatto un buon viaggio?
마리아가 이미 로마에 도착했는데 여행을 잘 했을까?

iv) 주절에서 말한 내용이 실제 상황임을 인정하지만, 화자에게 전혀 영향력이 없음을 나타낸다. anche, pure와 함께 '~했을지라도'라는 양보 의미를 나타낸다.

L'avrò anche detto, ma non ricordo bene. [=Anche se ho detto]
그것을 내가 말했다고 하더라도, 기억을 잘 못하겠다.

Avranno pure vinto, ma non hanno giocato bene. [=Anche se hanno vinto]
그들이 이겼을지라도 경기를 잘하지는 못했다.

Avrà pure sposato un uomo ricco, ma il suo cuore è vuoto.
그녀는 부자와 결혼했을지 몰라도 그녀의 마음은 공허하다. [=Anche se ha sposato]

Avrai pure guadagnato molto, ma non ti invidio.
네가 돈을 많이 벌었다 해도, 나는 네가 부럽지 않아. [=Anche se hai guadagnato]

✎ 참고

1. appena = non appena ~하자마자 [as soon as]

접속사 appena 앞에 강조사 non이 와서 강조적으로 사용될 수 있다. non은 부정이 아니다.

Uscirò non appena avrò finito il lavoro. [=appena]

나는 일을 끝내는 즉시 나갈 것이다.

2. Dopo che 주어 + 동사[문어체] = Dopo + 명사[구어체]

접속사 dopo che 문장을 간단하게 전치사 dopo로 바꾸어 사용할 수 있다.

Dopo che avrò finito l'Università, farò il servizio militare.

나는 대학을 마친 후에 군복무를 할 것이다. [접속사]

Dopo l'Università farò il servizio militare.

나는 대학 후에 군복무를 할 것이다. [전치사]

3. Dopo che 주어 + 동사 = dopo + avere/essere + p.p [구어체]

시간 부사 종속절의 주어와 주절의 주어가 동일할 경우 사용 가능하다. [☞ 292쪽 ⓑ부정사 참조]

Dopo che avrai finito questo corso, che cosa farai? [부사절]

Dopo aver finito questo corso, che cosa farai? [부사구]

너는 이 코스를 끝낸 다음에 무엇을 할 거니?

Dopo che mi sarò laureato/a, farò un Master universitario.

Dopo essermi laureato/a, farò un Master universitario.

나는 대학을 졸업한 후에 석사 과정을 할 것이다. [=dopo la laurea]

4. 선립 미래가 이끄는 종속절의 주어와 주절의 주어가 다른 경우에는 부사구 형태로 고칠 수 없다

Dopo che avrò finito di lavorare, andremo al parco.

내가 일을 다 끝낸 후에, 우리는 공원에 갈 것이다. [주어 io, noi]

→ Dopo avere finito di lavorare, andremo al parco. X

[이 문장은 우리가 일을 끝낸 후에 공원에 갈 것이다 의미이다.]

5. 일상 구어체에서 선립 미래 대신에 단순 미래나 현재 시제가 더 많이 사용된다.

Appena sarò arrivato a casa, ti telefonerò. [선립 미래-단순 미래: 문법적인 문장]

Appena arriverò a casa, ti telefonerò. [단순 미래-단순 미래: 구어체]

Appena arrivo a casa, ti telefono. [현재-현재: 가장 구어체적인 문장]

집에 도착하자마자, 내게 전화할게.

3 직설법 근과거 Il passato prossimo dell'indicativo

(1) 직설법 근과거의 형태

avere 현재형
essere 현재형
\+ 과거 분사(participio passato)

과거 분사가 규칙일 경우 1군 동사 -are는 ato, 2군 동사 -ere는 uto, 3군 동사 -ire는 1종과 2종을 구별하지 않고 모두 ito이다

규칙 과거 분사 형태

are → ato	ere → uto	ire → ito	
mangiare mangiato	ripetere ripetuto	sentire sentito	capire capito
aspettare aspettato	ricevere ricevuto	dormire dormito	finire finito

(2) 근과거 보조사 I verbi ausiliari del passato prossimo

근과거를 만드는 데 보조 역할을 하는 avere와 essere 동사를 보조사(i verbi ausilari)라고 한다. 과거 분사(p.p)가 avere를 보조사로 사용할 경우, 과거 분사는 주어의 성과 수에 상관없이 항상 남성 단수 고정 형태인 -o이다. [주어 + avere + 과거 분사(-o)]

반면에 과거 분사가 essere를 보조사로 사용할 경우에 과거 분사는 품사가 형용사에 해당하기 때문에 반드시 주어의 성과 수에 일치시킨다. [주어 + essere + 과거 분사(-o/a/i/e)]

주어	부정문	avere 현재	과거 분사	목적어
io	(non)	ho	mangiato ricevuto sentito capito	una pizza una lettera un rumore tutto
tu		hai		
lui / lei Lei		ha		
noi		abbiamo		
voi		avete		
loro		hanno		

피자를 먹었다/편지 한 통을 받았다/어떤 소음을 들었다/모든 것을 이해했다.

주어	부정문	essere 현재	과거 분사	장소 보어(부사구)
io	(non)	sono	andato/a	al concerto
tu		sei	andato/a	alla stazione
lui/lei Lei		è	andato/a	in biblioteca
noi		siamo	andati/e	in montagna
voi		siete	andati/e	dal dentista
loro		sono	andati/e	da Matteo

음악회에 갔다/역에 갔다/도서관에 갔다/산에 갔다/치과에 갔다/마테오한테 갔다.

(3) 불규칙 과거 분사

ⓐ 특징: -so[-ndere, -dere로 끝나는 동사는 과거 분사가 -so 형태이다.]

-ndere	-so	-dere	-so
prendere	preso	chiudere	chiuso
spendere	speso	decidere	deciso
accendere	acceso	uccidere	ucciso
scendere	sceso	dividere	diviso
rendere	reso	ridere	riso
difendere	difeso	sorridere	sorriso
offendere	offeso	perdere	perso
sorprendere	sorpreso	deludere	deluso

ⓑ 특징: -sto[ⓐ의 -ndere, -dere로 끝나는 동사들 가운데 -sto로 되는 형태이다.]

chiedere	chiesto	nascondere	nascosto
rispondere	risposto	cf) rimanere → rimasto	

ⓒ 특징: -lto[-gliere로 끝나는 동사는 과거 분사가 -lto 형태이다.]

scegliere	scelto	cogliere	colto
togliere	tolto	raccogliere	raccolto
sciogliere	sciolto	accogliere	accolto

ⓓ 특징: **-nto**[-ngere, -ncere로 끝나는 동사는 과거 분사 -nto 형태이다.]

piangere	pianto	giungere	giunto
dipingere	dipinto	aggiungere	aggiunto
spingere	spinto	vincere	vinto
tingere	tinto	convincere	convinto

☞ spegnere[=spengere] → spento 불을 끈

ⓔ 특징: **-erto**[-rire로 끝나는 3군 동사들은 주로 -erto 형태이다.]

aprire	aperto	coprire	coperto
offrire	offerto	scoprire	scoperto
soffrire	sofferto	cf) morire → morto	

ⓕ 특징: 겹자음을 사용한다.

fare	fatto	permettere	permesso
leggere	letto	promettere	promesso
correggere	corretto	trasmettere	trasmesso
distruggere	distrutto	commettere	commesso
cuocere	cotto	muovere	mosso
dire	detto	commuovere	commosso
scrivere	scritto	promuovere	promosso
mettere	messo	rompere	rotto
smettere	smesso	interrompere	interrotto

ⓖ 특징: **-otto**[-urre로 끝나는 2군 동사는 -otto 형태이다.] [☞ 111쪽 iv) 현재 참조]

tradurre	tradotto	produrre	prodotto
condurre	condotto	introdurre	introdotto
ridurre	ridotto	sedurre	sedotto

ⓗ 특징: **-osto**[-orre로 끝나는 2군 동사는 -osto 형태이다.] [☞ 111쪽 iv) 현재 참조]

porre	posto	supporre	supposto
proporre	proposto	comporre	composto

ⓘ 특징: -atto[-arre로 끝나는 2군 동사는 -atto 형태이다.] [☞ 111쪽 iv) 현재 참조]

trarre	tratto	contrarre	contratto
distrarre	distratto	estrarre	estratto

ⓙ 기타 불규칙 [2군 동사가 많다.]

crescere	cresciuto	vedere	visto
conoscere	conosciuto	nascere	nato
piacere	piaciuto	essere	stato
risolvere	risolto	vivere	vissuto
assolvere	assolto	bere	bevuto
rivolgere	rivolto	correre	corso
avvolgere	avvolto	trascorrere	trascorso
sorgere	sorto	concorrere	concorso
accorgere	accorto	succedere	successo
assumere	assunto	discutere	discusso
riassumere	riassunto	esprimere	espresso
apparire	apparso	insistere	insistito
scomparire	scomparso	venire	venuto

(4) 보조사(avere, essere)의 사용 [☞ 60쪽 보조사 참조]

ⓐ -avere를 보조사로 사용하는 동사: 과거 분사는 -o 고정 형태로 변화하지 않는다.

i) 직접 목적어를 취하는 모든 능동형의 타동사

Io mangio un panino.
나는 샌드위치를 하나 먹는다.

Io ho mangiato un panino.
나는 샌드위치를 하나 먹었다.

Tu ricevi molte domande?
너는 질문을 많이 받니?

Tu hai ricevuto molte domande?
너는 질문을 많이 받았어?

Lui sente una bella notiza.
그는 한 좋은 소식을 듣는다.

Lui ha sentito una bella notizia.
그는 한 좋은 소식을 들었다.

Noi capiamo la lezione.
우리는 수업을 이해한다.

Noi abbiamo capito la lezione.
우리는 수업을 이해했다.

ii) 동사 자체로 충분한 의미를 나타내는 완전 자동사 [☞ 61쪽 ⓒ 참조]

dormire (dormito)	Stanotte non ho dormito bene. 간밤에 잠을 잘 자지 못했다.
ridere (riso)	Noi abbiamo riso fino alle lacrime. 우리는 눈물이 날 때까지 웃었다.
piangere (pianto)	Ieri notte ho pianto molto per te. 어젯밤에 나는 너 때문에 많이 울었다.
pranzare (pranzato)	Dove avete pranzato? 너희들은 어디서 점심 식사를 했니?
cenare (cenato)	Abbiamo cenato fuori. 우리는 밖에서 저녁 식사를 했다.

iii) 동사 자체 속에 움직임의 의미를 내포하고 있는 몇몇 왕래, 발착 동사들

viaggiare (viaggiato)	Lui ha viaggiato molto per lavoro. 그는 일 때문에 여행을 많이 했다.
camminare (camminato)	Abbiamo camminato a lungo oggi. 오늘 우리는 오랫동안 걸었다.
passeggiare (passeggiato)	Ho passeggiato sulla spiaggia. 나는 해변 산책을 했다.

✎ 참고

주어 + avere + 과거 분사(p.p)에서 과거 분사 형태가 변화하는 경우

주어 + 직접 목적격 약형 대명사(lo, la, li, le) + avere + 과거 분사(p.p)일 때 과거 분사는 주어의 성과 수가 아니라 직접 목적격 약형 대명사의 성과 수에 따라서 -o/a/i/e 네 가지 형태로 변화한다. 단수형 lo, la는 avere 앞에서 모음 생략을 하여 l'이 된다. 복수형 li, le는 모음 생략을 안 한다.
[☞ 1권 254, 255쪽 대명사 참조]

Hai mangiato il gelato? 아이스크림 먹었어?	-Sì, l'ho mangiato. [lo-직접 목적격 약형 대명사] 응, 그것을 먹었어.
Hai mangiato la pizza? 피자 먹었어?	-No, non l'ho mangiata. [la-직접 목적격 대명사] 아니, 그것을 먹지 않았어.
Il gelato l'hai mangiato? 아이스크림 그것을 먹었어? [위치변경]	L'hai mangiato, il gelato? 너 그것을 먹었어, 아이스크림을? [위치변경]
La pizza l'hai mangiata? 피자 너 그것을 먹었어? [위치변경]	L'hai mangiata, la pizza? [목적어 강조문] 너 그것을 먹었어, 피자를? [위치변경]

ⓑ -essere를 보조사로 사용하는 자동사

거의 대부분의 과거 분사(타동사, 자동사)들이 avere를 보조사로 취하기 때문에 essere를 보조사로 사용하는 동사들을 제외한 나머지 동사들은 모두 avere 동사를 사용하면 된다. 따라서 essere를 보조사로 사용하는 일부 자동사들만 암기하면 된다. essere를 보조사로 사용할 때 과거 분사의 어미는 반드시 주어의 성과 수에 일치시킨다.

i) 왕래, 발착을 나타내는 움직임(방향) 자동사들 verbi di moto a luogo

andare (andato/a/i/e)	Chiara, dove sei andata in vacanza? 키아라, 어디로 휴가 갔니?
↕	
venire (venuto/a/i/e)	Oggi Marco non è venuto a lezione. 오늘 마르코는 수업에 오지 않았다.
arrivare (arrivato/a/i/e)	Il treno è arrivato in ritardo. 기차가 연착했다.
↕	
partire (partito/a/i/e)	Siamo partiti per Roma alle 9. 우리는 9시에 로마로 떠났다/출발했다.
entrare (entrato/a/i/e)	Chi è entrato poco fa? 조금 전에 누가 들어왔지?
↕	
uscire (uscito/a/i/e)	Anna, a che ora sei uscita di casa? 안나, 집에서 몇 시에 나왔어?
salire (salito/a/i/e)	Siamo saliti al terzo piano. 우리는 4층에 올라갔다.
↕	Loro sono saliti sulla torre di Pisa. 그들은 피사의 사탑에 올라갔다.
scendere (sceso/a/i/e)	Siamo scesi dall'autobus. 우리는 버스에서 내렸다.
tornare (tornato/a/i/e)	Sono tornato a casa molto tardi. 나는 아주 늦게 집으로 돌아왔다.
scappare (scappato/a/i/e)	Perché siete scappati via? 너희들은 왜 도망갔어?
cadere (caduto/a/i/e)	La bambina è caduta a terra. 여자아이가 땅에 넘어졌다.
scivolare (scivolato/a/i/e)	La signora è scivolata sul ghiaccio. 아주머니가 빙판에 미끄러졌다.

ii) 장소 상태를 나타내는 자동사들 **Verbi di stato in luogo**

essere (stato/a/i/e)	Alberto, dove sei stato? 알베르토, 어디에 갔다 왔니/있었니?
stare (stato/a/i/e)	Signore, è mai stato in Cina? 아저씨, 중국에 가보신 적 있으세요?
rimanere (rimasto/a/i/e)	Quanto tempo sei rimasto a Firenze? 피렌체에 얼마 동안 머물렀니?
restare (restato/a/i/e)	Paola è restata a casa tutto il giorno. 파올라는 하루 종일 집에 남아 있었다.

iii) 기타 일부 자동사들 [생로병사에 관계되는 동사들이 많다. [☞ 62, 63쪽 보조사 참조]

essere (stato/a/i/e)	Io sono stato molto fortunato. 나는 무척 운이 좋았다.
nascere (nato/a/i/e)	Matteo, quando sei nato? 마테오, 너는 언제 태어났어?
crescere (cresciuto/a/i/e)	Matteo è cresciuto in campagna. 마테오는 시골에서 자랐다.
morire (morto/a/i/e)	Mio nonno è morto tre anni fa. 나의 할아버지는 3년 전에 돌아가셨다.
diventare (diventato/a/i/e)	Noi siamo diventati amici. 우리는 친구가 되었다.
sembrare (sembrato/a/i/e)	Oggi Paolo è sembrato strano. 오늘 파올로가 이상해 보였다.
succedere (successo/a/i/e)	Che cosa è successo? 무슨 일이 일어났어?
riuscire (riuscito/a/i/e)	Sono riuscito a trovare lavoro. 나는 직장을 구하는 데 성공했다.
costare (costato/a/i/e)	Quanto è costata quella giacca? 그 재킷이 얼마였죠?
durare (durato/a/i/e)	Quanto è durato il film? 영화는 얼마나 지속되었습니까?

✎ 참고

vivere[살다]가 타동사인 경우에는 essere 보조사로 사용하지만, 자동사인 경우에 보조사 essere와 avere 둘 다 사용할 수 있다.

Sono/Ho vissuto due anni in Italia. 나는 이탈리아에서 2년 살았다.

(5) 타동사인가 자동사인가에 따라서 보조사가 달라지는 특수 동사들 [☞ 65, 66쪽 참조]

- 타동사로 사용될 경우: avere를 보조사로 취한다. (avere + p.p)
- 자동사로 사용될 경우: essere를 보조사로 취한다. (essere + p.p)

scendere	Ho sceso le scale a piedi.	나는 계단을 걸어서 내려왔다.
	Sono sceso per le scale di corsa.	나는 계단을 뛰어서 내려왔다.
salire	Ho salito le scale in fretta.	나는 급히 계단을 올라왔다.
	Sono salito sull'autobus.	나는 버스 위로 올랐다.
saltare	Ha saltato il pranzo oggi.	그는 오늘 점심을 걸렀다.
	Il gatto è saltato sul banco.	고양이가 책상 위로 뛰어올랐다.
cominciare	Ho cominciato il lavoro alle 9.	나는 9시에 일을 시작했다.
	La lezione è cominciata alle 9.	수업이 9시에 시작되었다.
continuare	Lui ha continuato il lavoro.	그는 일을 계속했다.
	La lezione è continuata fino alle 2.	수업이 2시까지 계속되었다.
finire	A che ora hai finito il lavoro?	몇 시에 일을 끝냈어?
	A che ora è finita la festa?	파티가 몇 시에 끝났죠?
suonare	Luca ha suonato il campanello.	루카가 초인종을 눌렀다.
	È suonato il campanello.	초인종이 울렸다.
iniziare	Ho iniziato un nuovo lavoro.	나는 새로운 일을 시작했다.
	Il corso d'italiano è iniziato.	이탈리아어 과정이 시작되었다.
cambiare	Ho cambiato idea.	나는 생각을 바꾸었다.
	Il mondo è cambiato.	세상이 바뀌었다.
passare	Ho passato una bella giornata.	나는 멋진 하루를 보냈다.
	È già passato l'autobus?	버스가 이미 지나갔습니까?

참고

correrе: avere/essere + p.p [☞ 66쪽 참조]

- 방향점이 있을 경우: essere + p.p

  Sono corso a casa. 나는 집으로 달려갔다.

- 동작만을 나타낼 경우: avere + p.p

  Ho corso per un'ora. 나는 한 시간 동안 뛰었다.

(6) 조동사(dovere, potere, volere)의 근과거형

ⓐ 본동사가 avere를 보조사로 취하는 동사인 경우 [☞ 68쪽 참조]

조동사의 근과거도 avere를 보조사로 취한다. [동사의 행위가 이행되었음을 나타낸다.]

lavorare — Ho lavorato tutto il giorno. 나는 하루 종일 일했다.

Devo aspettare Mario.
나는 마리오를 기다려야 한다.

Ho dovuto aspettare Mario.
나는 마리오를 기다려야만 했다. [기다렸다는 의미]

Posso dormire fino a tardi.
나는 늦게까지 잠잘 수 있다.

Ho potuto dormire fino a tardi.
나는 늦게까지 잠잘 수 있었다. [잤다는 의미]

Voglio aiutare Paola.
나는 파올라를 돕고 싶다.

Ho voluto aiutare Paola.
나는 파올라를 도와주길 원했다. [도왔다는 의미]

Loro non hanno potuto trovare una camera in nessun albergo.
그들은 아무 호텔에서도 방을 구할 수가 없었다. [구하지 못했다는 의미]

ⓑ 본동사가 essere를 보조사로 취하는 동사인 경우

조동사의 근과거도 essere를 보조사로 취한다. [동사의 행위가 이행되었음을 나타낸다.]

uscire — Sono uscito/a di casa. 나는 집에서 나갔다.

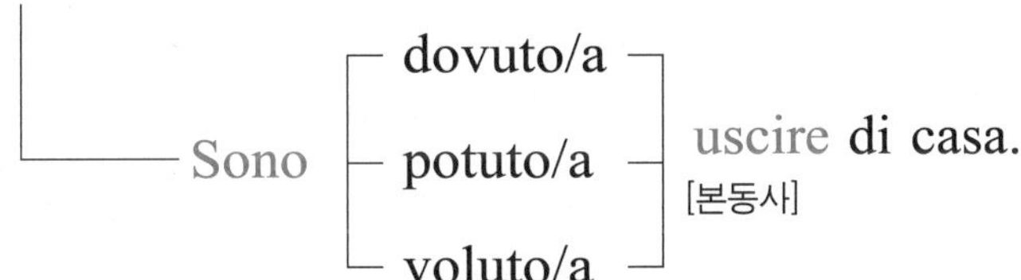

Devo tornare a casa.
나는 집에 돌아가야 한다.

Sono dovuto/a tornare a casa.
나는 집에 돌아가야만 했다. [돌아갔다는 의미]

Posso partire subito.
나는 곧장 떠날 수 있다.

Sono potuto/a partire subito.
나는 곧장 떠날 수 있었다. [떠났다는 의미]

Voglio restare a casa.
나는 집에 남기를 원한다.

Sono voluto/a restare a casa.
나는 집에 남기를 원했다. [남았다는 의미]

A causa della folla, Lucio non è potuto scendere dalla metro.
사람들이 붐벼서 루치오는 지하철에서 내릴 수가 없었다. [내리지 못했다는 의미]

(7) 주요 동사들의 근과거 사용

ⓐ 규칙 과거 분사

aspettare	Ho aspettato l'autobus per venti minuti. 나는 버스를 20분 동안 기다렸다.
ascoltare	Ho ascoltato un po' di musica classica. 나는 클래식을 조금 들었다.
aiutare	Hai aiutato Cristina a traslocare? 너는 크리스티나가 이사하는 것을 도와줬어?
abitare	Ho abitato a Roma per 6 mesi. 나는 로마에 6개월 거주했다.
avere	Abbiamo avuto molta fortuna con il tempo. 우리는 날씨 운이 아주 좋았다. Non hai avuto tempo di fare colazione? 너는 아침 식사할 시간이 없었어?
comprare	Cosa hai comprato per il compleanno di Marco? 마르코의 생일에 무엇을 샀니?
dormire	Hai dormito bene? -No, ho dormito poco. 잘 잤니? 아니, 조금밖에 못 잤어.
frequentare	Ho frequentato un corso d'italiano a Roma. 나는 로마에서 한 이탈리아어 과정을 다녔다.
giocare	Ho giocato a tennis con Alessandro. 나는 알렉산드로와 테니스를 쳤다.
incontrare	Ho incontrato i miei compagni di classe. 나의 학급 동료들을 만났다.
imparare	Ho imparato l'italiano con lezioni online. 나는 이탈리아어를 온라인 수업으로 배웠다.
invitare	Quante persone avete invitato a cena? 너희들은 저녁 식사에 몇 명을 초대했어?
lavare	Non ho ancora lavato la macchina. 나는 아직 세차를 하지 않았다.
lavorare	Loro hanno lavorato fino a tardi. 그들은 늦게까지 일했다.

mangiare	Grazie per la cena. Ho mangiato molto bene. 저녁 식사 감사합니다. 아주 잘 먹었습니다.
nuotare	Oggi ho nuotato per un'ora in piscina. 오늘 나는 수영장에서 한 시간 수영했다.
ordinare	Signore, che cosa ha ordinato? 아저씨, 무엇을 주문하셨어요?
parlare	Di che cosa avete parlato? 너희들은 무엇에 관해서 말했어?
portare	Allora, che cosa avete portato? 그래서, 너희들은 무엇을 가져왔어?
pagare	Quanto hai pagato per il taxi? 택시 요금으로 얼마나 지불했니?
prenotare	Ho prenotato un volo per Roma. 나는 로마행 비행기를 하나 예약했다.
preparare	Ho preparato un pranzo speciale per voi. 나는 너희들을 위해 특별한 점심 식사를 준비했다.
trovare	Non ho ancora trovato una camera. 나는 아직 방을 구하지 못했다.
telefonare	A chi hai telefonato? -Ho telefonato a Sara. 누구에게 전화했니? 사라에게 전화했어.
studiare	Avete studiato molto per l'esame? 너희들 시험공부 많이 했니?
sognare	La notte scorsa ho sognato la mia ex-ragazza. 나는 간밤에 예전 여자 친구 꿈을 꾸었다.
visitare	Abbiamo visitato Roma e Firenze. 우리는 로마와 피렌체를 방문했다.
ricevere	Ho ricevuto un messaggio da Sofia. 나는 소피아에게서 메시지 하나를 받았다.
ripetere	Perché non hai ripetuto la lezione? 왜 수업을 복습하지 않았어.
sapere	Quando hai saputo quella notizia? 언제 그 소식을 알았니?
sentire	Stamattina non ho sentito la sveglia. 오늘 아침 나는 자명종을 듣지 못했다.

ⓑ 불규칙 과거 분사

prendere	Ho preso l'autobus per andare a casa. 나는 집에 가기 위해 버스를 탔다.
	Ho preso il Covid / il raffreddore. 나는 코로나/감기에 걸렸다.
accendere	Ho acceso la TV per guardare il telegiornale. 나는 텔레비전 뉴스를 보기 위해 TV를 켰다.
perdere	Antonella ha perso il portafoglio. 안토넬라가 지갑을 분실했다.
	L'Italia ha perso contro il Brasile. 이탈리아 팀이 브라질 팀한테 졌다.
chiedere	Ho chiesto solo il prezzo. È troppo caro. 나는 단지 가격만 물어보았다. 너무 비싸다.
rispondere	Lui non ha risposto al mio messaggio. 그는 나의 메시지에 답장을 하지 않았다.
vedere	Hai visto per caso il mio libro d'italiano? 혹시 나의 이탈리아어 책 봤니?
scrivere	Ho scritto un messaggio d'auguri a Luisa. 나는 루이자에게 축하 메시지를 한 통 썼다.
leggere	Ho letto un articolo su internet. 인터넷에서 한 기사를 읽었다.
fare	Hai fatto amicizia con molti italiani? 너는 많은 이탈리아인들과 사귀었어?
	Cosa avete fatto di bello oggi? 너희들 오늘 무슨 멋진 일을 했어?
dire	Che cosa hanno detto i tuoi genitori? 너의 부모님이 뭐라고 말씀하셨어?
mettere	Ho già messo lo zucchero nel caffè. 이미 커피에 설탕을 넣었어.
	Dove ho messo gli occhiali da sole? 내가 선글라스를 어디에 두었지?
aprire	Lui ha aperto una bottiglia di vino. 그는 포도주 한 병을 땄다.

vincere	Chi ha vinto? -Ha vinto Paolo! 누가 이겼어요? 파올로가 이겼어!
scegliere	Signori, avete scelto il menù? 신사분들, 메뉴 고르셨습니까?
conoscere	Come ha conosciuto Sua moglie? 당신의 아내를 어떻게 알게 되셨어요?
bere	Abbiamo bevuto due bottiglie di vino. 우리는 포도주 두 병을 마셨다.
trascorrere	Hanno trascorso una settimana insieme. 그들은 일주일을 함께 보냈다.
risolvere	Ho risolto il problema senza difficoltà. 나는 어려움 없이 문제를 해결했다.

(8) 근과거의 용법

ⓐ 가까운 과거에 일어난 행위를 표현하는 데 사용된다.

Io ho visto Mario poco fa.
나는 조금 전에 마리오를 보았다.

Stamattina sono andato dal dentista.
오늘 아침 치과에 갔다.

ⓑ 완전히 지나가지 않은 시간의 범주 속에 일어난 행위를 표현하는 데 사용된다.

Quest'anno abbiamo speso troppo.
올해 우리는 지출을 너무 많이 했다.

In questo secolo la società è cambiata completamente.
이번 세기에 사회가 완전히 변화했다.

ⓒ 먼 과거에 일어난 일이라 하더라도 현재까지 그 영향이 미치는 행위를 표현할 때

Ho comprato questa macchina 10 anni fa.
나는 이 자동차를 10년 전에 샀다. [아직 이 자동차를 갖고 있다.]

Paolo ha sposato Chiara nel 1993.
파올로는 1993년도에 키아라와 결혼했다. [결혼해서 지금도 살고 있다.]

4 직설법 반과거 L'imperfetto indicativo

(1) 반과거의 형태

ⓐ 규칙 반과거 동사

반과거 어미는 -vo, -vi, -va, -vamo, -vate, -vano로서 -are로 끝나는 1군 동사는 a에 반과거 어미를 붙이고, -ere로 끝나는 2군 동사는 e에다 반과거 어미를 붙인다. -ire로 끝나는 3군 동사는 1종이나 2종 상관없이 i에다 반과거 어미를 붙이면 된다. 반과거 동사의 강세는 끝에서 두 번째 모음에 있지만, 3인칭 복수 loro는 1, 2, 3인칭 단수와 동일한 모음에 강세가 위치하기 때문에 끝에서 세 번째 모음에 강세가 있다.

	are	ere	ire	
	aspett-are	sap-ere	dorm-ire	cap-ire
io	aspett-avo	sap-evo	dorm-ivo	cap-ivo
tu	aspett-avi	sap-evi	dorm-ivi	cap-ivi
lui / lei	aspett-ava	sap-eva	dorm-iva	cap-iva
noi	aspett-avamo	sap-evamo	dorm-ivamo	cap-ivamo
voi	aspett-avate	sap-evate	dorm-ivate	cap-ivate
loro	aspett-àvano	sap-èvano	dorm-ìvano	cap-ìvano

ⓑ 라틴어에서 유래한 불규칙 반과거 동사들 [☞ 111쪽 현재 참조]

fare, dire, bere는 각각 라틴어 facere, dicere, bevere에서 나왔기 때문에 라틴어 어근인 ce와 ve를 살려서 반과거 어미(-vo, vi, va, vamo, vate, vano)를 붙인다. 2군 동사 변형 형태인 -urre (cere), -orre (nere), -arre (aere)로 끝나는 동사도 라틴어에서 파생된 것으로 라틴어 어근이 살아 있다.

	fare	dire	tradurre	bere	porre
	facere	dicere	traducere	bevere	ponere
io	facevo	dicevo	traducevo	bevevo	ponevo
tu	facevi	dicevi	traducevi	bevevi	ponevi
lui / lei	faceva	diceva	traduceva	beveva	poneva
noi	facevamo	dicevamo	traducevamo	bevevamo	ponevamo
voi	facevate	dicevate	traducevate	bevevate	ponevate
loro	facevano	dicevano	traducevano	bevevano	ponevano

ⓒ essere와 avere 동사와 2군 동사 trarre (라틴어에서 유래)의 반과거 형태

	essere(불규칙)	avere(규칙)	trarre (traere)
io	ero	avevo	traevo
tu	eri	avevi	traevi
lui / lei / Lei	era	aveva	traeva
noi	eravamo	avevamo	traevamo
voi	eravate	avevate	traevate
loro	erano	avevano	traevano

(2) 반과거(l'imperfetto)의 용법: 불완료 혹은 미완료 과거라고도 번역한다.

이탈리아어 제1과거 시제에는 완료형(il perfetto)과 반과거(l'imperfetto)가 있다. 완료형에는 근과거(il passato prossimo)와 원과거(il passato remoto)가 있는데, 원과거는 현실과 관계가 없는 시제로 문어체에서 사용된다. 완료형은 이행된 전체 행위, 혹은 분명한 시작점이나 끝점이 있는 행위를 나타낸다. 반면에 반과거는 그 명칭 im + perfetto가 뜻하듯이 완전히 종결되지 않은 행위, 즉 완전히 끝나지 않고 미완성인 상태로 남은 행위를 나타낸다. 행위의 시작점이나 끝점을 알 수 없으며, 행위가 언제부터 시작해서 언제 끝났는지 정확한 기간도 알 수 없고 단지 전체 시간 속에서 지속되는 과거 행위의 한 부분만을 알 수 있다. 따라서 반과거의 특징은 과거 일의 묘사, 계속(진행), 습관(반복), 상황(상태) 등을 나타내는 시제이다. 반과거와 완료형인 근과거는 현재보다 하나 앞선 과거 시제로 시간의 차이, 즉 시간의 전후 관계가 없다. 반과거는 우리말과 표현이 다르기 때문에 반과거와 근과거 시제를 선택해서 사용하기가 어렵다. 상황별로 많은 예문들을 보면서 감각을 익히도록 한다.

ⓐ 반과거는 과거 행위의 계속성을 나타내기 때문에 반과거의 전형적인 특징으로서 이야기를 묘사하는 데 사용된다. [묘사 descrizione]

i) 소설 속이나 혹은 자신의 기억이나 경험담 등 과거 이야기를 할 때, 배경(풍경, 장소, 환경, 분위기, 기후나 날씨, 시간적 공간적 상황)을 묘사하거나 등장인물(사람, 동물, 사물)의 특징(성격, 모습, 개성)을 묘사할 때 사용된다.

Era una bella notte di luna e le stelle brillavano nel cielo.
어느, 달 밝은 아름다운 밤에 별들은 하늘에서 반짝이고 있었다.

Era una bellissima giornata di primavera.
아주 화창한 어느 봄날이었다.

La mia casa di prima era troppo piccola per quattro persone.
나의 이전 집은 네 사람이 살기에는 너무 작았다.

Nel bar c'era un sacco di gente: le persone bevevano e parlavano.
바에는 많은 사람들이 있었다. 사람들은 마시면서 이야기를 나누고 있었다.

Quel giorno tirava un forte vento e faceva molto freddo.
그날은 바람이 세게 불고, 날씨가 무척 추웠다.

Come eri da bambino? -Ero allegro e mi piaceva giocare.
너는 어렸을 때 어땠어? 나는 명랑했고, 노는 것을 좋아했어.

Marina era alta, aveva gli occhi azzurri e i capelli biondi.
마리나는 키가 크고 파란 눈과 금발 머리를 가지고 있었다.

ii) 반과거는 과거 일을 묘사하기 때문에 이야기를 시작하는 데 사용된다. 반면에 완료형(근과거)은 종결된 동작을 나타내기 때문에 과거 일을 서술하거나 이야기를 결론짓는 데 사용된다. 동화책에서 이야기를 시작할 때에는 항상 반과거(옛날 옛적에)로 시작된다.

C'era una volta un pezzo di legno. Non era un legno di lusso, ma...
옛날 옛적에 나무토막이 있었어요. 별로 근사하지는 않은 나무토막이었지만 ……. [피노키오]

Lui era un buon padre.
그는 좋은 아버지였는데.
[반과거를 사용하여 이야기를 하면 그 당시 상황만 묘사하기 때문에 결론을 알 수 없는 행위를 나타낸다. 따라서 반과거는 이야기를 시작하는 데 주로 사용되고, 이야기를 종료하는 데는 완료형을 사용한다. 위의 문장에서는 좋은 아버지였다는 것을 입증할 여러 가지 이유들이 계속 이어진다.]

Lui è stato un buon padre. 그는 좋은 아버지였다.
[좋은 아버지였다는 것을 입증할 여러 가지 일을 묘사한 다음, 이야기를 결론지을 때 완료형을 사용하여 대화를 끝낸다.]

iii) 과거의 신체적인 상태나 심리적인 감정 상태(stato d'animo, emozione) 등을 묘사할 경우 반과거를 사용한다. 시작과 끝점을 모르고 얼마 동안 지속되었던 상태를 나타낸다.

Ieri sera eravamo stanchi e avevamo tanta fame.
어제 저녁에 우리는 피곤하고 배가 몹시 고팠다.

Ieri non mi sentivo bene. Ero triste e preoccupato.
어제 기분이 안 좋았다. 슬프고 걱정스러웠다.

Stamattina non stavo bene: avevo un forte mal di testa.
오늘 아침 나는 몸이 안 좋았다. 심한 두통이 있었다.

Quando ho saputo la notizia, ero molto felice.
내가 소식을 알았을 때, 매우 기뻤다.

I tifosi erano felici per la vittoria della loro squadra.
팬들은 그들 팀의 승리에 기뻐했다.

ⓑ 과거의 어느 특정 시점에 처해 있던 상태나 처지, 상황 설명을 나타낸다. [situazione]

Quando sono arrivato qui a Roma, non conoscevo nessuno.
내가 여기 로마에 도착했을 때, 아는 사람이 아무도 없는 상태였다.

Quando ho cominciato il corso, non parlavo bene l'italiano.
내가 강좌를 시작했을 때, 이탈리아 말을 잘하지 못하는 상태였다.

Andrea non è venuto con noi, perché era molto stanco.
안드레아는 우리와 함께 가지 않았다, 왜냐하면 무척 피곤한 상태였기 때문이다.

Lui è andato via, perché aveva un appuntamento importante.
그는 가버렸다, 왜냐하면 중요한 약속이 있었기 때문이다.

Ieri non sono uscito con gli amici, perché dovevo lavorare.
어제 나는 친구들과 나가지 않았다, 왜냐하면 일을 해야 되는 상황이었기 때문이다.

Siamo partiti presto, perché non volevamo trovare traffico.
우리는 일찍 떠났다, 왜냐하면 교통 체증에 걸리고 싶지 않아서였다.

Non ho comprato niente, perché non potevo spendere molto.
나는 아무것도 사지 않았다. 왜냐하면 지출을 많이 할 수 없는 처지였기 때문이다.

원인 접속사 perché를 사용하여 나타낸 원인 종속절을 결론 접속사 quindi, perciò, allora, così 등을 사용하여 결론 등위절로 고칠 수 있다. 의미는 동일하기 때문에 표현하고 싶은 대로 하면 된다. 원인 접속사 perché (왜냐하면 ~ 때문이다.)는 항상 두 번째 문장에 위치한다. 원인 접속사 siccome (~이기 때문에)는 문장 처음에 위치한다.

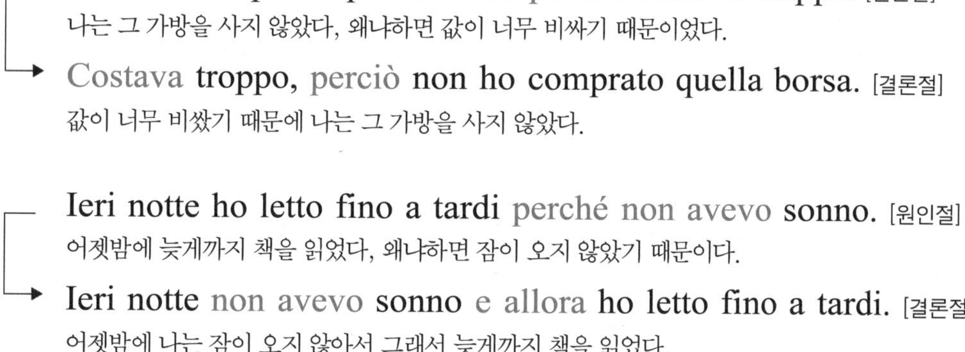

Non ho comprato quella borsa perché costava troppo. [원인절]
나는 그 가방을 사지 않았다, 왜냐하면 값이 너무 비싸기 때문이었다.

→ Costava troppo, perciò non ho comprato quella borsa. [결론절]
값이 너무 비쌌기 때문에 나는 그 가방을 사지 않았다.

Ieri notte ho letto fino a tardi perché non avevo sonno. [원인절]
어젯밤에 늦게까지 책을 읽었다, 왜냐하면 잠이 오지 않았기 때문이다.

→ Ieri notte non avevo sonno e allora ho letto fino a tardi. [결론절]
어젯밤에 나는 잠이 오지 않아서 그래서 늦게까지 책을 읽었다.

Ho fatto la spesa, perché non c'era niente da mangiare.
나는 시장을 봤다. 왜냐하면 먹을 것이 아무것도 없었기 때문이다. [원인절]

→ Non c'era niente da mangiare e così ho fatto la spesa.
먹을 것이 아무것도 없어서 그래서 나는 시장을 봤다. [=e allora, quindi] [결론절]

ⓒ 과거에 있어서 습관적으로 반복한 행위를 나타낸다. [습관 abitudine, routine]

이런 경우 sempre, spesso, di solito, generalmente, ogni (giorno, estate...), tutti i giorni, tutte le estati 등의 시간 부사 및 부사구와 함께 사용된다.

L'anno scorso andavo a lezione d'italiano tutti i giorni.
작년에 나는 날마다 이탈리아어 수업에 나갔다.

Marco, da bambino, che cosa facevi durante le vacanze?
마르코, 어렸을 때 방학 동안에 무엇을 했니?

Quando eravamo piccoli, ogni estate andavamo al mare.
우리가 어렸을 적에 여름마다 바다에 갔다.

Durante la pandemia, noi indossavamo sempre la mascherina.
팬데믹 기간 동안 우리는 항상 마스크를 착용했다.

Come passavi le vacanze quando frequentavi l'Università?
너는 대학 다닐 적에 방학을 어떻게 보내곤 했어?

Quando ero in Italia, trasecorrevo il Capodanno con gli amici.
내가 이탈리아에 있을 적에 친구들이랑 새해(12월 31일 밤)를 보내곤 했다.

ⓓ 과거에 계속되던 상태나 진행 중에 있던 행위를 나타낸다. [durata]

i) 과거의 불특정 혹은 특정 기간에 계속되던 상태를 나타낸다. 정확한 시간을 알 수 없다.

Ah, dimenticavo una cosa importante!
아, 내가 한 가지 중요한 것을 깜박하고 있었어.

Paola ha superato l'esame. -Davvero? Io non lo sapevo.
파올라가 시험에 합격했어. 정말? 나는 그것을 모르고 있었어.

All'inizio non riuscivo a capire, ma adesso ho capito tutto.
처음에는 내가 이해가 안 갔는데, 이제는 다 이해했어.

Ti ho chiamato tante volte. Dove eri?
네게 여러 번 전화했어. 어디 있었니?

L'anno scorso io non parlavo bene l'italiano.
작년에 나는 이탈리아 말을 잘하지 못했다.

☞ 과거(una volta, prima, da piccolo/a)와 현재(adesso, ora, oggi)에 무엇인가를 비교하고자 할 경우에 반과거와 현재를 사용하여 나타낸다.

Una volta qui c'era una pizzeria, adesso non c'è più.
예전에는 피자집이 있었는데, 지금은 없어졌다.
Da piccolo ero introverso, adesso sono estroverso.
어렸을 때 나는 내성적이었는데, 지금은 외향적이다.
Adesso mi piace la carne, ma prima non mi piaceva.
지금은 고기를 좋아하는데, 전에는 안 좋아했다.

ii) 과거의 특정한 순간에 계속하고 있었던 행위를 나타낸다. [과거 진행형]

Che cosa facevi ieri a quest'ora? -Guardavo la tv.
어제 이 시간에 너는 무엇을 하고 있었니? TV를 보고 있었어.

Che cosa sognavi quando ti ho svegliato?
내가 너를 깨웠을 때 너는 무슨 꿈을 꾸고 있었어?

Di che cosa parlavate quando sono entrato in classe?
내가 교실에 들어왔을 때 너희들은 무슨 얘기하고 있었니?

Quando Carla è tonata a casa, parlavo al telefono con te.
카를라가 집에 돌아왔을 때, 나는 너와 전화 통화하고 있었다.

✎ 참고

1. '~할 적에'라는 표현은 계속된 상태이기 때문에 반과거로 표현한다.

Quando facevo il servizio militare	내가 군 복무할 적에
Quando ero al liceo	내가 고등학교 시절에
Quando frequentavo l'Università	내가 대학 다닐 적에
Quando ero in Italia	내가 이탈리아에 있을 적에
Quando abitavo a Roma	내가 로마에 살 적에
Quando ero in vacanza	내가 휴가 중일 때

2. Quando ero 형용사 / 명사 = Da + 형용사 / 명사: ~할 적에

Quando ero piccolo/a, giocavo sempre all'aperto. [=Da piccolo/a]
내가 어렸을 적에 항상 밖에서 놀았다. [da + 형용사]

Quando ero giovane, facevo molto sport. [=Da giovane]
내가 젊었을 적에 스포츠를 많이 했다. [da + 형용사]

Quando ero bambino/a, stavo sempre con i nonni. [=Da bambino/a]
내가 아이였을 적에 항상 조부모님과 함께 있었다. [da + 명사]

Quando ero ragazzo/a, andavo spesso in bicicletta. [=Da ragazzo/a]
내가 소년/소녀 시절에, 자주 자전거로 다녔다. [da + 명사]

3. Quando avevo ~ anni = A ~ anni: ~ 살 때

Quando aveva 11 anni, Paolo andava in piscina ogni giorno.
파올로가 11살 적에 매일 수영장에 다녔다. [=A 11 anni]

Quando aveva 29 anni, si è sposata con Marco.
줄리아는 29살 적에 마르코와 결혼했다. [=A 29 anni]

ⓔ 절과의 관계적 의미로서 반과거

모두 지나간 과거를 표현하는 것이기 때문에 어떤 것을 사용하는가는 화자가 표현하고 싶은 방법에 따라 달라진다. 완료형(il perfetto)은 근과거로 나타낸다.

i) 반과거 **l'imperfetto** ———— 반과거 **l'imperfetto**
ii) 반과거 **l'imperfetto** ———— 근과거 **il perfetto**
근과거 **il perfetto** ———— 반과거 **l'imperfetto**
iii) 근과거 **il perfetto** ———— 근과거 **il perfetto**

i) 반과거 ~ 반과거[과거의 동시 동작: ~하는 동안 ~하고 있었다.]

과거의 같은 시간에 동시에 일어나게 되는 두 가지 행위의 관계를 나타낸다. 즉, 과거의 동시 동작을 나타낸다. 두 절의 주어는 같을 수도 있고 다를 수도 있다.

Ieri sera, mentre mangiavo, guardavo la TV. [주어가 같은 경우]
어제 저녁, 나는 먹는 동안 텔레비전을 보고 있었다.

Ieri sera, mentre mangiavo, lui guardava la TV. [주어가 다른 경우]
어제 저녁, 내가 먹는 동안 그는 텔레비전을 보고 있었다.

mentre (io) **mangiavo**
(io) **guardavo la TV / lui guarda la TV**

[동시 동작]

Mentre la mamma cucinava, i bambini giocavano.
엄마가 요리하는 동안, 아이들은 놀고 있었다.

Io studiavo l'italiano mentre i miei amici dormivano.
나는 친구들이 자는 동안에 이탈리아어 공부를 하고 있었다.

Mentre prendevo il sole, Laura leggeva un libro sull'amaca.
내가 일광욕을 하고 있는 동안, 라우라는 해먹에서 책을 읽고 있었다.

Mentre il prefessore spiegava, gli studenti prendevano appunti.
선생님이 설명을 하시는 동안, 학생들은 필기를 하고 있었다.

Mentre Luca lavorava, Sara guardava la TV e Anna dormiva.
루카가 일하는 동안, 사라는 텔레비전을 보고 안나는 자고 있었다.

Francesco e Valentina passeggivano e parlavano.
프란체스코와 발렌티나는 산책을 하면서 이야기를 하고 있었다.

ii) 반과거 ~ 근과거 / 근과거 ~ 반과거: ~하는 동안 ~했다

반과거는 계속되는 행동의 배경을 설정해 주고, 중요한 사건이 순간적으로 개입되는 것은 완료형(근과거)으로 나타낸다. 이런 경우 접속사 mentre가 주로 사용된다. mentre(~하는 동안)는 접속사의 성격상 반과거를 사용하며, 그 절이 배경을 만들어주는 역할을 하게 된다. mentre가 있는 부사절과 주절의 주어가 같을 수도 있고, 다를 수도 있다.

Stamattina, mentre aspettavo l'autobus, ho visto Paola.
오늘 아침에 내가 버스를 기다리는 동안 파올라를 보았다. [주어가 같은 경우]

Stamattina, mentre aspettavo l'autobus, è passata Paola.
오늘 아침 내가 버스를 기다리는 동안 파올라가 지나갔다. [주어가 다른 경우]

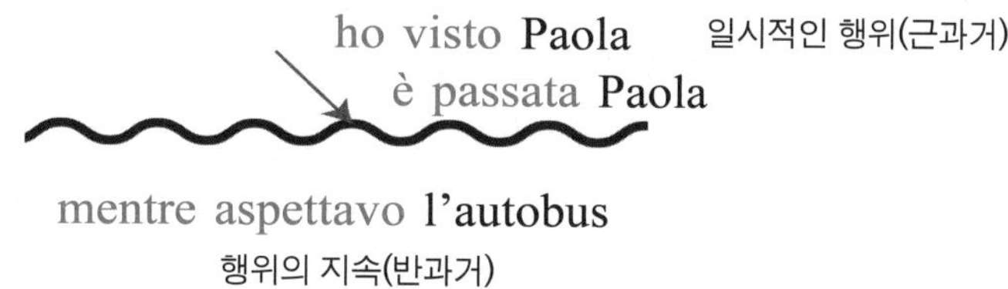

Mentre camminavo per il centro, ho incontrato un mio amico.
시내로 걸어가다가 나의 한 친구를 만났다.

Mentre tornavo a casa, ho fatto un salto al supermercato.
집에 오는 길에 잠시 슈퍼마켓에 들렀다.

Ieri sera, mentre guardavo la TV, mi sono addormentato.
어제 저녁에 나는 텔레비전을 보다가 잠이 들었다.

Ieri abbiamo incontrato Anna mentre passeggiavamo.
어제 우리는 산책하는 동안 안나를 만났다.

✎ 참고

접속사 mentre가 이끄는 부사 종속절의 주어와 주절의 주어가 같은 경우 구어체에서 제룬디오(gerundio 부사구) 구문으로 간결하게 사용할 수 있다. [☞ 273쪽 (3) 제룬디오 참조]

Mentre mangiavo, guardavo la tv.
=Mangiando, guardavo la tv.
나는 먹는 동안(먹으면서) TV를 보고 있었다.

Mentre aspettavo l'autobus, ho visto Paola.
=Aspttando l'autobus, ho visto Paola.
나는 버스를 기다리다 파올라를 봤다.

iii) 근과거 ~ 근과거: 먼저 ~하고, 그다음에 ~했다

차례로 행하는 과거 행위의 순서를 표현한다. 시간의 부사 'prima(먼저), poi(그다음에)'를 사용하여 행위의 순서를 명확하게 나타낼 수 있다.

Prima ho mangiato e poi ho guardato la TV.
먼저 먹고 그다음에 텔레비전을 보았다.

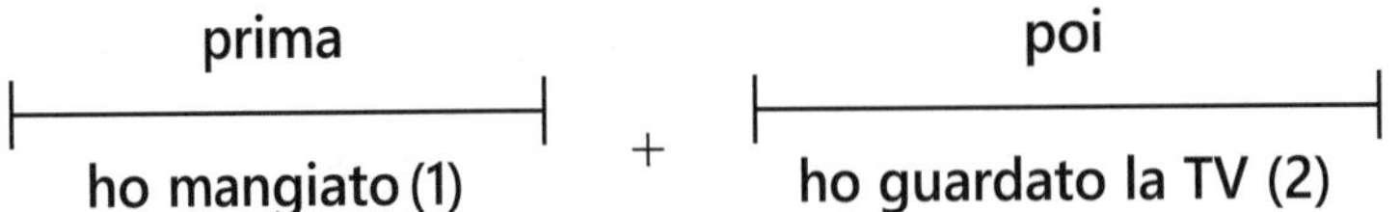

Prima ho studiato la grammatica e poi ho fatto gli esercizi.
먼저 문법을 공부하고, 그다음에 연습문제를 풀었다.

Giulia è entrata in salotto e si è seduta sul divano.
줄리아가 응접실에 들어와서 소파에 앉았다.

Stamattina mi sono alzato, ho fatto colazione e sono uscito.
오늘 아침 나는 일어나서 아침 식사를 하고 나서 나갔다.

ⓕ 현재의 겸손함을 나타낸다. (l'imperfetto di cortesia) [조건법 현재 대신 사용]

일상생활 언어의 비격식적인 구어체에서 화자의 요청, 바람, 의도 등을 공손하게 나타내기 위해 반과거 형태를 자주 사용한다. 대인 관계나 상업적 관계의 대화에서 반과거 시제의 사용은 직설법 현재의 완강한 느낌을 부드럽게 완화하는 역할을 한다. 구어체에서 특히 volere의 반과거 형태(volevo)가 많이 사용되는데, 정중한 희망 사항을 나타내는 조건법 현재(vorrei)와 같은 효과를 내지만, 조건법 vorrei에 비해 덜 격식적이며 친근한 표현 방식이다.

Buongiorno, cosa desidera? -Volevo solo un caffè. [=Vorrei]
안녕하세요, 뭐 드릴까요? 커피 한 잔만 주세요. [voglio보다 공손함]

Buongiorno, volevo (avere) un'informazione. [=vorrei]
안녕하세요, 한 가지 정보를 얻으려고 하는데요. [voglio보다 공손함]

Senti, Veronica, volevo chiederti una cosa. [=vorrei]
저기 있잖아 베로니카, 네게 한 가지 부탁하고 싶어. [voglio보다 공손함]

Volevo sapere quanto costano queste scarpe. [=Vorrei]
이 신발이 얼마인지 알고 싶어요. [voglio보다 공손함]

Desiderava qualcosa? -Sì, cercavo una camicia. [상점에서]
필요한 것 있으세요? 네, 셔츠를 찾고 있습니다. [desidera, cerco보다 공손함]

Buongiorno, chiamavo per sapere se ci sono ancora posti.
안녕하세요, 아직 자리가 있는지 전화합니다. [chiamo보다 공손함]

ⓖ 조동사 **volere, potere, dovere**의 반과거[조건법 과거 대신에 사용]

일상 구어체에서 조동사 volere, potere, dovere의 반과거는 과거에 이루지 못했던 행위를 나타내는 조건법 과거 대신에 자주 사용된다. [☞ 227쪽 조건법 참조]

Che bel regalo! Grazie, ma non dovevi. (disturbarti).
너무 멋진 선물이야! 고마워, 네가 안 그래도 되는데. (그런데 이렇게 선물했다.)

Dovevo pensarci prima! Ormai è tardi. [=Avrei dovuto]
내가 미리 그 생각을 했어야 했는데. 이제 늦었다. (그런데 그 생각을 하지 않았다.)

Comunque potevi almeno avvisarmi! [=Avresti potuto]
어쨌든 적어도 너는 내게 알릴 수는 있었잖니! (그런데 내게 알리지 않았다.)

Se è così, ma non potevi fare una telefonata? [=non avresti potuto]
만일 그러하다면, 전화 한 통은 할 수 없었니? (그런데 전화 한 통을 안 했다.)

Scusami, non volevo offenderti. [=non avrei voluto]
미안해, 네 마음을 상하게 하고 싶지 않았어. (그런데 네 기분을 상하게 했다.)

ⓗ 과거에서 바라본 미래(futuro nel passato)를 나타낸다. [조건법 과거 대신에 사용]

비격식적 일상 구어체에서 과거에서 바라본 미래를 나타낼 때 종속절에 격식적인 조건법 과거 시제 대신에 반과거를 자주 사용한다. 과거에서 바라본 미래는 현재 시점에서 지나가 버린 과거 행위일 수도 있고 아직 일어나지 않은 미래일 수도 있어서, 행위의 실천 여부는 알 수가 없다. 과거의 시점에서 바라보았을 때 아직까지 일어나지 않은 미래 일에 대해서 직설법 미래를 사용할 경우 확실함을 나타내지만, 격식적인 조건법 과거 대신에 비격식적인 반과거를 사용하여 결과에 대한 불확실함을 나타낸다. 조동사 dovere의 반과거 + 동사 원형 형태로 미래에 대한 화자의 의도를 나타내기도 한다. [☞ 223, 224쪽 조건법 과거 참조]

Sara mi ha detto che veniva presto, ma non è ancora arrivata.
[=sarebbe venuta] [조건법 과거-격식적]
사라가 내게 빨리 오겠다고 말했는데, 아직 도착하지 않았다.

Sapevo che arrivavi in tempo, ma sei in ritardo.
난 네가 제시간에 도착할 줄 알았는데 늦었네. [=saresti arrivato]

Giorni fa Marco mi ha detto che veniva, ma oggi non è venuto.
며칠 전에 마르코가 내게 오늘 온다고 했는데, 오늘 안 왔다. [=sarebbe venuto]

Luca mi ha detto che arrivava alle 8. Adesso sono le 7 : 30. [불확실]
루카는 8시에 도착한다고 내게 말했다. 지금 7시 30분이다. [=sarebbe arrivato 격식적]

Anna mi ha detto che partiva / doveva partire domani. [=partirà 확실함]
안나가 내일 떠날 거라고/떠나야 된다고 내게 말했다. [=sarebbe partita 격식적(불확실)]

조동사(dovere, potere, volere) 반과거와 근과거의 차이점

반과거는 행위가 완료된 것이 아니라 과거에 처해 있던 상황이나 상태만을 나타내기 때문에 그 결과는 알 수 없는 시제이다. 조동사 volere, potere, dovere도 반과거로 표현하면 그 당시에 처해 있던 상황만 알 수 있기 때문에 그 뒤의 결과는 어떻게 되었는지 알 수가 없다. 따라서 반과거를 사용하면 행위의 실천 여부는 그다음에 부연 설명을 해주어야만 명확히 알 수 있다.

Dovevo / Potevo / Volevo — prendere il treno delle 8. = e l'ho preso. / ma non l'ho preso.

그래서 그것을 탔다.

그러나 무슨 이유로 그것을 타지 않았다.

8시 기차를 타야만 하는 상황이었다. [그래서 탔는지 안 탔는지 알 수 없다.]

탈 수 있던 상황이었다. [그래서 탔는지 안 탔는지 알 수 없다.]

타고 싶은 마음이었다. [그래서 탔는지 안 탔는지 알 수 없다.]

Ieri sera volevo andare al cinema, perciò ho cenato prima del solito.

어제 저녁에 영화를 보러 가고 싶었기 때문에 평상시보다 빨리 저녁 식사를 했다.

[결국에는 영화를 보러 갔다는 문장이 이어질 수 있다.]

Ieri sera volevo andare al cinema, ma è venuta a trovarmi Gina.

어제 저녁에 영화를 보러 가고 싶었다. 그런데 지나가 나를 만나러 왔다.

[결국에는 영화를 보러가지 못했다는 문장이 이어질 수 있다]

그러나 조동사 dovere, potere, volere의 완료형(근과거)은 완료를 나타내기 때문에 행위가 그렇게 이행되었음을 나타낸다. 조동사가 긍정 형태이면 행위가 그대로 이루어진 것이고, 부정 형태이면 행위가 이행되지 않았음을 나타낸다.

Ho dovuto / Ho potuto / Ho voluto — prendere il treno delle 8.

나는 8시 기차를 타야만 했다/탈 수 있었다/타고 싶었다. — [탔다는 의미이다.]

Non ho dovuto / Non ho potuto / Non ho voluto — prendere il treno delle 8.

나는 8시 기차를 안 타도 되었다/탈 수 없었다/타길 원치 않았다. — [타지 않았다는 의미이다.]

ⓘ 때때로 중단되었던 대화를 잇기 위해서 완료형(근과거) 대신에 반과거를 사용한다.

Dunque, come dicevamo ieri... [=abbiamo detto]

따라서 어제 우리가 말하던 바와 같이 …

Come stavamo dicendo poco fa... [=abbiamo detto]

조금 전에 우리가 말하던 바와 같이 …

Scusa, che dicevi? [=hai detto]

미안하지만, 무슨 말을 하고 있었지?

ⓙ 가정문 과거형(제3유형 불가능성)에 가정절과 결과절에 모두 반과거를 사용한다.

일상의 비격식적 구어체(nella linqua colloquiale)에서 과거에 이루지 못했던 일을 나타내는 가정문(periodo ipotetico) 과거에서 가정절의 접속법 대과거와 결과절의 조건법 과거형 대신에 양 절 모두 직설법 반과거가 사용된다. '만일 ~했더라면, ~했을 것이다'라는 과거 사실의 반대를 나타내며, 비격식적인 표현으로 좋은 문장은 아니다. [☞ 231쪽 ⓒ 3유형 가정문 참조]

Se c'ero io, questo problema non succedeva.

[=ci fossi stato/a] [=non sarebbe successo]

내가 있었더라면, 이런 문제는 발생하지 않았을 것이다. (내가 없어서 문제가 발생했다)

Se non dovevo lavorare, continuavo gli studi.

[=non avessi dovuto] [=avrei continuato]

만일 내가 일을 안 해도 되었더라면, 공부를 계속했을 것이다. (일로 학업을 계속 못 했다)

☞ 반과거 특수 용법으로 어린이들이 역할 놀이를 위해 공상적인 이야기를 꾸며낼 때도 사용된다.

Facciamo che io ero la regina e tu il cavaliere.

나는 왕비이고 너는 기사로 하자.

ⓚ 서사체의 반과거(l'imperfetto narrativo): 직설법 원과거 대신 사용

특히 역사적 사실을 이야기하는 내레이션, 일련의 사건을 박진감 있게 재구성하는 수사 보고서, 혹은 신문 기사(스포츠란) 등에서 문체적 효과를 위해 근과거나 원과거 대신에 행위의 지속성을 나타내는 반과거가 사용된다. 완전히 지나가 버린 행위인 역사적 사실이나 연대기적 사실 등을 나타낼 때 독자가 과거 현장에 초대받은 듯한 실감을 주기 위한 목적이다. 역사적 현재를 서술하는 현재 시제(il presente storico)보다 반과거 시제가 살짝 더 강조 효과가 있다. 오늘날에는 법률 혹은 행정 관료 문서에서 서사체 반과거가 사용된다. [☞ 132쪽 ⓘ 현재 시제 참조]

Nel 1265 a Firenze nasceva Dante. [=nasce]

단테는 1265년 피렌체에서 태어났다. [=nacque]

Il 5 maggio 1821 moriva Napoleone Bonaparte. [=muore]

나폴레옹 보나파르트는 1821년 5월 5일에 죽었다. [=morì]

(3) 과거 시제에 사용되는 접속사 및 부사구들의 성격

ⓐ 반과거와 함께 사용되는 접속사 및 부사구들: 지속성을 나타내는 형태들이다.

mentre, nel momento in cui, a quell'ora, a quest'ora, da + 시간

Mentre andavo a scuola, ho incontrato Giuliano.

학교에 가다가 나는 줄리아노를 만났다.

Franco è arrivato nel momento in cui noi uscivamo.

프랑코가 우리가 나가던 바로 그 순간에 도착했다.

Ieri a quell'ora ero ancora in ufficio.

어제 그 시간에 나는 아직도 사무실에 있었다.

Ieri a quest'ora dormivo ancora.

어제 이 시간에 나는 아직도 자고 있었다.

Quando mi hai telefonato, dormivo già da due ore.

네가 내게 전화했을 때, 나는 이미 두 시간 전부터 자고 있었다.

✎ 참고

전치사 da는 반과거의 시점보다 먼 과거에서 시작하여 반과거 시점까지 그 행위가 지속되고 있을 때 사용된다.

ⓑ 완료형(perfetto - 근과거)과 함께 사용되는 부사구들

근과거(완료형)는 지나간 전체 행위를 나타내기 때문에 종결점이 분명하다. 따라서 그 완료적인 성격상 시간의 범위가 확실한 부사구들과 함께 사용된다.

da ~ a, fino a, per + 시간(per due giorni, per tre mesi, per molto tempo...)
tutto + 단수 정관사 + 단수 명사(tutto il giorno, tutto il mese, tutta la notte...)
fra~ e, in + 시간(2 anni, poco tempo), una volta, due volte, molte volte...

Sono stato a Roma da gennaio a marzo.

나는 1월에서 3월까지 로마에 있었다.

Ho avuto lezione dalle nove alle undici.

나는 9시에서 11시까지 수업을 했다.

Ho parlato al telefono con Rosina fino alle 10.

나는 10시까지 로지나와 전화 통화를 했다.

Ieri sera ho studiato fino a tardi.

나는 어제 저녁에 늦게까지 공부했다.

Ho frequentato il corso d'italiano per sei mesi.
나는 그 이탈리아어 과정을 6개월 다녔다.

Ho studiato l'inglese per molto tempo.
나는 오랫동안 영어를 공부했다.

Ieri sono rimasto a casa tutto il giorno.
어제 나는 하루 종일 집에 남아 있었다.

Noi abbiamo bevuto tutta la notte.
우리는 밤새도록 마셨다.

Noi abbiamo giocato a tennis fra le sette e le otto.
우리는 7시에서 8시 사이에 테니스를 쳤다.

Hai fatto molti progressi in così poco tempo!
넌 그렇게 짧은 기간에 많은 발전을 했구나!

Quante volte sei stato in Italia? -Ci sono stato solo una volta.
이탈리아에 몇 번 갔니? 그곳에 한 번 갔어.

L'anno scorso sono andato molte volte a Milano.
작년에 나는 밀라노에 아주 여러 번 갔다.

ⓒ 반과거와 완료형(근과거) 두 시제를 모두 사용할 수 있는 접속사와 부사구들
quando, sempre, mai, ogni volta, in quel periodo / momento / tempo, una volta, allora, tutti i giorni, a + 시간

Quando ho conosciuto Anna, lei aveva 20 anni.
내가 안나를 알았을 때, 그녀는 20살이었다.

Quando Anna aveva 20 anni, era una bellissima ragazza.
안나가 스무 살 적에 아주 아름다운 소녀였다.

Stefania è andata sempre bene a scuola.
스테파니아는 항상 학교에 잘 다녔다.

Stefania andava sempre in bicicletta.
스테파니아는 항상 자전거를 타고 다녔다.

Non ho mai visto Venezia.
나는 베네치아를 본 적이 없다.

Da studente non studiavo mai a casa.
나는 학생 때 결코 집에서 공부하는 법이 없었다.

Per andare a Roma ho preso ogni volta il treno.
로마에 가기 위해서 나는 매번 기차를 탔다.

Gianni arrivava ogni volta in ritardo a lezione.
잔니는 매번 수업에 지각하곤 했다.

In quel periodo siamo usciti molte volte insieme.
그 기간에 우리는 아주 여러 번 같이 나갔다.

In quel periodo non facevo mai tardi la sera.
그 기간에 나는 저녁에 늦는 법이 없었다.

In quel momento la ragazza parlava al telefono.
그 순간에 소녀는 전화 통화를 하고 있었다.

La ragazza è arrivata proprio in quel momento.
소녀가 바로 그 순간에 도착했다.

Avevo troppo da fare, allora ho deciso di restare a casa.
나는 할 일이 너무 많았다, 그래서 집에 남기로 결정했다.

Allora abitavo in periferia e la sera non uscivo quasi mai.
그 당시 나는 교외에 살았고 저녁에는 거의 외출하지 않았다.

Andavo sempre al mare, una volta sono andato in montagna.
나는 항상 바다로 가곤 했는데, 한 번은 산으로 갔다.

Una volta qui c'era una gelateria, ma adesso non c'è più.
옛날에(한때는) 여기에 아이스크림 가게가 있었는데, 지금은 더 이상 없다.

✎ 참고

1. 과거의 특성상 어떤 일이 일어날 뻔했지만 일어나지 않은 위험을 나타낸다.

Quasi morivo di paura.	무서워서 거의 죽을 뻔했다.
Per poco morivo.	하마터면 죽을 뻔했다.
Per poco avevo un incidente.	하마터면 내가 사고를 당할 뻔했다.
Per poco (non) cadevo.	하마터면 넘어질 뻔했다. (non은 강조)
Ero lì lì per svenire.	거의 실신하기 일보 직전이었다.
A momenti perdevo il treno.	자칫하다 기차를 놓칠 뻔했다.

2. 부사구 per un pelo는 근과거와 함께 사용되어 짧은 순간에 이행된 동작을 나타낸다.

Per un pelo ho perso l'autobus.	나는 간발의 차이로 버스를 놓쳤다.
Ho preso il treno per un pelo.	나는 아슬아슬하게 기차를 탔다.

5 원과거 Il passato remoto

(1) 원과거의 형태

ⓐ 원과거 규칙 동사

원과거 어미는 -i, -sti, -ò, é, ì, -mmo, -ste, -rono로서 3인칭 단수 형태만 제외하고 1, 2, 3군 동사의 어미가 동일하다. -are로 끝나는 1군 동사는 a에다 원과거 어미를 붙이고, -ere로 끝나는 2군 동사는 두 가지 형태가 있는데 e에다 원과거 어미를 붙인다. -ire로 끝나는 3군 동사는 1종이나 2종 모두 -i에 원과거 어미를 붙인다.

	are	ere	ire	
	arriv-are	cred-ere	part-ire	fin-ire
io	arriv-ai	cred-ei (etti)	part-ii	fin-ii
tu	arriv-asti	cred-esti	part-isti	fin-isti
lui / lei	arriv-ò	cred-é (ette)	part-ì	fin-ì
noi	arriv-ammo	cred-emmo	part-immo	fin-immo
voi	arriv-aste	cred-este	part-iste	fin-iste
loro	arriv-arono	cred-erono (ettero)	part-irono	fin-irono

ⓑ 원과거 불규칙 동사

1인칭 단수(io), 3인칭 단수(lui / lei)와 3인칭 복수(loro) 형태만 불규칙이 되고 나머지 인칭들(tu, noi, voi)은 규칙을 따르는 불규칙 형태의 원과거 동사들이 많다.

i) -ndere와 -dere로 끝나는 2군 동사들은 1인칭 단수에서 -si, 3인칭 단수에서 -se, 3인칭 복수에서 -sero 형태를 취한다.

	prendere	rispondere	scendere	rendere
io	pre-si	rispo-si	sce-si	re-si
tu	prendesti	rispondesti	scendesti	rendesti
lui / lei	pre-se	rispo-se	sce-se	re-se
noi	prendemmo	rispondemmo	scendemmo	rendemmo
voi	prendeste	rispondeste	scendeste	rendeste
loro	pre-sero	rispo-sero	sce-sero	re-sero

	chiedere	chiudere	decidere	ridere
io	chie-si	chiu-si	deci-si	ri-si
tu	chiedesti	chiudesti	decidesti	ridesti
lui / lei	chie-se	chiu-se	deci-se	ri-se
noi	chiedemmo	chiudemmo	decidemmo	ridemmo
voi	chiedeste	chiudeste	decideste	rideste
loro	chie-sero	chiu-sero	deci-sero	ri-sero

ii) -ncere, -ngere로 끝나는 2군 동사들은 1인칭 단수에서 -si, 3인칭 단수에서 -se, 3인칭 복수에서 -sero 형태를 취하는 것이 불규칙이다.

	vincere	convincere	piangere	giungere
io	vin-si	convin-si	pian-si	giun-si
tu	vincesti	convincesti	piangesti	giungesti
lui / lei	vin-se	convin-se	pian-se	giun-se
noi	vincemmo	convincemmo	piangemmo	giungemmo
voi	vinceste	convinceste	piangeste	giungeste
loro	vin-sero	convin-sero	pian-sero	giun-sero

iii) 1인칭 단수에서 -si, 3인칭 단수와 복수에서 -se, sero를 취하는 2군 동사들

	correre	rimanere	scegliere	porgere
io	cor-si	rima-si	scel-si	por-si
tu	corresti	rimanesti	sceglíesti	porgesti
lui / lei	cor-se	rima-se	scel-se	por-se
noi	corremmo	rimanemmo	scegliemmo	porgemmo
voi	correste	rimaneste	sceglieste	porgeste
loro	cor-sero	rima-sero	scel-sero	por-sero

iv) 1인칭 단수에서 -ssi, 3인칭 단수와 복수에서 -sse, ssero를 취하는 2군 동사들

	vivere	scrivere	leggere	tradurre	trarre
io	vi-ssi	scri-ssi	le-ssi	tradu-ssi	tra-ssi
tu	vivesti	scrivesti	leggesti	traducesti	traesti
lui / lei	vi-sse	scri-sse	le-sse	tradu-sse	tra-sse
noi	vivemmo	scrivemmo	leggemmo	traducemmo	traemmo
voi	viveste	scriveste	leggeste	traduceste	traeste
loro	vi-ssero	scri-ssero	le-ssero	tradu-ssero	tra-ssero

✎ 참고

1. tradurre (traducere), porre (ponere), trarre (traere), bere (bevere)는 라틴 어근을 살린다.
2. 원과거 규칙 동사의 악센트는 끝모음에 악센트가 위치하는 3인칭 단수(ò, é, ì)를 제외하고 1인칭과 2인칭은 끝에서 두 번째 모음에 강세가 있다. 따라서 그것들과 동일한 모음에 강세가 있는 3인칭 복수(àrono, érono, ìrono)는 끝에서 세 번째 모음에 강세가 있다. 원과거 불규칙 동사도 직설법 현재처럼 1, 2, 3인칭 단수와 3인칭 복수는 같은 모음에 강세가 있다.

v) 기타 2군 불규칙 동사들

	porre	piacere	nascere	dovere
io	po-si	pia-qui	nac-qui	dov-etti
tu	ponesti	piacesti	nascesti	dovesti
lui / lei	po-se	pia-que	nac-que	dov-ette
noi	ponemmo	piacemmo	nascemmo	dovemmo
voi	poneste	piaceste	nasceste	doveste
loro	po-ssero	pia-quero	nac-quero	dov-ettero

	bere	cadere	conoscere	sapere
io	be-vvi	ca-ddi	cono-bbi	se-ppi
tu	bevesti	cadesti	conoscesti	sapesti
lui / lei	be-vve	ca-dde	cono-bbe	se-ppe
noi	bevemmo	cademmo	conoscemmo	sapemmo
voi	beveste	cadeste	conosceste	sapeste
loro	be-vvero	ca-ddero	cono-bbero	se-ppero

	tenere	volere	rompere	vedere	mettere
io	te-nni	vo-lli	ru-ppi	vi-di	mi-si
tu	tenesti	volesti	rompesti	vedesti	mettesti
lui / lei	te-nne	vo-lle	ru-ppe	vi-de	mi-se
noi	tenemmo	volemmo	rompemmo	vedemmo	mettemmo
voi	teneste	voleste	rompeste	vedeste	metteste
loro	te-nnero	vo-llero	ru-ppero	vi-dero	mi-sero

	fare	dare	stare	venire	dire
io	feci	diedi	stetti	venni	dissi
tu	facesti	desti	stesti	venisti	dicesti
lui / lei	fece	diede	stette	venne	disse
noi	facemmo	demmo	stemmo	venimmo	dicemmo
voi	faceste	deste	steste	veniste	diceste
loro	fecero	diedero	stettero	vennero	dissero

	avere	essere
io	ebbi	fui
tu	avesti	fosti
lui / lei	ebbe	fu
noi	avemmo	fummo
voi	aveste	foste
loro	ebbero	furono

(2) 원과거 용법

원과거와 근과거의 공통점은 과거에서 행위가 종결된 완료 시제(il perfetto)라는 점이다. 차이점은 근과거는 현재와 관련이 있는 시제이고, 원과거는 현재와 아무 관련이 없는 시제이다. 일반적으로 근과거는 근(prossimo)이 뜻하는 대로 시간적으로 가까운 과거이고, 원과거는 원(remoto)이 뜻하는 대로 시간적으로 먼 과거이다. 원과거는 현실과는 동떨어진 과거 시제이기 때문에 현재와 아무 관련이 없는 역사적 사실, 전기문, 문서, 성서, 문학서적, 소설책, 동화책 등 문어체에서 사용되며, 일상 구어체에서는 현재와 관련 없다는 점을 강조하기 위한 목적 이외에는 사용되지 않는다. 그러나 구어체에서 원과거 사용은 지역마다 차이가 있는데, 북부 지역에서는 역사적 사실을 말하는 경우를 제외하곤 먼 과거라고 할지라도 근과거 사용을 선호한다. 원과거를 사용할 경우에 다소 현학적이고 학자 같은 이미지를 내비칠 수 있기 때문이다. 반면에 중부(토스카나) 지역은 북부에 비해 조금 더 사용하는 편이며, 남부(시칠리아, 나폴리)에서는 지역 방언으로 원과거가 아직도 다소 사용되고 있다.

근과거와 원과거의 차이점

근과거(il passato prossimo)	원과거(il passato remoto)
ⓐ 근과거는 현재와 연결된 시간적으로 가까운 과거에 일어난 행위를 나타낸다. (stamattina, ieri, l'altro ieri, oggi, poco fa, due settimane fa...) Ieri sono andato dal dentista. 어제 나는 치과에 갔다.	ⓐ 원과거는 현재와는 아무런 관련이 없는 시간적으로 먼 과거에 일어난 행위를 나타낸다. 주로 역사적인 사실을 나타낼 때 사용된다. Cristoforo Colombo scoprì l'America nel 1492. 콜럼버스는 1492년에 아메리카를 발견했다.
ⓑ 근과거는 시간적으로 먼 과거의 일이라고 할지라도, 화자가 심리적으로 가깝다고 느끼고서 관심을 갖고 있는 행위나 사실을 나타낸다. Dante Alighieri ha scritto molte opere. [=scrisse] 단테 알리기에리는 많은 작품을 썼다. [단테가 많은 작품을 쓴 것은 먼 역사적 과거 일이지만, 내게는 관심이 가는 현재에도 중요한 일이다.]	ⓑ 원과거는 시간적으로 가까운 과거의 일이라고 할지라도, 화자가 느끼기에 현재에 아무 중요성이 없는 단순한 과거 사실에 불과할 때 사용된다. L'anno scorso pubblicai un video. [=ho pubblicato] 작년에 나는 영상을 하나 게시했다. [시간적으로 가까운 작년의 일이지만, 내게는 별로 중요하지 않고 관심도 없는 하나의 단순한 영상이다.]

원과거와 근과거 사용은 종종 우리가 느끼고 있는 감정적인 주관적 판단 기준이 실제적으로 사건이 전개된 연대기적인 객관적 기준보다 우세하다. 과거의 사실이 현재와 관계가 깊고 가깝다고 느낄 경우에 근과거를 사용하고, 지나가 버린 단순한 과거의 일에 불과하기 때문에 현실과 전혀 무관하다고 판단될 때에는 원과거를 사용한다.

ⓒ 근과거는 전적으로 모두 지나가 버리지 않은 시간의 범주 속에 일어난 사실이나 행위를 표현한다. [questo로 결합된 부사구] Noi abbiamo speso troppi soldi questo mese. 이번 달에 우리는 너무 많은 돈을 썼다. Questa settimana ha piovuto continuamente. 이번 주에 계속 비가 왔다.	ⓒ 완전히 지나가 버린 역사적 상황 속에서만 일어난 행위나 사실을 표현한다. Nel 1800 fecero enormi progressi la medicina e la meccanica. 1800년대에 의학과 역학이 매우 발전했다. Nell'inverno del 1956 piovve tanntissimo. 1956년 겨울에 비가 엄청 많이 왔다.
ⓓ 근과거는 지나가 버린 과거의 행위이지만 그 행위의 영향이 현재까지 미치고 있는 행위나 사실을 표현할 때 사용된다. Gli antichi Romani hanno costruito molte strade che sono tuttora usate. 고대 로마인들은 지금도 사용되는 많은 도로를 건설했다.	ⓓ 원과거는 아무리 중요한 사실이라고 해도 현재에는 아무런 영향이 없는 것으로, 과거의 역사적인 시간 속에만 남아 있는 지나간 행위나 사실을 표현할 때 사용된다. Gli antichi Romani costruirono molte strade. 고대 로마인들은 많은 도로를 건설했다.
ⓔ 근과거는 비격식적 구어체에서 간혹 앞선 미래를 나타내는 선립 미래 자리에 사용된다. Appena hai finito, chiamami! [=avrai finito] 끝내는 즉시, 내게 전화해.	ⓔ 원과거는 먼저 일어나는 행위를 나타내는 선립 과거 대신에 자주 사용된다. Appena finirono, partirono. [=ebbero finito] 그들은 끝내자마자 떠났다.
ⓕ 과거에 시작되었지만 mai, ancora, sempre, finora 등의 부사와 함께 쓰여 현재까지 유효한 행위들을 나타낸다. La mia cara madre è sempre stata un'ottima cuoca. 나의 사랑하는 어머니는 항상 최고의 요리사였다. Non sono mai stato in Russia. 나는 러시아에 가본 적이 없다.	ⓕ quel giorno, quell'anno, quella volta 등의 부사구와 함께 쓰여 현재와 아무 관계없는 행위들을 나타낸다. Quel giorno non venne con noi. 그날 그는 우리와 함께 가지 않았다. Quell'anno cambiai casa due volte. 그해에 나는 두 번 이사했다.

(3) 원과거와 근과거 사용

ⓐ 근과거 사용: 현재와 관련이 있는 과거 일을 나타낼 때 사용된다.

Che cosa hai fatto di bello lo scorso fine settimana?
지난 주말에 무슨 근사한 일했니?

Negli ultimi tempi il costo della vita è salito molto.
최근에 생활 물가가 많이 올랐다.

Quest'anno noi abbiamo rinunciato alle vacanze.
올해 우리는 휴가를 포기/단념했다.

Le foto che mi hai fatto ieri non sono venute bene.
어제 네가 내게 찍어준 사진들이 잘 안 나왔다.

ⓑ 원과거 사용: 현재와 관련이 없는 문어체 문장(전기, 동화, 문학)에서 사용된다.

L'impero romano d'Occidente crollò nel 476 d.C.
서로마 제국은 기원후 476년에 몰락했다.

Dante Alighieri nacque a Firenze nel 1265.
단테 알리기에리는 1265년 피렌체에 태어났다.

Il naso, appena fatto, cominciò a crescere,
코는 만들어지자마자 자라기 시작했다. [피노키오 동화책]

La bestia si trasformò in un bel principe.
야수는 멋진 왕자로 변했다. [미녀와 야수 동화책]

ⓒ 근과거와 원과거 사용: 시간적 거리감보다 화자의 심리적 거리감이 더 우세하다.

Dante Alighieri scrisse *la Divina Commedia*. [원과거]
단테 알리기에리가 「신곡」을 썼다.
[다른 나라 사람들이 보았을 때 현재와 무관한 역사적 사실로 간주]

Dante Alighieri ha scritto *la Divina Commedia*. [근과거]
단테 알리기에리가 「신곡」을 썼다.
[이탈리아인들이 바라보았을 때 현재까지 영향을 미치는 중요한 과거 행위로 간주]

Ti amai tanto. [원과거]
나는 너를 무척 사랑했다. [과거 사실로 지금은 더 이상 너를 사랑하지 않는다.]

Ti ho amato tanto. [근과거]
나는 너를 무척 사랑했다. [어쩌면 조금 네가 그립거나 아직도 조금 향수나 미련이 남아 있다.]

6 직설법 대과거 Il trapassato prossimo dell'indicativo

(1) 대과거의 형태: avere, essere의 반과거 + 과거 분사(p.p)

과거 분사가 essere를 보조사로 취하는 경우 과거 분사의 어미는 주어의 성과 수에 일치해야 한다. 다른 복합 시제와 마찬가지로 주어 + 직접 목적격 약형 대명사(lo, la, li, le) + avere + p.p인 경우 과거 분사(p.p)의 어미는 직접 목적격 약형 대명사의 성과 수에 따라 일치한다.

주격	avere 반과거	과거 분사
io	avevo	
tu	avevi	mangiato
lui / lei	aveva	ripetuto
noi	avevamo	sentito
voi	avevate	capito
loro	avevano	

주격	essere 반과거	과거 분사
io	ero	entrato/a
tu	eri	caduto/a
lui / lei	era	partito/a
noi	eravamo	entrati/e
voi	eravate	caduti/e
loro	erano	partiti/e

(2) 대과거의 정의

대과거는 어떤 특정 과거(근과거, 반과거, 원과거) 시점보다 더 이전의 과거를 나타낼 때 사용된다. 현재 시점보다 하나 앞선 과거가 근과거(~했다), 반과거(~하고 있었다), 원과거(~했다)로 제 1과거라고 한다면, 대과거(~했었다)는 제1과거보다도 더 앞선 시제로 제2과거, 즉 과거속의 과거(passato nel passato)에 해당한다. 대과거는 과거들 중에서 가장 오래된 과거를 나타내는 과거의 아버지라고 할 수 있다. 대과거보다 더 앞선 시제는 없기 때문에 대과거보다 더 과거를 나타낼 때도 대과거 시제를 사용한다. 시제 관계가 복잡해서 정확한 도식으로 나타내어 설명할 수 없지만, 대과거가 과거의 사건 중에서 시간적으로 가장 먼저 일어난 과거임을 단순화해서 시간의 선(linea del tempo)으로 나타내면 다음과 같다. 원과거는 연대기적인 시간이 아닌 심리적인 시간을 기준으로 나타냈다.

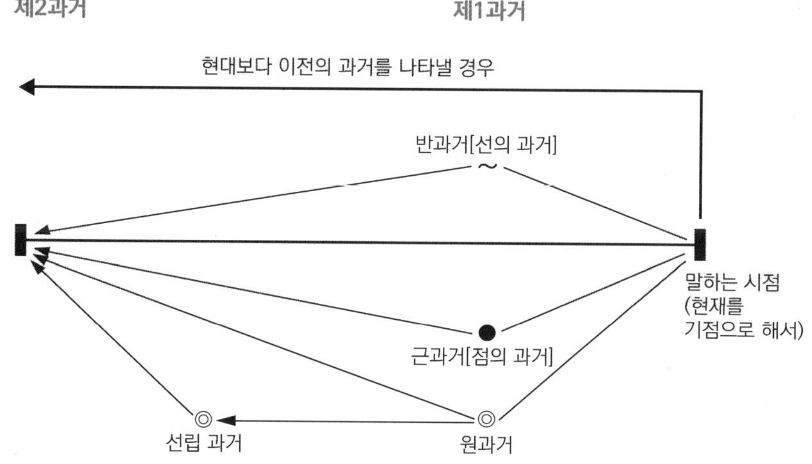

(3) 대과거 사용 L'uso del trapassato prossimo

대과거는 어떤 행위를 서술하는 지금의 지점에서 과거의 특정 시점(근과거, 반과거, 원과거, 선립 과거)을 기준으로 했을 때 그보다 먼저 완료된 행위를 나타내는 과거 시제이다. 대과거는 주절, 종속절(부사절, 명사절, 관계사절), 등위절 아무데서나 사용되며, 단독으로 독립절로도 사용 가능하다.

ⓐ 근과거 ~ 대과거[근과거보다 앞선 과거는 대과거이다.]

Adesso rispondo all'email che ho ricevuto ieri.

지금 나는 어제 받은 메일에 답장한다. [주절(현재)-관계사절(근과거)]

Ieri ho risposto all'email che avevo ricevuto l'altro ieri.

어제 나는 그저께 받은 메일에 답장했다. [주절(근과거)-관계사절(대과거)]

Quando sono arrivato alla stazione, il treno era già partito.

내가 역에 도착했을 때, 기차가 이미 떠나버렸다. [시간 부사 종속절(근과거)-주절(대과거)]

Dopo che avevo finito il lavoro, sono partito per le vacanze.

나는 일을 끝낸 후에, 휴가를 떠났다. [시간 부사 종속절(대과거)-주절(근과거)]

Non sono andato al cinema, perché avevo già visto il film.

나는 영화관에 가지 않았다, 왜냐하면 이미 영화를 봤었기 때문이다. [주절(근과거)-원인 부사절(대과거)]

Siccome avevo già visto il film, non sono andato al cinema.

나는 이미 영화를 보았기 때문에 영화관에 가지 않았다. [원인 부사절(대과거)-주절(근과거)]

Ieri mi è arrivato il libro che avevo ordinato un mese fa.

어제 한 달 전에 주문한 책이 내게 도착했다. [주절(근과거)-관계사절(대과거)]

Le cose non sono andate come avevo previsto.

일이 내가 예상했던 대로 진행되지 않았다. [주절(근과거)-양태 부사절(대과거)]

Avevo studiato l'italiano a Roma, ma ho dimenticato quasi tutto.

나는 로마에서 이탈리아어를 공부했었는데, 그러나 거의 다 잊었다. [등위절 (대과거-근과거)]

참고

구어체에서 과거 일들의 시간 차이가 별로 없는 경우에 대과거 자리에 근과거를 사용하는 경우가 많다. 이론적으로는 앞선 과거를 말할 때 대과거를 사용해야 하지만 실제로 근과거를 많이 사용한다.

Ho fatto quello che mi avevi chiesto. (molto tempo fa) [근과거-대과거]

네가 내게 요청했던 것을 했다. [예를 들자면 오래 전에 요청한 일인 경우]

Ho fatto quello che mi hai chiesto. (poco fa) [근과거-근과거]

네가 내게 요청한 것을 했다. [예를 들자면 조금 전에 요청한 일인 경우]

ⓑ 반과거 ~ 대과거[반과거보다 앞선 과거는 대과거이다.]

Paola è molto stanca perché ha lavorato molto. [제1과거]
파올라는 아주 피곤하다, 왜냐하면 일을 많이 했기 때문이다. [현재-근과거]

Paola era molto stanca perché aveva lavorato molto. [제2과거]
파올라는 아주 피곤했다, 왜냐하면 일을 많이 했었기 때문이다. [반과거-대과거]

Mia nonna raccontava spesso quello che aveva sofferto in guerra.
나의 할머니는 전쟁 때 고통받은 일을 자주 이야기하곤 하셨다. [주절(반과거)-관계사절(대과거)]

Sapevo già che loro erano tornati dal viaggio in Italia.
난 그들이 이탈리아 여행에서 돌아온 것을 이미 알고 있었다. [주절(반과거)-목적격절(대과거)]

Dopo che aveva pranzato, Anna beveva sempre un caffè.
안나는 점심 식사를 하고 나서 항상 커피를 마시곤 했다. [시간 부사절(대과거)-주절(반과거)]

ⓒ 원과거 ~ 대과거[원과거보다 앞선 과거는 대과거이다.] [문어체 형식]

Anna non va al cinema, perché ha già visto il film. [제1과거]
안나는 영화관에 가지 않는다, 왜냐하면 이미 영화를 봤기 때문이다. [현재-근과거]

Anna non andò al cinema, perché aveva già visto il film. [제2과거]
안나는 영화관에 가지 않았다, 왜냐하면 이미 영화를 봤었기 때문이다. [원과거-대과거]

Cerentola andò al ballo con le scarpe che la fata le aveva regalato.
신데렐라는 요정이 그녀에게 준 신발로 무도회에 갔다. [주절(원과거)-관계사절(대과거)]

Marco capì subito che lui aveva sbagliato.
마르모는 즉시 그가 잘못했다는 것을 이해했다. [주절(원과거)-목적격절(대과거)]

Quando arrivammo sul posto, loro erano già andati via.
우리가 현장에 도착했을 때, 그들은 이미 가버렸다. [시간 부사절(원과거)-주절(대과거)]

ⓓ 선립 과거 ~ 대과거[선립 과거보다 앞선 과거는 대과거이다.] [문어체 형식]

Dopo che Bruto ebbe visto che Cesare era stato ucciso, uscì dal Senato.
브루투스는 카이사르가 살해된 것을 본 다음에 원로원에서 나갔다. [선립 과거-대과거~원과거(주절)]

Dopo che il commissario ebbe saputo che l'uomo era stato ucciso, chiamò la centrale. [선립 과거-대과거 수동태~원과거(주절)]
경관이 남자가 살해된 것을 안 뒤에 본부에 연락했다.

Appena ebbe scoperto che l'avevano derubato, chiamò la polizia.
도난을 당했다는 사실을 알게 되자마자 그는 경찰에 신고했다. [선립 과거-대과거~원과거(주절)]

(4) 대과거의 독립적 사용 ['~했었다'라고 해석]

ⓐ 대과거가 종속절이나 주절로 사용되지 않고, 독립문으로 사용되는 경우가 있다. 어떠한 행위가 일어났을 때 그 시점을 머릿속으로 과거로 생각하고 그 행위가 일어나기 이전의 일을 나타낼 때 대과거를 사용한다. non~mai를 사용하여 일이 일어난 시점이 처음이며 그 이전에는 '~한 적이 없었다'라는 의미로 사용된다. 즉 문장 끝에 '지금 전에(prima d'ora), 그 이전에(prima di allora)가 생략되어 있다고 보면 된다.

Che buona! Non avevo mai mangiato una pasta come questa!
아, 맛있다! 이런 파스타는 이전엔 먹어본 적이 없었어! [이렇게 맛있는 파스타는 처음 먹어봐.]

Perché sei tanto sorpreso? Non avevi mai visto una cosa simile?
왜 그렇게 놀라니? 한 번도 이전에 그런 것을 본 적이 없었니? [지금 처음 보는 거니?]

Questa è la prima volta che sono qui. -Come, non c'eri mai stato?
난 이번이 여기 처음이야. 뭐라고, 한 번도 여기에 와본 적이 없었어? [처음 왔어?]

Bella la tua giacca! -Ma come, non l'avevi vista prima?
너의 재킷 참 예쁘다! 어떻게 전에 그것을 본 적이 없었어? [지금 처음 봐?]

Grazie, amore! Non avevo mai ricevuto un regalo così bello.
고마워, 자기야! 이렇게 예쁜 선물을 받아본 적이 없었어. [이런 선물 처음 받아봐.]

Io non avevo mai visto un paesaggio così bello in vita mia.
내 평생 이렇게 / 그렇게 아름다운 풍경은 본 적이 없었다. [지금 / 그때 처음 본다.]

따라서 근과거와 대과거를 사용할 경우 약간의 의미 차이가 있을 수 있다. 근과거는 화자가 말을 하고 있는 그 순간까지도 행위가 실현되지 않은 것을 이야기하는 반면에 대과거는 화자가 말하는 바로 그 순간에 행위가 이루어졌거나 아니면 그 이전에 이미 행위가 이루어졌다는 것을 나타낸다.

Carla non è mai andata all'estero. [근과거]
카를라는 지금까지 한 번도 해외에 나가지 않았다.

Carla non era mai andata all'estero. [대과거]
카를라는 (지금은 가봤지만 그 전에는) 한 번도 해외에 가보지 않았었다.

Io non ho mai mangiato ostriche crude. [근과거]
나는 지금까지 한 번도 생굴을 먹지 않았다.

Io non avevo mai mangiato ostriche crude. [대과거]
나는 (지금은 먹어 봤지만 그 전에는) 한 번도 생굴을 먹어본 적이 없었었다.

ⓑ 어떤 일이 일어난 시점보다 그 이전의 일을 나타낼 때, 대과거 속에 과거 행위가 함축되어 있다. 즉 화자가 머릿속으로 생각만 하고 행위가 발설되지 않았던 행위를 또 하나의 지나간 과거로 간주하고 '~했었다'라고 표현하는 것이다.

Ah, Paolo! Scusa, non ti avevo riconosciuto. [prima d'ora]
안녕 파올로, 미안해, 너를 못 알아봤었어.
[지금에서야 너를 알아봤는데, 그 전에 너를 못 알아봤다는 것을 의미한다.]

Bravo, buon'idea! Non ci avevo pensato. [prima d'ora]
훌륭해, 좋은 생각이야. 내가 그것에 대해서 생각을 못했었어.
[네가 말해서 생각을 했고, 말하기 이전에는 그 생각을 못했음을 의미한다.]

ⓒ 어떤 과거의 기준점 이전에 완료된 행위를 나타낸다.

Prima di andare in Italia, avevi già studiato l'italiano?
이탈리아에 가기 전에(기준점) 너는 이미 이탈리아어를 공부했었니?

A 6 anni, avevo già imparato a sciare.
내가 6살 때(기준점) 이미 스키 타는 법을 배웠다.

ⓓ 대과거의 서술 기법[일부 학자들에 의해 새로이 대두되는 대과거 용법]

내러티브에서 대과거로 서술하여 청자에게 중요한 과거의 결말(원과거나 근과거)이 기다리고 있다는 것을 짐작하게 하면서 이야기 내용에 관심과 집중도를 높이기 위한 기법이다. 원과거나 근과거를 사용하여 이야기 전체를 서술하다 보면, 청자나 독자에게 단조로움을 줄 수 있기 때문이다. 이 때 대과거는 행위의 기준점인 이야기 결론(원과거나 근과거)의 전제 역할을 하는 것이다.

Cappuccio Rosso era uscita di casa, aveva attraversato il bosco ed era arrviata a casa della nonna. [대과거는 결론에 해당하는 원과거의 전제로 사용]
빨간 모자는 집을 나와 숲을 지나 할머니 댁에 들렀다. [청자에게 결론의 궁금증을 자아내게 한다.]

ⓔ 구체어에서 화자가 현재보다 멀리 떨어진 과거로 두고 싶을 경우 대과거를 사용한다.

Questo è l'anello che mi aveva regalato la nonna.
이것은 할머니가 내게 선물하셨던 반지야. [할머니가 생존하지 않을 수도 있다.]

Cosa avevamo fatto a Roma? Sembra che ci siamo andati da poco.
로마에서 우리가 무엇을 했었지? 우리가 그곳에 간 지 얼마 안 된 것 같은데.

Ricordi quando eravamo andati in vacanza in Toscana?
우리가 (한참 전에) 토스카나로 휴가를 갔을 때를 기억하니?

Io te l'avevo detto! Ben ti sta!
내가 네게 그것을 말했었잖아! 꼴좋다!

7 선립 과거 Il trapassato remoto

(1) 선립 과거의 형태: avere, essere의 원과거 + 과거 분사(p.p)

모든 복합 시제(선립 미래, 근과거, 대과거)와 마찬가지로 선립 과거도 과거 분사가 essere를 보조사로 취하는 경우 주어의 성과 수에 어미가 일치해야 한다. 주어 + 약형 직접 목적격 대명사(lo, la, li, le) + avere + p.p인 경우 과거 분사는 목적격의 성과 수에 일치한다.

주격	avere 원과거	과거 분사
io	ebbi	
tu	avesti	mangiato
lui / lei	ebbe	ripetuto
noi	avemmo	sentito
voi	aveste	capito
loro	ebbero	

주격	essere 원과거	과거 분사
io	fui	entrato/a
tu	fosti	caduto/a
lui / lei	fu	partito/a
noi	fummo	entrati/e
voi	foste	caduti/e
loro	furono	partiti/e

(2) 선립 과거 용법 L'uso del trapassato remoto

선립 과거(il trapassato remoto)는 역사, 소설, 성서, 동화 등 격식 있는 내러티브식 문어체에서만 사용되며, 일상 구어체에서는 전혀 사용되지 않는다. 대과거와 마찬가지로, 과거의 어느 시점(원과거)보다 시간적으로 앞선 이전의 행위를 나타낼 때 사용된다. 주절에 현재와 아무 관련이 없는 원과거가 사용되었을 때, 격식적인 문어체에서 공식적인 규칙에 따라서 시간적으로 앞선 과거를 나타내는 시간 부사 종속절에서 선립 과거가 사용된다. 선립 과거는 독립절로 사용될 수 없으며 반드시 dopo che, (non) appena, quando 등의 시간 부사 접속사 뒤에 종속절로 사용되며, 현재와는 아무 관계가 없는 원과거 동사의 주절이 따라온다. 주절의 주어와 종속절의 주어가 같을 수도 있고, 다를 수도 있다.

시간 부사 종속절[주절보다 과거]		주절[현재랑 무관한 과거]
접속사	선립 과거	원과거
Dopo che ~하고 나서	ebbi terminato gli studi 나는 학업을 마친 후에	cominciai a lavorare. 일하기 시작했다.
Appena ~하자마자	la lezione fu finita 수업이 끝나자마자	tutti uscirono dall'aula. 모두가 강의실에서 나갔다.
Quando ~하고서	Anna ebbe sentito la notizia 안나가 소식을 듣고서	telefonò a suo marito. 그녀의 남편에게 전화했다.

☞ 접속사 appena(~하자마자) 앞에 강조사 non이 와서 강조 형태로 non appena로도 사용될 수 있다.

(3) 선립 미래와 선립 과거의 공통점

ⓐ 이탈리아어 시제를 한국어로 번역한 용어 가운데 선립이라는 단어가 들어가는 시제는 선립 미래(il futuro anteriore)와 선립 과거(il trapassato remoto) 두 가지가 있다. 비록 두 시제 모두 이탈리아어로 선립(anteriore)이라는 용어를 쓰는 것은 아니지만 용법상 성격이 아주 비슷하므로 편의상 둘 다 우리말로 선립이라고 지칭한다. '먼저 일어남'이라는 뜻인 선립(先立)은 주절보다 시제가 앞서는 것으로 선립 미래를 전 미래, 선립 과거를 전 과거라고도 번역하며, 두 시제 모두 공통적으로 시간 부사 접속사가 있는 종속절에서 사용된다.

[시간 부사 종속절-선립 미래]

Dopo che avrò studiato,

내가 공부한 후에 [avere 단순 미래 + p.p]

Appena sarò arrivato/a,

내가 도착하자마자 [essere 단순 미래 + p.p]

[시간 부사 종속절- 선립 과거]

Dopo che ebbi studiato,

내가 공부한 후에 [avere 원과거 + p.p]

Appena fui arrivato/a,

내가 도착하자마자 [essere 원과거 + p.p]

ⓑ 선립 미래가 사용된 시간 부사 종속절의 주절이 단순 미래가 되듯이, 격식 있는 문어체에서 선립 과거가 사용된 시간 부사 종속절의 주절은 반드시 원과거가 되어야 한다.

Dopo che avrò terminato gli studi, comincerò a lavorare.
[시간 부사 종속절-선립 미래] [주절-단순 미래]

나는 학업을 종료한 이후에 일을 시작할 것이다.

Dopo che ebbi terminato gli studi, cominciai a lavorare.
[시간 부사 종속절-선립 과거] [주절-원과거]

나는 학업을 종료한 이후에 일을 시작했다. [격식 있는 문어체]

ⓒ 선립 미래와 선립 과거는 선립(先立)이라는 단어가 의미하듯이 두 시제 모두 주절의 행위보다도 먼저 일어난 일을 표현하는 시간 부사 종속절이다.

Prima telefonerò a Lucio, poi andrò da lui. [단순 미래-단순 미래]

나는 먼저 루치오에게 전화를 하고, 그다음에 그한테 갈 것이다. [등위절]

Dopo che avrò telefonato a Lucio, andrò da lui. [선립 미래-단순 미래]

나는 루치오에게 전화를 하고 난 다음에 그한테 갈 것이다. [시간 부사 종속절-주절]

Prima telefonai a Lucio, poi andai da lui. [원과거-원과거]

나는 먼저 루치오에게 전화를 했고, 그다음에 그한테 갔다. [등위절]

Dopo che ebbi telefonato a Lucio, andai da lui. [선립 과거-원과거]

나는 루치오에게 전화를 한 다음에 그한테 갔다. [시간 부사 종속절-주절]

ⓓ 선립 미래와 선립 과거가 사용된 시간 부사 종속절이 문장 처음에 올 수도 있고, 혹은 주절 뒤에 나올 수도 있다. 문장 앞에 오는 절이 뒤에 오는 절보다 강조된다.

Dopo che avrò studiato, telefonerò a Marta. [종속절 강조]
[시간 부사 종속절-선립 미래] [주절-단순 미래]

Telefonerò a Marta, dopo che avrò studiato. [주절 강조]
[주절-단순 미래] [시간 부사 종속절-선립 미래]

나는 마르타에게 전화할 것이다, 공부를 한 다음에.

Dopo che ebbi studiato, telefonai a Marta. [종속절 강조]
[시간 부사 종속절-선립 과거] [주절-원과거]

Telefonai a Marta, dopo che ebbi studiato. [주절 강조]
[주절-원과거] [시간 부사 종속절-선립 과거]

나는 마르타에게 전화했다, 공부를 한 다음에.

(3) 과거 일의 순서를 나타낼 때 시제 사용

ⓐ 종속절이 시간 부사절인 경우

과거 일의 순서를 나타낼 때, 주절의 동사가 현재랑 관계없는 시제인 원과거이면 격식 있는 문어체에서 시간 부사 종속절은 반드시 선립 과거를 사용한다. 그러나 일반 구어체에서 주절의 동사가 현재랑 관련이 있는 근과거이면 시간 부사 종속절은 대과거를 사용한다.

Dopo che aveva cucinato, Anna ha pulito la casa. [구어체]
[시간 부사 종속절-대과거] [주절-근과거] [현재와 관련]

안나는 요리를 하고 난 다음에 집을 청소했다.

Dopo che ebbe cucinato, Anna pulì la casa. [문어체]
[시간 부사 종속절-선립 과거] [주절-원과거] [현재와 무관]

안나는 요리를 하고 난 다음에 집을 청소했다.

☹ 주의

부사 종속절의 시제가 선립 과거인 경우에, 주절에 근과거를 사용하지 못한다.

Dopo che ebbe cucinato, Anna ha pulito la casa. (X)
[시간 부사 종속절-선립 과거] [주절-근과거 X] [원과거 pulì (o)]

안나는 요리를 하고 난 다음에 집을 청소했다. (X)

ⓑ 종속절이 시간 부사절이 아닌 경우

시간 부사 종속절이 선립 과거이면 주절에는 원과거를 사용한다. 그러나 종속절이 시간 부사절이 아닌 다른 종속절(원인절, 관계사절, 목적격절, 양태절)인 경우에는 주절의 시제(원과거)보다 앞선 과거 시제로 종속절에 대과거를 사용한다.

Anna corse a parlare con Luca dopo che ebbe sentito quella notizia.

안나는 그 소식을 듣고서 모두와 말해보려고 달려갔다. [주절(원과거)-시간 부사 종속절(선립 과거)]

Anna corse a parlare con Luca perché aveva sentito quella notizia.

안나는 그 소식을 들었기 때문에 루와 말해보려고 달려갔다. [주절(원과거)-원인 종속절(대과거)]

Anna raccontò a Luca quella notizia che aveva sentito.

안나는 루카에게 그녀가 들었던 그 소식을 이야기했다. [주절(원과거)-관계사절(대과거)]

Anna fece come aveva detto sua madre.

안나는 그녀의 어머니가 말한 대로 했다. [주절(원과거)-양태 종속절(대과거)]

Anna capì subito che era successo qualcosa di grave e partì.

안나는 심각한 일이 발생했음을 즉시 이해하고 떠났다. [주절(원과거)-목적격 종속절(대과거)]

✎ 참고

1. 선립 과거는 과거에는 많이 사용되었지만 오늘날에는 선립 과거를 사용할 조건적 상황이 희박해짐에 따라 점점 그 사용이 줄어들고 있는 추세이며, 선립 과거가 수동태 문장으로 사용되는 경우도 드물다. 간혹 비격식적인 문어체에서 시제 일치 규칙을 따르지 않고 과거 두 사건 사이에 상당한 시간 간격이 있는 경우 주절이 원과거이지만 시간 부사 종속절에 선립 과거 대신에 대과거를 사용하기도 한다. 그러나 이것은 문법적이지 않으며 격식적인 문어체에서는 반드시 선립 과거를 사용해야 한다. 구어체에서는 주절에 원과거 대신에 근과거를 사용하고, 시간 부사 종속절에서는 대과거를 사용한다.

   Andai dal dentista dopo che avevo passato tutta la notte sveglio per colpa del mal di denti. [비격식적 문어체] [→ 격식적 ebbi passato]

   나는 치통으로 인해 밤새 뜬 눈으로 보낸 뒤 치과에 갔다.

   Sono andato dal dentista dopo che avevo passato tutta la notte sveglio per copla del mal di denti. [구어체 문장] [주절(근과거)-시간 부사 종속절(대과거)]

2. 시간 부사 종속절이 원과거인 경우, 주절에서 종속절보다 앞선 과거를 나타낼 경우는 대과거이다.

   Quando arrivammo alla stazione, il treno era già partito.

   [시간 부사 종속절-원과거] [주절-대과거]

   우리가 역에 도착했을 때, 기차는 이미 떠나버렸다.

2 명령법 Il modo imperativo

1 명령법의 정의

명령법은 명령, 지시, 금지, 경고, 요청, 부탁, 권유, 충고 등을 나타내는 하나의 표현 방법(서법)이다. 명령법 시제는 오직 현재만 있고, 과거는 없다. 명령 자체가 미래를 지향하기 때문에 미래 시제는 따로 없으며 직설법 미래나 다른 법으로 대신 표현한다. 자기 자신에게 명령하는 것은 아무런 의미가 없기 때문에 명령법은 1인칭 단수형이 존재하지 않는다. 자기 자신에게 명령할 때에도 2인칭 단수(Tu)를 사용해서 나타낸다. 친한 사이에서 명령이나 요구를 직접적으로 하게 되는 tu(너), voi(너희들), noi(우리)를 직접 명령(l'imperativo diretto) 혹은 비존칭 명령(l'imperativo informale)이라 하고, 예의를 갖추어 접속법 동사 형태를 사용하는 Lei(당신), Loro(당신들)을 간접 명령(l'imperativo indiretto) 혹은 존칭 명령(l'imperativo formale)이라고 한다. 명령법은 표현이 간결하고 명료하긴 하지만 직선적이고 단호하기 때문에 무례하게 들릴 수 있어서 어느 상황에나 다 걸맞은 것은 아니다. 따라서 부드러운 느낌을 줄 수 있는 공손한 표현 형태들과 함께 사용한다면 명령법의 간결하고 즉각적인 느낌은 덜하지만, 공격적인 명령조의 어투를 권유나 간청으로 어감을 완화시켜 줄 수 있다. 정중하게 요청하려면 명령법 대신 공손함을 나타내는 조건법을 사용하면 예의 있는 표현이 된다. [☞ 213쪽 ⓐ 조건법 현재 참조]

per piacere / favore / cortesia	호의를 청컨대 [=please]
mi raccomando	내가 부탁하는데(내게 너무 중요함)
prego	격식적인 표현
Ti / La prego	네게/당신께 부탁하는데(제발)
su / dai / forza	자 어서, 힘내(권유를 강화거나 완화)
동사 + pure	어서 ~해/하세요!(마음대로, 부담 없이)
동사 + un po'	좀 ~해/하세요!
Se (è) possibile	가능하다면

Per piacere, **chiudi la porta!**	부탁하는데, 문 닫아줘!
Mi raccomando, **fate silenzio!**	내가 부탁하는데, 조용히들 해!
Prego, **signora, entri** pure!	자 사모님, 어서 들어오세요!
Ti prego, **aiutami!**	제발, 나를 도와줘!
Dai, forza, **cammina!**	자, 기운 내서 걸어!
Su, **alzati, è tardi!**	어서 일어나, 늦었어!
Vieni un po' **qui, presto!**	여기 좀 와봐, 빨리!

2 명령법의 시제 및 형태

명령법에는 현재 시제만 있다. 명령법 현재 형태는 2인칭 단수 너(tu)와 복수 너희들(voi) 2개의 인칭만 있고, 나머지 인칭들은 접속법 현재 동사를 사용한다. tu, voi, noi를 직접 명령이라 하고, 접속법 동사를 사용하는 Lei(당신), Loro(당신들)는 간접 명령(존칭 명령)이라 한다. 실제 Loro는 극존칭이라 거의 사용되지 않고, voi(여러분)가 Lei의 복수 존칭으로도 사용된다.

(1) 명령법 현재 규칙 형태

tu는 1군 동사(-are)에서만 -a이고, 2군(-ere)과 3군(-ire)은 직설법 현재와 형태가 동일하다. 존칭 Lei와 그 복수 Loro는 접속법 현재와, noi와 voi는 직설법 현재와 형태가 동일하다. 3군(-ire)의 2종은 -isc를 살려서 3군 1종의 명령 어미를 따른다.

	are	ere	ire	
	aspett-are	prend-ere	sent-ire	fin-ire
tu	aspett-a	prend-i	sent-i	fin-isci
Lei	aspett-i	prend-a	sent-a	fin-isca
noi	aspett-iamo	prend-iamo	sent-iamo	fin-iamo
voi	aspett-ate	prend-ete	sent-ite	fin-ite
Loro	aspett-ino	prend-ano	sent-ano	fin-iscano

(2) 명령법 현재 불규칙 형태

명령법 불규칙 형태는 존칭 명령형(Lei, Loro)만 불규칙이고 tu, noi, voi는 규칙이며, 직설법과 동일한 형태(단, fare, andare, dare, dire, stare 동사의 2인칭 형태는 제외)이다. 명령법 단수 존칭(Lei)과 복수 존칭(Loro)는 동사의 군에 상관없이 단수 Lei는 직설법 현재 1인칭 어미 -o를 뗀 뒤 -a를 붙이고, 복수 존칭(Loro)은 -ano를 붙이면 되는데, 접속법 동사 형태를 빌려 사용한다. 즉 명령법 불규칙 존칭 형태는 접속법 현재 형태와 동일하다. [☞ 236, 237쪽 접속법 형태 참조]

동사 원형	fare	andare	dare	dire	stare
1인칭 현재	(faccio)	(vado)	(do)	(dico)	(sto)
Lei	faccia	vada	dia	dica	stia
Loro	facciano	vadano	diano	dicano	stiano
tu	fa'	va'	da'	di'	sta'
noi	facciamo	andiamo	diamo	diciamo	stiamo
voi	fate	andate	date	dite	state

동사 원형	salire	scegliere	rimanere	tenere	spegnere
1인칭 현재	(salgo)	(scelgo)	(rimango)	(tengo)	(spengo)
Lei	salga	scelga	rimanga	tenga	spenga
Loro	salgano	scelgano	rimangano	tengano	spengano
tu	sali	scegli	rimani	tieni	spegni
noi	saliamo	scegliamo	rimaniamo	teniamo	spegniamo
voi	salite	scegliete	rimanete	tenete	spegnete

동사 원형	uscire	bere	tradurre	venire	sedere
1인칭 현재	(esco)	(bevo)	(traduco)	(vengo)	(siedo)
Lei	esca	beva	traduca	venga	sieda
Loro	escano	bevano	traducano	vengano	siedano
tu	esci	bevi	traduci	vieni	siedi
noi	usciamo	beviamo	traduciamo	veniamo	sediamo
voi	uscite	bevete	traducete	venite	sedete

avere, essere, sapere 동사의 명령법은 위의 불규칙 명령법 형태와 달리 2인칭 복수(voi)에서 접속법 형태(-iate)를 따른다. 2인칭 단수(tu)만 명령법의 독자적인 형태가 있고 나머지 인칭(Lei, noi, voi, Loro)들은 접속법 형태와 동일하다. noi는 접속법과 직설법 형태가 같다.

동사 원형	avere	essere	sapere
tu	abbi	sii	sappi
Lei	abbia	sia	sappia
noi	abbiamo	siamo	sappiamo
voi	abbiate	siate	sappiate
Loro	abbiano	siano	sappiano

✎ 참고

명령법 동사의 악센트도 1, 2, 3인칭 단수형과 3인칭 복수형은 같은 모음에 강세가 있다.

pàrla, pàrli, parliàmo, parlàte, pàrlino
aspètta, aspètti, aspettiàmo, aspettàte, aspèttino
prèndi, prènda, prendiàmo, prendète, prèndano
àbbi, àbbia, abbiàmo, abbiàte, àbbiano
sìi, sìa, siàmo, siàte, sìano

3 명령법의 종류

(1) 직접 명령(l'imperativo diretto): tu (너), voi (너희들), noi (우리)

ⓐ 비존칭 명령(l'imperativo informale): **tu** (너), **voi** (너희들)

친한 사이에서 할 수 있는 명령으로 2인칭 단수 tu(너)와 복수 voi(너희들) 형태이다.

[tu] Marco, vieni qui! 마르코, 이리 와!

[voi] Ragazzi, venite qui! 얘들아. 이리 와!

ⓑ 권유형(l'imperativo esortativo): **noi** (우리)

i) (우리) '~하자! / ~합시다!'라는 의미로 영어의 'Let's + 동사 원형'과 같다. 직설법 현재 동사로 보이지만 실제로는 접속법 현재 동사이다. 직설법 현재나 접속법 현재 형태가 동일하기 때문이다.

Ragazzi, andiamo! 얘들아, 가자!

Vediamo un po'! 어디 좀 봅시다!

ii) 1인칭 복수(noi)의 부정 명령형은 2인칭(tu, voi)의 부정 명령형 대신에 표현을 부드럽게 하기 위해서 사용된다. 대화에 자신을 포함시킴으로써 그 일에 함께 한다는 의미가 강하기 때문이다.

[tu] Non esagerare! 과장(오버)하지 마!

[voi] Non esagerate! 과장하지들 마!

→ [noi] Non esageriamo! 우리 과장/오버하지 말자!

(2) 간접 명령(l'imperativo indiretto): Lei (당신), Loro (당신들)

간접 명령은 모르는 사람이나 정중한 언어 사용을 통해 존경을 표시하고자 하는 사람에게 말할 때 사용하는 존칭 명령(l'imperativo formale)이다. Lei(당신)는 tu(너)의 존칭 표현으로, 공식적인 복수형은 Loro(당신들)이다. 그러나 Loro는 극존칭에 해당하기 때문에 잘 사용되지 않고 일상생활에서 Lei의 복수로 voi(여러분)가 사용된다.

[Lei] Prego, signore, si accomodi! [존칭 단수]
자 신사분, 편히 앉으세요!

[voi] Prego, signori, accomdatevi! [존칭 복수로 사용]
자 신사분들, 편히 앉으세요! [일반적인 경우]

[Loro] Prego, signori, si accomdino! [극존칭 복수]
자 신사분들, 편히 앉으세요! [고객을 귀빈으로 대할 경우]

4 명령법 사용

(1) 규칙 긍정 명령 형태

scusare	Scusa se ti disturbo!	너를 방해해서 미안해!
entrare	Entri pure!	어서 들어오세요!
aspettare	Aspetti un momento!	잠깐만 기다리세요!
cliccare	Clicca qui.	여기를 클릭해!
girare	Giri a sinistra!	좌회전하세요!
guardare	Guardi, è facile.	보세요, 쉬워요.
parlare	Parli più piano, per favore!	좀 더 천천히 말씀하세요!
salutare	Saluta la tua famiglia!	너의 가족한테 안부 전해!
tornare	Torniamo indietro!	되돌아가자!
chiamare	Chiama la polizia!	경찰 불러!
mangiare	Mangiate pure!	어서들 먹어!
indovinare	Indovina chi è lui!	그가 누군지 알아맞혀 봐!
assaggiare	Assaggia un po'!	맛 좀 봐!
ascoltare	Ascolta bene!	잘 들어!
attendere	Attenda un momento!	잠깐 기다리세요!
mettere	Metti un like se ti piace.	마음에 들면 '좋아요' 눌러줘.
scrivere	Scrivi qui sotto nei commenti.	이 아래 댓글에 적어.
chiudere	Chiudi bene la porta!	문 잘 닫아!
leggere	Leggete a voce alta.	여러분, 큰소리로 읽으세요.
rispondere	Rispondi alla mia domanda!	내 질문에 대답해!
ripetere	Ascoltate e ripetete!	여러분, 듣고 따라 하세요!
dormire	Dormi bene e sogni d'oro!	잘 자고 좋은 꿈꿔!
aprire	Aprite il libro a pagina 40.	여러분, 책 40쪽을 펴세요.
finire	Finisca entro domani!	내일 안으로 끝내세요!
guarire	Guarisci presto!	빨리 나아!

☞ scusare, guardare, sentire 동사의 명령법 형태는 명령이라기보다 대화를 시작하기 위한 하나의 소통 수단으로 사용된다.

Scusa, Scusi	미안한데, 죄송한데요(실례하지만).
Guarda, Guardi	이봐, 이봐요.
Senti, Senta	저기(있잖아), 저기요(있잖아요)

(2) 불규칙 형태

andare	Vada dritto fino al semaforo!	신호등까지 곧장 가세요!
stare	Stia calma, signorina!	침착하세요, 아가씨!
fare	Faccia attenzione!	조심하세요!
tenere	Tenga il resto!	거스름돈은 가지세요!
spegnere	Spenga la luce, per favore.	불 끄세요!
salire	Salga in macchina!	자동차에 올라타세요!
rimanere	Rimanga ancora un po'!	좀 더 남아 계세요!
scegliere	Scelga Lei!	당신이 고르세요!
venire	Venga da questa parte!	이쪽 편으로 오세요!
bere	Beva molta acqua!	물을 많이 마시세요!
sapere	Sappi che non è vero!	사실이 아님을 알아!
	Sappia che non è facile.	쉽지 않다는 것을 아세요.
	Sappiate che è l'ulima volta.	마지막이라는 것을 아세요.
avere	Abbia un po' di pazienza!	조금만 참으세요!/기다리세요!
	Abbi un po' di coraggio!	용기를 좀 가져!
	Abbiate fiducia in voi stessi!	여러분 자신을 믿으세요!
essere	Sii gentile con me!	나한테 친절해!
	La prego, sia puntuale!	제발, 시간 지키세요!
	Siate sinceri con voi stessi!	너희들 자신한테 솔직해!
dire	Dica pure!	어서 말씀하세요!
uscire	Esca subito da qui!	당장 여기서 나가세요!

✎ 참고

긍정 명령(tu, Lei, voi) + pure

pure는 명령법 뒤에 사용되어 상대방에게 의도하는 행위를 마음대로 할 수 있도록 용기를 북돋아주는 역할을 한다. 우리말에 '어서'라는 개념과 일맥상통한다.

Posso entrare?	-Prego, entri pure!
들어가도 되나요?	네, 어서 들어오세요!
Posso fare una domanda?	-Prego, faccia pure!
질문 하나 해도 돼요?	네, 어서 하세요!
Posso mangiare un biscotto?	-Certo, mangia pure!
비스킷 하나 먹어도 돼?	물론이지, 어서 먹어!

5 긍정 명령형에서 대명사들의 위치

명령법이 대명사와 함께 사용될 경우에는 존칭 명령형(Lei, Loro)에서만 모든 대명사들(재귀 대명사, 직접 목적격 약형 대명사, 간접 목적격 약형 대명사, 결합 대명사, 접어 ci, ne)이 동사 앞에 위치한다. 나머지 tu, noi, voi 인칭에서는 모든 대명사들이 동사 뒤에 위치한다. Lei의 복수인 극존칭 Loro는 일상생활에서 잘 사용되지 않는다.

(1) 재귀 대명사의 위치

	are	ere	ire
	accomodarsi	decidersi	divertirsi
tu	accomodati	deciditi	divertiti
Lei	si accomodi	si decida	si diverta
noi	accomdiamoci	decidiamoci	divertiamoci
voi	accomodatevi	decidetevi	divertitevi
Loro	si accomodino	si decidano	si divertano

rilassarsi	Rilassati un po'!	긴장 좀 풀어!
riposarsi	Si riposi un po'!	휴식 좀 하세요!
iscriversi	Iscrivetevi al mio canale!	제 채널에 가입하세요!
calmarsi	Calmati! / Si calmi!	진정해!/진정하세요!
sbrigarsi	Sbrigati! / Sbrighiamoci!	서둘러!/서두르자!
riprendersi	Riprenditi presto!	빨리 기운 차려!
riguardarsi	Riguardati! / Si riguardi!	건강 잘 챙겨!/건강에 유의하세요!
curarsi	Curati / Si curi bene!	몸조리 잘해!/치료 잘하세요!
fidarsi	Fidati / Si fidi di me!	나를 믿어!/저를 믿으세요!
ricordarsi	Ricordati bene!	잘 기억해 둬!
vergognarsi	Vergognati / Si vergogni!	부끄러운 줄 알아/아세요!
prepararsi	Preparati! / Preparatevi!	준비해!/준비들 해!
figurarsi	Figurati! / Si figuri!	천만에!/천만에요!
accomodarsi	Accomdati! / Si accomodi!	편히 앉아!/앉으세요!
sedersi	Siediti / Si sieda qui!	여기 앉아!/앉으세요!
mettersi	Mettiti / Si metta comodo!	편하게 해!/하세요!
divertirsi	Divertiti! / Divertitevi!	재미있게 놀아!
sentirsi	Sentiti come a casa tua!	네 집처럼 느끼렴!

(2) 직접 목적격 약형 대명사의 위치(나를/그를)

존칭 Lei, Loro에서만 직접 목적격 약형 대명사가 동사 앞에 위치하고, 나머지 (tu, noi, voi)는 동사 뒤에 위치한다. 존칭 Loro는 잘 쓰이지 않는다.

	scusare	ascoltare	aspettare
tu	scusami	ascoltami	aspettami
Lei	mi scusi	mi ascolti	mi aspetti
noi	scusiamolo	ascoltiamolo	aspettiamolo
voi	scusatemi	ascoltatemi	aspettatemi

scusare	Mi scusi per il ritardo.	늦어서 죄송해요.
ascoltare	Ascoltami bene!	내 말 잘 들어!
aspettare	Aspettami un attimo!	잠깐만 나를 기다려!
aiutare	Mi aiuti, per favore!	저를 제발 도와주세요!
chiamare	Chiamami dopo!	나중에 나한테 전화해!
perdonare	Per favore, mi perdoni!	제발, 저를 용서해 주세요!
salutare	Salutalo da parte mia!	그에게 안부 전해줘!
lasciare	Mi lasci in pace!	저를 가만 내버려 두세요!
abbracciare	Abbracciami forte!	나를 꽉 껴안아 줘!
seguire	Mi segua, è molto vicino!	저를 따라 오세요, 아주 가까워요.

(3) 간접 목적격 약형 대명사의 위치(그에게/그녀에게/나에게)

존칭 Lei만 간접 목적격 약형 대명사가 동사 앞에 위치하고, 나머지는 뒤에 위치한다.

	telefonare	scrivere	rispondere
	gli 그에게	le 그녀에게	mi 나에게
tu	telefonagli	scrivile	rispondimi
Lei	gli telefoni	le scriva	mi risponda
noi	telefoniamogli	scriviamole	rispondiamogli
voi	telefonategli	scrivetele	rispondetemi

fare	Mi faccia un favore!	제 부탁 하나 들어주세요!
dare	Mi dia un chilo di pane!	빵 1킬로그램 주세요!
dire	Mi dica la verità!	제게 사실대로 말해주세요!
passare	Mi passi il sale, per favore!	제게 소금 좀 건네주세요!
portare	Ci porti il conto, per favore!	저희에게 계산서 좀 가져다주세요!

(4) 결합(복합) 대명사[약형 간접 목적격 대명사 + 약형 직접 목적격 대명사의 결합]의 위치

존칭 Lei에서만 결합 대명사가 동사 앞에 위치하고, 나머지 인칭에서는 동사 뒤에 위치한다.

	passare	portare	comprare
	mi+lo → me lo	ci+la → ce la	gli+li → glieli
tu	passamelo	portacela	compraglieli
Lei	me lo passi	ce la porti	glieli compri
noi	passiamoglielo	portiamogliela	compriamoglieli
voi	passatemelo	portatecela	comprateglieli

passare　Quel libro è mio. Passamelo, per favore!
그 책 내 거야. 내게 그것을 건네줘!

portare　A Marco piace il vino. Portiamoglielo!
마르코는 포도주를 좋아해. 그에게 그것을 갖다주자!

ripetere　Qual è il Suo nome? Me lo ripeta, per favore!
당신의 성함이 어떻게 됩니까? 제게 그것을 한 번 더 말씀해 주세요!

dire　Se c'è qualcosa che non va, me lo dica subito!
뭔가 불편한 점이 있으면 제게 즉시 그것을 말씀해 주세요!

(5) 접어 'ci' 와 'ne'의 위치

존칭 Lei에서만 접어(ci, ne)가 동사 앞에 위치하고, 나머지 인칭에서는 동사 뒤에 위치한다.

	andarci	provarci	andarsene	parlarne
tu	vacci	provaci	vattene	parlane
Lei	ci vada	ci provi	se ne vada	ne parli
noi	andiamoci	proviamoci	andiamocene	parliamone
voi	andateci	provateci	andatevene	parlatene

provare	Provaci!	그것 한번 해봐!
	Proviamoci!	우리 한번 해보자!
pensare	Pensaci bene!	그것에 대해 잘 생각해!
	Ci pensi un po'!	그것에 대해 좀 생각해 보세요!
parlare	Parlane con i tuoi amici.	그것에 대해 네 친구들과 말해봐!
	Parliamone più tardi!	그것에 대해 나중에 말하자!
andarsene	Se ne vada!	여기서 가세요!
	Andiamocene!	우리 여기서 가자!

6 직접 명령 tu에서 약형 대명사의 첫 자음을 중복하는 동사

fare, dare, dire, andare, stare 동사는 2인칭 명령에서 어미 i가 절단되고 생략 부호(fa', da', di', va', sta')가 사용된 형태들이다. 실제 구어체에서는 명령법이 너무 딱딱하기 때문에 명령이 완화된 직설법 현재 형태(fai, dai, vai, stai)로 사용하는 경우가 더 많다. 이 동사들의 특징은 2인칭 명령에서 약형 대명사들(재귀 대명사, 직접 목적격 대명사, 간접 목적격 대명사, 결합 대명사)과 접어(ci, ne)와 함께 사용될 때, 자음으로 시작하는 대명사의 첫 자음이 동일 겹자음 형태로 명령법 동사와 결합되는 점이다.

2인칭 비존칭 tu가 대명사와 함께 사용될 때 긍정 명령 형태

		fare	dare	dire	andare	stare
Lei		faccia	dia	dica	vada	stia
tu	2인칭	fa'(fai)	da'(dai)	di'	va' (vai)	sta' (stai)
	mi	fammi	dammi	dimmi	vammi	stammi
	ti	fatti	datti	ditti	vatti	statti
	ci	facci	dacci	dicci	vacci	stacci
	lo	fallo	dallo	dillo	vallo	stallo
	la	falla	dalla	dilla	valla	stalla
	li	falli	dalli	dilli	valli	stalli
	le	falle	dalle	dille	valle	stalle
	ne	fanne	danne	dinne	vanne	stanne

☞ 간접 목적격 약형 대명사 gli는 예외적으로 자음 중복이 되지 않는다.
Se vedi Marco, dagli quel libro. [daggli ×] 마르코를 보면, 그에게 이 책을 줘.

[Tu] 비존칭(informale)

Fammi un favore!
내 부탁 하나 들어줘!

Dammi una mano!
나를 도와줘!

Dimmi la verità!
내게 사실대로 말해!

Stammi a sentire!
내 말 들어봐!

Vallo a prendere!
그를 데리러 가!

Fatti coraggio!
용기를 내!

Stammi bene!
잘 지내!

[Lei] 존칭(formale)

Mi faccia un favore!
제 부탁 하나 들어주세요!

Mi dia una mano!
저를 도와주세요!

Mi dica la verità!
제게 사실을 말해주세요!

Mi stia a sentire!
제 말을 들어보세요!

Lo vada a prendere!
그를 데리러 가세요!

Si faccia coraggio!
용기를 내세요!

Mi stia bene!
잘 지내세요!

Fatti gli affari tuoi! [fa' + ti]
네 일이나 잘해! (상관 마.)

Fatti forza! [fa' + ti]
힘내!

Non aspettare a prenotare. Fallo subito! [fa' + lo]
기다리지 말고 예약해. 당장 그것을 해.

Hai comprato quella borsa? Fammela vedere! [fa' + mi + la]
그 가방 샀니? 그것을 내게 보여줘!

Fa' gli esercizi d'italiano, fanne molti, ti sarà utile. [fa' + ne]
이탈리아어 연습문제를 풀어, 그것들 많이 풀어봐, 너에게 도움이 될 거야.

Sta' attento!
조심해!

Sta' calmo!
진정해!

Sta' fermo!
가만있어!

Laura è sola e ha bisogno di te. Stalle vicino! [sta' + le]
라우라가 혼자이고 네가 필요해. 그녀 가까이에 있어!

Se ti trovi bene qui, stacci pure quanto vuoi. [sta' + ci]
네가 여기에서 잘 지낸다면, 원하는 만큼 이곳에 있어.

Dacci oggi il nostro pane quotidiano! [da' + ci]
오늘 저희에게 일용할 양식(빵)을 주시옵소서(주시고)!

Se la valigia ti pesa, dammela subito! [da' + mi + la]
여행 가방이 네게 무거우면, 당장 내게 그것을 줘!

Se hai finito di leggere il libro, dallo a me! [da' + lo]
책 다 읽었으면, 그것을 내게 줘!

Buono questo dolce! Dammene un'altra fetta! [da' + mi + ne]
이 케이크 맛있는데! 나에게 한 조각 더 줘!

Se Mario viene a trovarmi, digli che non ci sono. [di'+gli]
마리오가 나를 만나러 오면 그에게 내가 없다고 말해.

Dillo a tua madre. Dille tutto! [di' + le]
그것을 너의 엄마에게 말해. 그녀에게 다 말해.

Che cosa ti ha detto Antonio? Dimmelo subito! [di' + mi + lo]
안토니오가 네게 뭐라고 했어? 어서 내게 그것을 말해줘!

Va' a prendere Sara a scuola. Valla a prendere adesso. [va' + la]
학교에 사라를 데리러 가. 지금 그녀를 데리러 가.

Se vuoi andare al cinema, vacci con l'autobus! [va' + ci]
영화관에 가고 싶으면, 버스로 그곳에 가!

Non voglio più vederti, vattene via! [va' + ti + ne]
더 이상 너를 보고 싶지 않으니까, 썩 꺼져버려!

7 부정 명령 형태

(1) 2인칭 단수(tu) 부정 명령형: non + 동사 원형 [~하지 마!]

2인칭 단수 부정 명령은 동사의 구분 없이 non + 동사 원형 형태가 된다.

	are	ere	ire	
	parlare	scrivere	dormire	finire
긍정	parla	scrivi	dormi	finisci
부정	non parlare	non scrivere	non dormire	non finire

lavorare	Non lavorare troppo!	너무 많이 일하지 마!
mancare	Non mancare alla lezione!	수업에 빠지지 마!
esagerare	Non esagerare!	과장/오버하지 마!
fare	Non fare complimenti!	체면 차리지 마!
scherzare	Non scherzare!	농담하지 마!
avere	Non avere paura!	무서워하지 마!/두려워하지 마!
essere	Non essere così triste!	그렇게 슬퍼하지 마!
insistere	Non insistere!	고집하지 마!
perdere	Non perdere tempo!	시간을 낭비하지 마!
dormire	Non dormire!	자지 마!
mentire	Non mentire!	거짓말 마!

(2) 2인칭 단수(tu)를 제외한 나머지 인칭들의 부정 명령형: non + 긍정 명령

noi, voi, Lei, Loro의 부정 명령은 긍정 명령에 non만 붙이면 된다.

		are	ere	ire
		parlare	leggere	partire
noi	긍정 부정	parliamo non parliamo	leggiamo non leggiamo	partiamo non partiamo
voi	긍정 부정	parlate non parlate	leggete non leggete	partite non partite
Lei	긍정 부정	parli non parli	legga non legga	parta non parta
Loro	긍정 부정	parlino non parlino	leggano non leggano	partano non partano

	[긍정]	[부정]
fare	Fai presto! 빨리해! [tu]	Non fare tardi! 늦지 마! [tu]
	Faccia con calma! 침착하게 하세요! [Lei]	Non faccia fatica! 힘들이지 마세요! [Lei]
	Facciamo in fretta! 서둘러 하자/합시다! [noi]	Non facciamo in fretta! 서둘러 하지 말자/맙시다! [noi]
	Fate con comodo! 편하게 해/하세요! [voi]	Non fate rumore! 시끄럽게 하지 마/마세요! [voi]
avere	Abbi pazienza! 참아! [tu]	Non avere paura! 두려워하지 마! [tu]
	Abbia coraggio! 용기를 가지세요! [Lei]	Non abbia fretta! 서두르지 마세요! [Lei]
	Abbiamo fede! 믿음을 갖자/가집시다 [noi]	Non abbiamo fretta! 서두르지 말자/맙시다! [noi]
	Abbiate speranza! 희망을 가져/가지세요! [voi]	Non abbiate paura! 두려워하지 마/마세요! [voi]
essere	Sii forte! 강해져! [tu]	Non essere triste! 슬퍼하지 마! [tu]
	Sia gentile! 친절하세요! [Lei]	Non sia timido! 수줍어하지 마세요! [Lei]
	Siamo educati! 예의 바르게 하자! [noi]	Non siamo maleducati! 무례하지 말자/맙시다! [noi]
	Siate prudenti! 신중해/하세요! [voi]	Non siate paurosi! 겁먹지 마/마세요! [voi]

참고

부정 명령에서도 명령을 완화하는 표현 형태들과 함께 사용될 수 있다.

Per carità, non dire queste cose a nessuno!

오 제발 부탁인데, 이것들을 아무에게도 말하지 마!

Mi raccomando, non dire questo a nessuno!

내가 이렇게 부탁하는데, 아무에게도 이것을 말하지 마!

8 부정 명령형일 경우 약형 대명사들의 위치

부정 명령형일 경우 존칭 명령형(Lei, Loro)만 약형 대명사가 동사 앞에 위치하고, 나머지 인칭(tu, noi, voi)들은 약형 대명사가 동사 앞뒤 상관없이 위치할 수 있다. 다시 말해서 존칭 명령형(Lei, Loro)은 긍정 명령일 때나 부정 명령일 때 모두 대명사가 반드시 동사 앞에 위치한다.

(1) 직접 명령 tu일 경우 대명사들의 위치

비존칭 tu의 부정명령 형태에서 모든 대명사(간접 목적격 약형 대명사, 직접 목적격 약형 대명사, 재귀 대명사, 결합 대명사, 접어 ci, ne)는 동사 원형 앞이나 뒤에 위치할 수 있는데, 동사 원형 뒤에 위치할 경우 마지막 모음 -e를 제거하고 대명사가 동사 원형과 결합하여 한 단어가 된다.

	Non + 동사 원형 + 대명사	Non + 대명사 + 동사 원형	해석
직접 대명사	Non aspettarlo!	Non lo aspettare!	그를 기다리지 마!
간접 대명사	Non telefonargli!	Non gli telefonare!	그에게 전화하지 마!
결합 대명사	Non chiedermelo!	Non me lo chiedere!	내게 그것을 묻지 마!
재귀 대명사	Non preoccuparti!	Non ti preoccupare!	걱정하지 마!
접어(ci, ne)	Non andarci!	Non ci andare!	그곳에 가지 마!
	Non andartene!	Non te ne andare!	여기서 나가지 마!
	Non parlarne!	Non ne parlare!	그것에 대해 말하지 마!

(2) 존칭 명령 Lei와 Loro일 경우 대명사의 위치

존칭 Lei와 Loro는 긍정 명령이나 부정 명령이나 모두 대명사는 반드시 동사 앞에 위치한다.

non + 대명사 + 동사(긍정 형태) [Loro는 극존칭이기 때문에 잘 사용하지 않는다.]

	Lei [non + 대명사 + 동사]	Loro[non + 대명사 + 동사]	해석
직접 대명사	Non mi aspetti!	Non mi aspettino!	저를 기다리지 마세요!
간접 대명사	Non gli telefoni!	Non gli telefonino!	그에게 전화하지 마세요!
결합 대명사	Non me lo dia!	Non me lo diano!	제게 그것을 주지 마세요!
재귀 대명사	Non si preoccupi!	Non si preoccupino!	걱정하지 마세요!
접어(ci, ne)	Non ci vada!	Non ci vadano!	그곳에 가지 마세요!
	Non se ne vada!	Non se ne vadano!	여기서 나가지 마세요!
	Non ne parli!	Non ne parlino!	그것에 대해 말하지 마세요!

(3) noi와 voi 대명사들의 위치

noi와 voi는 긍정 명령형일 때는 대명사가 동사 뒤에 위치하지만 부정 명령형일 경우에는 앞뒤 상관 없이 모두 위치할 수 있다.

대명사	noi	voi
직접 대명사	Non aspettiamolo! Non lo aspettiamo! 그를 기다리지 맙시다!	Non aspettatelo! Non lo aspettate! 그를 기다리지 마시오!
간접 대명사	Non telefoniamogli! Non gli telefoniamo! 그에게 전화하지 맙시다!	Non telefonategli! Non gli telefonate! 그에게 전화하지 마시오!
결합 대명사	Non diamoglielo! Non glielo diamo! 그에게 그것을 주지 맙시다!	Non dateglielo! Non glielo date! 그에게 그것을 주지 마시오!
재귀 대명사	Non alziamoci! Noi ci alziamo! 일어나지 맙시다!	Non alzatevi! Non vi alzate! 일어나지 마시오!
접어(ci, ne)	Non andiamoci! Non ci andiamo! 그곳에 가지 마시오!	Non andateci! Non ci andate! 그곳에 가지 마시오!
	Non andiamocene! Non ce ne andiamo! 여기서 나가지 맙시다!	Non andatevene! Non ve ne andate! 여기서 나가지 마라!
	Non parliamone! Non ne parliamo! 그것에 대해 말하지 맙시다!	Non parlatene! Non ne parlate! 그것에 대해 말하지 마라!

9 직접 명령 tu와 간접(존칭) 명령 Lei의 부정 명령 문장들

tu 부정 명령

Non mi prendere in giro!

Non prendermi in giro!

나를 놀리지 마!

Non mi dire bugie!

Non dirmi bugie!

내게 거짓말하지 마!

Lei 부정 명령

Non mi prenda in giro! [직접 대명사]

저를 놀리지 마세요!

Non mi dica bugie! [간접 대명사]

제게 거짓말하지 마세요!

tu 부정 명령

Non ti preoccupare!
Non preoccuparti!
걱정하지 마!

Non me lo dire!
Nom dirmelo!
내게 그것을 말하지 마!

Non ci pensare!
Non pensarci!
그 점을 생각하지 마!

Non ne parlare agli altri!
Non parlarne agli altri!
그것에 대해 다른 사람에게 말하지 마!

Lei 부정 명령

Non si preoccupi! [재귀 대명사]
걱정하지 마세요!

Non me lo dica! [결합 대명사]
제게 그것을 말하지 마세요!

Non ci pensi! [접어 ci]
그 점을 생각하지 마세요!

Non ne parli agli altri! [접어 ne]
그것에 대해 다른 사람들에게 말하지 마세요!

참고

1. 명령법에서 목적격 강조형 대명사와 함께 사용될 경우
   목적격 약형 대명사들은 동사와 한 단어가 되지만 강조형들은 동사 뒤에 분리되어 사용된다.

[목적격 대명사 약형]	[목적격 대명사 강조형]		
[tu] Ascoltami!	Ascolta me!	[직접 목적격 대명사]	내 말을 들어!
[Lei] Mi ascolti!	Ascolti me!	[직접 목적격 대명사]	제 말을 들으세요!
[tu] Scrivigli!	Scrivi a lui!	[간접 목적격 대명사]	그에게 적어!
[Lei] Gli scriva!	Scriva a lui!	[간접 목적격 대명사]	그에게 적으세요!

2. 약형 대명사가 사역 동사와 함께 사용될 경우
   2인칭 부정 명령에서 대명사는 사역 동사 앞이나 뒤에 자유롭게 위치할 수 있다.

비존칭[tu]	존칭[Lei]	
Lasciami andare! 나를 가게 놔둬!	Mi lasci andare! 나를 가게 놔두세요!	[긍정 명령]
Non lasciarmi andare via! Non mi lasciare andare via! 나를 가버리게 놔두지 마!	Non mi lasci andare via! 나를 가버리게 놔두지 마세요!	[부정 명령]

10 일반 명령 형태

(1) 동사 원형을 사용하는 경우 [☞ 94쪽 ⓖ 참조]

도로 표지판, 공공장소의 안내문, 제품 사용 설명서, 광고문 등에서 여러 사람에게 일반적으로 명령, 금지, 충고를 할 경우 부정사(동사 원형)를 사용하여 나타낸다.

Spingere
미시오! [영어의 push]

Tirare
당기시오! [영어의 pull]

Girare a sinistra / destra.
좌회전/우회전하시오!

Rallentare la velocità
속도를 줄이시오.

Completare le frasi.
문장을 완성하시오.

Scegliere la frase giusta
옳은 문장을 고르시오.

Non toccare
손대지 마세요.

Non disturbare.
방해하지 마시오. (조용히 하시오.)

Non calpestare le aiuole.
잔디(화단)를 밟지 마세요.

Non parlare al conducente.
운전사에게 말을 걸지 마시오.

Non gettare rifiuti.
쓰레기를 버리지 마시오.

Non sporgersi dal finestrino.
창가로 몸을 내밀지 마시오!

Vietato parcheggiare.
주차 금지.

Vietato fotografare
사진 촬영 금지.

Conservare in un luogo fresco al riparo della luce.
직사광선을 피해 서늘한 곳에 보관하시오.

(2) 비인칭 주어 'si'를 사용하는 경우 [☞ 31쪽 ⓗ 수동화 si 참조]

비인칭 문장에 느낌표(!)가 붙으면 명령의 의미를 지닌다. 특히 어린이나 청소년에게 명령을 하거나 지켜야 할 행동 규범을 나타낼 때 사용된다.

A scuola si viene in orario!
정시에 학교에 옵니다! (학교에 지각하지 않습니다!)

Si attraversa solo sulle strisce pedonali!
횡단보도에서만 건넙니다!

Non si scrive sui muri!
벽에 낙서하지 않습니다!

A tavola non si parla di politica.
식탁에서 정치 얘기를 하지 않습니다.

11 미래 명령법 l'imperativo futuro [☞ 132쪽 ⓚ 현재, 137쪽 ⓓ 단순 미래 참조]

명령법에는 현재 시제만 있고, 미래 시제는 따로 없다. 명령이나 권유 그 자체가 항상 미래를 향한 것이기 때문에 현재 자체가 곧 미래 의미이다. 명령에는 당장 실행해야 할 행위도 있지만, 시간 거리를 두어 지금 당장은 아니더라도 미래에 행할 수 있는 행위도 있다. 이러한 경우 미래 명령 의미를 나타내고자 할 때 직설법 미래를 대신 사용하는데, 명령의 느낌이 완화된 부드러운 어감이 된다. 이는 직설법 현재가 때로는 명령의 의미를 지니듯이, 직설법 미래도 명령의 의미를 지닐 수 있는 것과 같다.

Ora ti siedi e mi racconti tutto. 지금 앉아서 모든 것을 얘기해 줘.
[직설법 현재 – 부드러운 명령 의미를 지닌다.]

Siediti subito, raccontami tutto! 당장 앉아서, 모든 것을 얘기해.
[명령법 현재 – 당장 현재 실행해야 할 행위]

Fiorella, parti domani! 피오렐라, 내일 떠나!
[명령법 현재 – 내일이란 미래에 실행해야 할 행위]

Fiorella, partirai domani! 피오렐라, 내일 떠나렴!
[직설법 미래 – 부드러운 명령]

Domani laverai tu i piatti. -Eh, va bene. [직설법 미래–명령 의미]
내일 네가 설거지하는 거야. 어, 좋아. [=lava 명령법]

Bambini, oggi rimarrete in casa a studiare! [직설법 미래–명령 의미]
얘들아, 오늘 집에 남아서 공부하는 거야! [=rimanete 명령법]

Non andrete al cinema, sabato sera! [직설법 미래–명령 의미]
너희들 토요일 저녁에 영화관에 안 가는 거야! [=Non andate 명령법]

✎ 참고

권고의 접속법(il congiuntivo esortativo)

'누군가가 ~하도록 해라'는 의미로 제3자(lui, lei, loro)에게 하는 간접적인 명령으로 접속법 동사를 사용한다. 접속법이 독립절로 사용된 경우로 보면 된다. [☞ 259쪽 ⓐ 권고의 접속법 참조]

I giovani rispettino le regole. 젊은이들은 규칙을 준수하시오.
Tutti siano resposabili. 다들 책임을 지십시오!
Nessun dorma. 아무도 잠들지 말라! [공주는 잠 못 이루고]
Ognuno torni al proprio posto! 모두가 자기 자리로 돌아가세요!
Qualcuno mi aiuti! 누구 나 좀 도와주세요!

3 조건법 Il modo condizionale

1 조건법의 정의

조건법은 있는 그대로의 사실을 객관적으로 나타내는 직설법과는 달리 있을 수도 있는, 발생할 수도 있는 사실을 표현하는 동사의 서법이다. 즉, 희망, 의도, 불확실, 가능성, 추측 등의 가상적 사실을 표현하기 때문에, 조건법으로 표현된 사실은 실제 행위가 아니라 가능성이 있는 행위이다. 우리가 일반적으로 조건법이라는 용어를 처음 듣게 되면 조건을 나타낼 것이라는 선입견을 갖게 되지만, 이탈리아어에서 조건법이란 조건절을 나타내는 것이 아니라 앞선 문장에 표현된 조건이나 가정에 따른 결과절을 나타낸다. 다음 문장의 예문처럼 '만약에(se)'라는 가정절(조건절)에 접속법 동사가 나오며, 조건법 동사는 결과절에 나오게 된다. [☞ 230쪽 ⓑ 2유형 가정문 참조]

(Se potessi,) lo farei.	Lo farei (se potessi).
가정절-접속법 결과절-조건법	결과절-조건법 가정절-접속법
(만일 내가 할 수 있다면) 그것을 할 텐데.	그것을 할 텐데. (만일 내가 할 수만 있다면)

조건법 문장은 '내가 할 수 있다면(se io potessi)'의 가정절(조건절)은 생략되고 조건법이 나타나 있는 결과절만을 단독으로 독립절(lo farei)로 사용한다. 그러므로 조건법은 '내가 그것을 한다(lo faccio)'는 객관적인 사실을 나타내는 직설법과는 다르게 희망 사항이나 가능성이 있는 행위(lo farei: 그것을 할 텐데)를 나타내며, 추측하거나 어조를 완화하는 의미가 있다.

2 조건법의 시제 및 형태

조건법의 시제에는 현재와 과거 두 가지가 있다. 조건법 단순 시제와 복합 시제라고도 한다.

(1) 조건법 Il condizionale presente (o semplice)

ⓐ 규칙 형태 [☞ 133쪽 직설법 단순 미래 참조]

조건법 현재는 직설법 미래 동사의 어근과 동일하며 활용 형태도 비슷하다. 조건법 현재는 직설법 미래 동사와 마찬가지로 -are로 끝나는 1군 동사는 -a를 -e로 바꾼 다음 조건법 어미(−rei, -resti, -rebbe, -remmo, -reste, -rebbero)를 붙인다. 그러나 2군 동사(-ere)와 3군 동사(-ire)는 e와 i를 각각 그대로 놔둔 상태에서 조건법 어미를 붙인다. 결과적으로 조건법도 직설법 단순 미래와 마찬가지로 1군과 2군의 어미가 동일하다. 직설법 미래 어미(-rò, rai, rà, -remo, -rete, -ranno)가 1인칭 복수 noi에서 -remo이고 조건법 현재는 -remmo이기 때문에 noi에서 혼동이 생길 수 있으므로 각별히 유의해야 한다.

	are	ere	ire	
	aspett-are	prend-ere	part-ire	fin-ire
io	aspett-erei	prend-erei	part-irei	fin-irei
tu	aspett-eresti	prend-eresti	part-iresti	fin-iresti
lui / lei	aspett-erebbe	prend-erebbe	part-irebbe	fin-irebbe
noi	aspett-eremmo	prend-eremmo	part-iremmo	fin-iremmo
voi	aspett-ereste	prend-ereste	part-ireste	fin-ireste
loro	aspett-erebbero	prend-erebbero	part-irebbero	fin-irebbero

ⓑ 불규칙 형태 [☞ 135쪽 직설법 미래 동사 참조]

i) -e가 탈락하고 조건법 어미(-rei, -resti, -rebbe, -remmo, -reste, -rebbero)가 붙는 불규칙 동사들: 주로 2군 동사에 해당하며, andare는 1군 동사로 2군처럼 변한다.

	dovere	potere	sapere
io	dov-rei	pot-rei	sap-rei
tu	dov-resti	pot-resti	sap-resti
lui / lei	dov-rebbe	pot-rebbe	sap-rebbe
noi	dov-remmo	pot-remmo	sap-remmo
voi	dov-reste	pot-reste	sap-reste
loro	dov-rebbero	pot-rebbero	sap-rebbero

	vedere	avere	vivere	andare(1군)
io	ved-rei	av-rei	viv-rei	and-rei
tu	ved-resti	av-resti	viv-resti	and-resti
lui / lei	ved-rebbe	av-rebbe	viv-rebbe	and-rebbe
noi	ved-remmo	av-remmo	viv-remmo	and-remmo
voi	ved-reste	av-reste	viv-rete	and-reste
loro	ved-rebbero	av-rebbero	viv-rebbero	and-rebbero

☞ 조건법은 3인칭 복수(끝에서 세 번째)를 제외하고 모두 끝에서 두 번째 모음에 강세가 있다.

ii) 조건법 어미에 -r 이 하나 추가되어 -rr 형태가 되는 불규칙 동사들

	volere	venire	bere	rimanere
io	vo-rrei	ve-rrei	be-rrei	rima-rrei
tu	vo-rresti	ve-rresti	be-rresti	rima-rresti
lui / lei	vo-rrebbe	ve-rrebbe	be-rrebbe	rima-rrebbe
noi	vo-rremmo	ve-rremmo	be-rremmo	rima-rremmo
voi	vo-rreste	ve-rreste	be-rreste	rima-rreste
loro	vo-rrebbero	ve-rrebbero	be-rrebbero	rima-rrebbero

☞ venire (ve-) 동사와 bere(-be) 동사는 어미가 동일하기 때문에 어근 v 발음과 b 발음에 유의해야 한다.

iii) -gare, -care로 끝나는 1군 동사는 원형과 발음을 일치시키기 위해 조건법 어미에 h를 삽입한 뒤 조건법 어미(-rei, -resti, -rebbe, -remmo, -reste, -rebbero)를 붙인다.

	pagare	cercare	giocare
io	pag-herei	cerc-herei	gioc-herei
tu	pag-heresti	cerc-heresti	gioc-heresti
lui / lei	pag-herebbe	cerc-herebbe	gioc-herebbe
noi	pag-heremmo	cerc-heremmo	gioc-heremmo
voi	pag-hereste	cerc-hereste	gioc-hereste
loro	pag-herebbero	cerc-herebbero	gioc-herebbero

iv) -giare, -ciare로 끝나는 1군 동사는 발음상의 이유로 i가 탈락되고 조건법 어미(-rei, -resti, -rebbe, -remmo, -reste, -rebbero)가 붙는다.

	mangiare	cominciare	lasciare
io	mang-erei	cominc-erei	lasc-erei
tu	mang-eresti	cominc-eresti	lasc-eresti
lui / lei	mang-erebbe	cominc-erebbe	lasc-erebbe
noi	mang-eremmo	cominc-eremmo	lasc-eremmo
voi	mang-ereste	cominc-ereste	lasc-ereste
loro	mang-erebbero	cominc-erebbero	lasc-erebbero

v) 조건법 어미가 -e로 변하지 않고 그대로 -a를 사용하는 동사들과 essere 동사

	fare	stare	dare	essere
io	fa-rei	sta-rei	da-rei	sa-rei
tu	fa-resti	sta-resti	da-resti	sa-resti
lui / lei	fa-rebbe	sta-rebbe	da-rebbe	sa-rebbe
noi	fa-remmo	sta-remmo	da-remmo	sa-remmo
voi	fa-reste	sta-reste	da-reste	sa-reste
loro	fa-rebbero	sta-rebbero	da-rebbero	sa-rebbero

✎ 참고

직설법 미래 동사와 조건법 현재 어미 활용 비교

직설법 미래 어미: -rò, -rai, -rà, -remo, -rete, -ranno

조건법 현재 어미: -rei, -resti, -rebbe, -remmo, -reste, -rebbero

동사 원형	직설법 미래	조건법 현재
dovere	dovrò	dovrei
potere	potrò	potrei
sapere	saprò	saprei
avere	avrò	avrei
vivere	vivrò	vivrei
andare	andrò	andrei
cadere	cadrò	cadrei
volere	vorrò	vorrei
venire	verrò	verrei
bere	berrò	berrei
rimanere	rimarrò	rimarrei
tenere	terrò	terrei
pagare	pagherò	pagherei
cercare	cercherò	cercherei
giocare	giocherò	giocherei
mangiare	mangerò	mangerei
cominciare	comincerò	comincerei
lasciare	lascerò	lascerei
dare	darò	darei
fare	farò	farei
stare	starò	starei
essere	sarò	sarei

(2) 조건법 과거(복합 시제) Il condizionale presente o composto

조건법 과거(복합 시제) 형태: essere, avere의 조건법 현재 + 과거 분사(p.p)

조건법 과거(복합 시제)도 직설법 근과거(복합 시제)와 마찬가지로 과거 분사가 essere를 보조사로 취하면 과거 분사의 어미를 주어의 성과 수에 일치한다. 과거 분사가 avere를 보조사로 취하는가, essere를 보조사로 취하는가는 직설법 복합 시제와 동일하다. 직설법과 마찬가지로 주어 + 직접 목적격 대명사 약형(lo, la, li, le) + avere + 과거 분사(p.p)일 경우의 과거 분사의 어미는 직접 목적격 약형 대명사의 성과 수에 일치시킨다.

주어	부정문	avere 현재	과거 분사	목적어
io	(non)	avrei	mangiato	una pizza
tu		avresti	ripetuto	la lezione
lui / lei / Lei		avrebbe	sentito	un rumore
noi		avremmo	capito	la lezione
voi		avreste		
loro		avrebbero		

피자를 먹었을 텐데/수업을 복습했을 텐데/소음을 들었을 텐데/수업을 이해했을 텐데.

주어	부정문	essere 현재	과거 분사	장소 보어(부사구)
io	(non)	sarei	andato/a	al concerto
tu		sarei		alla stazione
lui / lei / Lei		sarebbe		in biblioteca
noi		saremmo	andati/e	in montagna
voi		sareste		dal dentista
loro		sarebbero		da Matteo

음악회에 갔을 것이다/역에 갔을 것이다/도서관에 갔을 것이다/산에 갔을 것이다/치과에 갔을 것이다/마테오한테 갔을 것이다.

☞ 단순 시제(i tempi semplici)는 자체적으로 동사 어미 활용 형태가 존재하는 것이다. 복합 시제(i tempi composti)는 보조사 avere와 essere+과거 분사로 합성한 형태이다.

직설법(8가지 시제)	
단순 시제	복합 시제
현재	근과거[avere/essere 현재 + p.p]
단순 미래	선립 미래[avere/essere 미래 + p.p]
반과거	대과거[avere/essere 반과거 + p.p]
원과거	선립 과거[avere/essere 원과거 + p.p]

조건법(2가지 시제)	
단순 시제	복합 시제
현재	과거 [avere/essere 조건법 현재+p.p]

3 조건법의 용법 l'uso del condizionale

(1) 희구의 조건법 Il condizionale desiderativo

조건법은 화자의 의지를 강하게 표현하거나 단언을 내리는 것 같은 느낌을 피하기 위해 자신의 요구(richiesta), 제안(proposta), 충고(consiglio), 명령(ordine), 의견(opinione), 희망(desiderio), 의향(intenzione) 등의 어조를 완화시키는 공손한 표현 방식이다.

ⓐ 무엇인가를 정중하게 요청하거나 부탁할 때 사용한다. [조건법 현재]

Buongiorno, vorrei un cappuccino, per favore.
안녕하세요, 카푸치노 하나 주세요. [=volevo 비격식적]

Desidera? -Vorrei vedere la giacca che è in vetrina.
뭐 찾으세요? 쇼윈도에 전시된 재킷을 보고 싶어요. [=volevo 비격식적]

Scusi, potrei avere un'altra coperta, per favore?
실례하지만, 담요(이불) 한 장 더 받을 수 있을까요? [posso보다 공손한 표현]

Paola, potresti aiutarmi a pulire la casa, per piacere?
파올라, 집 청소하는 것 좀 도와줄 수 있겠니? [puoi보다 공손한 표현]

Potrebbe portarci ancora un po' di pane, per favore?
우리에게 빵 좀 더 가져다주시겠어요? [Può보다 공손한 표현]

Paola, ti andrebbe di uscire con noi stasera?
파올라, 오늘 저녁 우리랑 외출하고픈 생각 있어? [ti va보다 공손한 표현]

Ragazzi, che ne direste di andare a bere una birra?
얘들아, 맥주 한잔하러 가는 것이 어떻겠니? [che ne dite보다 공손한 표현]

Scusa, ti dispiacerebbe accendere l'aria condizionata?
미안한데, 에어컨 좀 켜주면 안 되겠니? [ti dispiace보다 공손한 표현]

Mi scusi, Le dispiacerebbe spostarsi un po' più avanti?
죄송한데, 조금 더 앞으로 이동해 주시면 안 될까요? [Le dispiace보다 공손한 표현]

Mi aiuteresti, per favore? 나 좀 도와주겠니?
Mi daresti un po' d'acqua? 물 좀 주겠니?
Mi prestresti la tua penna? 너의 펜 좀 빌려주겠니?
Mi passerebbe il sale? 제게 소금 좀 건네주시겠어요?
Mi farebbe un favore? 제 부탁 하나 들어주시겠어요?
Mi darebbe una mano? 저 좀 거들어주시겠어요?

✎ 참고

직설법 voglio와 조건법 vorrei의 차이점

직설법 voglio는 나의 의지(volontà)를 실현하는 것이 전적으로 나한테 달려 있다. '~하고 싶다'라는 자기 의지를 강하게 표현하므로 자신의 희망 사항이 마치 '꼭 그렇게 되어야만 한다'라는 명령조처럼 들린다. 반면에 조건법 vorrei는 모든 경우에 있어서 나의 의지가 말하는 상대방과의 상호 작용에 달려 있다. '~하고 싶은데'라는 의미로 상대가 원하지 않는다면 자신의 희망 사항을 철회할 수도 있다는 의미를 지닌다. 내 의지를 실현하려면 다른 사람과 상호 작용이 필요하다. 따라서 카페, 음식점 등에서 주문을 하거나, 누군가에게 부탁을 할 때 **voglio** (영어의 want)를 사용하면 무례하게 들리기 때문에, vorrei (영어의 would like)로 공손하게 표현해야 한다. 추가적으로 per favore, per piacere 등을 사용하면 더욱 더 예의 있는 표현이 된다. 자신의 돈을 주고 당당하게 음식을 사먹거나 물건을 구입을 한다고 할지라도, 이탈리아에서 상거래가 이루어지는 모든 곳에서는 항상 vorrei 조건법 동사를 사용해서 예의 있게 표현한다. 그러나 원하지 않는 경우에 있어서는 직설법 **voglio**를 사용해서 의사를 분명히 해야 상거래가 명확해진다.

Voglio **un gelato.** 아이스크림 원해요. [직설법]

[내가 아이스크림 먹기를 원하니까 당장 아이스크림 주세요라는 의미이다. 주로 영유아들이 아이스크림 먹고 싶다고 부모한테 조를 때 사용하거나, 자신이 아이스크림을 꺼내서 먹거나 사 먹고 싶을 때 쓸 수 있는 표현이다.]

Vorrei **un gelato.** 아이스크림 하나 주세요. [조건법]

[아이스크림이 있다면 아이스크림 하나 원합니다만, 만일 아이스크림을 판매하지 않거나 동이 났다면 다음에 사도록 할게요라는 의미가 내포되어 있다.]

Vogilo **parlare con te di alcune cose.** [직설법]

너와 몇 가지 사항에 대해서 이야기를 나누길 원해.

[내가 원하니까 너는 가지 말고 나랑 당장 얘기를 나누어야 한다는 의미이다.]

Vorrei **parlare con te di alcune cose.** [조건법]

너와 몇 가지 사항에 대해서 이야기를 나누고 싶은데.

[내가 원하지만 네가 시간이 없거나 불가능하다면 얘기를 나누는 일은 전적으로 너한테 달린 것으로 나의 의지를 철회할 수 있다라는 의미가 내포되어 있다.]

▶ 일상의 비격식적 구어체(**nella lingua colloquiale**)에서 조건법 현재 vorrei 대신에 공손한 표현 방식으로 직설법 반과거 volevo가 자주 사용된다. [☞ 168쪽 ⓕ 직설법 반과거 참조]

Vorrei **un chilo di pane.**	[격식적-조건법 현재]	빵 1킬로그램 주세요.
Volevo **un chilo di pane.**	[비격식적-직설법 반과거]	빵 1킬로그램 주세요.
Vorrei **sapere quanto costa.**	[격식적-조건법 현재]	값이 얼마인지 알고 싶어요.
Volevo **sapere quanto costa.**	[비격식적-직설법 반과거]	값이 얼마인지 알고 싶어요.

✎ 참고

1. 조건법으로 무엇인가를 정중하게 요청(richiesta)하는 방법

Potrei	동사 원형	?	~해도 될까요?	
Potresti			~해 줄 수 있겠니?	
Potrebbe			~해 줄 수 있으십니까?	
Saresti	così gentile da	동사 원형	?	~하는 친절을 좀 베풀어주겠니?
Sarebbe				~하는 친절을 좀 베풀어주시겠어요?

[=Would you be kind enough to ~?]

Ti	dispiacerebbe	동사 원형	?	미안하지만 ~해 주면 안 될까?
Le				미안하지만 ~해 주시면 안 될까요?

[=Would you mind ~ing?]

2. 조건법으로 무엇인가를 정중하게 제안(proposta)하는 방법

(tu)	동사 원형	해석
Vorresti	bere qualcosa al bar?	바에서 뭐 좀 마시고 싶어?
Ti piacerebbe		바에서 뭐 좀 마시면 좋겠어?
Che ne diresti di		바에서 뭐 좀 마시는 것이 어떨까?
Ti andrebbe di		바에서 뭐 좀 마실 마음 있니?

3. 상대방에게 요청하는 방법의 공손함 단계[명령법→ 직설법 → 조건법]

① Chiudi la porta!
문 닫아! [chiudere 명령법]

② Chiudi la porta, per favore!
문 닫아줘, 부탁해! [chiudere 명령법 + per favore]

③ Puoi chiudere la porta, per favore?
문 닫아줄 수 있어? [조동사 potere 직설법]

④ Chiuderesti la porta, per favore?
제발 문을 닫아주겠니? [chiudere 조건법]

⑤ Potresti chiudere la porta, per favore?
문 닫아줄 수 있니? [조동사 potere 조건법]

⑥ Ti dispiacerebbe chiudere la porta, per favore?
미안한데, 문 좀 닫아주면 안 되겠니? [dispiacere 조건법]

⑦ Saresti così gentile da chiudere la porta, per favore?
문 닫아주는 친절을 좀 베풀어주겠니? [essere gentile da ~ 조건법]

ⓑ 상대방에게 충고나 조언 혹은 제안이나 의견을 말할 때 사용된다.

i) 조건법 현재를 사용하면 충고나 제안이 덜 직접적이며 신중하고 겸손한 표현이 된다.

Secondo me, dovresti impegnarti di più per superare l'esame.
내 생각에는 네가 시험에 합격하려면 더 열심히 해야 될 거야.

Se non Le passa il dolore, dovrebbe andare dal dottore.
만일 통증이 가시지 않으면 의사한테 가보셔야 될 거예요.

Ultimamente sono ingrassata troppo. Cosa faresti al posto mio?
최근에 살이 너무 쪘어. 네가 나라면 뭘 할 것 같아?

-Al posto tuo, mi iscriverei in palestra e mi allenerei.
너의 입장이라면, 나는 헬스장에 등록해서 체력 단련을 할 텐데.

Se non hai tempo, potresti imparare l'italiano online.
네가 시간이 없다면, 온라인으로 이탈리아어를 배울 수 있을 텐데.

Come troviamo qualcun altro? -Potremmo chiedere a Silvia.
다른 누군가를 어떻게 구하지? 우리가 실비아한테 물어볼 수도 있을 것 같애.

Se la febbre non scende, faresti bene ad andare dal medico..
만일 열이 내리지 않으면, 병원에 가는 것이 네가 잘하는 것일 거야.

ii) 조건법 과거는 과거 일에 대한 개인적 의견을 나타낸다. 조동사(potere, dovere)의 조건법 과거는 충고라기보다 하지 못한 일에 대한 유감 및 질책을 나타낸다. [☞ 225쪽 i) 조건법 과거 참조]

E tu, Sandro, che cosa avresti fatto in quella situazione?
산드로, 너는 그러한 상황에서 무엇을 했을 것 같니?

Veramente non lo so. Forse anch'io avrei fatto la stessa cosa.
정말이지 난 잘 모르겠어. 아마 나도 똑같이 했을 것 같아.

Al posto tuo, io avrei fatto diversamente. Avrei aiutato Anna.
내가 너의 입장이라면, 나는 다르게 했을 거야. 나는 안나를 도왔을 거야.

In quella situazione avresti fatto bene a comportarti così.
그 상황에서 네가 그렇게 행동한 것이 잘한 일인 것 같아.

Secondo me, avresti potuto fare in modo diverso. [=potevi]
내 생각에, 그 경우에 너는 다르게 행동할 수도 있었어.

Avresti dovuto seguire il mio consiglio. [=Dovevi]
너는 나의 충고를 들어야 했었어!

Non avresti dovuto farlo in quel modo. [=Non dovevi]
너는 그런 식으로 하지 말아야 했었어.

✎ 참고

조건법으로 충고를 하는 표현

1. **조건법 현재:** 공손한 표현

Dovresti	동사 원형		너는 ~해야만 될 거야.	
Dovrebbe			당신은 ~하셔야만 될 거예요.	
Potresti			너는 ~할 수도 있을 거야.	
Potrebbe			당신은 ~하실 수도 있을 거예요.	
Faresti bene a		동사 원형	너는 ~하는 것이 나을 거야.	
Farebbe meglio a			당신은 ~하는 것이 더 나을 거예요.	
Al posto	tuo Suo	io	조건법 현재	네 입장이라면 난 ~할 텐데. 당신 입장이라면 전 ~할 텐데요.

Perché non studi di più? 더 많이 공부하는 것이 어때?
Dovresti studiare di più. 너는 더 많이 공부해야 될 거야.
Potresti studiare di più. 너는 더 많이 공부할 수 있을 거야.
Faresti bene a studiare di più. 네가 더 많이 공부하는 것이 좋을 거야.
Al poso tuo, io studierei di più. 네 입장이라면, 난 더 많이 공부할 텐데.

2. **조건법 과거:** 과거 일에 대한 질책, 유감을 나타낸다. essere + 조동사의 p.p + 동사 원형으로도 사용된다.

Avresti	dovuto		동사 원형	넌 ~해야만 했었어.
Avrebbe				당신은 ~해야만 했어요.
Avresti	potuto			넌 ~할 수도 있었어.
Avrebbe				당신은 ~할 수도 있었어요.
Avresti fatto bene a			동사 원형	너는 ~하는 것이 좋았을 거야.
Avrebbe fatto meglio a				당신은 ~하는 것이 더 좋았을 거예요.
Al posto	tuo Suo	io	조건법 과거	네 입장이라면 난 ~했을 텐데. 당신 입장이라면 전 ~했을 텐데요.

Perché non hai studiato di più? 왜 더 많이 공부하지 않았어?
Avresti dovuto studiare di più. 너는 더 많이 공부해야 했었어.
Avresti potuto studiare di più. 너는 더 많이 공부할 수도 있었어.
Avresti fatto bene a studiare di più 네가 더 많이 공부하는 것이 좋았을 거야.
Al poso tuo, io avrei studiato di più. 네 입장이라면, 난 더 많이 공부했을 텐데.

ⓒ 단호한 어감을 부드럽게 완화시킬 때 사용된다. [조건법 현재]

Chi ha ragione? Io o Lui? -Ecco, direi che avete ragione tutti e due.
누가 옳아? 나야 아니면 그야? 음, 그러니까, 난 두 사람 다 옳다고 말해야 될 것 같아.

Vieni al cinema con me? -Ma io, veramente dovrei studiare.
나와 함께 영화 보러 갈래? 근데, 난, 공부를 해야 될 것 같애.

Hai tempo per ascoltarmi? Avrei una cosa importante da dirti.
내 말 들을 시간 있니? 네게 한 가지 중요한 할 말이 있는데.

Lei lavora troppo! Avrebbe bisogno di un po' di riposo.
당신은 일을 너무 많이 하십니다. 약간 휴식이 필요할 텐데요.

Senta, c'è molto da aspettare? Avremmo un po' di fretta.
저기요, 많이 기다려야 됩니까? 우리가 조금 급해서요.

✎ 참고

다음과 같은 표현들과 함께 조건법을 사용하면 더욱더 공손해진다.

Se non ti dispiace, vorrei venire anch'io con te.
네가 싫지 않다면, 나도 너랑 같이 가고 싶은데 ….

Se è possibile, noi rimarremmo ancora un po'.
가능하다면 우리가 좀 더 머무르고 싶은데 ….

Se c'è ancora tempo, io vorrei finire questo lavoro.
아직 시간이 있다면 난 이 일을 끝내고 싶은데 ….

Se siete d'accordo, verremmo anche noi con voi.
너희들이 동의한다면 우리도 너희들과 함께 가고 싶은데 ….

Se permette, berrei ancora un po' di cognac.
당신이 허락하신다면 코냑을 조금 더 마시고 싶은데요 ….

ⓓ 현재의 희망(desiderio)이나 의도(intenzione) [☞ 230쪽 ⓑ 가정문 참조]

조건법 현재는 희망 사항이 이루어질 수 있을지 없을지 확실하지는 않지만 현재 이후로 실현 가능성이 있는 희망(desiderio)이나 의도(intenzione)를 나타낸다. 이때 조건법은 '~하면 참 좋겠는데 …' 혹은 '~하고 싶긴 한데 …'와 같이 어떻게 될지 모르겠다는 의미를 지닌다. volentieri나 con piacere, quasi quasi 등의 부사 및 부사구를 넣어서 희망의 의미를 강조할 수 있다. 가정문 현재 'se + 접속법 반과거~ 조건법 현재(만약에 ~한다면, ~할 텐데)' 형태에서 결과절인 조건법 현재가 독립절로 사용된 경우이기 때문에, '~한다'라는 사실이 아니라 '~하고 싶은데, ~할 텐데'의 희망 사항을 나타낸다.

i) 조건법 현재는 현재 이후로 실현 가능한 희망 사항을 나타낸다. [전제절이 감춰져 있다]

E tu che lavoro vorresti fare? -Vorrei lavorare all'estero.
너는 무슨 일을 했으면 좋겠니? [일하게 된다면] 해외에서 일하고 싶은데. [가능하다면]

Veronica, dove ti piacerebbe andare in vacanza?
베로니카, 어디로 휴가 가면 좋겠어? [만일 가게 된다면]

Mi piacerebbe tanto fare un viaggio in Europa.
나는 유럽 여행 했으면 참 좋겠는데. [할 수 있다면]

Con questo caldo berrei volentieri una birra fresca.
이런 더위엔 시원한 맥주를 한 잔 마시고 싶은데. [마실 수 있다면]

Sarei molto felice di rivedere il mio amico Francesco.
나의 친구 프란체스코를 다시 보게 된다면 아주 행복할 텐데. [볼 수 있다면]

Ogg fa un caldo pazzesco! Andrei volentieri al mare.
오늘 미치도록/무진장 덥다. 기꺼이 바다에 가고 싶은데. [갈 수 있다면]

ii) 조건법 현재는 현재나 미래에 원하지만 어떤 이유로 실현 가능성이 없는 행위를 나타낸다. 이런 경우 조건법 현재로 나타내면 실현 가능한 희망 사항을 나타내기 때문에, 원하지만 할 수 없는 경우에는 반드시 뒤에 부연 설명을 해주어야 한다. [☞ 225쪽 조건법 과거 참조]

Vorrei tanto andare al concerto, ma non ho trovato il biglietto.
난 콘서트에 무척 가고 싶은데, 표를 못 구했다.

Mi piacerebbe molto pranzare con voi, ma oggi ho fretta.
너희들과 점심 식사를 같이 했으면 무척 기쁘겠지만, 오늘은 내가 급해.

Esci con me stasera? -Uscirei con piacere, ma sono impegnato.
오늘 저녁 나랑 같이 외출할래? 기꺼이 외출하고 싶은데, 내가 바빠.

Perché non compri quel vestito? -Lo comprerei, ma costa troppo.
왜 그 옷을 안 사? 그것을 사고 싶은데, 값이 너무 비싸.

Perché non ti riposi? -Mi riposerei, ma ho molte cose da fare.
쉬는 게 어때? 쉬고 싶은데, 할 일이 너무 많아.

Con questo freddo rimarrei a casa, ma devo andare a lezione.
이런 추운 날씨엔 집에 남아 있고 싶은데, 수업에 나가야만 한다.

Mangerei volentieri una fetta di torta, ma sto a dieta.
기꺼이 케이크 한 조각 먹고 싶은데, 난 지금 다이어트 중이야.

Sto a dieta, altrimenti mangerei volentieri una fetta di torta.
난 지금 다이어트 중이야, 안 그러면 기꺼이 케이크 한 조각을 먹을 텐데.

✎ 참고

1. 열망이나 욕구를 나타낼 때: **volere, piacere** 동사를 사용하면 의미가 강조된다.
   일반 동사 뒤에 부사 **volentieri**를 넣어서 희망 의미를 강조할 수 있다.

Vorrei (tanto) **Mi piacerebbe (tanto)** **Sarei felice di**	동사 원형	~하고 싶은데 ~하면 좋겠는데 ~하면 행복할 텐데
조건법 현재(-erei, irei)	volentieri	기꺼이 ~할 텐데
Sarebbe bello	동사 원형	~하면 멋질 텐데

Vorrei **rivedere quel film.** 그 영화를 다시 보고 싶은데.
Mi piacerebbe **rivedere quel film.** 그 영화를 다시 보면 좋겠다.
Sarei felice di **rivedere quel film.** 그 영화를 다시 보면 행복할 텐데.
Rivedrei volentieri **quel film.** 기꺼이 그 영화를 다시 보고 싶은데.
Sarebbe bello **rivedere quel film.** 그 영화를 다시 보면 멋질 텐데.

2. 조건법 현재와 직설법 현재의 차이점
   직설법 현재가 있는 그대로의 사실을 나타내는 반면에 조건법 현재는 앞으로 실현되기를 바라는 희망 사항이나 의도하는 행위를 나타낸다. 조건법의 문장 다음에 가정하는 전제절(만일 ~할 수 있다면)이 생략되어 있다고 보면 된다.

Sono **molto contento di rivedere Paola.** [직설법 현재]
파올라를 다시 보게 되어 무척 기쁘다. [있는 사실]
Sarei **molto contento di rivedere Paola.** [조건법 현재]
파올라를 다시 보게 된다면 무척 기쁠 텐데. [희망 사항]
Mi piace **viaggiare.** [직설법 현재]
나는 여행하는 것을 좋아한다. [있는 사실]
Mi piacerebbe **viaggiare.** [조건법 현재]
여행을 했으면 참 좋겠는데. [희망 사항]
Mangio **gli spaghetti per pranzo.** [직설법 현재]
점심 식사로 스파게티를 먹는다. [있는 사실]
Mangerei **gli spaghetti per pranzo.** [조건법 현재]
점심 식사로 스파게티를 먹고 싶은데. [희망 사항]

3. 조건법 과거는 과거에 이루지 못한 희망사항을 표현한다.

Avrei voluto **rivedere il film.** 영화를 다시 보고 싶었는데.
Mi sarebbe piaciuto **rivedere il film.** 영화를 다시 보면 좋았겠는데.
Sarei stato felice di **rivedere il film.** 영화를 다시 보면 행복했을 텐데.
Avrei rivisto volentieri **rivedere il film.** 기꺼이 영화를 다시 봤을 텐데.
Sarebbe stato bello **rivedere il film.** 영화를 다시 보면 멋졌을 텐데.

(2) 가능성의 조건법 Il condizionale potenziale

어떠한 사실을 조건법을 사용하여 나타내게 되면 개인적인 생각이 깃들거나 사실이 불확실할 수도 있다는 것을 내포하게 된다. 화자가 신중을 기하고 싶거나 당혹스러울 때 자주 사용된다. 조건법 현재나 과거 모두 사용된다.

ⓐ 결과를 장담할 수 없는 불확실성(incertezza), 의심스러움(dubbio)을 나타낸다.

Stasera potrei venire da te, ma non sono sicuro.
오늘 저녁 너의 집에 갈 수 있을 것 같은데, 확신은 할 수 없어.

Che taglia porta? -Non saprei, la taglia 44.
치수 몇 입으세요? 잘은 모르겠는데, 44 사이즈 같은데요. [완전히 모르는 것은 아님]

Non so se Silvia sarebbe d'accordo con noi.
[만일 우리 의견을 말한다면] 나는 실비아가 우리 의견에 동의할지 모르겠다. [조건법 현재]

Non so se Angela avrebbe accettato la mia proposta.
[만일 제안을 했더라면] 안젤라가 나의 제안을 받아들였을지 모르겠다. [조건법 과거]

Che cosa potrei / dovrei fare per risolvere questo problema? [의심]
이 문제를 해결하기 위해서 내가 무엇을 할 수 있을 것인가/해야만 될 것인가? [조건법 현재]

Che cosa avrei potuto/dovuto dire in quella situazione?
내가 그 상황에서 무엇을 말할 수 있었을까/말해야 되었을까? [조건법 과거]

ⓑ 가능성(possibilità), 개연성(probabilità), 추측(ipotesi), 추정(supposizione)을 나타낸다.
조건법 현재는 현재나 미래의 일을 추측하고, 조건법 과거는 과거 일을 추측한다.

È arrivata una macchina. Potrebbe essere Roberto.
자동차가 한 대 도착했어. 아마 로베르토일 수도 있을 거야. [Può보다 약한 추측]

Dove è Luca? -A quest'ora dovrebbe essere in ufficio.
루카가 어디 있지? 이 시간에 틀림없이 사무실에 있을 거야. [deve보다 약한 추측]

Francesco dovrebbe essere già arrivato a casa sua.
프란체스코는 틀림없이 이미 그의 집에 도착했을 것이다. [deve보다 약한 추측]

Il bambino sta male. Potrebbe aver mangiato troppo.
아이가 몸이 안 좋다. 아마 과식했을 수도 있을 것이다. [Può보다 약한 추측]

Questa sarebbe una buona occasione per noi tutti.
이것은 우리 모두에게 있어서 좋은 기회가 될지도 모른다.

Senza di voi, tutto questo non sarebbe stato possibile.
너희들 없이, 이 모든 것이 가능하지 않았을 것이다.

ⓒ 개인적 의견(opinioni persoanli)을 나타낸다: 조건법 현재와 과거

개인적인 의견이 절대적인 것이 아니라 어감이 완화되어 가능성 있음을 나타낸다.

Pensi che Lucia verrebbe in vacanza con noi?

루치아가 우리와 함께 휴가를 갈 거라 생각하니? [휴가를 같이 가자고 한다면]

Credo che Paola starebbe meglio con i capelli corti.

나는 파올라가 짧은 머리가 더 잘 어울릴 것이라 생각해. [짧은 머리를 한다면]

Secondo me, sarebbe meglio rimandare la partenza.

내 생각엔, 출발을 미루는 것이 더 나을 것 같은데. [가능하다면]

Secondo me, sarebbe stato meglio non portare Marco.

내 생각에, 마르코를 안 데리고 가는 것이 더 나았을 것 같아. [가능했더라면]

ⓓ 저널리즘 언어에서(nel linguaggio giornalistico) 100% 확실하지 않은 사실을 보도하거나 혹은 언론이나 소문을 통해 알게 된 확신할 수 없는 일을 말할 경우에 조건법을 사용한다. 특히 신문이나 매스컴에서 진상이 밝혀지지 않은 불확실한 사실을 보도할 때 언어적으로 책임을 지지 않기 위해서 조건법을 사용한다. 반면에 직설법은 검증된 확실한 사실을 나타낸다. 조건법 현재는 현재의 불확실한 사실, 조건법 과거는 과거의 불확실한 사실을 나타낸다.

Tra le vittime del disastro aereo ci sarebbero 5 coreani.

여객기 참사 희생자들 가운데서 한국인이 5명이 있는 것으로 추정된다. [조건법 현재]

Secondo la stampa, lo sciopero continuerebbe anche domani.

언론에 따르면, 파업이 내일도 계속될 것이라고 한다.

Secondo alcune notizie, i due attori avrebbero divorziato.

일부 소식에 따르면, 그 두 배우가 이혼을 했을 가능성이 있다. [조건법 과거]

Secondo i sondaggi politici, quel partito avrebbe vinto l'elezione.

정치 여론 조사에 따르면, 그 정당이 선거에서 승리한 것 같다. [조건법 과거]

ⓔ 직접 의문문 형태로 야유, 빈정거림, 분개, 항의 등을 나타낸다. [조건법 현재와 과거]

E tu saresti povero?

뭐, 네가 가난하다고? [빈정거림]

Perché dovrei fare questo per voi?

왜 내가 너희들을 위해 이것을 해야 되는 거지? [항의]

Tu saresti stato male! Ma va, con quella faccia!

네가 아팠다고! 아 야, 그런 얼굴을 하고서! [야유]

E io avrei detto queste cose? Non è vero!

내가 그런 말을 했겠어? 그렇지 않아! [분개]

(3) 조건법 과거 Il condizionale passato

ⓐ 과거에서 바라본 미래 Il futuro nel passato

이탈리아어에서 주절의 동사가 현재와 관련되었을 때 che 이하의 종속절에서 현재에서 바라본 미래는 직설법 미래(혹은 시간 부사가 있을 경우에 직설법 현재)를 사용한다. 그러나 주절의 동사가 과거와 관련되었을 때 과거의 어느 시점에서 바라본 미래를 나타낼 때는 che 이하의 종속절에서 조건법 과거를 사용한다. 즉, 조건법 과거는 행위가 실현되었던 실현되지 않았던 간에 결과는 중요하지 않고 과거 속에서 보았을 때 미래에 해당하는 행위를 나타낸다. 과거에서 바라본 미래는 현재 기준에서 이미 지나가 버린 과거 행위이거나, 아직 그 결과를 모르는 미래 행위일 수도 있다. 일상 구어체에서 친한 사람끼리 쓰는 언어에서는 과거 속의 미래를 나타낼 때 조건법 과거 대신에 의도를 나타내는 직설법 반과거도 많이 사용한다. [☞ 169쪽 ⓗ 직설법 반과거 참조]

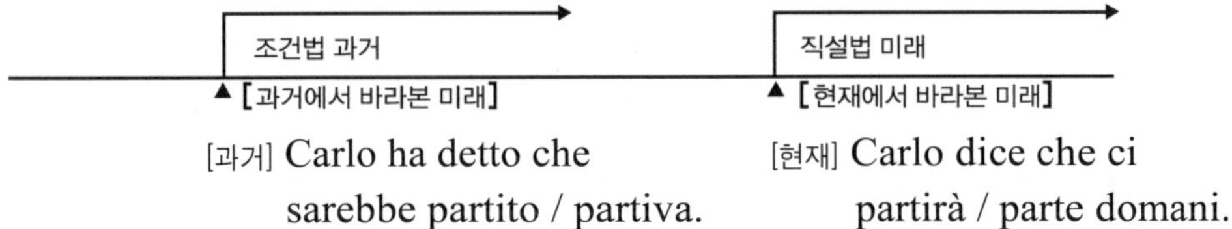

[과거] Carlo ha detto che sarebbe partito / partiva.

[현재] Carlo dice che ci partirà / parte domani.

i) 현재에서 바라본 미래는 직설법 단순 미래 동사를 사용한다.

주절의 동사가 현재와 관련된 시제인 경우에 che 이하의 종속절에서 현재에서 바라본 미래는 직설법 미래 동사를 사용하지만, 시간 부사가 있고 미래 가능성이 확실할 경우 직설법 현재 동사를 사용할 수 있다.

(Ora) Carlo dice che partirà (=parte) domani.

지금 카를로가 내일 떠날 거라고(떠난다고) 말한다. [현재에서 바라본 미래]

(Poco fa) Carlo ha detto che partirà (=parte) domani.

조금 전에 카를로가 내일 떠날 거라고(떠난다고) 말했다. [현재에서 바라본 미래]

ii) 과거에서 바라본 미래는 조건법 과거를 사용하며, 그 결과에 대해서는 알 수 없다.

주절의 동사가 과거와 관련된 시제일 경우 che 이하의 종속절에서 현재 기준에서 이미 지나간 과거이지만 주절의 과거 시점에 바라보았을 때 미래에 해당하는 행위를 나타낸다. 행위의 결과는 중요하지 않은 것으로 실현이 되었을 수도 있고 실현이 되지 않았을 수도 있으며, 혹은 그것을 알 수가 없다. 프랑스어와 스페인어에서는 과거 속의 미래를 나타낼 때 조건법 현재를 사용하는 것에 반해서, 이탈리아어에서는 조건법 과거 시제를 사용하는 것에 각별히 유의해야 한다.

Sabato scorso Carlo mi ha datto che sarebbe partito ieri.

지난 토요일 카를로가 어제 떠날 것이라고 말했다. [=partiva 비격식적 구어체]

[그래서 떠났을 수도 있고, 그런데 안 떠났을 수도 있고, 혹은 떠났는지 안 떠났는지 알 수 없다.]

iii) 현재 기준도 아직 지나가지 않은 행위를 과거 시점에서 바라보았을 때

주절의 동사가 과거일 때 현재 기준에서도 아직 지나가지 않은 현재나 미래에 해당하는 행위를 과거 시점에서 바라본 것으로 나타낼 때, che 이하의 종속절에서 직설법 미래나 조건법 과거를 둘 다 사용할 수 있다. 차이점은 직설법 미래를 사용하는 경우 가능성이 확실하며, 조건법 과거를 사용할 경우에는 미래에 대한 의도를 나타내기 때문에 그 결과가 불분명하다. 일상의 비격식적 구어체(colloquiale)에서는 조건법 과거 대신에 의도를 나타내는 직설법 반과거가 사용되기도 한다.

10 giorni fa Carlo mi ha detto che partirà domani.
10일 전에 카를로가 내게 내일 떠날 거라고 말했다. [직설법 미래-떠날 가능성이 확실함.]
[직설법 현재 parte를 사용할 경우 미래 동사보다 실현 가능성이 더 확실하다.]

10 giorni fa Carlo mi ha detto che sarebbe parito domani. [격식적]
카를로가 10일 전에 내게 내일 떠날 거라고 말했다. [조건법 과거-결과가 어떻게 될지 모름]
[내일 떠날 것이라고 과거에 말했지만, 화자가 그 결과를 알 수 없는 행위로 두고 싶을 때 사용한다.]

10 giorni fa Carlo mi ha detto che partiva domani. [비격식적 구어체]
10일 전에 카를로가 내일 떠날 거라고 말했다. [직설법 반과거-결과가 어떻게 될지 모름.]
[비격식적 구어체에서는 의도를 강조하기 위해 주로 doveva partire라고 표현한다.]

iv) 격식적인 언어(문어체, 구어체)에서 주절의 동사가 종속절에 직설법을 요구하는 동사이건 접속법을 요구하는 동사이건 상관없이 과거 속에 바라본 미래를 나타낼 때는 조건법 과거를 사용한다. 그러나 비격식적 구어체에서는 주절이 확실성을 나타내는 동사이면 직설법 반과거, 주관성을 나타내는 동사이면 접속법 반과거를 사용한다. 조건법 과거는 후행성(미래)를 강조하는 반면에, 반과거는 동시성과 후행성을 다 나타낼 수 있기 때문에 조건법 과거에 비해 후행성의 개념이 다소 덜하다고 할 수 있다. [☞ 268쪽 ⓐ, 271쪽 ⓐ 시제 일치 참조]

Prima di partire, Anna ha promesso che mi avrebbe scritto.
떠나기 전에 안나는 나에게 편지를 쓰겠다고 약속했다. [=scriveva 직설법 반과거]

Sapevo che ti sarebbe piaciuto il mio regalo.
나는 네가 내 선물을 좋아할 것이라는 것을 알고 있었다. [=ti piaceva 직설법 반과거]

Da piccolo credevo che sarei diventato un cantante.
어렸을 적에 나는 나중에 가수가 될 거라고 생각하고 있었다. [=diventassi 접속법 반과거]

Non mi aspettavo che Marta avrebbe superato l'esame.
나는 마르타가 시험에 합격하리라고는 기대하지 않았다. [=superasse 접속법 반과거]

Stamattina sembrava che oggi sarebbe piovuto.
오늘 아침에 오늘 비가 올 것처럼 보였다. [=piovesse 접속법 반과거]

ⓑ 과거에 이루지 못한 희망이나 의도 **Il desiderio non realizzato**

과거에 원했으나 이루지 못했던 행위나 할 수도 있었지만 못했던 행위를 나타낼 때 조건법 과거 동사를 사용한다. 가정문 과거 '만일 ~했더라면, ~했을 텐데'에서 조건법이 사용된 '~했을 텐데'의 결과절이 독립절로 사용된 경우라고 생각할 수 있다. [☞ 231쪽 가정문 3유형 불가능성 참조]

(Se avessi avuto molto tempo), avrei studiato di più.

가정절(접속법 대과거) 결과절(조건법 과거)

만일 내게 시간이 많았더라면, 공부를 더 많이 했을 텐데.

[조건법 과거는 'avrei studiato di più(공부를 더 많이 했을 텐데)'라는 가정문의 결과절이 가정절 없이 독립적으로 사용된 문장에서 유래되었다고 보면 된다. 조건법 과거의 '공부를 더 많이 했을 텐데'는 결과적으로 '공부를 더 많이 하지 않았다'라는 과거에 이루지 못한 사실을 나타낸다.]

i) 조동사(dovere, potere, volere)의 조건법 과거 [☞ 169쪽 ⓐ 직설법 반과거 참조]

주로 과거 일에 대한 후회나 유감, 질책이나 비판을 나타낸다. 일상 구어체에서 조동사의 조건법 과거 대신에 직설법 반과거가 많이 사용된다. 그러나 반과거는 당시의 상황을 나타낸 것으로 이루지 못한 일을 나타내는 조건법 과거 동사에 비해 의미가 덜 명확하다.

Questa pasta è salata. Avrei dovuto mettere meno sale. [=Dovevo]

이 파스타가 짜다. 내가 소금을 덜 넣었어야 했다. [그런데 넣어버렸다.]

Non avresti dovuto mangiare così tanto. [=Non dovevi]

너는 그렇게 많이 먹지 말았어야 했어. [그런데 많이 먹고 말았다.]

Che peccato! Ci sarei potuto anch'io venire con voi. [=Potevo]

아 안타깝다! 나도 너희들과 같이 그곳에 갈 수 있었을 텐데. [그런데 못 갔다.]

Avresti potuto telefonarmi! Perché non l'hai fatto? [=Potevi]

너는 나한테 전화할 수 있었잖아! 왜 안 했어?

Peccato! Avrei voluto vedere anche la Fontana di Trevi. [=Volevo]

안타깝다. 트레비 분수도 보고 싶었는데 보지 못했다.

ii) 일반 동사의 조건법 과거: 과거에 실현하지 못했던 일을 나타낸다. 조건법 과거는 부연 설명 문장이 따로 없어도 행위가 이루어지 못했음을 명확하게 나타낸다.

Avrei comprato volentieri quel vestito, ma costava troppo.

나는 기꺼이 그 옷을 샀을 텐데, 값이 너무 비쌌다. [못 샀다.]

Sarei arrivato in tempo, ma ho perso la metropolitana.

나는 제시간에 도착했을 텐데 지하철을 놓쳤다. [제시간에 도착을 못 했다.]

Anch'io ci sarei venuto con voi, ma avevo molto da fare.

나도 너희들과 그곳에 갔을 텐데, 할 일이 많았다. [못 갔다.]

Mi sarebbe piaciuto tanto visitare i Musei Vaticani.
바티칸 박물관을 무척 방문하고 싶었는데. [방문을 못 했다.]

Sarei stato molto felice di rivedere Francesco.
프란체스코를 다시 보게 된다면 무척 행복했을 텐데. [그를 다시 못 봤다.]

Siamo andati a Roma, ma io avrei preferito andare a Milano.
우리는 로마에 갔지만, 그러나 나는 밀라노에 더 가고 싶었다. [밀라노에 못 갔다.]

Il mio cellulare era scarico, altrimenti ti avrei chiamato.
나의 휴대폰이 방전되어 있었어, 그러지 않으면 네게 전화했을 텐데. [전화 안 했다.]

Sono risultato positivo al covid, se no ci sarei andato.
나는 코로나 양성으로 나왔다, 안 그랬으면 그곳에 갔을 텐데. [그곳에 못 갔다.]

ⓒ 조건법 과거는 현재나 미래에 있어서도 절대 실현 불가능한 행위를 나타낸다.

조건법 과거는 과거에 이루지 못했던 행위를 나타낼 뿐만 아니라 현재나 미래에 있어서도 절대 실현 불가능한 행위를 나타낸다.

A: Mi dispiace, domani devo partire. 유감인데, 내일 나는 떠나야만 해.

B: Peccato! Sarebbe stata una buona occasione per divertirci.
아쉽다! 우리가 재미있게 놀 수 있는 좋은 기회였는데!

C: Sarebbe stato bello stare ancora un po' insieme.
조금 더 오래 함께하면 좋았을 텐데.

참고

현재나 미래에 실현 가능하지 않은 행위를 나타내는 경우

현재나 미래에 있어서 실현하기 힘든 행위를 나타낼 때는 조건법 현재로도 나타낼 수 있다. 조건법 과거가 너무 문법적이기 때문에, 일상생활에서는 조건법 현재를 사용한다. 그러나 조건법 현재는 현재 이후로 실현 가능한 행위를 나타내기 때문에, 실현 불가능한 행위를 나타낼 때는 접속사 ma를 사용하여 부연 설명을 해주어야만 의미가 명확해진다.

Ieri sarei uscito volentieri con voi, ma dovevo lavorare.
어제 너희들과 함께 외출하고 싶었지만, 나는 일을 해야 되는 상황이었다. [과거에 불가능한 일]

Oggi sarei uscito volentiri con voi, ma devo lavorare. [=uscirei]
오늘 너희들과 함께 외출하고 싶지만 일을 해야만 한다. [현재에 불가능한 일]

Domani sarei uscito volentirei con voi, ma dovrò studiare. [=uscirei]
내일 너희들과 함께 외출하고 싶지만 일을 해야만 한다. [미래에 불가능한 일]

✎ 참고

1. 어떤 일이 실제 벌어졌을 때, 할 수 있는 표현들: 조건법 과거

Non mi sarei aspettato una cosa del genere da te.

나는 네게서 그런 것을 기대하지 않았었는데.

Non mi sarei mai aspettato di incontrare qualcun altro.

내가 다른 누군가를 만날 줄은 기대도 못했었는데.

Non avrei mai pensato di amare qualcuno così tanto.

내가 누군가를 그렇게 사랑하게 될 줄은 생각도 못했었는데.

Non avrei mai immaginato di trovarvi qui.

여기에서 너희들을 발견한 줄은 상상도 못했었는데.

2. 조건법 관용 표현

Marco e Paola si sono lasciati. 마르코와 파올라가 서로 헤어졌어.

-Incredibile! Ma chi l'avrebbe mai detto?

믿을 수가 없어! 누가 그런 걸 예측했겠어?

-Scherzi?! Chi l'avrebbe mai pensato?

농담하는 거지!? 누가 그런 생각을 했겠어?

3. 종속절에 조건법이 사용되는 경우

i) 목적격절 Penso che sarebbe meglio rimandare la partenza.

출발을 연기하는 것이 더 나을 것 같다고 생각해요. [할 수 있다면]

ii) 간접 의문절 Allora dimmi come ti saresti comportato al mio posto.

그러면 네가 내 입장이라면 어떻게 행동했겠는지 말해봐!

iii) 원인절 Mi dispiace tanto, perché dovrei darvi una brutta notizia.

정말 유감이야. 왜냐하면 너희들에게 나쁜 소식을 줘야만 될 것 같아서야.

iv) 결과절 Sono così stanco che andrei subito a letto.

내가 너무 피곤해서 당장이라도 잠자리에 들고 싶다.

v) 반의절 Ora sei qui da me, ma dovresti essere altrove.

너는 지금 여기 나한테 있는데, 하지만 너는 다른 곳에 있어야 하잖아.

vi) 비교절 Nella vita, non sempre le cose vanno così come si vorrebbe.

인생에서 일이 항상 원하는 그대로 되는 것은 아니다.

vii) 관계절 Ho tante cose che potrebbero piacervi.

나는 너희들이 좋아할 만한 것들을 많이 갖고 있다.

4 가정문 Il periodo ipotetico

(1) 가정문의 정의

이탈리아어에서 가정문은 하나의 법, 즉 가정법이 아니라 두 개의 단순 문장이 모여서 하나의 논리적인 문장을 이루는 것을 말한다. 가정문을 만들 때 조건법과 접속법이 모두 사용되기 때문에 가정문은 조건법의 용법이나 접속법의 용법 중 어디서나 다루어질 수 있다. 가정(ipotesi)이나 조건(condizione)을 나타내는 종속절을 가정절 혹은 조건절이라 부르고, 결과가 나타난 주절을 결과절이라 일컫는다. 조건의 접속사 se 다음에 오게 되는 것은 접속법 동사이고, 결과절에 오게 되는 것이 조건법 동사이다. 문장에서 강조 여부에 따라서 종속절인 전제절(조건절/가정절)이 앞에 올 수도 있고, 주절인 결과절이 앞에 올 수도 있어 순서는 자유롭다. 앞에 오는 문장이 강조된다.

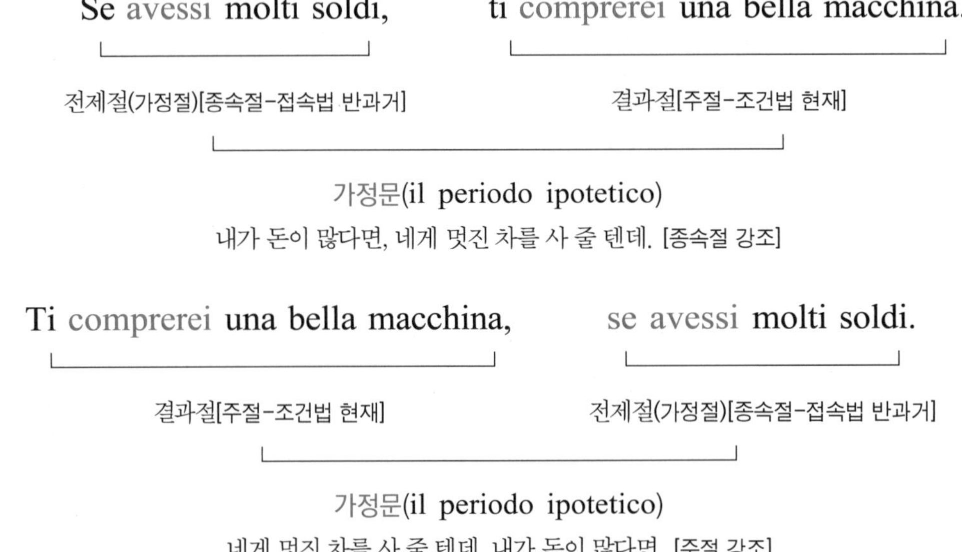

(2) 가정문의 유형

가정문의 유형은 동사의 형태에 따라 세 가지 유형으로 구분한다.

ⓐ 1유형 가정문: 현실성(la realtà) 혹은 확실성(la certezza)

현재나 미래에 있어서 가정하는 내용이 충분히 실현 가능하다고 확신할 때 사용하며 그 가정하는 내용이 현실성이 있기 때문에 결과도 확실하고 실현성이 있는 것이다.

조건절			결과절	해석
Se	직설법 현재 동사	~	직설법 현재 동사	~하면 ~한다
	직설법 미래 동사		직설법 미래 동사	~하게 되면~할 것이다
	직설법 현재 동사		직설법 미래 동사	~하면 ~할 것이다

Se	직설법 현재	~	직설법 현재

Se continua a piovere, restiamo a casa.
비가 계속해서 내리면, 우리는 집에 머문다.

Se mangi tutto questo gelato, ingrassi.
너 이 아이스크림을 다 먹으면, 살찐다.

Se vi sbrigate, fate ancora in tempo.
너희들이 서두르면, 아직 시간은 맞출 수 있어.

Se studi molto, puoi avere buoni risultati.
네가 공부를 많이 하면, 좋은 결과를 얻을 수 있어.

Se	직설법 미래	~	직설법 미래

Se continuerà a piovere, resteremo a casa.
비가 계속 내리게 되면, 우리는 집에 머무를 것이다.

Se domani farà bel tempo, andremo al mare.
내일 날씨가 좋으면, 우리는 바다에 갈 것이다.

Se andrà tutto bene, partirò anch'io per il mare.
모든 일이 잘되면, 나도 바다로 떠날 것이다.

Se prenderai l'aereo da Roma, arriverai a Milano in un'ora.
네가 로마에서 비행기를 타게 되면, 밀라노에 한 시간 만에 도착할 거야.

Se	직설법 현재	~	직설법 미래

Se arriviamo in ritardo, Anna si arrabbierà molto.
우리가 지각하면, 안나가 많이 화낼 거야.

Se studi di più, quest'esame lo superai di sicuro
네가 더 열심히 공부하면, 이 시험은 반드시 합격할 거야.

Se leggi bene la spiegazione, capirai tutto.
네가 설명을 잘 읽으면, 모두 이해할 것이다.

참고

결과절에 명령법 형태가 올 수도 있다.

Se non puoi venire, telefonami! 올 수 없으면, 내게 전화해!

Se ha bisogno di aiuto, mi dica. 도움이 필요하면, 제게 말씀하세요.

ⓑ 2유형 가정문: 가능성(la possibilità)

i) 현재나 미래에 있어서 가정하는 사실이 불확실하여 결과절도 어떻게 될지 모르는, 있음직한 일이나 가능성 있는 일을 나타낸다. 직설법을 사용하는 제1유형 가정문에 비해 '만일'이라는 가정이 강조된다. 경우에 따라서 현재 사실의 반대가 될 수 있다. 강조 여부에 따라서 가정절과 결과절의 순서가 바뀔 수 있다. [만일 ~이라면 ~일 것이다 / 만일 ~이라면 ~일 텐데]

Se	접속법 반과거	~	조건법 현재

Se avessi la possibilità, andrei in Italia anche domani.

만일 내가 기회가 된다면, 내일이라도 이탈리아에 갈 텐데. [기회가 없어 이탈리아에 못 간다.]

Se non ci fosse molto traffico, prenderei la macchina.

만일 교통 체증이 많이 없다면, 난 자동차를 탈 텐데. [교통 체증이 있어서 자동차를 안 탄다.]

Se venissi in vacanza con noi, ti divertiresti tanto.

만일 네가 우리와 함께 휴가를 간다면, 넌 아주 재미있을 텐데.

Se fossi in te, cambierei lavoro e guadagnerei di più.

만일 내가 너라면, 직장을 옮겨서 돈을 더 많이 벌 텐데.

Che cosa faresti se fossi nei miei panni?

만일 네가 나의 입장이라면 너는 뭘 하겠니?

Che cosa fareste se vinceste alla lotteria?

만일에 너희들이 복권에 당첨된다면 무엇을 하겠니?

☞ 조건 접속사 nel caso che / semmai / casomai도 가정절을 이끌 수 있다.
Nel caso che / Semmai / Casomai cambiassi idea, avvisami!
만일 네가 생각이 바뀔 경우에, 내게 알려줘.

ii) 가능성의 가정문은 반드시 정말로 실현 가능성이 있는 가정만을 나타내진 않는다. 현실적으로 비일상적인 일도 화자가 가능성 있는 일로 제시하길 바라기 때문이다.

Se avessi le ali, volerei verso di te.

만일 내게 날개가 있다면, 너에게로 날아갈 텐데.

Se fossi un uomo, che cosa vorresti fare?

만약 네가 남자라면, 무엇을 하고 싶겠어?

Se gli animali parlassero, ci racconterebbero un mondo di cose.

만일 동물들이 말을 한다면, 우리들에게 많은 것들을 이야기해 줄 텐데.

Se avessi dieci anni di meno, potrei fare tante cose.

만일 내가 10년만 더 젊다면, 많은 것들을 할 수 있을 텐데.

ⓒ 3유형 가정문: 불가능성(l'impossibilità)

i) 과거에 이루지 못한 일을 가정

과거에 이루지 못한 일을 가정하기 때문에 그 결과절도 실현 불가능했던 일이다. 과거 사실의 반대라고 볼 수 있다. [만일 ~이었더라면/했더라면, ~했을 텐데]

Se	접속법 대과거	~	조건법 과거

Se io avessi studiato molto, avrei superato l'esame.
만일 내가 공부를 많이 했더라면, 시험에 합격했을 텐데.
[내가 공부를 많이 하지 않았기 때문에, 시험에 합격하지 않았다.]

Se io fossi stato più attento, non avrei avuto quest'incidente.
내가 더욱 조심했더라면, 이런 사고를 입지 않았을 텐데.
[내가 조심을 하지 않아서, 이런 사고가 났다.]

Se avessi seguito il mio consiglio, non avresti avuto problemi.
만일 네가 나의 충고를 따랐더라면, 문제가 없었을 텐데.
[네가 나의 충고를 따르지 않았기 때문에, 문제가 생겼다.]

Se fossimo usciti un po' prima, saremo arrivati in tempo.
우리가 조금 일찍 나왔더라면, 제시간에 도착했을 텐데.
[우리가 조금 일찍 나오지 않아서, 제시간에 도착하지 못 했다.]

과거에 이루지 못한 일을 가정할 때 전제절과 결과절에 모두 직설법 반과거를 사용한다. 이러한 형태는 일상의 비격식적 구어체에서 친한 사람들끼리 자주 사용하는 표현이다. 직설법이기 때문에 가정하는 사실이 약해서 '만일 ~했다면/~였더라면, ~였을 것이다'라는 의미이다. 격식적인 문어체와 구어체에서는 좋은 문장으로 보기 어렵다. [☞ 171쪽 ⓘ 직설법 반과거 참조]

Se	직설법 반과거	~	직설법 반과거

Se guidavi con attenzione, l'incidente non succedeva.
만일 네가 조심을 했다면, 사고가 나지 않았을 것이다.

Se venivi al concerto con noi, ti divertivi tanto.
만일 네가 우리와 함께 콘서트에 갔더라면, 아주 재미있었을 것이다.

Se Elena studiava di più, superava l'esame scritto.
만일 엘레나가 공부를 더 많이 했더라면, 필기시험에 합격했을 것이다.

Vincevamo noi, se loro non segnavano cinque goal.
그들이 다섯 골을 넣지 않았다면, 우리가 이겼을 것이다.

ii) 과거에 이루지 못한 행위가 현재까지 영향을 미치고 있는 경우

과거에 이루지 못한 가정이지만, 그 가정의 결과가 현재까지 영향을 미치고 있을 때 전제절(가정절)에는 접속법 대과거를 쓰고, 결과절에는 조건법 현재를 쓴다.

Se	접속법 대과거	~	ora / adesso 조건법 현재

[만일 ~했더라면, 지금은 ~할 것이다 / 만일 ~했더라면, 지금은 ~할 텐데]

Se avessi studiato molto l'italiano, ora parlerei molto bene.

만일 내가 이탈리아어를 열심히 공부했더라면, 지금쯤 말을 아주 잘할 텐데.

[과거에 이탈리아어를 열심히 공부하지 않았기 때문에 현재 말을 아주 잘하지 못한다.]

Se avessi studiato di più, oggi mi sentirei un po' più tranquillo.

만일 내가 공부를 더 많이 했더라면, 오늘 마음이 좀 더 편안할 텐데.

Se avessi seguito il mio consiglio, adesso non avresti problemi.

만일 네가 내 충고를 따랐더라면, 지금 문제를 가지고 있지 않을 텐데.

조건법 현재	~	se	접속법 대과거

Parlerei molto bene l'italiano, se avessi continuato a studiarlo.

이탈리아 말을 아주 잘할 텐데, 내가 공부를 계속했더라면.

[이탈리아어 공부를 계속하지 않아서 지금 말을 아주 잘하지 못한다.]

Non avrei questi problemi, se ci avessi pensato prima.

이런 문제들을 갖지 않을 텐데, 만일 내가 그 점을 미리 생각했더라면.

Faremmo un giro in campagna, se avessimo portato la macchina.

시골을 한 바퀴 돌 텐데, 만일 우리가 자동차를 가지고 왔더라면.

✎ 참고

조건법 현재 ~ se +접속법 반과거 형태의 가정문을 이끄는 문장들

Sarebbe meglio se non fossimo qui.

우리가 여기에 있지 않는 것이 더 나을 것 같은데.

Sarebbe bene se spegnesse il Suo cellulare, signore.

아저씨, 당신의 휴대폰을 꺼주신다면 좋을 것 같습니다.

Ti andrebbe bene se Maria venisse da noi adesso?

마리아가 지금 우리 집에 오면 네가 괜찮겠니? [=Is it ok if ~]

Ti dispiacerebbe se facessi una foto di noi due insieme?

우리 두 사람 같이 사진 하나 찍으면 안 될까? [=Would you mind if ~]

ⓓ 가정문을 함축형(la forma implicita 구 형태)으로 표현하는 경우

때때로 종속절인 전제절(조건절, 가정절)의 주어와 결과절인 주절의 주어가 같을 경우에 가정문의 전제절(조건절, 가정절) 함축형(구 형태)인 제룬디오(il gerundio)나, 부정사(l'infinito), 과거 분사(il participio)로 나타낼 수 있다. [☞ 276쪽 ⓒ, 293쪽 i), 303쪽 iii) 부정법 참조]

i) 제룬디오(il gerundio): 가정절의 주어와 결과절의 주어가 동일할 경우에만 사용한다.

Stando attento/a al mangiare, perderai qualche chilo in più.
[=Se tu starai]
만일 네가 먹는 것을 조심한다면, 몇 킬로그램 더 뺄 수 있을 것이다.

Continuando con questo ritmo, finiamo il lavoro entro stasera.
[=Se continuiamo]
우리가 이런 리듬으로 계속하면, 오늘 저녁 안으로 일을 끝낸다.

Avendo un po' di tempo libero, frequenterei un corso di cucina.
[=Se avessi]
내게 자유 시간이 조금 있다면, 요리 과정을 다닐 텐데.

Avendo studiato di più, avresti potuto superare l'esame.
[=Se avessi studiato di più]
네가 공부를 더 많이 했더라면, 시험에 합격할 수 있었을 텐데.

Essendo partito in macchina, a quest'ora sarei già a casa.
[=Se io fossi partito]
내가 자동차로 떠났더라면, 이 시간에 이미 집에 와 있을 텐데.

ii) 부정사(l'infinito): 주절의 주어와 전제절(부정사)의 주어가 달라도 상관없다. [☞ 293쪽 i) 참조]

A mangiare troppo, si sta male. [=Se si mangia]
너무 많이 먹으면, 탈난다.

A comportarti così, ti renderai odioso. [=Se ti comporti]
네가 그렇게 행동하면, 미움을 사게 될 거야.

Ad avere la tua età, anch'io mi metterei quella gonna. [=Se avessi]
내가 네 나이라면, 나도 그 치마를 입을 텐데.

iii) 과거 분사(il participio passato) [☞ 303쪽 iii) 과거 분사 참조]

Se ben truccata, Anna sembrebbe più carina. [=Se fosse ben truccata]
만일 안나의 화장이 잘된다면, 더 귀엽게 보일 텐데.

✎ 참고

가정문에 대한 고찰점

1. 생략형의 가정문

i) 전제절의 생략 Tu ci crederesti? [Se lo vedessi]
넌 그것을 믿을 터인가? [만일 그것을 본다면]

ii) 결과절의 생략 Se io fossi al tuo posto... [sarei molto felice]
내가 너의 입장이라면 … . [무척 행복할 텐데]

2. 접속사 se의 여러 가지 기능

i) 조건의 의미[만약에~]

Se non troveremo posto in treno, andremo in macchina.
우리가 기차 좌석을 못 구하면, 자동차로 갈 것이다.

Se non ti affretti, perderai il treno.
네가 서두르지 않으면, 기차를 놓칠 거야.

ii) 의심의 의미[~인지 ~아닌지]

Non so se lui viene a lezione o no.
그가 수업에 올지 안 올지 모르겠다.

Non so se lui sarebbe d'accordo con noi.
그가 우리 말에 동의할 것인지 모르겠다. [만약 우리가 말한다면]

iii) 원인의 의미[~이기 때문에]

Scusami se ti ho disturbato.
너를 방해해서 미안해.

Se ti dico che è vero, devi credermi!
내가 네게 사실이라고 말하니까, 나를 믿어야 해!

iv) 감탄의 의미[아, ~했으면]

Se lui fosse qui! 그가 여기에 있다면!
Se l'avessi saputo! 내가 그것을 알았더라면!

v) 양보의 의미[비록 ~라고 해도]

Se lui ha ragione, non ho torto.
그가 옳다고 해도, 내가 틀린 것이 아니다.

Anche se vinceranno la partita, non entranno in finale.
그들이 시합에 이긴다고 할지라도, 결승전에 가지 못한다.

vi) 삽입절을 이끈다.

Se ben ricordo, ci siamo incontrati il 2 marzo.
내 기억이 맞는다면, 우리는 3월 2일에 만났다.

Se non sbaglio, arriveranno domani.
내가 착각하지 않는다면. 그들은 내일 도착할 것이다.

4 접속법 Il modo congiuntivo

1 접속법의 정의

직설법은 객관적이고 사실적인 행동이나 상태를 표현할 때 사용하는 법인 데 비해, 접속법은 머릿속에서 생각해 낸 동작이나 상태를 나타내는 주관적이고 감정적인 표현 방법이다. 접속법은 본래 동사 '접속하다, 연결하다(congiungere)'에서 유래된 말로서 항상 접속사(che, se, come...)로 연결된 종속절에서 사용된다. 즉 접속법(il congiuntivo)은 접속사(congiunzioni) 뒤에 사용되는 것이다. 그러나 모든 접속사 뒤에 접속법을 사용하는 것이 아니라 종속절에 접속법 동사를 요하는 접속사 뒤에 사용된다.

Lui è straniero. [독립절-직설법]
그는 외국인이다.

Io credo che lui sia straniero. [종속절-접속법]
나는 그가 외국인이라 생각한다. [접속사 che]

Io non so se lui sia straniero. [종속절-접속법]
나는 그가 외국인지 모르겠다. [접속사 se]

접속법이 종속절에 사용되지 않고 독립절로 사용되었을 경우에 주로 기원(augurio)이나 소망(desiderio)을 나타내는 기원문이나 감탄문이 된다.

Siate felici sempre!
너희들이 항상 행복하길!

Che la pace sia con voi!
평화가 여러분과 함께!

Dio ci assista!
우리에게 신의 가호가 있기를!

Che Dio ti benedisca!
네게 주님의 축복이 있기를!

접속법을 요하는 문장에서 주절의 주어와 종속절의 주어가 다를 경우에는 반드시 종속문 이하를 che로 연결하고 접속법 동사를 사용한다. 그러나 주절의 주어와 종속절의 주어가 같을 경우에는 di + 동사 원형으로 하는 것이 일반적이다.

Penso che io sia intelligente. (X)
나는 내가 똑똑하다고 생각한다. [주어가 같은 경우]

Penso di essere intelligente. (O)
나는 똑똑하다고 생각한다. [주어가 같은 경우]

Penso che lui sia intelligente. (O)
나는 그가 똑똑하다고 생각한다. [주어가 다른 경우]

2 접속법의 시제 및 형태

접속법에는 현재, 반과거, 과거, 대과거 네 가지 형태가 있다. 접속법 현재와 반과거는 단순 시제인 반면에 과거와 대과거는 복합 시제(avere/essere + p.p)이다.

(1) 접속법 현재의 형태 Il congiuntivo presente

ⓐ 규칙 변화 형태

접속법은 1인칭(io), 2인칭(tu), 3인칭(lui / lei / Lei)의 동사 형태가 동일하여 동사 형태만으로 주어를 구별하기 어렵기 때문에 혼동이 생길 경우, 인칭 대명사 주격 형태를 사용하는 것이 바람직하다. 접속법 Lei, Loro는 명령법 존칭 Lei, Loro 형태와 동일하고, 접속법 noi는 직설법 noi와 형태가 동일하다. 접속법 voi는 1, 2, 3군 동사의 구분 없이 항상 -iate가 된다. 1, 2, 3인칭 단수와(끝에서 두 번째 음절의 모음에 강세) 3인칭 복수는 강세가 동일한 모음 위에 있다.

주격	are	ere	ire	
	aspett-are	prend-ere	sent-ire	fin-ire
io	aspett-i	prend-a	sent-a	fin-isca
tu	aspett-i	prend-a	sent-a	fin-isca
lui/lei/Lei	aspett-i	prend-a	sent-a	fin-isca
noi	aspett-iamo	prend-iamo	sent-iamo	fin-iamo
voi	aspett-iate	prend-iate	sent-iate	fin-iate
loro	aspett-ino	prend-ano	sent-ano	fin-iscano

ⓑ 불규칙 변화 형태

직설법 동사 형태가 불규칙일 경우에 접속법 현재 동사도 거의 불규칙이다. 접속법 현재 1인칭에서 3인칭까지는 직설법 동사의 1인칭 단수형 -o를 -a로 고쳐서 만든다. 예를 들어 andare 동사는 직설법 1인칭 단수가 io vado가 되는데, vado의 -o를 -a로 고치면 io vada가 된다. 3인칭 복수는 -ano를 붙인다. [명령법 존칭 Lei/Loro와 형태가 동일]

	andare	dire	fare	uscire	venire
(io 직설법)	(vado)	(dico)	(faccio)	(esco)	(vengo)
io/tu lui/lei/Lei	vada	dica	faccia	esca	venga
noi	andiamo	diciamo	facciamo	usciamo	veniamo
voi	andiate	diciate	facciate	usciate	veniate
loro	vadano	dicano	facciano	escano	vengano

	bere	piacere	tenere	tradurre	porre
(io 직설법)	(bevo)	(piaccio)	(tengo)	(traduco)	(pongo)
io/tu lui/lei	beva	piaccia	tenga	traduca	ponga
noi	beviamo	piacciamo	teniamo	traduciamo	poniamo
voi	beviate	piacciate	teniate	traduciate	poniate
loro	bevano	piacciano	tengano	traducano	pongano

	scegliere	rimanere	spegnere	avere	essere
(io 직설법)	(scelgo)	(rimango)	(spengo)	abbia	sia
io/tu lui/lei	scelga	rimanga	spenga		
noi	scegliamo	rimaniamo	spegniamo	abbiamo	siamo
voi	scegliate	rimaniate	spegniate	abbiate	siate
loro	scelgano	rimangano	spengano	abbiano	siano

	dovere	volere	potere	sapere	sedere
(io 직설법)	(devo)	(voglio)	(posso)	(so)	(siedo)
io/tu lui/lei	debba	voglia	possa	sappia	sieda
noi	dobbiamo	vogliamo	possiamo	sappiamo	sediamo
voi	dobbiate	vogliate	possiate	sappiate	sediate
loro	debbano	vogliano	possano	sappiano	siedano

(2) 접속법 반과거 형태 Il congiuntivo imperfetto

접속법 반과거 어미는 -ssi, -ssi, -sse, -ssimo, -ste, -ssero이다. 접속법 현재와 달리 1, 2인칭 단수만 동일하고 3인칭 단수는 형태가 다르다. 접속법 2인칭 복수 voi는 직설법 원과거 voi 형태와 동일하다. [☞ 160쪽 직설법 반과거 형태 비교]

ⓐ 규칙 변화 형태

	are	ere	ire	
	arriv-are	prend-ere	sent-ire	fin-ire
io	arriv-assi	prend-essi	sent-issi	fin-issi
tu	arriv-assi	prend-essi	sent-issi	fin-issi
lui/lei/Lei	arriv-asse	prend-esse	sent-isse	fin-isse
noi	arriv-assimo	prend-essimo	sent-issimo	fin-issimo
voi	arriv-aste	prend-este	sent-iste	fin-iste
loro	arriv-assero	prend-essero	sent-issero	fin-issero

ⓑ 불규칙 변화 형태: dare/stare 동사의 직설법 반과거는 규칙이지만 접속법은 불규칙이다.

	dare	stare	dire	fare	bere
io	dessi	stessi	dicessi	facessi	bevessi
tu	dessi	stessi	dicessi	facessi	bevessi
lui/lei	desse	stesse	dicesse	facesse	bevesse
noi	dessimo	stessimo	dicessimo	facessimo	bevessimo
voi	deste	steste	diceste	faceste	beveste
loro	dessero	stessero	dicessero	facessero	bevessero

	avere (규칙)	essere		avere (규칙)	essere
io	avessi	fossi	noi	avessimo	fossimo
tu	avessi	fossi	voi	aveste	foste
lui/lei	avesse	fosse	loro	avessero	fossero

(3) 접속법 과거 형태 Il congiuntivo passato

avere, essere의 접속법 현재 + 과거 분사(p.p)

과거 분사가 avere를 보조사로 취하는가 essere를 보조사로 취하는가의 문제는 직설법 경우와 동일하다. essere를 보조사로 취할 경우(주어 + essere + p.p)에 과거 분사의 어미는 주어의 성과 수에 일치시켜야 한다. 주어 + avere + p.p인 경우 주어의 성과 수에 상관없이 과거 분사 어미는 남성 단수 고정 형태 -o이다. 그러나 주어 + 직접 목적격 약형 대명사(lo, la, li, le) + avere + p.p일 경우 과거 분사의 어미는 직접 목적격 약형 대명사의 성과 수에 일치시켜야 한다.

주어	부정문	avere 현재	과거 분사	목적어
io	(non)	abbia	mangiato ricevuto sentito capito	una pizza una lettera un rumore la lezione
tu		abbia		
lui/lei/Lei		abbia		
noi		abbiamo		
voi		abbiate		
loro		abbiano		

주어	부정문	essere 현재	과거 분사	목적어
io	(non)	sia	andato/a	al mare alla stazione in pizzeria in banca da Mauro
tu		sia		
lui/lei/Lei		sia		
noi		siamo	andati/e	
voi		siate		
loro		siano		

(4) 접속법 대과거 형태 Il congiuntivo trapassato

avere, essere 접속법 반과거 + 과거 분사(p.p)

모든 복합 시제(직설법, 조건법)와 마찬가지로 주어 + essere + p.p인 경우 과거 분사는 주어의 성과 수에 일치시킨다. 주어 + avere + p.p인 경우 과거 분사의 어미는 주어의 수에 상관없이 남성 단수 고정 형태 -o이다. 그러나 주어 + 직접 목적격 약형 대명사(lo, la, li, le) + avere + p.p일 경우 과거 분사의 어미는 직접 목적격 약형 대명사의 성과 수에 일치시켜야 한다.

주어	부정문	avere 반과거	과거 분사	목적어
io	(non)	avessi	mangiato ricevuto sentito capito	un panino una telefonata la sveglia tutto
tu		avessi		
lui/lei/Lei		avesse		
noi		avessimo		
voi		aveste		
loro		avessero		

주어	부정문	essere 반과거	과거 분사	장소 부사구
io	(non)	fossi	andato/a	al cinema alla mensa in pizzeria in montagna dal dentista
tu		fossi		
lui / lei / Lei		fosse		
noi		fossimo	andati/e	
voi		foste		
loro		fossero		

3 접속법 동사의 사용

종속절에 접속법을 사용할 것인가 아니면 직설법을 사용할 것인가는 다음 사항에 따라 결정된다. 주절의 주어와 종속절의 주어가 다른 경우에 접속사 che를 사용한다. 그러나 주절의 주어와 종속절의 주어가 동일한 경우 di + 동사 원형으로 이루어진다.

(1) 주절의 동사에 따라서 명사 종속절(목적격절, 주격절)에 접속법 사용 여부가 결정된다.

ⓐ 주절이 자신의 주관적인 견해를 나타내는 동사인 경우[목적격절]

pensare, credere, supporre, ritenere, immaginare che
avere l'impressione / la sensazione che

Penso	che	lui sia la persona giusta per te. 나는 그가 네게 맞는 사람이라고 생각한다.
Credo		anche tu abbia molto stress. 나는 너도 스트레스가 많을 거라 생각한다.
Suppongo		abbiate passato una bella giornata. 나는 너희들이 멋진 하루를 보냈다고 추측한다.
Ritengo		tutto sia finito. 나는 모든 것이 끝났다고 본다.
Immagino		a Firenze faccia un caldo terribile. 나는 피렌체가 엄청 더울 거라고 상상한다.
Ho l'impressione	di	conoscerti da sempre. 나는 너를 먼 처음(옛날)부터 알고 있는 듯한 느낌이 든다.

ⓑ 주절이 기원, 기대, 기다림, 희망 등을 나타내는 동사인 경우[목적격절]

augurarsi, aspettarsi, aspettare, non vedo l'ora, sperare

Mi auguro	che	tu guarisca presto.	네가 빨리 낫길 기원한다.
Mi aspetto		la cucina sia buona.	요리가 맛있길 기대한다.
Aspetto		finisca il film.	영화가 끝나길 기다린다.
Non vedo l'ora		arrivino le vacanze.	방학이 빨리 오길 학수고대한다.
Spero		vada tutto bene.	모든 것이 잘되길 바란다.
Non vedo l'ora	di	andare a Roma.	로마에 갈 날을 손꼽아 기다린다.
Spero		rivederti presto.	너를 빨리 다시 보기를 희망한다.

ⓒ 주절이 불확실함이나 의심을 나타내는 동사인 경우[목적격절]

non essere certo/sicuro, dubitare, avere il dubbio

Non sono certo	che	sia la scelta migliore. 나는 그게 최선의 선택인지 확신하지 못하겠다.
Non sono sicuro		Silvia stia bene con loro. 난 실비아가 그들과 잘 지내는지 확신을 못하겠다.
Dubito		lui possa superare l'esame. 나는 그가 시험에 합격할 수 있을지 의심스럽다.
Ho il dubbio	di	aver già avuto il Coronavirus. 이미 코로나에 걸렸을지 의심스럽다.

ⓓ 주절이 불안(timore), 두려움(paura) 등을 나타내는 동사인 경우[목적격절]

temere, avere timore, avere paura

Temo	che	il treno sia già partito. 나는 기차가 벌써 떠났을까 봐 두렵다.
Ho paura		Marco perda il treno per Roma. 나는 마르코가 로마행 기차를 놓칠까 봐 두렵다.
Ho paura	di	perdere il treno per Roma. 나는 로마행 기차를 놓칠까 봐 두렵다.

ⓔ 주절이 열망(desiderio), 의지(volontà) 등을 나타내는 동사인 경우[목적격절]

desiderare, preferire, volere

Desidero	che	il professore parli lentamente. 나는 선생님이 천천히 말하길 바란다.
Preferisco		noi restiamo amici per tutta la vita. 나는 우리가 평생 친구로 남는 것이 더 좋다.
Voglio		tu faccia una vita sana. 나는 네가 건강한 삶을 살기를 원한다.
Desidero	andare in Italia.	나는 이탈리아에 가기를 열망한다.
Preferisco	mangiare a casa.	나는 집에서 먹는 것을 선호한다.
Voglio	fare una vita sana.	나는 건강한 삶을 살기를 원한다.

ⓕ 주절이 주장, 요구, 간청, 허락, 명령, 금지 등을 나타내는 동사인 경우[목적격절]

pretendere, insistere, esigere, imporre, chiedere, pregare, implorare
lasciare, permettere, ordinare, comandare, proibire, impedire, vietare

Pretendo	che	tu chieda scusa.	나는 네가 사과하기를 요구한다.
Insisti		io faccia sport?	내가 운동하길 주장하는 거야?
Lascia		io pianga.	내가 울게 놔둬. [울게 하소서]
Permette		mi presenti?	제 소개를 허락하시나요?
Il generale ordina		i soldati si ritirino. 장군은 병사들이 퇴각하길 명령한다.	
La legge vieta/proibisce		le persone fumino nei locali pubblici. 법은 사람들이 공공장소에서 흡연하는 것을 금지하고 있다.	

ⓖ 주절이 마음 상태나 감정(emozioni) 등을 나타내는 동사 및 동사 관용구[목적격절]

essere contento/felice, meravigliarsi, non sopportare

주절		목적격 종속절(접속법)	
Sono contento	che	stiate bene.	너희들이 잘 지내서 내가 기쁘다.
Sono felice		stiamo insieme.	우리가 같이 있어서 행복하다.
Non sopporto		lei sia qui.	난 그녀가 여기 있는 것을 못 참겠다.
Mi meraviglio		tu sia single.	네가 싱글이라는 사실이 놀랍다.
Sono contento	di	rivederti.	난 너를 다시 보게 되어 기쁘다.
Sono felice		stare con te.	난 너와 함께 있어서 행복하다.

주절		주격 종속절[비인칭 형식]	
Mi dispiace	che	Lei sia malato.	당신이 아프시다니 유감이다.
Mi spiace		succeda questo.	이런 일이 일어나게 되어 유감이다.
Mi piace		tu viva con noi.	네가 우리랑 같이 사는 것이 좋아.
Mi fa piacere		tu stia meglio.	네가 몸이 나아졌다니 기쁘다.

ⓗ 주절이 불확실함이나 주관적 판단을 나타내는 동사인 경우

sembrare, parere 동사: 비인칭 형식의 주격 종속절에서 접속법 사용

주절		주격 종속절[비인칭 형식]	
Sembra	che	voglia piovere oggi.	오늘 비가 올 것 같아 보인다.
Pare		lui stia male da ieri.	그가 어제부터 아파 보인다.
Mi sembra		stia per piovere.	막 비가 올 것 같아 보인다.
Mi pare		lui sia molto ricco.	그는 아주 부자 같아 보인다.
Mi sembra	di	sognare.	내가 꿈꾸는 것 같다.
		aver sognato.	내가 꿈꾼 것 같다.
Mi pare		capire.	내가 이해할 것 같다.
		aver capito.	내가 이해한 것 같다.

✎ 참고

Mi sa che + 직설법: 접속법을 사용하는 동사들(penso che, credo che...) 대신에 일상적인 대화에서는 직설법 동사를 사용하는 이 표현을 많이 쓴다.

Mi sa che farò così. 내가 그렇게 할 것 같다.
Mi sa che sta per piovere. 비가 올 것 같아 보인다.
Mi sa che ho detto quasi tutto. 내가 거의 다 말한 듯하다.

ⓘ 주절이 추측, 가능성을 나타내는 동사인 경우: 비인칭 형식의 주격절에서 접속법 사용
può darsi/essere che, è probabile/possibile che

주격절			주격 종속절[비인칭 형식]
Può	darsi	che	domani piova. 내일 비가 내릴 수도 있다.
	essere		Elena sia già arrivata a casa. 엘레나가 이미 집에 도착했을 수도 있다.
È	probabile		domani nevichi. 내일 눈이 올 확률이 있다.
	possbile		tu abbia ragione. 네가 옳을 가능성이 있다.

☞ 부사 forse, probabilmente, magari + 직설법 동사로 추측을 표현할 수도 있다.
Forse (Probabilmente, magari) hai ragione. 아마도 (십중팔구, 어쩌면) 네가 옳아.

ⓙ 주절의 동사가 당위성, 타당성을 나타내는 경우: [비인칭 형식의 주격절에서 접속법 사용]
bisognare, occorrere, essere necessario/opportuno

주절		주격 종속절[비인칭 형식]
Bisogna	che	diminuisca il traffico. 교통 체증이 감소해야 된다.
Occorre		tu prenda subito una decisione. 네가 즉시 결정을 내리는 것이 필요하다.
È necessario		tu sappia la verità. 네가 진실을 아는 것이 필요하다.
Bisogna	fare il vaccino per viaggiare? 여행하려면 백신을 접종해야 돼요?	
È necessario	fare il tampone per il covid. 코로나 검사가 필요하다.	

ⓚ 확실성이 부족한 동사인 경우: 비인칭 형식의 주격절에서 접속법 사용

주절		주격 종속절[비인칭 형식]
Si dice Si racconta Dicono	che	Simona abbia vinto un concorso. 시모나가 콩쿠르에서 입상했다는 말이 있다. quel signore sia molto ricco. 그 남자가 아주 부자라는 이야기가 있다. in quel ristorante si mangi bene. 그 레스토랑은 음식을 잘한다고들 말한다.

Ⓘ 판단(giudizio)이나 의견(opinione) 등을 나타내는 비인칭 형식일 경우

essere 동사의 3인칭 단수형 + 형용사/부사/명사 + che + 주어 + 동사

È	difficile	che	la nostra squadra perda la partita. 우리 팀이 경기에서 지기 어렵다.
	importante		voi parliate sempre in italiano. 너희들이 항상 이탈리아어로 말하는 것이 중요하다.
	opportuno		io mantenga un atteggiamento neutrale. 내가 중립적인 태도를 유지하는 것이 적절하다.
	necessario		voi veniate presto domani mattina. 너희들이 내일 아침 일찍 오는 것이 필요하다.
	giusto		anche tu sappia la verità. 너도 진실을 아는 것이 옳다.
	strano		lei non venga a lezione. 그녀가 수업에 안 오는 것이 이상하다.
	bene		anche voi siate presenti alla riunione. 너희들도 회의에 참석하는 것이 좋다.
	meglio		tu rimanga a casa. 네가 집에 머무는 것이 더 낫다.
	un peccato		non siate venuti con noi al concerto. 너희들이 우리와 음악회에 못 간 것이 유감이다.
	una fortuna		Francesco sia arrivato sano e salvo. 프란체스코가 무사히 도착한 것이 행운이다.
	bello	andare al mare d’estate. 여름에 바다에 가는 것은 멋지다.	
	possibile	imparare l’italiano in un mese? 이탈리아어를 한 달 만에 배우는 것이 가능합니까?	
	bene	alzarsi presto la mattina. 아침에 일찍 일어나는 것이 좋다.	
	meglio	indossare la mascherina. 마스크를 쓰는 것이 더 낫다.	
	ora	che	tu vada a letto. 네가 잠자리에 들 시간이다.
		di	andare a letto. 잠자리에 들 시간이다.
	tempo	che	torniate a casa. 너희들이 집에 돌아갈 때이다.
		di	tornare a casa. 집에 돌아갈 때이다.

✎ 참고

직설법과 접속법을 사용하는 경우

1. 주절이 확실성을 나타내는 동사 및 동사 관용구일 경우 종속절에서 직설법 동사를 사용한다.

진술 동사: dire, affermare, assicurare, giurare, scomettere, promettere...

인지 동사: sapere, accorgersi, notare, scoprire, sentire, vedere...

동사 관용구: essere sicuro, essere certo, essere convinto (che)...

Lui mi ha detto che tu vieni. 루카가 네가 온다고 내게 말했어.
Ho saputo che lui è italiano. 나는 그가 이탈리아인임을 알았다.
Vedo che lavori anche oggi. 오늘도 네가 일하는 것이 보이네.
Ho sentito che ha vinto Luca. 루카가 이겼다고 들었다.
Sono sicuro che lei torna presto. 난 그녀가 빨리 돌아오리라 확신한다.
Sono certo che lui ha ragione. 나는 그가 옳다고 확신한다.

그러나 불확실성을 나타내는 non sapere, non essere sicuro/certo che 다음에는 접속법 동사를 사용한다. [☞ 240쪽 ⓒ 참조]

Sapevo che lui era italiano. [직설법 반과거]
나는 그가 이탈리아인이라는 것을 알고 있었다.
Non sapevo che lui fosse italiano. [접속법 반과거]
난 그가 이탈리아인이라는 것을 모르고 있었다.
Non sono sicuro che lui sia vivo. [접속법 현재]
나는 그가 살아 있다는 것을 확신하지 못하겠다.
Non sono certo che lui abbia ragione. [접속법 현재]
나는 그가 옳다는 것을 확신하지 못한다.

2. 비인칭 형식 중에서 주절에 사용된 형용사가 확실성을 나타내는 경우 주격절에 직설법을 사용한다.

è vero che, è sicuro che, è evidente che, è noto che, è chiaro che,
è certo che, è ovvio che, è storico che... [☞ 254쪽 ⓐ 참조]

È vero che Fabio è partito. 파비오가 떠난 것이 사실이다.
È chiaro che loro vanno in Italia. 그들이 이탈리아에 가는 것이 분명하다.
È evidente che siete stanchi. 너희들이 피곤한 것이 역력하다.

그러나 위와는 대조적으로 주격 종속절이 문장 앞에 위치하는 경우는 접속법을 사용한다.

Che Fabio sia partito è vero. 파비오가 떠난 것이 사실이다.
Che loro vadano in Italia è chiaro. 그들이 이탈리아에 가는 것이 분명하다.
Che siate stanchi è evidente. 너희들이 피곤한 것이 역력하다.

✎ 참고

이탈리아어에 있어서 접속법 사용은 상당히 복잡하여, 이탈리아인들도 혼란스러움을 느낀다. 산레모 가요제에서 Lorenzo Baglioni의 il congiuntivo(접속법)이라는 노래가 있을 정도이다. 격식을 갖추어서 말해야 하는 경우에는 접속법 사용을 해야 하지만, 일상의 비격식적 구어체에서는 격식을 갖춘 접속법을 사용하면, 문장이 다소 무거워진다. 따라서 오늘날 신표준 이탈리아어(l'italiano neostandard)에서는 가급적 접속법 사용을 피하고, 직설법을 대신할 수 있는 문장으로 표현한다. 직설법 사용은 북부 지방보다 중남부 지역에서 더 많이 사용하고 있고, 친구들 사이의 구어체나 sms, 카드, 채팅 등의 비격식적인 문어체에서 사용된다. 반면 접속법은 담화, 토론 등 공식적인 자리와 교양 있는 사람들 사이에서 사용되고, 공문이나 격식적인 문어체에서 많이 사용된다.

1. 의견을 나타내는 표현 penso che + 접속법 대신에 직설법을 사용할 수 있는 표현들

Penso che lui sia straniero.	나는 그가 외국인이라고 생각한다.
Secondo me, lui è straniero.	내 판단에, 그는 외국인이다.
Per me, lui è straniero.	내 생각에, 그는 외국인이다.
Forse lui è straniero.	아마도 그는 외국인이다.

2. 의견을 나타내는 표현 mi pare che, mi sembra che + 접속법 대신에 직설법을 사용할 수 있는 표현들

Mi pare che lui si sbagli.	내게는 그가 실수하는 것으로 보인다.
Mi sa che lui si sbaglia.	내게는 그가 실수하는 것 같다.
A mio parere, lui si sbaglia.	내 의견으로는 그가 실수한다.
A mio avviso, lui si sbaglia.	내 생각에는 그가 실수한다.
A mio giudizio, lui si sbaglia.	내 판단으로는 그가 실수한다.
A quanto pare, lui si sbaglia.	보이는 바로는, 그가 실수한다.

3. 의견 동사(pensare, credere), 비인칭 형식(si dice che, dicono che) 다음에 문법적으로 주관성을 나타내는 접속법을 사용한다. 그러나 일생생활 구어체에서 직설법을 사용하는 경우가 있는데, 이는 화자가 확신을 강조하기 위해서이다.

Penso che hai fatto la scelta giusta. [직설법 동사]
나는 네가 옳은 선택을 했다고 생각한다.
[다른 사람들도 '네가 옳은 선택을 했다'고 생각하고 있고, 화자인 나 역시도 그렇게 생각하고 있다는 객관적 사실에 바탕을 둔다.]

Penso che tu abbia fatto la scelta giusta.
['네가 옳은 선택을 했다'라는 것을 다른 사람들은 어떻게 생각하는지 모르겠지만, 화자인 나는 그렇게 생각한다는 주관성을 내포한다.]

Si dice che lui abbia vinto / ha vinto alla lotteria.
['그가 복권에 당첨되었다는 말이 있다'에서 접속법 동사는 불확실성을 나타내고, 직설법은 확실성을 나타낸다.]

(2) 부사 종속절을 이끄는 부사 접속사의 성격에 따라 접속법 사용이 결정될 수 있다.

ⓐ 목적절(La proposizione finale): 목적 접속사[~하도록 so that]

주절과 종속절의 주어가 다를 경우 목적 부사절에 접속법 동사를 사용한다. 접속사 perché 다음에 직설법 법이 오면 원인절이 되고, 접속법이 오면 목적절이 된다. **affinché**는 격식적이고 문어체적인 접속사로서 현재는 동일한 의미의 **perché** (하도록)가 많이 사용된다.

affinché, perché [~할 수 있도록] + (주어) + **접속법 동사**[☞ 320쪽 참조]

Telefono a Monica, affinché sappia la situazione. [목적절-접속법]
나는 모니카에게 전화한다, 그녀가 상황을 알게 하기 위해서이다.

Ti dico la mia storia perché mi capisca. [목적절-접속법]
나는 네가 나를 이해할 수 있도록 내 이야기를 네게 한다.

Ti dico la mia storia perché mi capisce. [원인절-직설법]
네게 내 이야기를 말한다, 왜냐하면 너는 나를 이해하기 때문이다.

목적 부사절을 함축형(la forma implicita-영어의 부사구)으로 고칠 수 있다.
주절과 종속절의 주어가 같은 경우에는 per + 동사 원형(~하기 위하여)으로 나타낸다.

Telefono a Monica per sapere la situazione.
내가 상황을 알기 위해 모니카에게 전화한다. [io telefono, io so]

주절의 주어와 종속절의 주어가 다른 경우에는 사역 동사(fare)를 사용하여 per + fare + 동사 원형(~하게 하도록)으로 나타낸다.

Telefono a Monica per farle sapere la situazione.
나는 모니카에게 상황을 알게 하려고 그녀에게 전화한다. [io telefono, Monica sa]

✎ 참고

접속사 perché는 어떤 접속사로 사용되는가에 따라서 동사의 법이 달라진다.

목적 **접속사**(~하도록) : **perché + 주어 +** 접속법 **동사**
원인 **접속사**(왜냐하면 ~): **perché + 주어 +** 직설법 **동사**

Ho divorziato mia moglie perché sia una donna libera.
나는 아내가 자유로운 여성이 되도록 이혼했다. [목적절-접속법]

Ho divorziato mia moglie perché è una donna libera.
나는 아내가 자유로운 여성이기 때문에 이혼했다. [원인절-직설법]

ⓑ 양보절(La proposizione concessiva): 양보 접속사[비록 ~라고 할지라도]

i) sebbene, benché, nonostante, malgrado, per quanto + 접속법 동사

Sebbene il sole splenda in cielo, fa abbastanza freddo.
비록 하늘에 해가 빛나고 있지만, 꽤 춥다.

Anna continua a portare quel vestito benché non sia più di moda.
안나는 그 옷이 더 이상 유행하는 스타일이 아닐지라도 그것을 계속 입고 다닌다.

Nonostante Sara abbia studiato, non si sente preparata all'esame.
사라는 공부를 했음에도 불구하고, 시험에 대한 준비가 되어 있지 않다고 느낀다.

Malgrado abbia molte preoccupazioni, Silvia è sempre allegra.
실비아는 많은 걱정에도 불구하고 항상 명랑하다.

Per quanto sia difficile la situazione, una soluzione deve esserci.
아무리 상황이 어렵다 하더라도, 반드시 해결책은 있을 것이다.

ii) ~ unque형 양보 접속사 + 접속법 동사: [~든지 간에]

Dovunque tu vada, ti seguirò. [=Ovunque]
네가 어디로 가든지, 너를 따라갈 것이다.

Chiunque vinca, per me è lo stesso.
누가 이기든 간에 내게는 똑같다.

Comunque vadano le cose, io sarò sempre dalla tua parte.
일이 어떻게 되든지 간에, 나는 항상 너의 편일 것이다.

Qualunque cosa tu dica, non ti crederò. [=Qualsiasi]
네가 무슨 말을 하든지 간에 나는 너를 믿지 않을 것이다.

Verrò a trovarvi, quantunque sia molto stanco.
너희들을 방문하러 갈 것이다, 내가 아무리 피곤할지라도.

☹ 주의

anche se[비록 ~라고 할지라도] + 직설법 동사: 구어체에서 많이 사용되는 양보 접속사이다.
anche se는 양보 접속사라고 하더라도 직설법 동사를 사용한다.

Anna continua a portare quel vestito, anche se non è più di moda.
비록 유행이 지났지만 안나는 계속 그 옷을 입고 다닌다. [직설법]

Anche se non ti scrivo, ti penso sempre. [직설법]
비록 네게 글을 쓰지 않아도, 나는 항상 너를 생각해.

ⓒ 조건절(La proposizione condizionale): 조건 접속사[~한다는 조건으로]

a patto che, a condizione che, nel caso che, basta che, purché + 접속법

Ti dirò tutto a patto che tu non lo dica a nessuno.

네가 아무에게도 말하지 않는다는 약속(약정)하에 너에게 모든 것을 말할 것이다.

Ti posso aiutare, a condizione che finisca entro stasera.

오늘 저녁 안으로 끝낸다는 조건하에, 너를 도와줄 수 있어.

Mi telefonerà in tempo nel caso che lei non possa venire.

그녀가 올 수 없을 경우에 내게 제때 전화할 것이다.

Puoi prendere il mio ombrello, basta che non lo perda.

넌 내 우산을 잊어버리지 않기만 한다면 그것을 가져갈 수 있어.

Comprerò queste scarpe purché non costino troppo.

나는 이 구두가 너무 비싸지 않다면 살 것이다.

주의

1. 분리 접속사 **sia che ~ sia che**를 이용한 조건절도 접속법 동사를 사용한다.

   Sia che io mangi, sia che non mangi, ingrasso lo stesso.

   내가 먹든 안 먹든 살찌기는 마찬가지다.

   Sia che tu voglia, sia che non voglia, partiremo domani.

   네가 원하든 원하지 않든 우리는 내일 출발할 것이다.

2. **Che + 접속법 동사 o no: ~하든 안하든**

   Che ti piaccia o no, questa è la situazione.

   네가 좋든 싫든, 이것이 상황이다.

   Che tu ci creda o no, la situazione non cambia.

   네가 믿는 안 믿든, 상황은 안 바뀐다.

   Domani devi fare i tuoi compiti, che tu lo voglia o no!

   내일은 네가 원하든 원하지 않든, 너의 숙제를 해야 해!

3. **nel caso che**는 조건절 이외에도 가정절을 이끌 수 있다.

   Nel caso che parta, avvertimi. [조건절-접속법 현재]

   네가 떠날 경우에, 네게 알려줘.

   Nel caso che partissi, avvertimi. [가정절-접속법 반과거]

   만일 네가 떠날 경우에, 내게 알려줘.

4. 접속사구 **nel caso che**는 **nel caso in cui**로도 표현할 수 있다.

ⓓ 시간절(La proposizone temporale): 선행 접속사[~하기 전에]

아직 일이 일어나지 않은 단계라 기대를 나타내기 때문에 접속법을 사용한다.

prima che + 접속법: 주절과 종속절의 주어가 다를 때

prima di+동사 원형: 주절과 종속절의 주어가 같을 때

Io vado a trovare Matteo prima che parta lui.

나는 마테오가 떠나기 전에 그를 방문하러 간다. [io vado, lui parte]

Io vado a trovare Matteo prima di partire.

내가 떠나기 전에 마테오를 방문하러 간다. [io vado, io parto]

Devo andare in farmacia prima che chiuda.

나는 약국이 문 닫기 전에 가야 한다. [주어: 나, 약국]

Prima che il gallo canti, tu mi rinnegherai tre volte.

닭이 울기 전에 너는 나를 세 번이나 모른다고 할 것이다. [주어: 닭, 너]

Dobbiamo tornare a casa prima che sia troppo tardi.

시간이 늦기 전에 우리는 집에 돌아가야 한다. [주어: 우리, 비인칭]

Prima di venire in Italia, hai studiato l'italiano?

너는 이탈리아에 오기 전에 이탈리아어를 공부했니? [주어가 같은 경우]

주의

1. finché non(~일 때까지)는 직설법이나 접속법 둘 다 사용 가능: non은 강조사

Aspetto finché (non) torni Sara. [접속법-격식적]

Aspetto finché (non) torna Sara. [직설법-비격식적]

나는 사라가 돌아올 때까지 기다린다. (non)은 강조

2. 후행 시간 접속사 dopo che + 주어 + 직설법 동사[복합 시제]

시간 접속사 dopo che는 '~하고 나서'라는 의미로 사건이 일어난 명백한 결과를 나타내기 때문에 직설법 동사를 사용한다. 접속사 dopo che 다음에는 직설법 복합 시제를 사용하는 것이 바람직하다(dopo che + 주어 + avere/essere의 직설법 동사 + p.p). 주절과 종속절이 같을 경우는 dopo + 부정사 복합 시제(avere/essere + p.p)를 사용한다.

Dopo che avevo telefonato a Luca, sono andato da lui. [부사절-직설법 대과거]

Dopo avere telefonato a Luca, sono andato da lui. [부사구-부정사 복합 시제]

나는 루카에게 전화를 하고 나서 그의 집에 갔다.

Dopo che mi sono vestito/a, faccio colazione. [부사절-직설법 근과거]

Dopo essermi vestito/a, faccio colazione. [부사구-부정사 복합 시제]

나는 옷을 입고 난 다음에 아침 식사를 한다.

ⓔ 배타/배제절(La proposizione esclusiva): 배타/배제 접속사[~ 없이]

senza che + 접속법: 주절과 종속절의 주어가 다를 때
~할 필요 없이[=non è necessario che]
senza + 부정사(동사 원형): 주절과 종속절의 주어가 같을 때

Fai sempre tutto senza che io lo sappia.
너는 항상 내가 모르게 모든 것을 한다.

Faremo tutto in segreto senza che loro se ne accorgano.
우리는 그들이 그것에 대해서 눈치채는 일 없이 모든 것을 비밀리에 할 것이다.

Marco è partito senza che nessuno lo vedesse.
마르코는 아무도 그를 보는 일 없이 떠났다.

Marco ha fatto di testa sua senza ascoltare nessuno.
마르코는 누구의 말도 듣는 일 없이 자기 마음대로 했다.

Valentina è andata via senza salutarmi.
발렌티나는 내게 인사도 하지 않고서 가버렸다.

Lui ha superato un esame senza aprire libro.
그는 책도 펴보지 않고서 시험에 합격했다.

ⓔ 예외절(La proposizione eccettuativa): ~하지 않는 한(unless)

a meno che, tranne che, eccetto che, salvo che + (non) + 접속법
a meno di, tranne che, eccetto che + 동사 원형: 주어가 동일한 경우

Lo spettacolo si terrà all'aperto a meno che non piova.
비가 오지 않는 한 공연은 야외에서 개최될 것이다. (non)은 강조

Non posso disturbarlo, tranne che sia urgentissimo.
나는 아주 급한 경우를 제외하고는 그를 방해할 수가 없다.

Andremo a sciare eccetto che (non) cambi il tempo.
우리는 날씨가 바뀌는 경우를 제외하고는 스키 타러 갈 것이다. (non)은 강조

Verrò a Roma, salvo che (non) accada qualcosa d'inaspettato.
예상치 못한 일이 발생하지 않는 한, 난 네가 있는 로마로 갈 것이다. (non)은 강조

A meno di ammalarmi, verrò sicuramente.
내가 병이 나지 않는 한, 틀림없이 네가 있는 곳으로 갈 것이다. [주어가 같은 경우]

Non possiamo fare nulla, tranne che aspettare.
기다리는 것 외에는 우리는 아무것도 할 수가 없다. [주어가 같은 경우]

Non pretendo nulla di speciale, eccetto che essere pagato per il mio lavoro.
나는 내 일에 대한 보수를 제외하고는 특별한 것을 아무것도 주장하지 않는다.

ⓖ 양태절(La proposizione modale): 양태 접속사[마치 ~듯이/처럼]

- come se +
  - **접속법 반과거**[주절의 시제와 나란할 경우] ~한 듯이(as if)
  - **접속법 대과거**[주절의 시제보다 앞선 경우] ~했듯이(as if)
- come + **직설법**: ~대로, ~처럼(as) [☞ 324쪽 양태 접속사 참조]

Fai come se fossi a casa tua.
너의 집에 있는 것처럼 마음 편히 해라!

Mi ricordo di quel viaggio come se fosse ieri.
난 그 여행이 마치 어제 일처럼 기억난다.

Loro si comportano come se nulla fosse accaduto.
그들은 마치 아무 일도 일어나지 않은 듯이 행동한다.

Lui mi racconta come se l'avesse visto con i propri occhi.
그는 나에게 그것을 마치 자기 눈으로 직접 본 듯이 이야기한다.

ⓗ 목적 의미를 지닌 결과절(La proposizione consecutiva)

결과절은 직설법을 사용하지만, 목적의 의미를 지닌 경우 접속법을 사용한다.

in modo che + **접속법**: 주절의 주어와 다른 경우 ~하도록, ~하게끔

in modo da + **동사 원형**: 주절의 주어와 동일한 경우 ~하도록, ~하게끔

Spiega in modo che tutti possano capire!
모두가 알아들을 수 있게끔 설명해!

Ho chiuso la finestra in modo che non entri il vento.
나는 바람이 안 들어오게끔 창문을 닫았다.

Leggi bene le istruzioni, in modo da non sbagliare!
실수하지 않도록 설명서를 잘 읽어.

ⓘ 제한(한정)절(La proposizione limitativa): ~한 바로는

che가 이끄는 제한(한정)의 부사절에서 접속법을 사용한다.

Che io sappia, Luisa ha invitato tutti i suoi amici.
내가 아는 한, 루이자는 그녀의 모든 친구들을 초대했다. [=Secondo me]

Che tu sappia, Carlo viene alla festa? [=Secondo te]
네가 알기로, 카를로가 파티에 오니?

Che voi sappiate, che tempo farà domani? [=Secondo voi]
너희들이 알기로, 내일 날씨가 어때?

✎ 참고

부사 종속절에서 직설법을 사용하는 접속사 [☞ 319~323쪽 부사 접속사 참조]

부사 종속절을 이끄는 접속사라고 하더라도 다음의 접속사들은 직설법을 사용한다.

1. 원인 접속사[perché, poiché, siccome, dato che, visto che]

   Siccome sto **male, non esco fuori.** [직설법]

   나는 몸이 안 좋아서 밖에 안 나간다.

   Non esco fuori, perché sto **male.** [직설법]

   난 밖에 안 나간다, 왜냐하면 몸이 안 좋기 때문이다.

2. 결과 접속사[così~che, tanto~che, talmente~che, sicché]

   Paola è così **bella** che **tutti la** guardano. [직설법]

   파올라가 너무 아름다워서 모두가 그녀를 쳐다본다.

   Ero talmente **stanco** che sono andato **subito a dormire.**

   나는 너무 피곤해서 바로 자러 갔다.

   Era tardi tanto che ho dovuto **prendere un taxi.** [직설법]

   너무 늦어서 택시를 타야 했다. [so / such~that]

3. 후행 시간 접속사[dopo che]

   Dopo che avremo finito **questo lavoro, usciremo fuori.**

   우리는 이 일을 끝낸 다음에, 밖으로 나갈 것이다. [직설법 선립 미래]

   Dopo che avevo finito **l'Università, ho continuato a studiare.**

   나는 대학을 졸업한 후에, 공부를 계속했다. [직설법 대과거]

4. 양보 접속사[anche se]

   Anche se è **stanco, Marco contiuna a studiare.** [직설법]

   마르코는 비록 피곤하지만, 공부를 계속한다.

   그러나 **anche se**가 가정 양보의 의미를 지닐 때는 접속법을 사용한다.

   Anche se fosse **stanco, Marco continuerebbe a studiare.** [접속법]

   마르코가 설령 피곤하다고 할지라도, 공부를 계속할 것이다.

5. 제한(한정) 접속사[per quanto]: 직설법과 접속법 둘 다 사용 가능하다.

   Per quanto **ne** so, **non è successo niente.**

   내가 아는 한, 아무 일도 일어나지 않았다. [직설법-비격식적]

   Per quanto **ne** sappia, **tutte le farmacie sono chiuse.**

   내가 아는 한, 모든 약국들은 문을 닫았다. [접속법-격식적]

(4) 종속절(주격절, 목적격절)이 주절 앞에 와서 강조적으로 사용되는 경우

ⓐ 주격 종속절은 종속절이기 때문에 일반적으로 주절 뒤에 위치하며, 비인칭 형식을 이룬다. 그러나 주격 종속절이 강조를 위해 주절 앞에 위치할 경우가 있는데, 이러한 경우에 접속법 동사를 사용한다. 주절의 형용사가 확실성을 나타내는 경우에도, 주격 종속절이 주절 앞에 오면 접속법 동사를 사용한다. [☞ 245쪽 2. 참조]

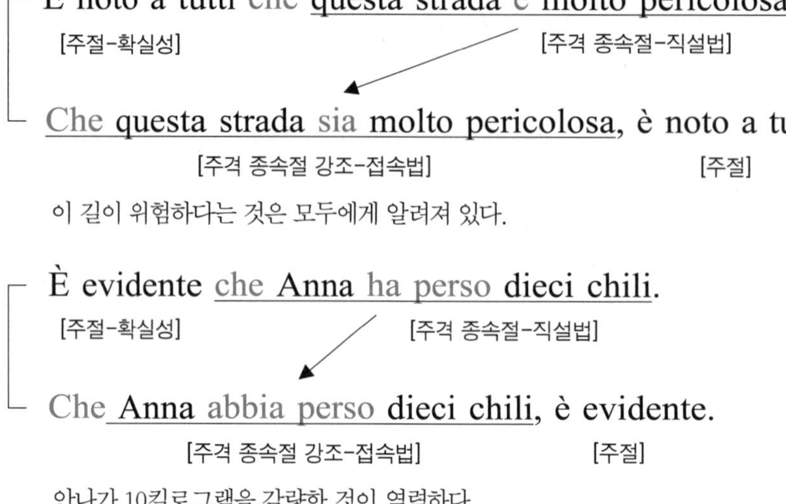

안나가 10킬로그램을 감량한 것이 역력하다.

ⓑ 목적격 종속절도 종속절이기 때문에 주절 뒤에 위치한다. 그러나 강조를 위해서 주절 앞에 위치할 경우, 격식적인 문체에서는 접속법 동사를 선호한다. sapere, dire, notare 같은 타동사는 목적격 종속절이 앞에 올 경우에, 주절에서 문장 전체를 받는 약형 목적격 대명사 lo를 사용하는 것이 의무적이다.

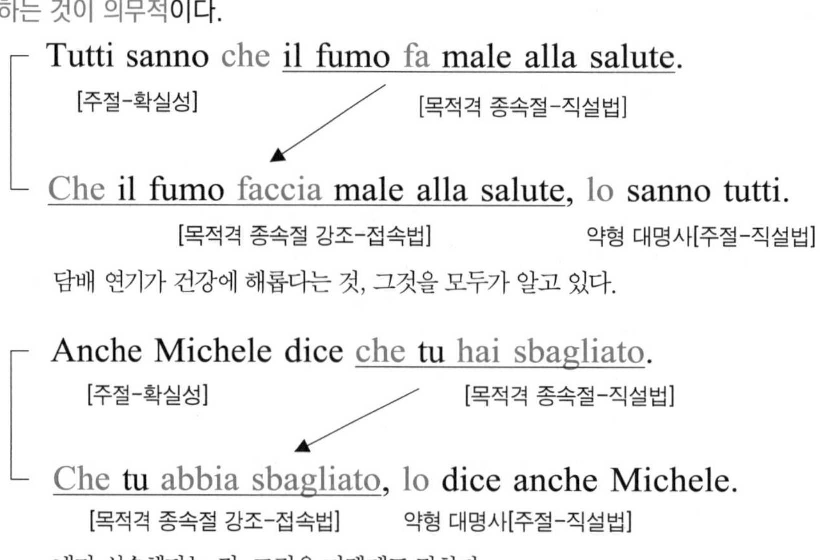

네가 실수했다는 것, 그것을 미켈레도 말한다.

4 문체상 접속법을 사용하는 경우

다음의 경우에는 접속법을 사용하든 직설법을 사용하든 의미 변화가 없지만, 접속법을 사용하면 더욱 고급 문체가 되므로 글쓴이의 문체를 결정짓는 데 중요한 역할을 한다.

(1) 주절 뒤에 오는 종속절에서 부정 형식의 가정 원인절은 접속법을 사용하고, 실제 원인절은 직설법을 사용한다.

Non è che sia arrabbiato con te, è solo che sono un po' stanco.
너한테 화난 것이 아니라, 단지 내가 조금 피곤해서 그런 거야. [접속법-직설법]

Non dico che tu abbia torto, ma dico che il tuo giudizo è troppo.
네가 틀렸다고 말하는 것이 아니라, 네 판단이 너무하다고 말하는 거야. [접속법-직설법]

Non lo fa non perché non ne sia capace, ma perché non vuole.
그가 능력이 없어서 그것을 하지 않는 것이 아니라, 원하지 않기 때문이다. [접속법-직설법]

(2) 주절의 동사 뒤에 의문문이 오는 간접 의문문일 경우 접속법을 사용하면 고급 문체가 된다.

domandare, chiedere, non sapere, non capire 등의 동사 + 의문사 + 접속법

Elena domanda a Sara chi sia il suo cantante preferito.
엘레나는 사라에게 가장 좋아하는 가수가 누구냐고 묻는다.

Mi chiedo come Francesca possa parlare male di me.
프란체스카가 어떻게 나에 대해서 나쁘게 말할 수 있는지 궁금하다.

Non so se Lorenzo sia la persona giusta per quel ruolo.
나는 로렌초가 그 역할에 적합한 사람인지 모르겠다.

Non capisco perché Alessandro abbia cambiato idea.
나는 알렉산드로가 왜 생각을 바꿨는지 이해가 안 간다.

✎ 참고

Non so se 다음에 접속법과 조건법 사용

Non so se lui sarebbe la persona giusta per quel ruolo. [조건법]
나는 그가 그 역할에 적합한 사람인지 모르겠다. (만일 그에게 역을 맡긴다면)
[조건법은 조건에 따른 결과를 나타내기 때문에, 배역을 맡기게 된다면이 전제된다.]

Non so se lui sia/è la persona giusta per quel ruolo. [접속법/직설법]
[접속법은 배역이 주어진 상황에서 그가 그 역할에 적임자인지 모르겠다는 의미이다.
비격식 언어(문어체, 구어체)에서는 직설법 동사 è를 사용한다.]

(3) **선행사가 서열이나 유일함을 나타내는 관계사절**(형용사절)**에서 접속법을 사용하면 고급 문체가 된다.**

Lui è il primo che sappia fare questo lavoro.
그는 이 일을 할 줄 아는 일인자이다.

Lui è l'ultimo che sia arrivato qui.
그는 여기에 도착한 마지막 사람이다.

Paolo è l'unica persona che possa capirmi.
파올로는 나를 이해해 줄 수 있는 유일한 사람이다.

È l'unica speranza che mi sia rimasta.
내게 남은 유일한 희망이다.

Maria è la sola donna che mi abbia mai capito veramente.
마리아는 여태 나를 진정으로 이해한 단 한 명의 여성이다.

(4) **비교급 문장이나 선행사가 최상급인 문장에서**[☞ 1권 149쪽 ⓒ 비교급 참조]

ⓐ 주절이 비교급인 문장의 비교절에서 접속법을 사용하면 고급 문체가 된다.

동사	più / meno ~ di quanto (non) più / meno ~ di quello che meglio / peggio ~ di quanto	+ 접속법 동사 (non)은 강조

Lui è molto più vecchio di quanto (non) sembri.
그는 보기보다 훨씬 더 나이가 많다. [=sembra 직설법(비격식적)]

L'italiano è più difficile di quanto io (non) credessi.
이탈리아어는 내가 생각하던 것보다 더 어렵다. [=credevo 직설법(비격식적)]

ⓑ 주절이 최상급 문장인 경우 che 이하에 접속법을 사용하면 고급 문체가 된다.

정관사	명사	più / meno	형용사	che	접속법 동사

Mario è il ragazzo più intelligente che io conosca.
마리오는 내가 아는 사람 중에서 가장 영리한 소년이다.

Questo è il film più bello che io abbia mai visto.
이것은 내가 여태껏 본 영화 중에서 가장 멋진 영화이다. [mai는 강조]

Qual è il libro più interessante che abbiate mai letto?
지금까지 여러분이 여태 읽은 책 중 가장 재미있는 책은 무엇입니까? [mai는 강조]

5 종속절에 직설법과 접속법을 사용했을 때 그 의미가 달라지는 경우

(1) 접속법을 사용하면 단지 ~만(soltanto che)의 의미가 있다.

Non bevo gli alcolici che fanno male.
나는 해를 주는 알코올음료는 마시지 않는다. [알코올음료들은 해롭다.]

Non bevo gli alcolici che facciano male.
[=Io bevo alcuni alcolici che non fanno male.]
나는 해를 줄 수 있는 알코올음료들은 마시지 않는다. [해가 없는 알코올음료는 마신다.]

Darò un regalo ai bambini che sono buoni.
나는 착한 아이들에게 선물을 준다. [어린아이들은 착하다.]

Darò un regalo ai bambini che siano buoni.
나는 착한 아이들에게만 선물을 준다. [착하지 않는 아이들에게는 선물을 안 준다.]

(2) 관계사절에서 접속법을 사용할 때 필요나 목적을 나타낸다.

Cerco qualcuno che mi aiuti economicamente.
나는 경제적으로 나를 도움을 줄 수 있는 누군가를 찾는다.

Preferiamo una segretaria che parli perfettamente l'italiano.
우리는 이탈리아어를 완벽하게 구사할 수 있는 비서를 선호합니다.

Voglio un lavoro che mi permetta di lavorare da casa.
나는 재택근무가 가능한 직업을 원한다.

Non c'è nessuno che possa aiutarmi.
나를 도와줄 가능성이 있는 사람이 아무도 없다.

(3) 결과가 명확하고 확실한 경우엔 결과절에 직설법을 사용한다. [☞ 253쪽 참고 2. 참조]

così ~ che / tanto ~ che / talmente ~ che / tale che

La lezione era così noisa che mi sono addormentato.
나는 수업이 너무 지루해서 잠이 들었다.

Sono tanto stanco che non posso più fare niente.
나는 너무 피곤해서 더 이상 아무것도 할 수가 없다.

Ho corso talmente tanto che mi è venuto il fiatone.
나는 숨이 찰 정도로 엄청 많이 달렸다.

Faceva un caldo tale che nessuno usciva per la strada.
너무나 더워서 길에 아무도 나오지 않고 있었다.

6 주절의 주어와 종속절의 주어가 같을 경우

목적격절에서 접속법은 주절의 주어와 종속절의 주어가 다를 때 사용한다. 일반적으로 주절의 주어와 종속절의 주어가 같을 경우에는 di + 부정사(동사 원형)을 사용한다.

Ho paura che lui perda il cellulare. [주어가 다른 경우]
나는 그가 휴대폰을 잃어버릴까 봐 두렵다.

Ho paura di perdere il cellulare. [주어가 같은 경우]
나는 (내가) 휴대폰을 잃어버릴까 봐 두렵다.

Ho paura che lui abbia perso il cellulare. [주어가 다른 경우]
나는 그가 그의 휴대폰을 잃어버렸을까 봐 두렵다.

Ho paura di aver perso il cellulare. [주어가 같은 경우]
나는 (내가) 휴대폰을 잃어버렸을까 봐 두렵다.

Giulia crede che io sia molto brava. [주어가 다른 경우]
줄리아는 내가 참 훌륭하다고 믿는다.

Giulia crede di essere molto brava. [주어가 같은 경우]
줄리아는 자신이 참 훌륭하다고 믿는다.

Giulia crede che io sia stata molto brava. [주어가 다른 경우]
줄리아는 내가 참 훌륭했다고 믿는다.

Giulia crede di essere stata molto brava. [주어가 같은 경우]
줄리아는 자신이 참 훌륭했다고 믿는다.

의견 동사(pensare, credere, ritenere, sembrare, parere...), 희망 동사(sperare, augurarsi, volere...) 다음에 접속법 동사가 사용되면 접속사 che는 생략하여 쓸 수 있다.

Penso (che) tu abbia ragione.	나는 네가 옳다고 생각한다.
Credo (che) abbiate capito bene.	난 너희들이 잘 이해했다고 믿는다.
Immagino (che) tu sia libero.	나는 네가 자유롭다는 상상이 든다.
Ritengo (che) sia necessario studiare.	나는 공부하는 것이 필요하다고 본다.
Spero (che) stiate tutti bene.	난 너희들 모두가 잘 지내길 바란다.
Mi auguro (che) sia tutto ok.	나는 모든 것이 괜찮길 기원한다.
Vorrei (che) fosse un sogno.	나는 꿈이면 좋겠다.
Sembra (che) stia per piovere.	곧 비가 내릴 것 같아 보인다.
Pare (che) non sia così.	그러지 않는 것 같아 보인다.

7 접속법이 독립문으로 사용된 경우

(1) 권고의 접속법 il congiuntivo esortativo

ⓐ 접속법 현재 동사를 사용하는 간접 명령(noi, Lei, Loro) 형태에 해당한다. 또한 제3자인 누군가에게 어떤 행위를 이행하도록 권유(권고)하거나 간청(명령)하는 것으로, 접속법 3인칭 단수와 복수의 현재형을 사용한다. [☞ 207쪽 참고의 권고 접속법 참조]

Amiamo la natura! [noi] 자연을 사랑합시다!
Si accomdi, signore! [Lei] 편히 앉으세요, 아저씨!
Si accomdino, signori! [Loro] 편히 앉으세요, 신사분들!
Entri il prossimo! 다음 분 들어오세요!
Entrino tutti i passeggeri! 모든 승객들은 들어오세요!

☞ 접속법 동사가 독립문으로 사용되는 일부 관용 표현들도 있다.
Si pensi che ogni giorno tanti bambini muoiono di fame.
매일 많은 어린이들이 기아로 죽는다고 생각해 보세요.
Basti pensare che ogni anno il debito pubblico cresce molto.
매년 공공 부채가 많이 증가하고 있는 사실을 생각해 봐도 충분히 알 수 있다.

ⓑ 축복(benedizione), 저주(maledizione), 기원(augurio)을 나타낸다. 접속법 현재 동사로 사용되며, **che**를 생략해서 나타낼 수도 있다.

(Che) Dio ti assista! 네게 신의 가호가 있기를!
(Che) il Signore sia con voi! 주님이 여러분과 함께하기를!
Che Dio ci protegga! 신이 우리를 보호하길!
Che tu sia maledetto! 네가 저주나 받아라!
Che vada al diavolo! 지옥에나 가버려라!

ⓒ 간청(sollecitazione)이나 바람(desiderio)을 나타낸다.

Che i signori facciano un po' di silenzio!
신사분들 좀 조용히 해주시기를! [=Spero che i signori facciano ~]
Siamo tutti pronti: che lo spettacolo inizi! [=spero che lo ~]
우리 모두 준비가 되었는데, 공연 시작했으면!
Che questa situazione finisca al più presto! [=Spero che questa ~]
이 상황이 가능한 한 빨리 끝나기를!

(2) 의심의 접속법 il congiuntivo dubitativo

주로 의문문 형식을 취한다. 접속사 che 앞에 의심이나 가능성을 나타내는 주절의 동사(temere, è possible che)가 생략되어 있다고 보면 된다. che가 생략될 수도 있다.

ⓐ **접속법** 현재와 과거: 현재 일의 불확실함이나 의심을 **나타낸다.**

Sono alcuni giorni che non vedo Sandra. Che stia male?
산드라를 못 본 지 며칠 되었어. 혹시 아픈 것이 아닐까? [=Dubito che stia male]

Adriano non è venuto al lavoro. Che sia malato?
아드리아노가 오늘 출근하지 않았다. 혹시 병이 난 것인가? [=Dubito che sia malato]

Perché Luca non arriva ancora? Che abbia sbagliato strada?
왜 루카가 아직 도착 안 하지? 혹시 길을 잘못 간 것일까? [=È possibile che ~]

Non vedo nessuno. Che tutti siano già partiti?
아무도 안 보인다. 혹시 다들 이미 떠난 것일까? [=È possibile che tutti ~]

ⓑ **접속법** 반과거와 대과거: 과거 일의 불확실함이나 의심을 **나타낸다.**

Ho notato che Lucia era un po' fredda con me.
Che fosse arrabbiata con me? [=Era possibile che ~]
나는 루치아가 내게 약간 차갑다는 것을 알아차렸다. 혹시 나한테 화가 났던 것일까?

Ieri sera Matteo ha fatto dei discorsi strani.
Che avesse bevuto troppo? [=Era possibile che ~]
어제 저녁에 마테오가 이상한 대화를 했다. 과음했던 것이 아닐까?

(3) 소망(desiderio)을 나타낸다. 주로 감탄문으로 사용된다.

ⓐ **접속법** 반과거: 현재나 미래에 실현이 어렵거나 불가능한 소망을 **나타낸다.**
magari, se, almeno + 접속법 반과거로도 사용될 수 있다.

Oh, potessi partire subito!	금방 떠날 수 있다면!
Fossi qui con me!	네가 여기에 나랑 같이 있다면!
Fossi io al tuo posto!	내가 너의 입장이라면!
Se avessi la tua età!	내가 네 나이라면!
Se avessi 10 anni di meno!	내가 10년 더 젊다면!
Almeno mi telefonasse!	적어도 내게 전화를 해준다면!
Magari fosse vero!	사실이라면 얼마나 좋을까!

ⓑ **접속법** 대과거: 과거에 이루지 못했던 일에 대한 소망을 나타낸다.

magari, se, almeno + 접속법 대과거로도 사용할 수 있다.

La vita con te è stata un disastro. Avessi sposato Ugo!

당신과의 삶은 재앙이었어. 내가 우고와 결혼을 했더라면!

Oh, no! Guarda che fila! Fossimo arrivati prima!

오, 안 돼! 줄 좀 봐! 우리가 일찍 도착했더라면!

Se avessi accettato la tua proposta!

네가 너의 제안을 받아들였더라면!

Almeno non ti avessi incontrato!

내가 너를 만나지만 않았더라도!

Magari avessi avuto un amico come te!

내가 너 같은 친구를 가졌더라면 (얼마나 좋았을까)!

☹ 주의

Magari!는 대답에서 실망스러운 어조로 단독으로도 사용된다.

Vai in vacanza?	-Magari (potessi andare in vancanza)!
휴가 가니?	그러면 얼마나 좋겠어! (휴가를 갈 수 있다면)
Non c'è traffico da voi?	-Magari (non ci fosse traffico)!
너희 쪽은 교통 체증이 없어?	그러면 얼마나 좋겠어! (교통 체증이 없으면)
Hai trovato il portafoglio?	-Magari (l'avessi trovato)!
지갑 찾았어?	그랬으면 얼마나 좋겠어! (그것을 찾았다면)
Sei mai stato in Perù?	-Magari (ci fossi stato)!
페루에 가본 적 있어?	그랬으면 얼마나 좋겠어! (그곳에 가봤다면)

(4) 감탄 접속법 il congiuntivo esclamativo

놀라움, 감탄, 분노, 비판 같은 강한 감정을 나타낸다. 접속법 반과거와 대과거가 사용된다.

Sentissi come canta bene Cecilia!

체칠리아가 얼마나 노래를 잘하는지 네가 한번 들어본다면!

Se vedeste come dorme Alberto durante le lezioni!

수업 시간 동안에 알베르토가 얼마나 잘 자는지 너희들이 본다면!

Ti oddio! Non ti avessi mai incontrato!

너를 증오해! 너를 절대 안 만났더라면!

Che tirchio Marco! Avesse mai pagato un caffè!

마르코가 얼마나 구두쇠인지! 여태 한 번이라도 커피 값을 계산한 적이 있더라면!

8 접속법의 시제 사용

접속법에는 현재, 과거, 반과거, 대과거 네 가지 시제가 있으며, 주절의 동사 시제에 따라서 종속절의 접속법 시제 사용도 달라진다. 주절의 동사가 주관적인 동사일 경우 che 이하의 종속절에는 접속법 동사를 사용해야 한다. 종속절의 시제가 주절의 시제보다 시간적으로 미래일 경우 후행성(posteriorità)이라고 하고, 종속절의 시제와 주절의 시제가 시간적으로 나란한 경우 동시성(contemporaneità)이라 하며, 종속절의 시제가 주절의 시제보다 시간적으로 앞선 경우 선행성(anteriorità)이라 한다.

(1) 주절의 동사가 현재와 관계있는 동사일 경우

주절의 동사가 주관성을 나타내는 경우에 종속절은 접속법 동사를 사용해야 한다. 접속법은 미래 형태가 없기 때문에 주절보다 che 이하의 종속절이 미래적인 의미가 되는 후행성을 나타낼 경우에 접속법 현재를 사용하거나 직설법 미래 동사를 빌려 사용한다. 주절과 종속절이 나란한 동시성을 이룰 경우 접속법 현재를 사용하며, 주절보다 종속절이 과거의 의미가 되는 선행성을 나타낼 경우에 접속법 과거나 반과거를 사용한다.

Penso	che	미래 (↗)	직설법 미래 접속법 현재	dopo	후행
		동시 (↔)	접속법 현재/진행형	adesso	동시
		과거 (↘)	접속법 과거/반과거	prima	선행

Penso (ora) che Luca andrà / vada al mare domani.
나는 지금 루카가 내일 바다에 갈 거라고/간다고 생각한다. [후행성-직설법 미래/ 접속법 현재]

Penso (ora) che Luca vada / stia andando al mare ora.
나는 지금 루카가 지금 바다에 간다고/가는 중이라고 생각한다. [동시성-접속법 현재/진행형]

Penso (ora) che Luca sia andato al mare ieri.
나는 지금 루카가 어제 바다에 갔다고 생각한다. [선행성-접속법 과거]

Penso (ora) che Luca, da bambino, andasse spesso al mare.
나는 지금 루카가 어렸을 때 자주 바다에 가곤 했다고 생각한다. [선행성-접속법 반과거]

(2) 주절의 동사가 현재와 관계없는 과거 동사일 경우

주절의 동사가 현재와 관계가 없는 주관성을 나타내는 시제(근과거, 반과거, 대과거, 원과거)일 경우에 che 이하의 종속절에서 주절보다 미래 의미를 나타내는 후행성은 격식적인 언어에서는 조건법 과거(복합 시제)를 사용하고, 일상 구어체에서는 접속법 반과거를 사용한다. 주절과 동시성을 이룰 경우 접속법 반과거를 사용하고, 선행성을 나타낼 경우 접속법 대과거를 사용한다.

Ho pensato Pensavo Pensai Avevo pensato	che	미래(↗)	조건법 과거[격식적] 접속법 반과거[비격식적]	dopo	후행
		동시(↔)	접속법 반과거/진행형	allora	동시
		과거(↘)	접속법 대과거	prima	선행

Pensavo (l'altro ieri) che Luca sarebbe andato / andasse al mare ieri.
그저께 나는 루카가 어제 바다에 갈 거라고 생각하고 있었다. [후행성-조건법 과거/ 접속법 반과거]

Pensavo (allora) che Luca andasse / stesse andando al mare.
그때 나는 루카가 바다에 간다고/가는 중이라고 생각하고 있었다. [동시성-접속법 반과거/진행형]

Pensavo (ieri) che Luca fosse andato al mare l'altro ieri.
어제 나는 루카가 그저께 바다에 갔다고 생각하고 있었다. [선행성-접속법 대과거]

9 조건법이 유도하는 접속법의 시제 Attrazione dei tempi e modi

시제 일치의 논리성과는 전혀 상관없이 조건법이 이끌어내는 시제로, 조건법을 사용하는 가정문에서 유도된 문장이다.

(1) 일반적인 시제 일치의 논리

주절에 직설법 현재 동사가 사용될 경우 che 이하의 종속절에서는 동시성이나 후행성을 나타낼 때 접속법 현재를 사용하고, 주절이 과거 시제를 나타내는 열망 동사이면 종속절에서는 접속법 반과거를 사용한다.

직설법 현재		접속법 현재[후행성, 동시성]	
Desidero Voglio Preferisco	che	tu venga	con noi.

나는 네가 우리와 함께 가길 바란다/원한다/선호한다.

직설법 반과거		접속법 반과거[후행성, 동시성]	
Desideravo Volevo Preferivo	che	tu venissi	con noi.

나는 네가 우리와 함께 가길 바라고 있었다/원하고 있었다/선호하고 있었다.

(2) 조건법이 유도하는 문장

가정문에서 유도된 문장으로 일반적인 시제 일치 논리를 따르지 않는 형태이다. 주절에 원함(volontà), 열망(desiderio)의 의미를 나타내는 조건법 동사가 사용된 경우 주절의 시제와 상관없이 che 이하의 종속절에 접속법 반과거나 대과거를 사용한다. 주절 동사의 시제에 상관없이 종속절에 반과거 오면 주절과 나란한 동시성이나 후행성을 나타내고, 종속절에 접속법 대과거가 오면 주절보다 먼저 일어난 선행성(과거)을 나타낸다. [☞ 230 쪽 i), 231쪽 i) 가정문 참조]

가정절[종속절] ~ 결과절[주절]		주절		종속절
Se + 접속법 반과거 ~ 조건법 현재	→	조건법 현재	che	접속법 반과거 [동시성-하기를]
Se + 접속법 대과거 ~ 조건법 과거	→	조건법 과거	che	접속법 대과거 [선행성-했기를]

Vorrei Avrei voluto	che	미래 (↗) 동시 (→)	접속법 반과거	dopo adesso	후행성 동시성
		과거 (↘)	접속법 대과거	prima	선행성

	조건법 현재		접속법 반과거/대과거	
[Ora] 지금	Desiderei 난 바라는데. Vorrei 난 원하는데. Preferirei 난 선호하는데.	che	tu venissi [ora / dopo] 네가 가기를[주절과 동시/후행] tu fossi venuto [ieri] 네가 갔기를[주절보다 선행]	con noi. 우리와 함께

	조건법 과거		접속법 반과거/대과거	
[Ieri] 어제	Avrei desiderato 난 바랐는데. Avrei voluto 난 원했는데. Avrei preferito 난 더 좋아했는데.	che	tu venissi [ieri / dopo] 네가 가기를[주절과 동시/후행] tu fossi venuto [l'altro ieri] 네가 갔기를[주절보다 선행]	con noi. 우리와 함께

Desiderei che tu fossi / fossi stato qui.
나는 네가 여기 있기를/있었기를 바라는데. [조건법 현재-접속법 반과거/대과거]
Vorrei che tu rimanessi / fossi rimasto ancora un po'.
나는 네가 좀 더 머무르기를/머물렀기를 원하는데. [조건법 현재-접속법 반과거/대과거]
Preferirei che lui tornasse / fosse tornato al più presto.
나는 그가 최대한 빨리 돌아오길/돌아왔기를 선호하는데. [조건법 현재-접속법 반과거/대과거]
Mi piacerebbe che lei non andasse / fosse andata via.
나는 그녀가 가버리지 않으면/가버리지 않았으면 좋겠는데. [조건법 현재-접속법 반과거/대과거]

Avrei desiderato che lui facesse / avesse fatto quel lavoro.
나는 그가 그 일을 하기를/했기를 바랐는데. [조건법 과거-접속법 반과거/대과거]
Avrei voluto che tu seguissi / avessi seguito il mio consiglio.
난 네가 내 충고를 따르기를/따랐기를 원했는데. [조건법 과거-접속법 반과거/대과거]
Avrei preferito che lei andasse / fosse andata al concerto.
나는 그녀가 음악회에 가기를/갔기를 선호했었는데. [조건법 과거-접속법 반과거/대과거]
Mi sarebbe piaciuto che tu mi aspettassi / avessi aspettato.
나는 네가 나를 기다리는 것이/기다린 것이 좋았는데. [조건법 과거-접속법 반과거/대과거]

☹ 주의

1. 주절의 동사가 조건법이라고 하더라도 pensare, dire 등과 같이 생각이나 의견을 나타내는 동사들은 이러한 조건법의 유도 문장을 따르지 않고서 시제의 논리성을 따른다.
   Direi che Stefano sia d'accordo a venire con noi.
   스테파노가 우리와 같이 가는 것에 동의한다고 말해야 될 것 같아요.

2. 주절이 직설법과 조건법인 경우에 종속절의 시제와 관련해 유의할 점
   Spero che Stefano sia d'accordo con noi.
   나는 스테파노가 우리한테 동의하기를 희망한다. [직설법 현재-접속법 현재]
   Voglio che Stefano sia d'accordo con noi.
   나는 스테파노가 우리한테 동의하기를 원한다. [직설법 현재-접속법 현재]
   Vorrei che Stefano fosse d'accordo con noi.
   나는 스테파노가 우리한테 동의했으면 하는데. [조건법 현재-접속법 반과거]
   Mi piacerebbe che Stefano fosse d'accordo con noi.
   나는 스테파노가 우리한테 동의하면 좋겠는데. [조건법 현재-접속법 반과거]

5 시제 일치 La concordanza dei tempi

1 직설법의 시제 일치

주절의 동사가 확실성에 입각한 객관적인 동사일 경우 che 이하의 종속절에 직설법 동사가 온다. 주절에 비해 종속절의 일이 나중에 일어날 경우 후행성(미래)이라 하고 주절과 종속절의 시제가 나란한 경우 동시성(현재)이라 하며, 주절보다 종속절의 시제가 시간적으로 앞서는 경우 선행성(과거)이라고 한다.

(1) 주절의 동사가 현재와 관련될 때

주절		종속절			
So che Marco 나는 안다, 마르코가 Ho appena saputo che Marco 나는 방금 알았다, 마르코가	후행성	직설법 미래	verrà	올 거라고	domani (dopo)
		직설법 현재	viene	온다고	
		조건법 현재	verrebbe	올 수도 있다고	
	동시성	직설법 현재	viene	온다고	oggi (ora)
		직설법 현재 진행형	sta venendo	오는 중이라고	
	선행성	직설법 근과거	è venuto	왔다고	ieri (prima)
		직설법 반과거	doveva venire	와야만 한다고	
		직설법 원과거	venne	왔다고	
		조건법 과거	sarebbe venuto	왔을 수도 있다고	

ⓐ 후행성: 주절보다 종속절이 미래 시제를 나타내는 경우

Sono sicuro che tu troverai un lavoro migliore.
나는 네가 더 나은 일을 구할 거라고 확신해. [현재-직설법 미래]

Ti prometto che non succederà più una cosa del genere.
다시는 이 같은 일이 일어나지 않을 것이라고 네게 약속할게. [현재-직설법 미래]

C'è Anna al telefono; dice che stasera lei viene di sicuro.
안나 전화인데, 오늘 저녁 그녀가 틀림없이 온다고 말해. [현재-직설법 현재]

Anna ha detto poco fa che partirà/parte per il viaggio domani.
안나가 조금 전에 내일 여행을 떠날 것이라고/떠난다고 말했어. [과거-직설법 미래/현재]

Anna ha detto poco fa che partirebbe per il viaggio domani.
안나가 조금 전에 내일 여행을 떠날지도 모른다고 말했어. [가능하다면] [과거-조건법 현재]

ⓑ 동시성: 주절과 종속절이 나란한 시제를 이루는 경우

So che tua madre è malata e mi dispace tanto.
너의 어머니가 편찮으시다는 것을 알고 있는데, 무척 유감이다. [현재-직설법 현재]

Sono certo che Paolo sta venendo da noi adesso.
나는 지금 파올로가 우리한테 오고 있는 중이라고 확신한다. [현재-직설법 현재 진행형]

Ho sentito poco fa che Fabio non sta bene. Che ha?
조금 전에 파비오가 몸이 안 좋다고 들었어. 어디가 아픈 거야? [현재랑 관련된 근과거-직설법 현재]

Ho capito solo adesso che Anna mi ama ancora. [현재랑 관련된 근과거-현재]
나는 지금에서야 안나가 아직도 나를 사랑하고 있다는 것을 깨달았다.

ⓒ 선행성: 주절보다 종속절의 시제가 앞선 경우

Vedo che sei dimagrita. Brava! Così stai molto meglio.
내가 보니 너 살 빠졌어. 잘했네. 너는 그 상태가 훨씬 더 나아. [현재-직설법 근과거]

Sono sicuro che ieri a quest'ora Alberto era a lezione.
나는 어제 이 시간에 알베르토가 수업 중이었다는 것을 확신한다. [현재-직설법 반과거]

So che i greci furono dei grandi navigatori.
나는 그리스인들이 위대한 항해사였다는 것을 알고 있다. [현재-직설법 원과거]

Ho appena saputo che ieri Marco è partito per Milano.
나는 어제 마르코가 밀라노로 떠났다는 것을 방금 알았다. [현재랑 관련된 근과거-직설법 근과거]

(2) 주절의 동사가 현재와 아무런 관련이 없는 과거일 때

주절					
Ho saputo che Luca 알았다[근과거] Sapevo che Luca 알고 있었다[반과거] Seppi che Luca 알았다[원과거] Avevo saputo che Luca 알았었다[대과거]	후행성	조건법 과거 직설법 반과거	sarebbe venuto veniva [비격식적]	올 것이라고 올 것이라고	il giorno dopo. (dopo)
	동시성	직설법 반과거 과거 진행형	veniva stava venendo	온다고 오는 중이라고	quel giorno. (allora)
	선행성	직설법 대과거 직설법 원과거	era venuto venne	왔었다고 왔다고	il giorno prima. (prima)

ⓐ 후행성: 주절보다 종속절이 미래 시제를 나타내는 경우

Ero sicuro che Aldo avrebbe trovato un buon lavoro.
나는 알도가 좋은 일자리를 구할 것이라 확신하고 있었다. [반과거-조건법 과거]

Sapevo già che sarebbe andata a finire così.
나는 일이 그렇게 끝나리라는 것을 이미 알고 있었다. [반과거-조건법 과거]

Quando l'ho incontrato, Luca mi ha detto che veniva alla festa.
루카를 만났을 때, 그가 파티에 올 거라고 내게 말했다. [근과거-직설법 반과거] [비격식적]

Marco disse che sarebbe andato a Roma il giorno dopo.
마르코가 그다음 날 로마에 갈 거라고 말했다. [원과거-조건법 과거]

Marco mi aveva detto che sarebbe tornato presto da Roma.
마르코가 내게 로마에서 빨리 돌아올 것이라고 말했었다. [대과거-조건법 과거]

Marta ripeteva sempre che non si sarebbe mai sposata.
마르타는 항상 그녀가 절대 결혼하지 않을 것이라고 계속 말했다. [반과거-조건법 과거]

ⓑ 동시성: 주절과 종속절이 나란한 시제를 이루는 경우

Ho capito subito che quella ragazza aveva bisogno di aiuto.
나는 그 소녀가 도움이 필요하다는 것을 금방 깨달았다. [근과거-직설법 반과거]

Sapevo che Marco andava spesso in montagna.
나는 마르코가 자주 산에 가는 것을 알고 있었다. [반과거-직설법 반과거]

La settiman scorsa ho sentito che Paola non stava bene.
지난주에 나는 파올라가 몸이 좋지 않다는 것을 들었다. [근과거-직설법 반과거]

Avevo saputo che incontravi spesso il tuo ex ragazzo.
나는 네가 너의 전 남자 친구를 자주 만나고 있다는 것을 알았었다. [대과거-직설법 반과거]

ⓒ 선행성: 주절보다 종속절의 시제가 앞선 시제인 경우

Sapevo che loro avevano già finito di cenare.
나는 그들이 이미 저녁 식사를 끝냈다는 것을 알고 있었다. [반과거-직설법 대과거]

Quel giorno ho sentito da Anna che loro erano già partiti.
나는 그날 안나로부터 그들이 이미 떠났다는 것을 들었다. [근과거-직설법 대과거]

Seppi da Maria ciò che era successo prima del mio ritorno.
나는 마리아를 통해서 내가 돌아오기 전에 일어난 일을 들었다. [원과거-직설법 대과거]

Nessuno mi aveva detto che tu avevi cambiato casa.
아무도 네가 이사했다는 것을 내게 말하지 않았었다. [대과거-직설법 대과거]

2 접속법의 시제 일치

(1) 주절의 동사가 현재와 연결되어 있을 때

접속법은 미래를 나타낼 경우 미래 시제가 없기 때문에 직설법 미래를 사용해도 되고, 미래 시간 부사가 있을 경우에 접속법 현재를 사용해도 된다.

주절		종속절			
Penso che Anna 나는 생각한다, 안나가	후행성	직설법 미래	verrà	올 것이라고	domani (dopo)
		접속법 현재	venga	온다고	
		조건법 현재	verrebbe	올 수도 있다고	
	동시성	접속법 현재	venga	온다고	oggi
		현재 진행형	stia venendo	오고 있는 중이라고	(ora)
	선행성	접속법 과거	sia venuta	왔다고	ieri
		접속법 반과거	dovesse venire	와야만 했다고	
		조건법 과거	sarebbe venuta	왔을 수도 있다고	(prima)

ⓐ 후행성(posteriorità): 주절보다 종속절이 미래 시제를 나타내는 경우

Spero che domani farà/faccia bel tempo.

나는 내일 날씨가 좋길 희망한다. [현재-직설법 미래/접속법 현재]

Spero che andrà/vada tutto bene.

모든 일이 잘되기를 희망한다. [현재-직설법 미래/접속법 현재]

Pensi che Simone verrebbe con noi al mare? [현재-조건법 현재]

너는 시모네가 우리와 함께 바다에 갈 거라고 생각하니? [만일 우리가 제안한다면]

ⓑ 동시성(contemporaneità): 주절과 종속절이 나란한 시제를 이루는 경우

Non credo che Marco abbia ragione.

나는 마르코가 옳다고 믿는다. [현재-접속법 현재]

Ciao a tutti! Come state? Spero che stiate tutti bene.

모두 안녕! 어떻게들 지내? 다 잘 지내고 있기를 바라. [현재-접속법 현재]

Immagino che tu stia attraversando un periodo difficile.

네가 지금 힘든 시기를 보내고 있을 거라는 상상이 든다. [현재-접속법 현재 진행형]

Mi sembra che stia piovendo fuori.

밖에 비가 오고 있는 것 같다. [현재-접속법 현재 진행형]

ⓒ 선행성(anteriorità): 주절보다 종속절의 시제가 앞선 경우

Spero che vi sia piaciuta questa lezione.
이 수업이 여러분 마음에 들었기를 바랍니다. [현재-접속법 과거]

Spero che abbiate passato un buon weekend.
너희들이 좋은 주말을 보냈기를 바란다. [현재-접속법 과거]

Credo che a quell'ora Anna fosse in ufficio.
나는 그 시간에 안나가 사무실에 있었다고 생각한다. [현재-접속법 반과거]

Mi sembra che abbiamo preso la strada sbagliata.
우리가 길을 잘못 들어선 것같이 내게 보인다. [현재-접속법 과거]

Sono molto contento che tu abbia superato l'esame.
나는 네가 시험에 합격해서 무척 기쁘다. [현재-접속법 과거]

Mi dispiace che non ti sia trovato bene in Italia.
네가 이탈리아에서 잘 지내지 못해서 유감이다. [현재-접속법 과거]

Pensi che Aldo sarebbe venuto con noi al mare? [현재-조건법 과거]
너는 알도가 우리와 같이 바다에 갔을 것이라고 생각하니? [그에게 제안했더라면]

(2) 주절의 동사가 현재와 아무 관련이 없는 과거일 때

주절의 동사가 현재와 아무런 관련이 없는 과거 시제인 경우 미래를 나타낼 때 종속절에 과거에서 바라본 미래 시제인 조건법 과거가 사용된다. 일상 구어체에서는 조건법 과거 대신 접속법 반과거가 사용되기도 한다. 직설법에서 과거 속의 미래를 나타낼 때 조건법 과거 대신에 구어체에서 직설법 반과거를 사용하는 것과 마찬가지 경우이다. 과거 속의 미래를 나타낼 때 조건법 과거가 접속법 반과거에 비해 후행성(미래)의 개념이 조금 더 강하다고 볼 수 있다. 접속법 반과거는 후행성뿐만 아니라 동시성을 나타낼 수도 있기 때문에 아주 가까운 미래라는 느낌을 준다.

Lui ha pensato che Anna 생각했다[근과거] pensava che Anna 생각하고 있었다[반과거] pensò che Anna 생각했다[원과거] aveva pensato che Anna 생각했었다[대과거]	후행성	조건법 과거	sarebbe venuta 올 것이라고	il giorno dopo 그다음 날
		접속법 반과거	venisse 올 것이라고	
	동시성	접속법 반과거	venisse 온다고	quel giorno 그날
		접속법 과거 진행	stesse venendo 오는 중이라고	a quell'ora 그 시간에
	선행성	접속법 대과거	fosse venuto 왔다고	il giorno prima 그 전날

ⓐ 후행성(posteriorità): 주절보다 종속절이 미래 시제를 나타내는 경우

Speravo che oggi non piovesse, invece sta piovendo forte.
오늘 비가 안 오기를 바랐는데, 반면에 비가 세차게 내리고 있다. [반과거-접속법 반과거]

Credevi che l'esame fosse più facile, non è vero?
너는 시험이 더 쉬울 것이라고 믿었어, 그렇지? [반과거-접속법 반과거]

Non pensavo che tu saresti tornato così presto.
난 네가 그렇게 빨리 돌아오리라고 생각하지 못하고 있었다. [반과거-조건법 과거]

Paola aveva immaginato che loro si sarebbero lasciati.
파올라는 그들이 헤어질 것이라고 상상했었다. [대과거-조건법 과거]

ⓑ 동시성(contemporaneità): 주절과 종속절이 나란한 시제를 이루는 경우

Mi pareva che quella volta tu non avessi ragione.
나는 그때 네가 옳지 않은 것처럼 보였다. [반과거-접속법 반과거]

Stefano guarda la TV? Pensavo che studiasse.
스테파노가 TV를 본다고? 난 공부하고 있다고 생각했는데. [반과거-접속법 반과거]

Sei italiano? Non sapevo che tu fossi italiano!
이탈리아인이라고? 난 네가 이탈리아인이라는 것을 모르고 있었어! [반과거-접속법 반과거]

Alcuni hanno creduto che tu dicessi quelle cose sul serio.
몇몇 사람들은 네가 그 이야기를 진지하게 말한다고 믿었다. [근과거-접속법 반과거]

Per un momento mi è sembrato che tu stessi piangendo.
내게는 잠깐 동안 네가 울고 있는 것처럼 보였어. [근과거-접속법 과거 진행]

ⓒ 선행성(anteriorità): 주절보다 종속절의 시제가 앞선 경우

Credevo che Maurizio ti avesse raccontato tutto.
나는 마우리치오가 네게 모든 것을 이야기했다고 믿고 있었다. [반과거-접속법 대과거]

Pensavo che Mary fosse già partita e invece è ancora qui.
나는 메리가 이미 떠났을 것이라고 생각하고 있었는데, 아직 여기에 있다. [반과거-접속법 대과거]

Non sapevo che loro fossero già tornati dalle vacanze.
나는 그들이 휴가에서 벌써 돌아왔는지 모르고 있었다. [반과거-접속법 대과거]

Non ti ho visto arrivare e ho temuto che ti fosse successo qualcosa.
네가 도착하는 것이 안 보여서, 네게 무슨 일이 일어났는지 두려웠다. [근과거-접속법 대과거]

In quel momento pensai che lei si fosse offesa dei miei scherzi.
그 순간 나는 그녀가 나의 농담에 기분이 상했다고 생각했다. [원과거-접속법 대과거]

6 부정법 I modi indefiniti

부정법에는 제룬디오(il gerundio), 분사(il participio), 부정사(l'infinito) 세 가지가 있다. 부정법은 인칭(la persona), 성(il genere), 수(il numero), 시제(il tempo) 면에서 볼 때 행위가 그것들을 분명하게 드러내지 못하기 때문에 부정확한 법, 즉 부정법(i modi indefiniti)이라 부르며, 다른 말로 함축형(le forme implicite: 구 형태)이라고도 한다.

1 제룬디오 Il gerundio

(1) 제룬디오(Il gerundio) 시제 및 형태

제룬디오 시제에는 현재(단순 시제)와 과거(복합 시제)가 있다. 제룬디오 복합(과거)시제는 avere와 essere의 제룬디오 + 과거 분사(p.p) 형태이다. 다른 복합 시제와 마찬가지로 essendo + p.p일 경우 과거 분사의 어미는 주어의 성과 수에 일치시킨다(-o/a/i/e).

	are	ere	ire	
	parlare	leggere	partire	finire
현재	parlando	leggendo	partendo	finendo
과거	avendo parlato	avendo letto	essendo partito/a	avendo finito

제룬디오 규칙 현재 형태

aspettare → aspettando　　andare → andando
crescere → crescendo　　scrivere → scrivendo
venire → venendo　　uscire → uscendo

제룬디오 불규칙 현재 형태[주로 라틴어에서 유래된 동사들이다.]

동사 원형	라틴어	제룬디오
fare	(facere)	facendo
bere	(bevere)	bevendo
dire	(dicere)	dicendo
tradurre	(traducere)	traducendo
porre	(ponere)	ponendo
trarre	(traere)	traendo
muovere	(movere)	movendo

(2) 제룬디오(il gerundio)와 대명사를 함께 쓸 경우 대명사의 위치

단순 시제이든 복합 시제이든 대명사는 항상 제룬디오 뒤에 한 단어로 위치한다. 제룬디오 복합 시제(avendo + p.p)에서 직접 목적격 약형 대명사 lo, la, li, le 있을 때 과거 분사의 어미는 직접 목적격 약형 대명사의 성과 수에 일치시킨다.

ascoltandolo	—	avendolo ascoltato	[직접 목적격 대명사 약형]
ascoltandola	—	avendola ascoltata	[직접 목적격 대명사 약형]
dicendogli	—	avendogli detto	[간접 목적격 대명사 약형]
alzandosi	—	essendosi alzato/a/i/e	[재귀 대명사 약형]
andandci	—	essendoci andato/a/i/e	[접어 ci]
parlandone	—	avendone parlato	[접어 ne]

(3) 제룬디오와 주절과의 시제 관계

ⓐ 제룬디오 현재(단순 시제): 제룬디오와 주절의 시제가 나란한 동시성 관계를 이룬다.

제룬디오 현재(단순 시제)		주절
Mentre ~하는 동안	단순 미래	단순 미래
	현재	현재
	반과거	반과거, 근과거

Facendo colazione, guarderò la TV.
나는 아침 식사를 하면서 텔레비전을 볼 것이다.
→ Mentre farò colazione, guarderò la TV.
[단순 미래] [단순 미래]

Facendo colazione, guardo la TV.
나는 아침 식사를 하면서 텔레비전을 본다.
→ Mentre faccio colazione, guardo la TV.
[현재] [현재]

Facendo colazione, guardavo la TV.
나는 아침 식사를 하면서 텔레비전을 보고 있었다.
→ Mentre facevo colazione, guardavo la TV.
[반과거] [반과거]

Facendo colazione, ho guardato la TV.
나는 아침 식사를 하면서 텔레비전을 보았다.
→ Mentre facevo colazione, ho guardato la TV.
[반과거] [근과거]

ⓑ 제룬디오 과거(복합 시제): 제룬디오가 주절보다 앞선 시제 관계를 이룬다.

제룬디오 과거(복합 시제)		주절
Dopo che ~하고 나서	선립 미래	단순 미래
	근과거	현재
	대과거	근과거
	선립 과거	원과거

Avendo fatto **colazione,** guarderò **la TV.**
나는 아침 식사를 하고 나서, 텔레비전을 볼 것이다.
→ Dopo che avrò fatto **colazione,** guarderò **la TV.**
[선립 미래] [단순 미래]

Avendo fatto **colazione,** guardo **la TV.**
나는 아침 식사를 하고 나서, 텔레비전을 본다.
→ Dopo che ho fatto **colazione,** guardo **la TV.**
[근과거] [현재]

Avendo fatto **colazione,** ho guardato **la TV.**
나는 아침 식사를 하고 나서, 텔레비전을 보았다.
→ Dopo che avevo fatto **colazione,** ho guardato **la TV.**
[대과거] [근과거]

Avendo fatto **colazione,** guardai **la TV.**
나는 아침 식사를 하고 나서, 텔레비전을 보았다.
→ Dopo che ebbi fatto **colazione,** guardai **la TV.**
[선립 과거] [원과거]

(4) 제룬디오(il gerundio)의 조건 사항 [☞ 279쪽 참조]

제룬디오는 주절의 주어와 제룬디오의 주어가 동일한 경우에만 사용한다. 주어가 다른 경우에 제룬디오를 사용하면 문장 의미에 혼란이 생기기 때문이다. 제룬디오는 주절 앞이나 뒤에 위치할 수 있다.

Incontro **spesso Marco** andando **a scuola.** [제룬디오(함축형)]
[io incontro] = [io vado]
→ Incontro **spesso Marco** mentre vado **a scuola.** [부사절(명시형)]
나는 학교에 가는 길에 종종 마르코를 만난다.

Andando **a scuola,** ho incontrato **Marco.** [제룬디오(함축형)]
[io andavo] = [io ho incontrato]
→ Mentre andavo **a scuola,** ho incontrato **Marco.** [부사절(명시형)]
나는 학교에 가다가 마르코를 만났다.

(5) 제룬디오의 용법 Uso del gerundio

제룬디오는 간결하게 나타내기 위해서 부사절에서 함축된 형태의 부사구로, 영어의 분사 구문에 해당한다. 제룬디오는 시간, 원인, 양보, 조건, 결과, 행위의 수단이나 방법, 행동 양태나 방식 등의 의미를 지닌다. 함축 형태(La forma implicita)인 부사구 제룬디오를 명시 형태(La forma esplicita)인 부사 종속절로 고칠 경우 주절과의 논리적 관계에 맞게 해석되는 의미에 따라서 시간절, 원인절, 양보절, 조건절, 결과 등위절로 나타낼 수 있다. 그러나 행위가 이루어지는 방법이나 수단, 그리고 행위가 전개되는 방식이나 양태를 나타내는 제룬디오는 명시 형태인 부사 종속절 형태가 없다. 제룬디오 구문은 주절의 주어와 제룬디오의 주어가 동일할 경우에만 사용할 수 있고, 제룬디오의 일부 표현은 구어체에서도 많이 사용되기는 하지만, 표현상의 간결함을 추구하는 문어체나 문학적인 표현에서 더 많이 사용된다.

ⓐ 시간(tempo)의 의미를 나타낸다. [~하는 동안, ~하고 난 후]

제룬디오 현재(단순 시제)는 주절과 시간적으로 동시성을 이루고, 과거(복합 시제)는 주절보다 앞선 시제(선행)를 나타낸다. 시간 부사구 제룬디오를 시간 부사 종속절로 바꿀 경우에, 제룬디오 현재는 시간 접속사 'mentre(~하는 동안), quando(~할 때)'를 사용하고, 제룬디오 과거는 'dopo che(~하고 나서)'를 사용한다. 제룬디오 과거형은 주로 원인의 의미로 많이 사용되기 때문에, 시간적 의미로는 별로 사용되지 않는다.

Andando al lavoro in macchina, ascolto sempre la radio.
→ Quando vado al lavoro in macchina, ascolto sempre la radio.
나는 차를 몰고 직장에 갈 때, 항상 라디오를 듣는다. [직설법 현재-현재]

Andando al lavoro in macchina, ho visto un incidente.
→ Mentre andavo al lavoro in macchina, ho visto un incidente.
나는 차를 몰고 직장에 가다가, 교통사고를 보았다. [직설법 반과거-근과거]

Ieri sera mi sono addormentato guardando la TV.
→ Ieri sera mi sono addormentato mentre guardavo la TV.
나는 어제 저녁에 텔레비전을 보다가 잠이 들었다. [근과거-직설법 반과거]

Avendo partecipato alla prima lezione, ho cambiato corso.
→ Dopo che avevo partecipato alla prima lezione, ho cambiato corso.
나는 첫 수업에 참석한 후, 과정을 바꾸었다. [직설법 대과거-근과거]

Avendo partecipato alla prima lezione, cambiai corso.
→ Dopo che ebbi partecipato alla prima lezione, cambiai corso.
나는 첫 수업에 참석한 후, 과정을 바꾸었다. [직설법 선립 과거-원과거]

☞ 제룬디오 구문은 주절 앞이나 뒤에 위치할 수 있다.
Sono caduto sciando. [=mentre sciavo] 나는 넘어졌다, 스키 타다가.
Sciando sono caduto. [=Mentre sciavo] 나는 스키 타다가 넘어졌다.

ⓑ 원인의 의미를 나타낸다. [~이기 때문에]

제룬디오 현재(단순 시제)는 주절과 시제가 나란하고 과거(복합 시제)는 주절보다 앞선 시제이다. 원인 의미의 제룬디오는 특히 행정 관료 언어에서 많이 사용된다. 제룬디오 용법에서 제룬디오 과거형이 주로 원인절을 나타내는 경우가 많다. poiché는 문어체 접속사이다.

제룬디오 현재형 제룬디오 과거형	→	siccome, poiché, dato che visto che, dal momento che	주어	동사 (직설법)

Avendo paura di sbagliare, Marco parla poco in italiano.
→ Siccome ha paura di sbagliare, Marco parla poco in italiano.
마르코는 실수하는 것을 두려워해서, 이탈리아어로 별로 말하지 않는다. [반과거-현재]

Essendo in pensione, mio padre ha molto tempo libero.
→ Siccome mio padre è in pensione, ha molto tempo libero.
나의 아버지는 은퇴하셨기 때문에 여가 시간이 많다. [현재-현재]

Essendo arrivati in ritardo, non siamo potuti entrare.
→ Siccome siamo arrivati in ritardo, non siamo potuti entrare.
우리가 지각을 했기 때문에, 입장을 할 수가 없었다. [근과거(시간 차이가 안 나는 경우)-근과거]

Avendo vissuto un anno a Roma, lui parla bene l'italiano.
→ Siccome ha vissuto un anno a Roma, lui parla bene l'italiano.
그는 로마에서 1년 동안 살았기 때문에, 이탈리아어를 잘한다. [근과거-현재]

ⓒ 조건/가정의 의미를 나타낸다. [만약 ~한다면]

제룬디오 현재 ~ 직설법 현재	→	Se + 직설법 현재 ~ 직설법 현재
제룬디오 현재 ~ 직설법 미래	→	Se + 직설법 현재/미래 ~ 직설법 미래
제룬디오 현재 ~ 조건법 현재	→	Se + 접속법 반과거 ~ 조건법 현재
제룬디오 과거 ~ 조건법 과거	→	Se + 접속법 대과거 ~ 조건법 과거
제룬디오 과거 ~ ora 조건법 현재	→	Se + 접속법 대과거 ~ ora 조건법 현재

Vivendo in Italia, puoi imparare l'italiano velocemente.
→ Se tu vivi in Italia, puoi imparare l'italiano velocemente.
네가 이탈리아에 산다면, 이탈리아어를 빨리 배울 수 있어. [직설법 현재~직설법 현재]

Seguendo questa strada, arriverà in Piazza Garibaldi.
→ Se Lei segue questa strada, arriverà in Piazza Garibaldi.
이 길을 따라가시면, 가리발디 광장에 도착하실 거예요. [직설법 현재~직설법 미래]

Volendo, potresti venire in vacanza con noi.
→ Se tu volessi, potresti venire in vacanza con noi.
만일 네가 원한다면, 우리와 같이 휴가를 갈 수도 있어. [접속법 반과거~조건법 현재]

Avendo studiato di più, avrei superato l'esame.
→ Se avessi studiato di più, avrei superato l'esame.
내가 공부를 더 많이 했더라면, 시험에 합격했을 텐데. [접속법 대과거~조건법 과거]

Essendo partito in treno, a quest'ora sarei già a casa.
→ Se fossi partito in treno, a quest'ora sarei già a casa.
만일 내가 기차로 떠났더라면, 이 시간에 이미 집에 있을 텐데. [접속법 대과거~조건법 현재]

ⓓ 양보절을 나타낸다. [비록 ~라고 할지라도]

제룬디오 앞에 pure와 anche가 와서 양보 의미로 사용된다. 제룬디오 현재는 주절과 시제가 나란한 동시성을 이루고 과거는 주절보다 앞선 시제를 나타낸다. 양보절로 고칠 수 있다.

pur(e) + 제룬디오 현재	→	sebbene, benché, nonostante (che)
pur(e) + 제룬디오 과거		+ 주어 + 접속법 동사[단, anche se + 직설법]

Pur essendo stanco, preferisco finire questo lavoro.
→ Anche se sono stanco, preferisco finire questo lavoro.
피곤하더라도 나는 이 일을 끝내는 것이 더 좋다. [직설법 현재-현재]

Pur volendo, non posso venire, perché ho un impegno.
→ Anche se voglio, non posso venire, perché ho un impegno.
내가 비록 오고 싶어도 올 수가 없어, 약속이 있기 때문이야. [직설법 현재-현재]

Pur non avendo fame, ho mangiato con lui.
→ Nonostante non avessi fame, ho mangiato con lui.
나는 배가 안 고픈데도, 그와 함께 먹었다. [접속법 반과거-근과거]

Pur avendo lavorato molto, non sono stanco.
→ Nonostante abbia lavorato molto, non sono stanco.
내가 일을 많이 했음에도 불구하고, 피곤하지 않다. [접속법 과거-현재]

Pur avendo studiato molto, lui non ha superato l'esame.
→ Nonostante avesse studiato molto, non ha superato l'esame.
비록 그가 공부를 열심히 했으나, 시험에 합격하지 못했다. [접속법 대과거-근과거]

Anche avendo i soldi, non comprerei mai quella macchina.
→ Anche se avessi i soldi, non comprerei mai quella macchina.
설령 내가 돈이 있다 하더라도 절대 그 차를 사지 않을 것이다. [접속법 반과거-조건법 현재]

ⓔ 결과의 의미(valore consecutivo)를 나타낸다. 문어체에서 '그래서, 그 결과'의 의미로 쓰인다.

Lui ha vissuto molti anni in Italia, imparando bene l'italiano.
그는 이탈리아에 오랫동안 살아서 이탈리아어를 잘 배웠다. [=e quindi ha imparato]

Dopo l'università farà esperienza, diventando così un bravo professionista. [=e diventerà]
대학을 졸업한 후에 그는 경험을 쌓고 유능한 전문가가 될 것이다.

ⓕ 방법/수단절(mezzo) 의미를 나타낸다. [~을 통해서, ~로써, ~ 덕택에(grazie a)]

행위가 이행되는 방법이나 수단을 나타내는 경우로서, 수단절은 항상 제룬디오 현재로만 사용된다. 어떻게(come)라는 질문의 답에 해당하며, 수단절의 명시 형태는 없다.

Allenandoci ogni giorno, ci manteniamo in salute.
우리는 매일 체력 단련을 통해서, 건강을 유지한다.

Facendo una dieta rigorosa, ho perso qualche chilo.
엄격한 다이어트를 해서 나는 몇 킬로그램을 감량했다.

Ho migliorato il mio italiano parlando molto con la gente.
사람들과 말을 많이 함으로써 나의 이탈리아어를 향상시켰다.

Sbagliando si impara.
사람은 실수를 함으로써 배운다.

Viaggiando si fanno molte esperienze.
여행을 함으로써 많은 경험을 하게 된다.

ⓖ 행동 양태(modo)나 방식(maniera): 어떤 식으로(In che modo) 질문의 답에 해당한다.

행위가 전개되는 방식을 나타내며, 주절과 동시성을 이룬다. (영어의 부대 상황 분사 구문) [~ 하면서]

Angela mi ha risposto sorridendo. 안젤라는 내게 웃으면서 대답했다.
Lei mi ha raccontato tutto piangendo. 그녀는 울면서 내게 전부 얘기했다.
Marco è uscito sbattendo la porta 마르코는 문을 쾅 닫고 나갔다.
Paolo è arrivato fischiettando. 파올로는 휘파람을 불면서 도착했다.

✎ 참고

1. 제룬디오는 주절과 인칭이 같을 때 사용한다. 현재 분사는 명사를 수식한다.

Ho salutato Sara sorridendo. [제룬디오] 나는 미소를 지으면서 사라한테 인사했다.
Ho salutato Sara sorridente. [현재 분사] 나는 미소 짓는 사라한테 인사했다.

2. 가정 양태(modo ipotetico) 의미도 지닌다. come, quasi + 제룬디오

Mi ascoltava senza guardarmi, come pensando ai fatti suoi.
Mi ascoltava senza guardarmi come se pensasse ai fatti suoi.
그는 마치 자신의 일에 대해 생각하듯 나를 보지 않고 내 말을 듣고 있었다.

(6) 절대적 제룬디오 il gerundio assoluto

제룬디오와 주절의 주어가 다른 경우를 말하며 영어의 독립 분사 구문에 해당한다. 일반적으로 제룬디오 주어는 주절의 주어와 동일한 경우에 사용되기 때문에, 제룬디오 주어가 표시되지 않는다. 그러나 제룬디오의 주어와 주절의 주어가 다른 경우 제룬디오의 주어를 반드시 표기해야 한다. 절대적 제룬디오는 관용구를 제외하고, 별로 사용되지 않는다.

Tempo permettendo, domenica andremo al mare.

날씨만 허락한다면, 일요일에 우리는 바다에 갈 것이다. [관용구] [=Wheather permitting]

Stando così le cose, che posso fare?

일이 그러한데 내가 무엇을 할 수 있을까? [관용구] [=That being the case]

Non essendoci altra possibilità, faremo come dici tu.

다른 가능성은 없기 때문에 우리는 네가 말한 대로 할 것이다. [관용구]

Lavorando mia moglie fino a tardi, faccio io i lavori di casa.

나의 아내가 늦게까지 일하기 때문에, 내가 집안일을 한다. [별로 사용 안함]

Essendo Marco arrivato tardi, Anna non è potuta partire.

마르코가 늦게 도착해서, 안나가 떠날 수가 없었다. [별로 사용 안함]

(7) 제룬디보 Il gerundivo: 제룬디오가 명사로 사용되는 경우

il laureando	대학 졸업반 남학생	la laureanda	대학 졸업반 여학생
il dottorando	박사과정 남학생	la dottoranda	박사과정 여학생
il crescendo	크레센도(점점 세게)	il diminuendo	디미누엔도(점점 여리게)

(8) 제룬디오 관용구: 형태가 변하지 않으며 항상 의미가 동일하다.

e via dicendo [=e così via, eccetra]	기타 등등
strada facendo [=col passare del tempo]	가는 도중에, 시간 경과에 따라
ridendo e scherzando [=tra una cosa e l'altra]	웃고 농담하는 사이에, 금방

☹ 주의

제룬디오의 주어는 주절의 주어와 동일하다. 제룬디오를 영어의 현재 분사로 생각해선 안 된다.

Guardo la gente passeggiando. [io guardo e io passeggio]

나는 산책을 하면서 사람들을 쳐다본다.

Guardo la gente che passeggia. [io guardo e la gente passeggia]

나는 산책하는 사람들을 본다. [현재 분사 passeggiante라고 표현하지 않는다.]

Guardo la gente passeggiare. [io guardo e la gente passeggia]

나는 사람들이 산책하는 것을 쳐다본다.

(9) 진행형 제룬디오 il gerundio progressivo

ⓐ 말하는 현재의 순간에(proprio ora, in questo momento)에 진행 중인 일이나 현재의 범주 속(in questo periodo, in questi giorni)에 진행되고 있는 일을 나타낸다. 영어의 현재 진행형처럼 하나의 시제가 아니라 이탈리아어에서는 여러 단어들로 구성된 동사 구문으로서 우언적 구성(la costruzione perifrastica)에 해당한다. [☞ 72쪽 i) 참조]

stare 동사의 현재형 + gerundio [~하고 있는 중이다]		
io	sto	studiando. 공부하고 있는 중이다.
tu	stai	
lui/lei/Lei	sta	leggendo. 읽고 있는 중이다.
noi	stiamo	
voi	state	dormendo. 자고 있는 중이다.
loro	stanno	

현재[~하다]	현재 진행 제룬디오[~하고 있는 중이다]
Che cosa fai adesso? 지금 뭐 해?	Cosa stai facendo in questo momento? 지금 이 순간 뭐 하고 있는 중이야?
Adesso lavoro. 지금 일해.	Adesso sto lavorando. 지금 일하고 있는 중이야.

In questi giorni sto seguendo una serie tv molto divertente.
요즘 나는 아주 재미있는 TV 시리즈를 보고 있어.

In questo periodo stiamo passando un momento molto difficile.
요즘 우리는 아주 힘든 시기를 보내고 있다.

A che stai pensando? 무슨 생각하고 있어?
Sto morendo di fame. 배고파 죽겠다.
Che cosa stai dicendo? 지금 무슨 얘기하는 거야?
L'autobus sta partendo. 버스가 출발하고 있다.
Dove sei? -Sto arrivando. 어디야? 도착하고 있어.
Sto venendo da te. 네게 가고 있는 중이야.
Stai scehrzando? 농담하고 있는 거야?
Sta piovendo ancora? 아직 비가 오고 있어?
Sta uscendo il sole. 해가 나고 있다.
Sto quasi finendo il lavoro. 내가 일을 거의 끝내가고 있어.

ⓑ 과거 진행 중에 있던 일을 나타낸다. [~하고 있던 중이었다]

이탈리아어에서 과거 행위의 계속성을 나타낼 때 반과거 시제(~하고 있었다)를 사용한다. stare의 반과거 + gerundio로 표현하면 '~하던 중이다'라는 의미로 반과거 동사보다 과거 행위의 지속적인 시간 범위가 더 좁혀진다.

stare 동사의 반과거 + gerundio [~하고 있던 중이었다]		
io	stavo	parlando al telefono. 전화 통화 중이었다.
tu	stavi	
lui/lei/Lei	stava	prendendo il sole. 일광욕을 하던 중이었다.
noi	stavamo	
voi	stavate	uscendo di casa. 집에서 나가던 중이었다.
loro	stavano	

반과거[~하고 있었다]

Che cosa facevi poco fa?
좀 전에 무엇을 하고 있었니?

Guardavo la televisione.
텔레비전을 보고 있었어.

과거 진행 제룬디오[~하고 있던 중이다]

Che cosa stavi facendo poco fa?
좀 전에 무엇을 하고 있던 중이었어?

Stavo guardando la televisione.
텔레비전을 보고 있던 중이었어.

Dove andavi / stavi andando quando ti ho incontrato per strada?
길에서 내가 너를 만났을 때 어디 가고 있었어/가던 중이었어?

Quando sono entrato, di che cosa parlavate / stavate parlando?
내가 들어왔을 때, 너희들은 무엇에 관해서 말하고 있었어/말하던 중이었어?

✎ 참고

andare, venire + 제룬디오 단순 시제 [☞ 72쪽 참조]

1. andare + gerundio: ~해나가고 있다(progressione)
   행위가 점진적으로 확대되는 특성을 강조하거나 동작의 반복성을 강조한다.
   La situazione va migliorando. 상황이 점점 나아져 가고 있다.
   La situazione andava peggiorando. 상황이 점점 악화되고 있었다.
   I prezzi vanno aumentando. 가격이 점점 인상되고 있다.
   Il virus si andava diffondendo. 바이러스가 점점 확산되고 있었다.

2. venire + gerundio: ~해져 온다, 해진다. [오늘날에는 거의 사용되지 않는다.]
   지속적인 행위가 점차 결말에 가까워지는 것을 나타낸다.
   Dentro di me, qualcosa di vecchio si veniva sciogliendo.
   내 안에서 오래된 뭔가가 녹아가고 있었다.

3. 소유 동사(avere), 상태 동사(stare, restare)는 진행형 형태를 사용하지 못한다.
   Sto avendo un abito nuovo. (×) 내가 새 옷을 갖고 있는 중이다.

2 부정사 L'infinito

(1) 부정사의 시제와 형태: 현재와 과거가 있다.

	are	ere	ire	
현재	lavorare	ricevere	partire	capire
과거	avere lavorato	avere ricevuto	essere partito/a	avere capito

(2) 부정사와 대명사와 함께 사용할 때 대명사의 위치

대명사는 항상 부정사 뒤에 사용하며, 마지막 모음 -e를 떼고 대명사를 붙인다. 모든 복합 시제와 마찬가지로 essere + 과거 분사(p.p)인 경우 과거 분사는 주어의 성과 수에 일치시키고, 주어 + lo / la / li / le + avere + 과거 분사(p.p)인 경우 과거 분사의 어미는 직접 목적격 약형 대명사(lo, la, li, le)의 성과 수에 일치시킨다.

a pensarci bene
잘 생각해 보면

per saperne di più
그것에 대해 더 알기 위해서

per farla breve
간단히 말해서

per svegliarsi presto
일찍 일어나기 위해서

prima di conoscerlo
그를 알기 전에

dopo averla conosciuta
그녀를 알고 나서

senza guardarmi
나를 바라보지 않고서

dopo essermi alzato/a
내가 일어난 이후에

(3) 부정사와 주절과의 시제 관계 [☞ 258쪽 참조]

부정사는 주절의 주어와 부정사의 주어가 동일한 경우에만 사용할 수 있다. 부정사 현재는 주절의 시제와 나란한 동시성을 이루고, 부정사 과거는 주절보다 앞선 과거 시제 관계를 이룬다.

Sono felice di conoscerti. [=Sono felice che io ti conosca]
나는 너를 알게 되어 기쁘다. [부정사 현재-주절과 동시성]

Sono felice di averti conosciuto. [=Sono felice che ti abbia conosciuto]
나는 너를 알아서 기쁘다. [부정사 과거-주절보다 과거]

So di essere bravo. [=So che io sono bravo]
나는 내가 훌륭한 것을 안다. [부정사 현재-주절과 동시성]

종속절의 시제가 주절의 시제보다 미래인 경우는 부정사로 나타내지 않는다.

So che sarò bravo. [주절-현재, 종속절-미래]
나는 내가 훌륭할 것이라는 것을 안다.

(4) 부정사의 용법

ⓐ 주어(il soggetto)로 사용된다. 주어의 위치는 문장의 강조 여부에 따라 달라질 수 있다. 문장 처음에 올 수도 있고, 술부 뒤에 올 수도 있다. 부정사는 비인칭 형식의 주어로도 사용된다.

Fare ginnastica fa bene alla salute. 체조하는 것은 건강에 좋다.
Viaggiare in treno costa molto? 기차로 여행하는 것이 비싼가요?
Ti aiuta studiare la grammatica? 문법 공부하는 것이 네게 도움이 돼?
Mi piace andare al cinema. 나는 영화 보러 가는 것이 좋다.
È difficile imparare il tedesco? 독일어를 배우는 것이 어려워요?
Studiare l'italiano non è facile. 이탈리아어를 공부하는 것이 쉽지 않다.
Bisogna fare il tampone. 항원 검사를 해야 한다.

ⓑ 주격 보어(predicativo)로 사용된다. di + 부정사 형태로도 사용할 수 있다.

L'importante non è vincere, ma partecipare.
중요한 것은 이기는 것이 아니라 참가하는 것이다.

La prima cosa che faccio al mattino è lavarmi i denti.
아침에 내가 제일 먼저 하는 것은 양치질하는 것이다.

Il mio sogno è (di) diventare un insegnante al liceo.
나의 꿈은 고등학교 교사가 되는 것이다.

Questi studenti sembrano studiare con superficialità.
이 학생들은 피상적으로 공부하는 것 같아 보인다.

Paolo e Marco sembrano aver messo la testa a posto.
파올로와 마르코가 정신을 차린 것같이 보인다.

ⓒ 목적어(l'oggetto)로 사용된다: 주로 열망 동사(desiderare, amare, adorare, preferire), odiare, destestare, osare, intendere, significare 같은 동사들 다음에 사용된다.

Desidero andare in Italia. 나는 이탈리아에 가기를 열망한다.
Amo cucinare. 나는 요리하는 것을 사랑한다.
Adoro vedere l'opera. 나는 오페라 보는 것을 너무 좋아한다.
Preferisco mangiare fuori. 나는 외식하는 것을 더 좋아한다.
Odio lavare i piatti. 나는 설거지하는 것을 싫어한다.
Detesto praticare attivià fisica. 나는 신체 활동을 무지 싫어한다.
Non oso dire una parola. 나는 감히 한 마디도 말 못 한다.
Che cosa intendi fare? 무엇을 할 의향이야?

ⓓ 조동사(dovere, potere, volere, sapere) 뒤에 동사 원형(부정사)이 사용된다.

Domani posso dormire fino a tardi. 내일 늦게까지 잠을 잘 수 있다.
Mauro vuole rimanere ancora un po'. 마우로는 좀 더 남아 있기를 원한다.
Noi dobbiamo lavorare fino a tardi. 우리는 늦게까지 일해야만 한다.
Franco, sai suonare la chitarra? 마리오, 기타를 칠 줄 아니?

ⓔ 지각 동사(vedere, guardare, osservare, ascoltare, sentire)의 목적 보어로 사용된다. 일반적으로 영어의 주어 + 지각 동사 + 목적어 + 목적 보어(부정사) 어순이지만 목적어가 길거나 목적 보어가 짧은 경우 주어 + 지각 동사 + 목적 보어(부정사) + 목적어 어순으로 한다.

Vedo i bambini giocare. 나는 아이들이 노는 것을 본다.
[목적어] [목적보어-함축형(부정사)]

=Vedo i bambini che giocano. 나는 놀고 있는 아이들을 본다.
[목적어(선행사)] [관계사절-명시형]

=Vedo che i bambini giocano. 나는 아이들이 노는 것을 본다.
[접속사] [목적격절-명시형]

Io ho visto il treno partire. [=Ho visto partire il treno]
나는 기차가 떠나는 것을 보았다.

Io ho visto Marco regalare un libro a Marta.
나는 마르코가 마르타에게 책 한 권을 선물하는 것을 보았다.

Lui guarda le persone camminare nel parco.
그는 사람들이 공원에 거니는 것을 본다.

La maestra ascolta i bambini cantare.
여선생님은 아이들이 노래하는 것을 경청한다.

Ho sentito Marta suonare il violino.
나는 마르타가 바이올린 연주하는 것을 들었다.

ⓕ 사역 동사(fare, lasciare) 뒤에 부정사(동사 원형)가 사용된다. [☞ 73쪽 사역 동사 참조]

사역 동사 바로 뒤에 동사 원형이 위치해야 한다. 동사 원형이 사역 동사의 목적어 역할을 하기 때문이다. 반면에 지각 동사 경우에 부정사는 동사 바로 뒤나 목적어 뒤에 올 수가 있다.

Elisabetta ha visto uscire Marco. (O) [지각 동사 vedere]
Elisabetta ha visto Marco uscire. (O)
엘리자베타는 마르코가 나가는 것을 보았다.

Elisabetta ha fatto uscire Marco. (O) [사역 동사 fare + 동사 원형]
Elisabetta ha fatto Marco uscire. (X)
엘리자베타는 마르코를 나가게 했다.

Faccio venire a casa mia gli amici. [사역 동사 fare]
나는 친구들이 나의 집에 오게 한다.
Lascio venire a casa mia gli amici. [사역 동사 lasciare]
나는 친구들이 나의 집에 오게 놔둔다(허락한다).

Lascio dormire i bambini. [사역 동사 lasciare] [함축형-부정사구]
=Lascio che i bambini dormano. [명사형-목적격절(접속법)]
나는 아이들이 자게 놔둔다.

✎ 참고

1. 사역 동사인 경우 [☞ 76쪽 사역 동사 참조]
주어 + 간접 목적격 대명사 약형 + 사역 동사 + 동사 원형(직목을 취하는 타동사인 경우)
Ho fatto suonare il pianoforte a Marta.
Le ho fatto suonare il pianoforte.
나는 마르타에게/그녀에게 피아노를 연주하게 했다.

2. 지각 동사인 경우
주어 + 직접 목적격 대명사 약형 + 지각 동사 + 동사 원형(직목을 취하는 타동사인 경우)
Ho sentito Marta suonare il pianoforte.
L'ho sentita suonare il pianoforte.
나는 마르타가/그녀가 피아노 연주하는 것을 들었다.

ⓖ 일반 동사의 목적어로 사용된다: 타동사 + 전치사(di, a) + 부정사
영어에서 동사의 목적어로 to 부정사를 쓰느냐, 동명사를 쓰느냐에 해당된다.

i) 주어 + 동사 + di + 부정사: 주어와 di + 부정사의 주어가 동일한 경우
주로 진술, 시인, 노력, 시도, 판단, 결심, 부인, 주장, 희망, 두려움, 의심, 포기, 종료 등을 나타내는 동사에 해당한다.

dire Lui dice di amarmi, ma non lo dimostra.
그는 나를 사랑한다고 말하지만, 그것을 보여주지 않는다.

affermare Fabio afferma di essere innocente.
파비오는 결백하다고 확언한다.

ammettere	Lui ammette di aver sbagliato. 그는 자신이 실수했음을 인정한다.
giurare	Giuro di dire la verità. 내가 진실을 말할 것을 맹세한다.
sapere	So di avere un carattarere difficile. 나는 내가 어려운 성격을 가지고 있다는 것을 안다.
pensare	Penso di essere felice. 나는 행복하다고 생각한다.
credere	Credo di essere fortunato nella vita. 나는 인생에서 운이 좋다고 생각한다.
cercare	Cerco sempre di fare del mio meglio. 난 항상 최선을 다하려고 노력한다.
tentare	Ho tentato di convincerlo. 나는 그를 설득하려고 시도해 보았다.
finire	Finisco di studiare fra due anni. 나는 2년 후에 공부하는 것을 마친다.
smettere	Ho smesso di fumare. 나는 담배를 끊었다.
sognare	Sogno di viaggiare per il mondo. 나는 세계 일주를 꿈꾼다.
sperare	Spero di andare in Italia a giugno. 나는 6월에 이탈리아에 가기를 희망한다.
temere	Lei teme sempre di sbagliare. 그녀는 실수할까 봐 항상 두려워한다.

ii) 주어 + 동사 + **a** + 부정사: **주로** 행위의 시작**이나** 계속**을 나타내는 동사들** [☞ 70쪽 참조]

cominciare [중립적]	Comincio a studiare dopo cena. 나는 저녁 식사 후에 공부를 시작한다.
mettersi a [격식적]	Mi metto a lavorare subito. 나는 즉시 일에 착수한다.
iniziare [구어체]	Abbiamo iniziato a lavorare. 우리는 일을 하기 시작했다.

continuare	Continuo a **studiare dopo la laurea.** 나는 대학 졸업 후에 공부를 계속한다.
riprendere [문어체]	Ho ripreso a **studiare dopo una lunga sosta.** 나는 오랫동안 쉬다가 다시 공부를 재개했다.
seguitare [문어체]	Hanno seguitato a **camminare.** 그들은 계속 걸어갔다.
imparare	Non ho imparato a **nuotare.** 나는 수영하는 것을 배우지 않았다.
provare	Ho provato a **parlare con il direttore.** 나는 원장과 말해보려고 시도했다.

ⓗ **부정사**(동사 원형)**는** 전치사 다음에 사용된다.

i) 주어 + essere + 형용사 + **di** + 부정사

Sono capace di farlo.	나는 그것을 할 능력이 있다.
Sono sicuro di tornare.	나는 돌아올/갈 것을 확신한다.
Sei convinto di essere bravo?	너는 자신이 훌륭하다고 확신하니?
Sei contento di vedermi?	너는 나를 보게 되어 기쁘니?
Sono felice di stare con te.	나는 너랑 함께 있어서 행복하다.
Sono lieto di conoscervi.	나는 너희들을 알게 되어 기쁘다.
Sono libero di uscire.	나는 외출이 자유롭다.
Sono stufo di lavorare.	나는 일하는 것에 싫증 났다.
Sono stanco di studiare.	나는 공부에 지쳤다.
Sono curioso di saperlo.	나는 그것을 아는 것이 궁금하다.
Sono desideroso di conoscerlo.	나는 그를 알기를 열망한다.
Sono soddisfatto di averlo fatto.	나는 그것을 해서 만족스럽다.
Sono orgoglioso di essere coreano.	난 한국인이라는 것이 자랑스럽다.

ii) essere + 형용사 + **a** + 부정사

Sono pronto a rispondere.	나는 대답할 준비가 되어 있다.
Sono disposto a aiutarti.	너를 기꺼이 도와줄 용의가 있다.
Sono abituato a lavorare così.	나는 이렇게 일하는 것이 익숙하다.
Sono interessato a saperlo.	나는 그것을 아는 데 관심 있다.

Sono bravo a cucinare. 나는 요리를 잘한다.
Sono veloce a corrrere. 나는 달리기에 빠르다.
Sono lento a mangiare. 나는 먹는 데 느리다.
Lui è abile a insegnare. 그는 가르치는 데 능숙하다.
Lui è occupato a divertirsi. 그는 재미있게 노는 데 바쁘다.
È impegnato a prepararsi. 그는 준비하느라 바쁘다.

iii) avere + 명사 + **di** + 부정사

Non ho voglia di lavorare. 나는 일하고 싶지 않다.
Ho intenzione di andare in Italia. 난 이탈리아에 갈 의향이다.
Non ho tempo di studiare. 나는 공부할 시간이 없다.
Ho paura di perdere il treno. 내가 기차를 놓칠까 봐 두렵다.
Ho bisogno di riposare. 나는 쉬는 것이 필요하다.

iv) 대명사 + **da** + 부정사: ~할 [☞ 1권 402쪽 **ii) da** + 부정사 참조]

Che cosa c'è da mangiare? 먹을 것이 뭐가 있어?
Cosa hai da raccontare? 뭐 이야기할 것 갖고 있어?
Non c'è niente da mangiare. 먹을 것이 아무것도 없다.
Ho molto da fare oggi. 나는 오늘 할 것이 많다.
Vuoi qualcosa da bere? 마실 것 원하니?
Cosa vuoi da mangiare? 먹을 것은 뭘로 줄까?
Cosa prendi da bere? 음료는 뭐 마실래?
Cosa vi porto da bere? 마실 것은 뭘로 가져다드릴까요?

v) 명사 + **da** + 부정사: dovere, potere 동사의 수동 의미를 지닌 문장으로 당위성이나 목적의 의미를 지닌다. '해져야 할(dovere/potere + essere + p.p)' 의미이다. [☞ 31쪽 ⓕ 참조]

È un prolema da risolvere. 해결되어야 할 문제이다.
Non c'è tempo da perdere. 허비할 시간이 없다.
Questi sono i libri da leggere. 이것들은 읽어야 될 책들이다.
Sono i luoghi da visitare. 방문해야 할 장소들이다.
10 cose da non fare in Italia 이탈리아에서 해서는 안 될 열 가지.
100 film da vedre prima di morire 죽기 전에 봐야 할 영화 100.

vi) 자동사 + **a** + 부정사: '~하러' 목적을 나타낸다.

일부 동사들은 목적을 나타내는 데 있어 전치사 per보다 a를 선호한다. per + 동사 원형은 목적의 의미가 강조되기 때문이다. [☞ 1권 389쪽 i) 전치사 a 참조]

Paola è andata al mare a fare il bagno. [=per]
파올라는 수영하러 바다에 갔다.

Esco a prendere un po' d'aria fresca. [=per]
나는 신선한 공기 좀 쐬러 나간다.

Sono corso a prendere l'autobus. [=per]
나는 버스를 타러 뛰어갔다.

Stasera resto a giocare a carte con gli amici. [=per]
나는 오늘 저녁, 남아서 친구들과 카드놀이를 한다.

Devo stare in ufficio fino a tardi a finire il lavoro. [=per]
나는 사무실에 늦게까지 남아서 일을 끝내야 한다.

Rimango in classe a studiare un po'. [=per]
나는 교실에 남아서 공부를 좀 더 한다.

Il computer serve a lavorare. [=per]
컴퓨터는 일하는 데 쓰인다.

vii) **per** + 부정사: '~하기 위하여'의 목적을 강조한다. [=allo scopo di]

Mi sono alzato presto per andare in montagna.
나는 산에 가기 위해 일찍 일어났다.

Vado in Italia per studiare la cucina italiana.
나는 이탈리아 요리를 공부하기 위해서 이탈리아에 간다.

Ho chiamato Renato per sapere cosa è successo ieri.
나는 어제 무슨 일이 일어났는지 알아보기 위해 레나토에게 전화했다.

Cerco di stare attento per capire meglio.
나는 이해를 더 잘하기 위해서 집중하려고 애쓴다.

Ti ho telefonato solo per sentire la tua voce.
단지 네 목소리를 듣기 위해 전화했다.

Per non ingrassare devo mangiare pochi dolci.
살찌지 않기 위해서 나는 단것들을 적게 먹어야 한다.

Per venire qui ho preso il taxi.
여기에 오기 위해 나는 택시를 탔다.

ⓘ 명사적 역할(funzione di sostantivo)로 사용된다.

i) 부정사가 명사로 사용될 때 진짜 명사 형태보다 행동의 특성이 강조된다.
부정사 앞에 형용사가 올 수도 있고 관사나 전치사 관사가 올 수도 있다.

Questo tuo continuo parlare mi stanca.
너의 이 끊임없는 말은 나를 지치게 한다.

Tra il dire e il fare c'è di mezzo il mare.
말하는 것과 행동하는 것에는 큰 차이가 있다.

ii) 진짜 명사(il vero e proprio sostantivo)로 사용된다.
부정사가 진짜 하나의 품사인 명사가 되어 사전에 명사로 따로 구분되어 있는 경우로서, 복수형으로도 고칠 수 있다.

È stato un piacere incontrarti. 너를 만나 반가웠어.
(Ho il) Piacere di conoscerLa. 당신을 알게 되어 기쁩니다.
Prima il dovere e poi il piacere. 의무가 먼저 그다음이 즐거움이다.
Farò il mio dovere. 나의 의무를 다할 것이다.
Lui ha molti poteri. 그는 많은 권력을 갖고 있다.
L'uomo è un essere vivente. 인간은 살아 있는 생명체이다.
Va contro il volere del popolo. 국민의 뜻에 어긋나게 간다.

ⓙ 일반적인 명령(l'imperativo generico) 역할을 한다.
공공 표지판, 광고문, 도로 표지, 사용 설명서 등에서 일반적으로 긍정 명령과 부정 명령 형태로 동사 원형이 많이 사용된다. [☞ 206쪽 (1) 일반 명령 형태 참조]

Premere il pulsante. 버튼을 누르시오
Allacciare le cinture di sicurezza. 안전벨트를 매세요.
Non dare cibo agli animali. 동물에게 먹이를 주지 마시오.
Vietato fumare. 금연.

ⓚ 의문문과 감탄문에서 의심, 열망, 놀라움, 감탄의 의미를 강조하기 위해서 사용된다.
시제나 인칭을 생략하고 부정사만을 사용함으로써 관련된 사실에 관심을 집중시키며 의미에 효과를 준다. 주어가 생략되어도 문맥이나 상황을 통해 누군지 알 수 있다.

Io cambiare idea? Questo mai! 내가 생각을 바꾼다고? 절대 그런 일이!
Lui tradire! Non posso crederci! 그가 바람피운다고! 믿을 수 없어!
Uscire? No, sono stanco. 나가자고? 안 돼. 피곤해.

ⓗ 의문사 + 부정사(동사 원형) 형태의 비인칭 의문문으로 의심(dubbio)을 나타내기 위해 사용된다. 이런 경우 조동사가 생략되어 있다고 보면 된다.

E adesso, che fare? [=Che si può fare?]
이제, 어떻게 할 수 있을까?

Dove andare? [=Dove si può andare?]
어디로 갈 수 있을까?

Perché continuare? [=Perché si deve continuare?]
왜 계속해야 될까?

ⓘ 감탄사(Ah, Oh) + 부정사: 감탄문으로 사용되며, 희망이나 가정 사항을 나타낸다. magari 혹은 se + 접속법 반과거, 대과거와 같은 의미이다.

Oh, avere tempo libero!
오, 내게 자유시간이 있다면! [=Se avessi tempo libero!]

Ah, essere ancora bambini!
아, 우리가 아직 아이라면 얼마나 좋을까! [=Magari fossimo ancora bambini!]

Oh, avere avuto l'occasione!
오, 내게 기회가 있었다면! [=Magari avessi avuto l'occasione!]

Ah, aver prenotato un albergo!
아, 내가 호텔을 하나 예약했더라면! [=Se avessi prenotato un albergo!]

ⓙ 역사적 부정사 [Ecco + 부정사, a + 부정사] L'infinito storico
내레이션 도중에 직설법 원과거나 반과거 대신에 부정사를 사용하여 과거의 사건이나 동작을 보다 생생하게 묘사할 때가 있는데, 이것을 역사적 부정사(l'infinito storico)라고 한다. 동작이 마치 독자의 눈앞에서 생생하게 재현되는 느낌을 주기 위해 사용되며, ecco + 부정사는 갑작스러운 행위나 사실을 강조하며, a + 부정사는 행위의 지속성을 나타낸다.

Ed ecco verso noi venir per nave un vecchio bianco...
그때 백발노인이 배를 타고 우리를 향해 오는 것이 아닌가 …. [단테 「신곡」]

Proprio in quel momento ecco arrivare Claudio!
바로 그 순간 클라우디오가 도착하는 것이 아니겠는가!

Ed ecco all'improvviso arrivare una macchina!
그때 갑자기 자동차 한 대가 도착하는 것이 아니겠는가!

E lui a piangere, e gli altri a canzonarlo.
그는 울고 있었고 다른 사람들은 그를 계속 놀려대고 있는 것이 아닌가.

(6) 부정사의 함축 형태[전치사 + 부정사]

전치사 + 부정사 형태의 함축형(la forma implicita 부사구)을 해석되는 의미에 따라서 시간, 조건, 원인, 목적 등의 명시 형태(la forma esplicita)의 부사절로 고칠 수 있다.

ⓐ **in** + 부정사: 시간 부사절의 의미를 **나타낸다.** [~할 때, ~하는 동안, ~하면서] [☞ 1권 406쪽 ⓜ 참조]
보통 부정사 앞에 정관사가 붙으며 주절과 부정사의 시제가 나란한 동시성을 이룬다.
nel / nell' / nello + 부정사 현재형 = mentre, quando + 주어 + 동사

Nel parlare, **gli italiani gesticolano.** [=Parlando]
말할 때 이탈리아인들은 몸짓을 한다. [=Mentre parlano]

Nel correre, **sono scivolato.** [=Correndo]
달리다가 나는 넘어졌다. [=Mentre correvo]

Nel fare **i conti, si è accorta di aver speso troppo.** [=Facendo]
그녀가 계산을 할 때, 지출을 너무 많이 했다는 것을 깨달았다. [=Mentre faceva]

Nel salutare **i parenti, a volte confondo i loro nomi.** [=Salutando]
친척들한테 인사할 때, 나는 가끔 그들의 이름을 혼동한다. [=Quando saluto]

> ✎ 참고
>
> **in + 동사 원형:** 한정(limitazione) 보어로도 사용된다. [~하는 것에 있어서] [☞ 1권 406쪽 **ii)** 전치사 **in** 참조]
>
> | | |
> |---|---|
> | Marco è svelto nel capire. | 마르코는 이해하는 데 빠르다. |
> | Lui è lento nel mangiare. | 그는 먹는 것이 느리다. |
> | Paolo è bravo nel correre. | 파올로는 달리기에 능하다. |
> | Lui fa molti errori nel parlare. | 그는 말하는 데 실수를 많이 한다. |

ⓑ **dopo** + 부정사 과거(avere / essere + p.p): [~하고 나서, ~한 후에]
주절의 주어와 부정사의 주어가 동일한 경우에 사용되며, 주절보다 시간적으로 앞선다.

Dopo aver finito **gli studi,** cercherò **un lavoro.**
→ Dopo che avrò finito **gli studi,** cercherò **un lavoro.**
나는 학업을 끝내고 나서, 일자리를 찾아볼 것이다. [선립 미래-단순 미래]

Dopo aver finito **gli studi,** cerco **un lavoro.**
→ Dopo che ho finito **gli studi,** cerco **un lavoro.**
나는 학업을 끝내고 나서, 일자리를 찾는다. [근과거-현재]

Dopo aver finito **gli studi,** ho cercato **un lavoro.**
→ Dopo che avevo finito **gli studi,** ho cercato **un lavoro.**
나는 학업을 끝내고, 일자리를 찾아보았다. [대과거-근과거]

ⓒ a + 부정사 [☞ 1권 389쪽 ⓣ 전치사 참조]

i) 가정, 조건 부사절의 의미를 나타낸다. [만약에 ~한다면] [☞ 233쪽 ii), 1권 389쪽 iv) 참조]

Ad avere tempo, andrei al cinema.
→ Se avessi tempo, andrei al cinema.
내가 시간이 있다면, 영화관에 갈 텐데.

A saperlo prima, non sarei uscito.
→ Se l'avessi saputo prima, non sarei uscito.
내가 그것을 미리 알았더라면 나가지 않았을 텐데.

A ben guardare, non è male.
→ Se si guarda bene, non è male.
자세히 보면, 나쁘지 않다.

A pensarci bene, forse ha ragione lui.
→ Se ci si pensa bene, forse ha ragione lui.
그것에 대해 잘 생각해 보면 그의 말이 맞을 수도 있다. [=Se uno ci pensa bene]

ii) 문어체로 시간 부사절의 의미를 나타낸다. [~할 때, ~하자마자] [☞ 1권 389쪽 iii) 참조]
주로 부정사 앞에 정관사가 오며, 부정사의 주어와 주절의 주어가 다를 수도 있다.

A sentire quella notizia, Marco ha saltato di gioia.
→ Quando ha sentito quella notizia, Marco ha saltato di gioia.
그 소식을 들었을 때, 마르코는 기뻐서 펄쩍 뛰었다.

Al vedere la stella, essi provarono una gioia grandissima.
→ Quando essi videro la stella, provarono una gioia grandissima.
그들은 별을 보고 큰 기쁨을 느꼈다. [성서]

Mi alzai al sorgere del sole.
→ Mi alzai quando il sole sorgeva.
나는 해 뜰 때 일어났다. [문어체]

iii) 한정절(limitazione)의 의미를 나타낸다. [~에 의할 것 같으면, ~에 있어서] [☞ 1권 390쪽 vi) 참조]

A sentire lui, la situazione è difficile.
그의 말에 의하면, 상황이 어렵다. [=Secondo quello che si sente lui]

A correre, Marco è un campione.
달리기에 있어서, 마르코는 선수급이다. [=In quanto a correre]

Questo è facile a dirsi, difficile a farsi.
이것은 말하기는 쉽지만 행하기는 어렵습니다.

ⓓ con + 부정사: 계속적인 시간 부사절 의미를 지닌다. [☞ 1권 412쪽 전치사 con 참조]

i) 주절과 부정사절이 시간적으로 계속됨을 나타낸다. [~함에 따라]

Col procedere degli anni, cresce l'esperienza.
세월이 흐름에 따라, 경험이 쌓인다.

Questo vino migliora coll'invecchiarsi.
이 포도주는 오래될수록 좋아진다.

ii) 수단의 의미를 지닌다. [~함으로써, ~를 통하여]

Con il leggere ci si istruisce. [=Leggendo]
사람은 독서를 통해 교양을 쌓는다. [=uno si istruisce]

Col litigare non otterrai niente. [=Litigando]
너는 말다툼을 통해선 아무것도 얻지 못할 것이다.

Con lo stare a riposo, Lei guarirà presto. [=Stando]
당신은 휴식을 함으로써, 빨리 낫게 될 겁니다.

Si impara con lo sbagliare. [=sbagliando]
실수를 통해서 배운다.

ⓔ per + 부정사 [☞ 1권 421쪽 전치사 per 참조]

i) per + 부정사 현재: 목적을 나타낸다. [~하도록, ~하기 위해]

Ti telefono per farti sapere cosa è successo.
→ Ti telefono affinché sappia cosa è successo.
무슨 일이 일어났는지 네게 알려주기 위해 네게 전화한다.

Ti telefono per sapere cosa è successo.
무슨 일이 일어났는지 알기 위해 네게 전화한다.

ii) per + 부정사 과거: 이유를 나타낸다. [~하기 때문에]

Alberto era stanco per aver lavorato troppo.
→ Alberto era stanco, perché aveva lavorato troppo.
알베르토는 일을 너무 많이 했기 때문에 피곤했다.

Grazie mille per avere guardato questo video.
이 비디오를 시청해 주셔서 대단히 감사합니다.

iii) troppo / abbastanza ~ **per** + 부정사 현재: 결과를 나타낸다. [~하기에] (too~to)

Lui è troppo piccolo per viaggiare da solo.
→ Lui è troppo piccolo perché possa viaggiare da solo.
그는 너무 어려서 혼자 여행할 수가 없다. (그가 혼자 여행하기에 너무 어리다)

iv) **per** + 부정사 현재: 양보를 나타낸다. [비록 ~일지라도]

Per essere così giovane, Lorenzo è molto esperto.
→ Sebbene sia così giovane, Lorenzo è molto esperto.
비록 로렌초가 아주 젊긴 하지만 매우 능숙하다.

v) **per** + 부정사 현재: 한정(limitazione)을 나타낸다. [~하는 것에 있어서] [☞ 325쪽 접속사 참조]

Per disegnare, non sono secondo a nessuno.
→ Per quanto riguarda il disegno, non sono secondo a nessuno.
그림 그리는 데 있어서, 나는 누구에게도 뒤지지 않는다.

ⓕ **da** + 부정사 [☞ 1권 402쪽 전치사 **da** 참조]

i) così / tanto ~ **da** + 부정사: '~할 정도로'라는 의미의 결과절을 이룬다.

Mi sento così stanco da non poter comminare più.
→ Mi sento così stanco che non posso camminare più.
나는 더 이상 걸을 수 없을 정도로 피곤하다.

Ero tanto sorpreso da non capir più nulla.
→ Ero tanto sorpreso che non capivo più nulla.
나는 더 이상 아무것도 알아들을 수 없을 정도로 무척 놀랐다.

ii) **da** + morire / impazzire: 죽도록/미치도록, 죽을 정도로/미칠 정도로

Mi manchi da morire / impazzire. 나는 네가 보고 싶어 죽겠다/미치겠다.
Mi piaci da morire / impazzire. 나는 네가 좋아 죽겠다/미치겠다.
Ti amo da morire / impazzire. 나는 너를 죽도록/미치도록 사랑한다.

iii) avere / essere / esserci + **da** + 부정사: dovere(~해야만 한다)의 의무나 필요성을 나타낸다. esserci + da + 부정사는 항상 3인칭 단수형의 비인칭 형식으로 사용된다.

Ho da cambiare sistema. 나는 시스템을 바꾸어야 한다.
C'è da cambiare sistema. 시스템을 바꾸어야 한다.
Il sistema è da cambiare. 시스템이 바뀌어야 한다.

(7) 부정사는 우언적 구성(La costruzione perifrastica)을 이룬다. [일종의 동사 관용구]

ⓐ 현재: stare 동사의 현재 + per + 동사 원형 [☞ 71쪽 i) 참조]

현재에 곧바로 일어나게 될 미래 행위를 나타낸다. [막 ~하려고 하다]

stare 동사의 현재형		per	동사 원형
io tu	sto stai	per	cominciare. 막 시작하려던 참이다.
lui / lei / Lei noi	sta stiamo		leggere. 막 읽으려던 참이다.
voi loro	state stanno		uscire. 막 나가려던 참이다.

È già arrivato il treno?
기차가 벌써 도착했어요?

-No, sta per arrivare.
아뇨, 막 도착하려고 해요.

Avete già pranzato?
너희들 이미 점심 식사를 했니?

-No, stiamo per pranzare.
아니, 막 점심 식사를 하려고 해.

Viola è già partita per le vacanze?
비올라가 이미 휴가를 떠났어요?

-No, sta per partire.
아뇨, 막 떠나려고 해요.

ⓑ 과거: stare 동사의 반과거 + per + 동사 원형

과거에 곧바로 일어나게 될 미래 행위를 나타낸다. [막 ~하려던 참이었다]

stare 동사의 현재형		per	동사 원형
io tu	stavo stavi	per	cominciare. 막 시작하려던 참이었다.
lui / lei / Lei noi	stava stavamo		leggere. 막 읽으려던 참이었다.
voi loro	stavate stavano		uscire. 막 나가려던 참이었다.

Io ero pronto e stavo per uscire.
나는 준비가 되어 있었고 막 나가려던 참이었다.

Stavo per telefonarti per fare quattro chiacchiere.
너와 수다를 좀 떨기 위해 네게 막 전화를 하려던 참이었다.

Hai fatto bene a venire qui. Stavo per chiamarti.
네가 마침 여기에 잘 왔어. 네게 전화하려던 참이었어.

(8) 부정사의 주어가 주절의 주어와 다른 경우

일반적으로 종속절인 부정사의 주어와 주절의 주어가 다를 경우엔 che로 연결한다. 그러나 부정사의 주어와 주절의 주어가 달라도 부정사를 사용할 수 있는 경우는 다음과 같다.

ⓐ 부정사의 의미상 주어가 간접 목적어인 경우: 주절의 동사가 명령(ordinare, comandare), 허락(permettere, consentire), 양보(concedere), 금지(proibire, vietare, impedire), 부탁(raccomandare), 기원(augurare), 요청(chiedere, dire), 충고(consigliare), 제안(proporre, suggerire) 등의 동사들인 경우 간접 목적어가 부정사의 의미상 주어가 된다. [☞ 1권 241쪽 참조]

주어 + 여격 동사 + 간접 목적어(a + 명사) + di + 부정사 : ~에게 ~을 하다
주어 + 간접 목적격 약형 대명사 + 여격 동사 + di + 부정사 : ~에게 ~을 하다

Il medico ordina a Stefano di non fumare. [명령]
의사가 스테파노에게 담배 피우지 말 것을 명령한다.

Io ho permesso a mia figlia di viaggiare all'estero. [허락]
나는 딸에게 해외여행 하는 것을 허락했다.

Il preside proibisce agli studenti di usare i cellulari in classe.
교장은 학생들이 교실에서 휴대전화를 사용하는 것을 금지한다. [금지]

Cristina ha vietato a suo marito di bere alcolici. [금지]
크리스티나는 남편에게 술을 금했다.

Vi raccomando di non dirlo a nessuno. [부탁]
그것을 아무한테도 말하지 않을 것을 너희들에게 간곡하게 부탁한다.

Ti auguro di fare un buon viaggio. [기원]
네게 즐거운 여행을 할 것을 기원한다.

Ho chiesto a Massimo di aspettarmi. [요청]
마씨모에게 나를 기다려줄 것을 요청했다.

Ho detto alla mamma di non preparare la cena. [요청]
나는 엄마에게 저녁 식사 준비를 하지 말라고 말했다.

Ho consigliato a Federico di studiare molto. [충고]
나는 페데리코에게 공부를 열심히 할 것을 충고했다.

Ho proposto a Cristina di visitare Roma. [제안]
나는 크리스티나에게 로마를 방문할 것을 제안했다.

Ho suggerito a Marco di fare qualcos'altro. [제의]
나는 마르코에게 다른 뭔가를 할 것을 제의했다.

ⓑ 부정사의 의미상 주어가 직접 목적어인 경우

주절의 동사가 강요, 고무, 권유, 부추김, 초대, 설득, 도움 등을 나타내는 동사인 경우

주어 + 타동사 + 직접 목적어 + a + 부정사 : ~에게 ~을 하다

주어 + 약형 직접 목적격 대명사 + 타동사 + a + 부정사 : ~에게 ~을 하다

Io ho obbligato Teresa a finire quel lavoro. [강요]
나는 테레사에게 그 일을 끝내도록 강요했다.

Io ho costretto Rosina ad abbandonare quel progetto. [강요]
나는 로지나에게 그 계획을 포기하도록 강요했다.

Lui ha incoraggiato Sofia a continuare lo studio. [고무]
그는 소피아에게 학업을 계속하도록 용기를 북돋아 주었다.

Mio padre mi ha spinto a studiare di più. [부추김]
나의 아버지가 내가 공부를 더 많이 하도록 떠밀었다.

Vi invito a iscrivervi al mio canale.
여러분이 나의 채널에 가입할 것을 권한다. [초대]

Roberto ha convinto Franco a venire con noi. [설득]
로베르토가 프랑코를 우리와 함께 가자고 설득했다.

Ho persuaso Matteo a stare zitto. [설득]
그들은 마테오에게 잠자코 있도록 설득했다.

Io aiuto Francesca a fare i compiti. [도움]
나는 프란체스카가 숙제하는 것을 도와준다.

ⓒ 지각 동사에서 부정사의 의미상 주어는 직접 목적어이다.

Vedo i bambini giocare nel giardino. [i bambini=giocare]
나는 아이들이 정원에서 노는 것을 본다.

Ti ascolto suonare il pianoforte. [Ti=suonare]
나는 네가 피아노 치는 것을 듣는다.

ⓓ 사역 동사에서 부정사의 의미상의 주어는 직접 목적어나 간접 목적어이다. [☞ 75, 76쪽 참조]

Lo lascio uscire. [Lo=uscire] 나는 그를 나가게 놔둔다.
Lo faccio uscire. [Lo=uscire] 나는 그를 나가게 한다.
Gli lascio leggere il libro. [Gli=leggere] 나는 그에게 책을 읽게 놔둔다.
Gli faccio leggere il libro. [Gli=leggere] 나는 그에게 책을 읽게 한다.

3 분사 Il participio

(1) 분사의 시제와 형태: 현재 분사와 과거 분사가 있다.

과거 분사는 보조사 avere와 essere와 결합하여 복합 시제로 많이 사용되는 반면, 현재 분사는 이탈리아어에서 동사로는 거의 사용되지 않으며, 형용사나 명사로만 사용된다.

	are	ere	ire	
부정사	parlare	credere	partire	pulire
현재 분사	parlante	credente	partente	pulente
과거 분사	parlato	creduto	partito/a /i /e	pulito

현재 분사 불규칙

fare → facente　　condurre → conducente
ubbidire → ubbidiente　　convenire → conveniente

(2) 과거 분사와 대명사를 함께 쓸 경우 대명사의 위치: 대명사는 항상 과거 분사 뒤에 위치

ricevutolo　datogli　alzatosi　andatoci　andatosene

(3) 분사와 주절과의 시제 관계

ⓐ 현재 분사(Il participio presente): 주절과 나란한 동시성을 나타낸다(관계사절에서).

Ho letto un libro riguardante l'economia dell'Italia.
[=che riguarda]
나는 이탈리아 경제에 관한 책을 한 권 읽었다.

ⓑ 과거 분사(Il participio passato): 주절보다 앞선 시제이다.

Finito il lavoro, sono uscito a bere qualcosa.
→ Dopo che avevo finito il lavoro, sono uscito a bere qualcosa.
나는 일을 끝내고 나서, 뭐 좀 마시러 나갔다. [대과거-근과거]

(4) 과거 분사와 현재 분사의 형용사 역할

과거 분사는 수동적 의미를 지니고 현재 분사는 능동적 의미를 지닌다.

acqua bollita 끓인 물　　acqua bollente 끓는/뜨거운 물
foglia caduta 낙엽　　foglia cadente 떨어지는 잎

(5) 현재 분사 용법

현재 분사는 오늘날 동사적인 역할은 거의 사라져 버리고, 현재 분사 자체가 형용사나 명사로 하나의 품사가 되어 사전에 등재되어 있다.

ⓐ 동사적 용법

현재 분사가 동사적 역할을 하는 경우는 문어체로 문학 언어, 관료적 언어, 법률 언어에 제한되어 있고, 오늘날 현대 언어에서는 현재 분사 대신에 관계사절을 사용한다. 주절과 현재 분사의 시제 관계는 동시성을 나타낸다.

Il testimone dichiarante il falso commette reato.
허위 진술을 하는 증인은 범죄를 저지르는 것이다. [=che dichiara]

Gli studenti frequentanti il corso medio devono dare l'esame.
중급 과정을 다니는 학생들은 시험을 봐야 한다. [=che frequentano]

Quest'avviso è per tutti i candidati partecipanti alla selezione.
이 공문은 선발에 참가하는 모든 후보자들에게 해당되는 것이다. [=che partecipano]

ⓑ 형용사적 용법

현재 분사가 형용사로 사용되는 경우이다. 현재 분사에서 파생된 형용사는 능동적인 의미를 지니며 명사 뒤에 위치한다. 명사의 성과 수에 따라 현재 분사의 어미가 일치되어야 하며, 성의 구분 없이 단수는 어미가 -e 형태가 되고, 복수는 어미가 -i 형태가 된다.

importare	→	importante	중요한	interessare	→	interessante	재미있는
pesare	→	pesante	무거운	affascinare	→	affascinante	매력적인
accogliere	→	accogliente	아늑한	sorridere	→	sorridente	미소 짓는
precedere	→	precedente	앞선	permanere	→	permanente	영구적인
convenire	→	conveniente	편리한	divertire	→	divertente	흥미 있는
seguire	→	seguente	다음의	bollire	→	bollente	뜨거운

Ho la testa pesante.	머리가 무겁다.
È un libro molto interessante.	아주 재미있는 책이다.
La mia casa è molto accogliente.	나의 집은 아주 아늑하다.
È un film divertente.	재미난 영화이다.
Tu sei sempre sorridente.	너는 언제나 웃는 표정이다.
Completate le seguenti frasi.	다음 문장들을 완성하시오.
È il treno preveniente da Roma.	로마에서 오는 기차이다.

ⓒ 명사적 용법

현재 분사가 명사로 사용되는 경우이다. 현재 분사에서 유래된 명사들은 양성 동형 명사로서 여성과 남성 형태가 동일하여 성을 고칠 경우 정관사만 변화한다. [☞ 1권 92쪽 (2) 명사 참조]

insegnare → insegnante	교사	cantare → cantante	가수
abitare → abitante	주민	principiare → principiante	초보자
parlare → parlante	화자	passare → passante	행인
amare → amante	애인	partecipare → partecipante	참가자
dipendere → dipendente	직원	concorrere → concorrente	경쟁자
assistere → assistente	조교	partorire → partoriente	산모

Io sono la vostra insegnante. 제가 여러분의 여교사입니다.
Lei è una famosa cantante lirica. 그녀는 유명한 오페라 가수이다.
Quanti abitanti ha questa città? 이 도시의 주민은 몇 명입니까?
Ci sono tanti concorrenti. 경쟁자들이 많이 있다.
Questo libro è per i principianti. 이 책은 초보자들을 위한 것이다.

(5) 과거 분사의 용법

ⓐ 동사적 용법

과거 분사는 목적어 혹은 주어와 연결되어 시간, 원인, 양보, 조건 등을 내포하는 함축 형태(la forma implicita 부사구)의 종속절이다. 과거 분사가 이끄는 시간과 원인절은 주절의 행위보다 먼저 일어난 행위를 나타낸다. 명시 형태(la forma esplicita)의 부사 종속절로 고칠 경우에는 시간 부사절, 원인 부사절, 양보 부사절, 조건 부사절 등으로 고칠 수 있다. 과거 분사의 주어와 주절의 주어가 다른 경우에는 과거 분사가 이끄는 종속절에 반드시 주어를 표시해야 한다.

i) 시간 부사절의 의미를 지닌다. [~하고 나서, ~하자마자]

과거 분사 앞에 una volta, appena, dopo, subito dopo 등을 넣어서 시간 부사구의 의미를 강조할 수 있다.

• 과거 분사의 주어가 주절의 주어와 같은 경우: 주절의 성과 수에 일치시킨다.

Uscita di casa, Marta è andata al bar.
→ Dopo essere uscita di casa, Marta è andata al bar.
마르타는 집에서 나와 카페로 갔다. [=Dopo che era uscita di casa]

Appena arrivato a casa, gli ho telefonato.
→ Appena sono arrivato a casa, gli ho telefonato.
집에 도착하자마자 나는 그에게 전화했다

Una volta arrivati là, ceneremo.
→ Una volta che saremo arrivati là, ceneremo.
거기에 도착해서 우리는 저녁 식사를 할 것이다. [=Dopo che saremo arrivati]

Uscirò a fare una passegiata, dopo mangiato.
→ Uscirò a fare una passeggiata dopo avere mangiato.
나는 산책하러 나갈 것이다, 먹은 후에. [=dopo che avrò mangiato]

• 과거 분사 구문의 주어와 주절의 주어가 다른 경우: 과거 분사는 과거 분사 구문에 주어를 표기하고, 주어의 성과 수에 일치시킨다.

Partita la mamma, Anna è rimasta sola.
→ Dopo che la mamma era partita, Anna è rimasta sola.
엄마가 떠나자, 안나는 혼자 남았다. [la mamma 주어]

Usciti Luca e Aldo, noi siamo entrati in aula.
→ Dopo che Luca e Aldo erano usciti, noi siamo enrati in aula.
루카와 알도가 나오고 나서, 우리가 강의실로 들어갔다. [Luca e Aldo 주어]

• 과거 분사 구문이 목적어가 있는 타동사인 경우: 과거 분사는 목적어의 성과 수에 일치시킨다.

Pagato il conto, siamo usciti dal ristorante.
→ Dopo avere pagato il conto, siamo usciti dal ristorante.
계산을 마치고, 우리는 레스토랑을 나왔다. [il conto 목적어]

Finita l'Università, ho trovato subito un lavoro.
→ Dopo avere finito l'Università, ho trovato subito un lavoro.
대학을 졸업하고 바로 일자리를 구했다. [l'Università 목적어]

Finiti i compiti, potrai giocare nel giardino.
→ Dopo avere finito i compiti, potrai giocare nel giardino.
너는 숙제들을 끝내고 나서, 정원에서 놀 수 있을 거야. [i compiti 목적어]

i) 원인 부사절의 의미를 지닌다. [~이기 때문에]

Fatto questesto, devi accettarne le conseguenze.
→ Poiché hai fatto questo, devi accettarne le conseguenze.
네가 이 일을 했으므로, 그에 대한 결과들을 받아들여야만 한다. [직설법 근과거-현재]

Preoccupata per il suo ritardo, l'ho chiamato.
→ Siccome ero preoccuata per il suo ritardo, l'ho chiamato.
나는(여성) 그의 지연이 걱정되어 그에게 전화했다. [직설법 반과거-근과거]

ii) 양보 부사절의 의미를 지닌다. [비록 ~일지라도]

주로 과거 분사 앞에 접속사 benché, sebbene, per quanto가 온다.

Ricevute molte critiche, Luca ha continuato il lavoro.
→ Anche se ha ricevuto molte critiche, Luca ha continuato il lavoro.
루카는 많은 비판을 받았지만 일을 계속했다. [직설법 근과거-근과거]

Benché spaventato, Davide cercò di reagire.
→ Benché fosse spaventato, Davide cercò di reagire.
다비드는 겁이 났지만 대항하려고 애썼다. [접속법 반과거-원과거]

Per quanto stimato da tutti, fu licenziato.
→ Pur quanto fosse stimato da tutti, fu licenziato.
그는 비록 모든 사람들한테 높은 평가를 받고 있었지만, 해고당했다. [접속법 반과거 수동태-원과거]

iii) 가정이나 조건 부사절의 의미를 지닌다. 과거 분사만 단독으로 사용될 수도 있고, 과거 분사 앞에 접속사 se가 올 수도 있다. [만약 ~하게 된다면] [☞ 233쪽 iii) 가정문 참조]

Guidato bene, riuscirà a superare ogni difficoltà.
→ Se sarà guidato bene, riuscirà a superare ogni difficoltà.
지도를 잘 받는다면, 그는 모든 어려움을 극복할 것이다. [직설법 단순 미래 수동태-단순 미래]

(Se) bevuta calda, la birra non è buona
→ Se viene bevuta calda, la birra non è buona.
맥주를 따뜻하게 마시게 되면 맥주는 맛이 없다. [직설법 현재 수동태-현재]

Ben truccata, Sofia sembrebbe più carina.
→ Se fosse ben truccata, Sofia sembrebbe più carina.
소피아가 화장이 잘되면, 더 귀여워 보일 텐데. [접속법 반과거 수동태-조건법 현재]

iv) 관계사절의 의미를 지닌다. 과거 분사는 선행사가 되는 명사의 성과 수에 일치한다.

L'impiegato, assunto da pochi giorni, non conosce bene il lavoro.
[=che è stato assunto]
고용된 지 며칠 안 되는 사무원은 일을 잘 모른다.

La pillola, presa a stomaco vuoto, può dare dolori allo stomaco.
[=che viene presa]
공복에 복용하는 알약은 위장 장애를 일으킬 수 있습니다.

I farmaci somministrati per via orale sono efficaci.
[=che vengono somministrati]
경구 투여하는 약물이 효과적이다.

ⓑ 형용사적 용법

과거 분사가 형용사로 쓰이는 경우이다. 현재 분사가 능동적인 의미를 지닌 반면에 과거 분사는 수동적인 의미를 지닌다. 명사의 성과 수에 따라 과거 분사의 어미를 일치시킨다.

Sono le 4 passate. [passare] 4시가 지났다.
È un uomo sposato. [sposare] 그는 결혼한 남자이다.
Devo fare l'esame scritto. [scrivere] 나는 필기시험을 봐야 한다.
Ho il naso chiuso. [chudere] 나는 코가 막혔다.
È un'opera ben fatta. [fare] 잘 만들어진 작품이다.
È un cappotto fatto a mano. [fare] 수제 코트이다.
Non si usa nella lingua parlata. [parlare] 그것은 구어체에선 사용 안 된다.

ⓒ 명사적 용법

과거 분사가 명사로 사용되는 경우이다. 성과 수에 따라 변화한다.

gelare	il gelato	→	i gelati	아이스크림
invitare	l'invitato	→	gli invitati	초청객
laureare	il laureato	→	i laureati	대학 졸업생
nascere	il nato	→	i nati	출생자
ferire	il ferito	→	i feriti	부상자
morire	il morto	→	i morti	사망자
guarire	il guarito	→	i guariti	완치자
contagiare	il contagiato	→	i contagiati	감염자
vaccinare	il vaccinato	→	i vaccinati	백신 접종자

ⓓ 전치사적 **용법**

현재 분사가 전치사로 사용되는 경우이다.

durante (durare) ~동안에 mediante (mediare) ~를 통해서

Che cosa farai durante le vacanze estive?
여름 방학 동안에 무엇을 할 거야?

Durante la settimana non ho tempo di fare sport.
나는 주중에 스포츠를 할 시간이 없다.

I pensieri si esprimono mediante le lingue.
생각들은 언어를 통해서 표현된다.

Lui è stato assunto mediante un'agenzia interinale.
그는 파견업체를 통해서 고용되었다.

(7) 주절과 부사 종속절과의 시제 관계를 나타낼 때

명시 형태(시간 부사절), 함축 형태(제룬디오, 부정사, 분사)로 나타낼 수 있다.

Dopo che avrò finito il corso [선립 미래] Avendo finito il corso [제룬디오 과거] Dopo aver finito il corso [부정사 과거] Finito questo corso [과거 분사] 나는 코스를 마친 다음	andrò in vacanza. 휴가 갈 것이다. [단순 미래]
Dopo che ho finito questo corso [근과거] Avendo finito questo corso [제룬디오 과거] Dopo aver finito questo corso [부정사 과거] Finito questo corso [과거 분사] 나는 코스를 마친 다음	vado in vacanza. 휴가 간다. [현재]
Dopo che avevo finito il corso [대과거] Avendo finito il corso [제룬디오 과거] Dopo aver finito il corso [부정사 과거] Finito il corso [과거 분사] 나는 코스를 마친 다음	sono andato in vacanza. 휴가 갔다. [근과거]

Dopo che ebbi finito il corso [선립 과거] Avendo finito il corso [제룬디오 과거] Dopo aver finito il corso [부정사 과거] Finito il corso [과거 분사] 나는 코스를 마친 다음	andai in vacanza. 휴가 갔다. [원과거]

Dopo che sarò arrivato a Roma [선립 미래] Essendo arrivato a Roma [제룬디오 과거] Dopo esser arrivato a Roma [부정사 과거] Arrivato a Roma [과거 분사] 내가 로마에 도착해서	gli telefonerò. 그에게 전화할 것이다. [단순 미래]
Dopo che sono arrivato a Roma [근과거] Essendo arrivato a Roma [제룬디오 과거] Dopo esser arrivato a Roma [부정사 과거] Arrivato a Roma [과거 분사] 내가 로마에 도착해서	gli telefono. 그에게 전화한다. [현재]
Dopo che ero arrivato a Roma [대과거] Essendo arrivato a Roma [제룬디오 과거] Dopo esser arrivato a Roma [부정사 과거] Arrivato a Roma [과거 분사] 내가 로마에 도착해서	gli ho telefonato. 그에게 전화했다. [근과거]
Dopo che fu arrivato a Roma [선립 과거] Essendo arrivato a Roma [제룬디오 과거] Dopo esser arrivato a Roma [부정사 과거] Arrivato a Roma [과거 분사] 내가 로마에 도착해서	gli telefonai. 그에게 전화했다. [원과거]

3장

접속사

La congiunzione

접속사는 '함께 이어주다(coniungere)'라는 라틴어에서 유래한 말로서, 문장 속의 두 성분 또는 문장과 문장을 이어주는 역할을 한다. 즉, 단어와 단어를 연결하거나 구와 구를 연결하거나 문장과 문장을 연결하는 것이다. 부사와 마찬가지로 성과 수에 따라 형태가 변화하지 않는 품사로서, 접속사의 기능에 따라 등위 접속사와 종속 접속사로 분류할 수 있다. 등위 접속사는 문장의 요소들을 대등한 관계로 연결하는 역할을 하는 접속사이고, 종속 접속사는 하나의 문장을 다른 문장 속에 종속시키는 역할을 하는 접속사이다. 접속사의 형태로는 한 개의 단어로 이루어진 단순 접속사(e, o), 두 개의 단어가 결합되어 한 단어가 된 합성 접속사(o + pure → oppure), 두 개 이상의 단어들이 모여서 하나의 구를 이루는 접속사구(ogni volta che)가 있다.

Luisa canta e Maria suona. [등위 접속사]
루이자는 노래하고 마리아는 연주한다.

Non posso uscire perché devo studiare. [종속 접속사]
나는 나갈 수가 없다, 왜냐하면 공부를 해야 되기 때문이다.

Ogni volta che ti vedo, il mio cuore batte forte. [접속사구]
너를 볼 때 마다 내 심장이 세게 뛴다.

접속사의 분류

- 등위 접속사: 두 문장을 대등하게 연결시켜 주는 기능을 하는 접속사

연결 **접속사**	단순히 연결시켜 주는 것. [e, anche, pure, neanche, neppure]
부연 **접속사**	앞에서 말한 내용에 덧붙이는 것. [per di più, inoltre, e anche]
선택 **접속사**	둘 중 하나를 선택하는 것. [o, oppure, ossia, ovvero]
반의 **접속사**	반대를 나타내는 것. [ma, però, invece, tuttavia]
설명 **접속사**	진술이나 설명을 하는 것. [cioè, vale a dire, infatti]
결론 **접속사**	결론이나 결과를 표시하는 것. [dunque, quindi, perciò, allora]
상관 **접속사**	두 요소를 상관적으로 연결시켜 주는 것. [o~o, né~né, sia~sia]

- 접속사 다용(polisindeto) 접속사를 여러 번 반복하여 사용하는 것

접속사 생략(asindeto)	접속사 없이 콤마로 연결되는 것
종속 **접속사**	한 문장을 다른 문장 속에 들어가 한 부분이 되게 하는 접속사
서술 **접속사**	서술을 유도하는 것으로 명사절(주어, 목적어, 보어)을 이끈다. [che, come]
간접 의문 **접속사**	질문이나 의문 등을 유도하는 것으로, 명사절을 이끈다. [se, come, quando, perché, quanto]
조건 **접속사**	조건 부사절을 이끈다. [se, purché, a patto che]
원인 **접속사**	원인, 이유, 동기 등을 나타내는 것으로 원인 부사절을 이끈다. [siccome, visto che, poiché]
목적 **접속사**	행위가 일어나는 목적을 나타내는 것으로 목적 부사절을 이끈다. [affinché, perché]
양보 **접속사**	결과를 방해하지만 그래도 일이 일어나도록 양보를 하는 것으로 양보 부사절을 이끈다. [benché, sebbene, per quanto]
결과 **접속사**	결과 부사절을 이끈다. [così~che, tanto~che, di modo che]
시간 **접속사**	시간 부사절을 이끈다. [quando, come, dopo che, prima che]
비교 **접속사**	비교 부사절을 이끈다. [così~come, meglio che, tanto~quanto]
양태 **접속사**	행위가 이루어지는 방법을 나타내는 것으로 양태 부사절을 이끈다. [come, come se, quasi, nel modo che]
반의 **접속사**	두 문장이 대조를 이루게 하는 것. [quando, mentre]
제한 **접속사**	예외, 제한, 제외를 나타내는 것. [tranne che, eccetto che, a meno che]

1 등위 접속사 Le congiunzioni coordinanti

등위란 같은 위치와 지위, 즉 대등한 관계를 말하는 것으로, 등위 접속사란 단어, 구, 절 등을 대등한 관계로 연결하는 접속사를 말한다. 등위 접속사로 연결된 문장을 등위절이라고 하며, 등위 접속사는 다음과 같이 분류할 수 있다.

1 연결 접속사 Copulative

단어와 단어, 구와 구, 절과 절 등을 연결시켜 주는 접속사로 긍정과 부정으로 구분된다.

긍정 의미: e 그리고

부정 의미: nè ~도 아닌 / neanche, nemmeno, neppure ~조차도 아닌

Emma canta e Sara suona.
엠마는 노래하고 사라는 연주한다.

Io lavoro e studio.
나는 일도 하고 공부도 한다.

Stasera ceneremo fuori e poi andremo al cinema.
오늘 저녁 우리는 외식을 하고 그다음에 영화 보러 갈 것이다.

Stasera non voglio mangiare la pasta né la pizza.
오늘 저녁에 파스타를 먹고 싶지 않고 피자도 먹고 싶지 않다.

Marco non conosce l'inglese e neanche il coreano.
그는 영어도 모르고 한국어조차도 모른다.

Io non so cantare e neppure ballare.
나는 노래 부를 줄 모르고 춤출 줄도 모른다.

참고

1. 접속사 e 다음에 같은 모음인 e가 올 경우에 발음상 호음 철자 d를 붙인다. e 다음에 io는 예외이다.

   Io ed Elena
   나와 엘레나

   Lui ed io
   그와 나

2. 접속사가 셋 이상의 성분을 연결할 경우 마지막으로 연결되는 말 앞에만 접속사를 붙인다.

   Il mio appartamento è comodo, luminoso e silenzioso.
   나의 아파트는 편안하고 밝고 그리고 조용하다.

2 부연 접속사 Le congiunzioni aggiuntive

앞에서 말한 내용에 새로운 개념을 덧붙여서 두 성분을 연결하는 접속사이다.

anche	역시	pure	더구나
inoltre	그 밖에도	nonché	뿐만 아니라

Lui va bene in tutto, anche in matematica.
그는 모든 것에 있어서 잘한다/괜찮다, 수학에 있어서도.

Lui conosce il francese e anche il tedesco.
그는 프랑스어와 또한 독일어도 알고 있다.

Il mio fidanzato è bello e pure ricco.
나의 약혼자는 잘생긴 데다가 부자이기까지 하다.

Sono in ritardo e inoltre c'è molto traffico.
나는 늦었는 데다가 더구나 교통 체증도 많이 있다.

È un lavoro lungo nonché complesso.
시간이 오래 걸릴 뿐만 아니라 또한 복잡한 일이다.

3 선택 접속사 Le congiunzioni disgiuntive

단어와 단어, 절과 절 사이를 분리하거나 선택을 나타내는 접속사이다.

o	혹은	oppure	혹은(선택의 의미를 강조)	altrimenti	그렇지 않으면

Preferisci un caffè o un tè freddo?
커피 마실래 아니면 아이스티 마실래, 뭐가 더 좋아?

Mangiate qualcosa o bevete?
너희들 뭐 좀 먹을 거야, 아니면 마실 거야.

Ti piace di più l'estate oppure l'inverno?
너는 여름이 더 좋아, 아니면 겨울이 더 좋아?

Stasera che fai, rimani a casa oppure esci?
오늘 저녁에 뭘 할 거니? 집에 있을 거니, 아니면 나갈 거니?

Ti conviene partire subito, altrimenti perderai il treno.
즉시 출발하는 것이 좋을 거야, 그렇지 않으면 기차를 놓치게 될 거야.

참고

양자택일의 경우에는 o piuttosto, o meglio, anzi를 사용한다.

Ti telefono, o meglio verrò io stesso.
네게 전화할게, 아니 차라리 내가 직접 갈게.

Ti scriverò per informarti, o piuttosto verrò direttamente.
너한테 알리도록 쓸게, 아니 차라리 내가 직접 가도록 할게.

Ti avviserò quando sarò pronto, anzi te lo porterò io stesso.
준비가 되면 네게 알려줄게, 아니 차라리 내가 직접 그것을 갖다줄게.

4 반의 접속사 Le congiunzioni avversative

대립, 반대의 의미를 나타내는 접속사로 두 개의 단어, 구, 절을 연결한다.

ma	그러나	però	하지만	tuttavia	그래도
eppure	그렇지만	anzi	반대로	bensì	차라리
pure	그렇지만	sennon ché	그렇지만	nondimeno	그런데도

Ho molta fame, ma devo dimagrire.
배가 많이 고프다, 그러나 살을 빼야 한다.

Andiamo a mangiare in pizzeira, però pago io.
우리 피자집에 먹으로 가자, 하지만 내가 계산할 거야.

Lui ha studiato molto, tuttavia non ha superato l'esame
그는 공부를 많이 했지만 그럼에도 시험에 합격하지 못했다

Ho dormito molto, eppure sono ancora stanco.
잠을 많이 잤다, 그렇지만 여전히 피곤하다.

Non è un libro noioso, anzi è molto divertente.
지겨운 책이 아니다, 그 반대로 아주 재미있다. [=al contrario]

Non vado in vacanza al mare, bensì in montagna
나는 휴가를 바다로 가지 않는다, 차라리 산으로 간다.

lo so che è difficile, pure bisogna trovare un rimedio.
어렵다는 것을 알고 있다, 그렇지만 해결책을 찾아야 합니다.

È molto bello, sennonché mi sembra troppo caro.
매우 예쁘다, 그렇지만 너무 비싸 보인다. [문어체 접속사]

✎ 참고

반의 접속사 ma와 però

1. 반의 접속사 ma(그러나)와 però(하지만)는 같은 의미로 문장에서 서로 바꾸어 쓸 수 있다. 그러나 ma보다 però가 반의적 의미가 다소 강하다.

   La mia macchina è vecchia, ma/però funziona benissimo.

   내 자동차는 오래되었지만, 그러나/하지만 아주 잘 작동한다.

2. ma는 반드시 두 번째 문장에 사용해야 하며 문장 끝에 위치할 수 없다. però는 문장 처음이나 중간, 혹은 끝에 자유롭게 위치할 수 있다.

   Mi piace il pesce, però/ma non mi piace la carne.

   Mi piace il pesce; non mi piace la carne, però. [ma X]

   Mi piace il pesce; non mi piace, però, la carne. [ma X]

   나는 생선을 좋아하지만, 고기는 안 좋아한다.

3. 반의 접속사 ma는 문장 처음에 올 수 없지만, 마침표로 끝나는 문장 다음에 사용하여 앞에서 말한 문장에 반의-제한적 의미를 부여한다.

   Sono stanco. Ma ho comunque voglia di vederti.

   피곤하다. 그러나 어쨌든 너를 보고 싶어. [종종 강한 멈춤 뒤에 사용된다.]

4. ma는 문장 처음에 사용하여 대화를 시작하거나 다른 주제로 옮기기 위해서 사용한다. 혹은 전체 텍스트의 시작 부분이나 저널리즘과 작품 제목에서 주로 많이 사용된다. [not A but B]

   Ma vorrei sapere perché Lei ha accettato.

   그런데 저는 왜 당신이 수락했는지 알고 싶습니다.

   Ma che fai qui? -Ma la pandemia è davvero finita?

   근데, 너는 여기서 뭘 하는 거야? 그런데 팬데믹이 정말 끝난 것인가?

5. ma는 부정사 non와 함께 non ~ ma ~ (~가 아니라 ~이다) 형태로 사용된다. 그러나 ma 대신에 però를 넣어서 동일한 의미로 사용되지 않는다.

   Oggi non è lunedì, ma martedì.

   오늘 월요일이 아니라 화요일이다. (però X)

6. però는 단독이나, 문장 첫 부분에 위치하여 놀라움이나 실망감을 나타낸다.

   Però, che coraggio hai avuto! Però! [=Wow, so cool!]

   와우, 대단한 용기가 있었구나! 와우, 굉장하네!

5 설명 접속사 Le congiunzioni esplicative

앞 문장의 내용을 부연 설명하거나 명확하게 할 때 사용하는 접속사이다.

cioè 즉	infatti 사실상	ovvero 다시 말하면	ossia 즉
vale a dire	바꿔 말해서	in altre parole / termini	다른 말/용어로
per essere precisi	정확히 말해	per meglio dire	더 잘 표현하자면

Carlo ha finito gli studi, cioè si è laureato.
카를로는 학업을 끝냈다, 즉 대학 졸업을 했다.

Lui non ha studiato tutto l'anno, infatti è stato bocciato.
그는 일 년 내내 공부 하지 않았다, 사실 낙제했다. [앞 문장에 대한 증거나 보충 설명]

Verrò da te fra tre ore, ovvero alle 7.
너한테 3시간 후에, 다시 말해서 7시에 갈게.

È un sistema friendly, vale a dire amichevole.
그것은 프랜들리한 시스템, 바꾸어 말해 친근한 시스템이다.

6 결론 접속사 Le congiunzioni conclusive

결론이나 귀결을 유도하는 접속사이다. dunque가 quindi보다 격식적이다.

dunque	그러므로	allora	그러자
quindi	따라서	perciò	때문에
per questo	이 때문에	(e) così	그래서, 그리하여
ebbene	그렇기 때문에	per cui	이 때문에
sicché	따라서	cosicché	따라서
in conclusione	결론적으로	di conseguenza	그 결과

Hai sbagliato, dunque pagherai quello che hai fatto.
네가 잘못했으므로 네가 한 일에 대한 대가를 치르게 될 것이다. [결과의미가 강한 접속사]

Non ho detto niente a Marina, allora se n'è andata via.
내가 마리나에게 아무 말도 안 했다, 그러자 가버렸다.

Non c'è niente da mangiare in frigo, quindi vado a fare la spesa.
냉장고에 먹을 것이 아무 것도 없다, 그래서(이런 이유로) 나는 장 보러 간다. [원인 의미 내포]

Sono arrivato in ritardo, perciò non ho trovato posto.
나는 늦게 도착했다, 때문에(그 결과로) 자리를 발견하지 못했다. [원인의 의미가 내포된 접속사]

Firenze è ricca di opere d'arte, per questo voglio visitarla.
피렌체는 예술 작품이 풍부한 도시이다, 따라서 이 때문에 그곳을 방문하고 싶다.

Non avevo niente da mangiare e così ho fatto la spesa.
나는 먹을 것이 하나도 없어서 그래서 시장을 봤다. [=quindi]

Vengo da te a piedi, così faccio un po' di sport.
너한테 걸어서 갈 거야, 그렇게 해야 내가 약간 운동을 해. [=in questo modo]

Hai rotto il vetro, di conseguenza devi pagarlo.
너는 유리창을 깼다, 그 결과로 그것을 변상해야만 한다.

Sono proprio stanco, per cui non esco stasera. [현대 이탈리아어]
정말 피곤하다, 이 때문에 오늘 저녁 나는 안 나간다. [=perciò, per questo 의미]

Mi avete detto una bugia dopo l'altra, ebbene mi sono stancato.
너희들은 계속 연이어 거짓말을 했다, 그래서 나는 질려버렸다. [문어체 접속사]

Era molto forte, sicché nessuno poteva convincerlo.
그는 매우 강해서 아무도 그를 설득할 수 없었다. [문어체 접속사]

7 상관 접속사 Le congiunzioni correlative

ⓐ 같은 품사나 상당 어구를 상관적으로 연결한다. 연결하는 요소가 다른 어구여서는 안 된다.

o ~ o ~	~나 ~나	né ~ né ~	~도 아니고 ~도 아닌
sia ~ sia / che ~	~둘 다	sia che ~ sia che	~든지, ~든지
non solo ~ ma (anche)~	~뿐만 아니라 ~도		

O mangi questa minestra o salti dalla finestra? [속담]
이 수프를 먹을 거야, 아니면 창밖으로 뛰어내릴 거야? 선택은 하나뿐이다.

Oggi non fa né caldo né freddo.
오늘 날씨가 춥지도 않고 덥지도 않다.

A me piace sia il mare sia la montagna.
나는 바다와 산 모두를 좋아한다.

Sia che tu venga sia che tu non venga, per me fa lo stesso.
네가 오든지 안 오든지 나에게는 마찬가지다.

Luca non solo lavora ma frequenta anche la scuola serale.
루카는 일을 할 뿐만 아니라 야간학교에도 다니고 있다.

Gli ho mandato non solo gli auguri ma anche un regalo.
그에게 축하 인사뿐만 아니라 선물도 보냈다.

✎ 참고

sia ~ sia, sia ~ che [both A and B]

상관 접속사 sia ~ sia와 sia ~ che는 의미가 같다. 구어체에서 sia ~ che가 확산되어 있다.

Voglio sia l'antipasto sia il dolce. 나는 전채와 디저트 모두 먹고 싶다.
Voglio sia l'antipasto che il dolce. 나는 전채와 디저트 둘 다 먹고 싶다.

관계 대명사 che가 있는 문장에서 sia ~ che가 의미에 혼란을 줄 수 있기 때문에 sia ~ sia를 사용하는 것이 더 낫다.

Sia la Spagna che ha vinto sia l'Italia che ha perso sono due squadre forti.
이긴 스페인이나 진 이탈리아 둘 다 강한 팀이다.

ⓑ 다음과 같은 등위 상관 접속사들도 있다.

ora ~ ora ~	때로는 ~ 때로는 ~
chi ~ chi ~	어떤 이는 ~ 어떤 이는 ~
alcuni ~ altri ~	일부는 ~ 또 일부는 ~
gli uni ~ gli altri~	어떤 사람들은 ~ 또 어떤 사람들은 ~
da una parte ~ dall'altra (parte) ~	한편으로는 ~ 또 다른 한편으론 ~
prima ~ poi	먼저 ~ 이후에는
c'è chi ~ c'è chi	~하는 자도 있고 ~하는 자도 있다.

Giluia è molto strana. Ora piange, ora ride.
줄리아가 아주 이상하다. 울다가 웃다가 한다.

È iniziata l'estate; chi arriva, chi parte, chi resta.
여름이 시작되었다. 어떤 이는 도착하고, 어떤 이는 떠나고, 또 어떤 이는 남는다.

Alcuni studiano, altri giocano.
어떤 사람들은 공부하고, 또 어떤 사람들은 논다.

Faremo due gruppi di studenti: gli uni andranno a visitare il museo, gli altri la cattedrale.
우리는 학생들을 두 그룹으로 만들어서, 일부는 박물관 관람을 가고 일부는 대성당에 갈 것이다.

Da una parte vorrei aiutarlo, ma dall'altra capisco che non se lo merita.
나는 한편으로는 그를 돕고 싶지만 다른 한편으로는 그가 그럴 자격이 없다고 이해한다.

Ho fame. Prima mangiamo e poi facciamo un giro.
나 배고파. 먼저 먹고 그다음에 한 바퀴 돌자.

Il mondo è fatto a scale, c'è chi sale e c'è chi scende. [속담]
세상은 계단으로 이루어져 있고 어떤 사람은 올라가고 어떤 사람은 내려간다.

8 접속사 다용 Polisindeto

같은 접속사를 여러 번 반복하여 사용하는 것으로 문어체에서 의미를 강조하기 위해 사용된다.

E mi cerca e mi telefona e non mi dà pace.

그가 나를 찾고 전화를 하며 나를 편안하게 놔두지 않는다.

Né ha scritto né ha telefonato né si è fatto vivo in questi giorni.

그는 편지도 쓰지 않았고, 전화도 하지 않았고, 요즘에는 모습을 보이지도 않았다.

9 접속사 생략 Asindeto

접속사 없이 단순히 콤마(,), 콜론(:), 세미콜론(;) 등을 사용하는 것이다.

Luca è arrivato, ha pranzato, è ripartito.

루카는 도착했고, 점심을 먹고, 다시 떠났다.

Venni, vidi, vinsi.

왔노라, 보았노라, 이겼노라.

Ho bussato a lungo: nessuno ha aperto.

나는 오랫동안 노크했다, 그런데 아무도 열지 않았다.

Chi arriva, chi parte; chi va a destra, chi a sinistra.

도착하고 떠나는 자도 있었고, 또 오른쪽과 왼쪽으로 가는 자도 있었다.

참고

접속사 e의 여러 가지 기능

1. 반의 기능(funzione avversativa): ma, invece와 같은 기능을 한다.

   Ho comprato un romanzo e non l'ho anocra letto. [=ma]

   나는 소설책을 한 권 샀지만, 아직 그것을 읽지 않았다.

   Pensavo che lavorasse, e lui stava a zonzo. [= invece]

   나는 그가 일을 할 것이라 생각한 반면에 그는 빈둥거리고 있었다.

2. 원인 기능(funzione causale): perciò, quindi, poiché와 같은 기능을 한다.

   Carlo sta male e non va a scuola. [= quindi, perciò]

   카를로는 몸이 아파서 학교에 가지 않는다.

3. 양보 기능(funzione concessiva): 비록 ~일지라도(benché)

   Piove e lui esce. [=Benché piova, lui esce]

   그는 비가 오는데도 불구하고 밖으로 나간다.

2 종속 접속사 Le congiunzioni subordinanti

종속 접속사는 종속절을 이끌어 주절에 연결시키는 접속사로서 한 문장을 전체 문장의 한 부분이 되게 한다. 종속 접속사는 크게 명사절(주어, 목적어, 보어, 서술절, 간접 의문문)과 부사절(시간, 이유, 조건, 양보, 목적, 비교, 제한, 제외, 배제)을 이끈다.

1 서술 접속사 Le congiunzioni dichiarative

서술 접속사는 주절의 의미를 명확히 하는 것으로 주절에 있는 요소들(대명사, 명사, 부사 così)을 설명하거나 예시하는 서술 종속절을 이끌며 명사절에 속한다. 동격 기능과도 비슷하며 che가 대표적인 서술 접속사로 주절의 의미에 따라 직설법, 접속법, 조건법을 사용할 수 있다. 주로 의견, 판단, 지각, 확신, 희망, 의심 등을 나타내는 명사나 동사 관용구에 해당한다.

Ho l'impressione che tu abbia sbagliato.
나는 네가 실수했다는 인상을 받는다.

Ho una convinzione, che diventerete famosi.
나는 어떤 확신을 갖고 있다, 너희들이 유명하게 되리라는 것.

Avevo la speranza che tu saresti venuto.
네가 올 것이라는 희망을 가지고 있었다.

Proprio così penso: che tu non sia sincero.
바로 그렇게 생각한다, 즉 네가 솔직하지 않다고.

Mi rattrista l'idea che tu debba lasciare la Corea.
네가 한국을 떠나야만 한다는 생각이 나를 슬프게 한다.

Mi rende felice il pensiero che tutto andrà bene.
모든 것이 잘 될 것이라는 생각이 나를 행복하게 한다.

Su questo siamo d'accordo, che la situazione migliorerà.
이것에 대해선 우리가 동의한다. 즉 상황이 호전될 거라는 점이다.

Di una cosa sono certa: che lui non tornerà più.
내가 한 가지에 대해선 확신한다, 그가 다시는 안 돌아오리라는 것이다.

✎ 참고

서술 종속절을 함축 형태(명사구)로 나타낼 경우 di + 동사 원형을 사용한다.

Sofia ha questa speranza: di vedere la mamma sulla bici.
소피아는 이런 희망을 갖고 있다. 자전거를 타고 있는 엄마를 보는 것이다.

2 간접 의문 접속사 Le congiunzioni interrogative indirette

질문이나 의심을 나타내는 주절 동사 다음에 의문사가 오는 경우로 명사절을 이끈다. 의문사가 없을 경우에 접속사 se를 사용한다. 문어체에서는 간접 의문절에 접속법 동사를 사용한다.

se	~인지	come	어떻게	quando	언제
perché	왜	quanto	얼마나	chi	누가

Non so se Marta parte oggi. 마르타가 오늘 떠날지 나는 모르겠다.
Sono incerto se partire o no. 내가 떠날지 말지 불분명하다.
Sai quanto costa il biglietto? 푯값이 얼마인지 아니?
Non capisco perché hai fatto così. 네가 왜 그렇게 했는지 이해 안 간다.
Ti chiedo che cosa vuoi? 원하는 것이 무엇인지 네게 묻는다.
Dimmi quando e come è successo. 언제 어떻게 일어났는지 내게 말해.

3 조건 접속사 Le congiunzioni condizionali

조건 부사절과 가정문을 유도하는 접속사로, 주로 접속법 동사를 사용한다. [☞ 249쪽 조건절 참조]

se	만약에	purché	~ 한다면
a condizione che	~라는 조건하에	a patto che	~라는 약속하에
nel caso che	~인 경우에	qualora	~할 경우에[문어체]

Se non mi affretto, arriverò in ritardo.
내가 서두르지 않는다면, 늦게 도착할 것이다.

Purché mi chieda scusa, posso perdonarlo.
그가 내게 사과한다면, 나는 그를 용서할 수 있다.

Puoi andarci, a condizione che tu torni presto.
네가 일찍 돌아온다는 조건하에 그곳에 갈 수 있다.

Puoi rimanere a patto che tu rimanga zitto.
네가 조용히 있겠다는 약조를 할 경우, 남아 있어도 된다.

Nel caso che piovesse, resterei a casa.
만일 비가 내릴 경우, 나는 집에 남아 있을 것이다. [가정문]

Ti perdonerei, qualora tu dicessi la verità.
너를 용서할 텐데, 만일 네가 사실대로 말한다면. [가정문]

4 원인 접속사 Le congiunzioni causali

원인 접속사는 원인이나 이유의 종속 부사절을 이끌며, 직설법 동사를 사용한다. 접속사 perché는 '왜냐하면 ~ 때문이다'라는 의미로 반드시 주절 뒤에 위치한다. 격식적인 고급 언어에 사용되는 poiché는 '~이기 때문에'라는 의미로 문법적으로 주절 앞이나 뒤에 모두 위치할 수 있지만 현대 이탈리아어에서는 주로 주절 앞에 위치한다. siccome는 일반적인 원인 접속사로 주절 앞에 위치한다. dato che, visto che는 구어체 접속사로 주절 앞이나 뒤에 위치할 수 있다. dal momento che는 문어체 접속사로 주절 앞이나 뒤에 사용할 수 있다. 원인 접속사 che는 perché의 축약 형태(ché, che)로 항상 주절 동사 뒤에 위치하며, 구어체에서 많이 사용된다. in quanto는 문어체 접속사로 반드시 주절 뒤에 위치한다. in quano che는 비격식적인 구어체 접속사이다. [☞ 253쪽 1. 참조]

perché	poiché	giacché	che [구어체]
siccome	visto che	dato che	ora/adesso che
dal momento che	in quanto	in quanto che	

Oggi non esco fuori, perché fa molto freddo.
오늘 밖에 나가지 않는다, 왜냐하면 날씨가 너무 춥기 때문이다. [일반적]

Siccome fa molto freddo, oggi non esco fuori.
날씨가 너무 춥기 때문에, 오늘 나는 밖에 나가지 않는다. [일반적]

Sbrigati, che è tardi. / Muoviti, che facciamo tardi.
서둘러, 시간 늦었으니까!/움직여, 우리 늦었으니까. [구어체 접속사]

Poiché devo studiare per l'esame, rimango a casa. [격식적 언어]
시험공부를 해야만 하기 때문에 난 집에 남는다. [=poiché rimango a casa]

Giacché vuoi saperlo, ti dirò quello che penso di te.
네가 그것을 알고 싶으니까 내가 너에 대해 어떻게 생각하는지 말해줄게. [문어체 접속사]

Adesso che lo so, farò un po' più di attenzione.
이제 내가 그것을 아니까, 조금 더 조심할 것이다. [일반적]

Visto che non arrivano ancora, devo partire da solo.
그들이 도착하지 않는 걸 보니까 나 혼자 떠나야겠다. [일반적-주절 뒤 위치 가능]

Dato che è uscito il sole, facciamo una passeggiata.
해가 나와서 우리는 산책을 한다. [일반적-주절 뒤 위치 가능]

Dal momento che pioveva, non sono uscito.
비가 오고 있었기 때문에, 나는 나가지 않았다. [문어체-주절 뒤 위치 가능]

Non ti hanno promosso, in quanto non hai studiato.
그들은 네가 공부를 하지 않아서 너를 진급시키지 않았다. [문어체 접속사]

5 목적 접속사 Le congiunzioni finali

행위의 목적을 나타내는 목적 부사절을 유도하며, 접속법 동사를 사용한다. 반면에 원인 접속사들은 직설법 동사를 사용한다. 따라서 목적 접속사 perché(~하도록)는 접속법 동사를 사용하고, 원인 접속사 perché(왜냐하면)는 직설법 동사를 사용한다. [☞ 247쪽 목적절 참조]

affinché	perché	ché [=che]
in modo che	così che	acciocché [문어체]

Devi raccontare tutto a Carlo, affinché lui capisca qual è il problema.
너는 카를로가 문제가 어떤 것인지 이해할 수 있도록 모든 것을 이야기해야 한다.

Parlo a voce alta perché tutti mi possano sentire.
모두가 내 말을 들을 수 있도록 큰 소리로 말한다.

Avverti Michele, che si prepari per le otto. [=affinché]
8시에 준비할 수 있도록 미켈레에게 알려.

Cancello i dati in modo che rimangano irrecuperabili.
나는 복구할 수 없도록 데이터를 삭제한다.

La madre fa due lavori, così che la figlia possa continuare a studiare.
어머니는 딸이 계속 공부할 수 있도록 두 가지 일을 한다.

6 양보 접속사 Le congiunzioni concessive [☞ 248쪽 양보절 참조]

양보 접속사는 주절의 행위를 막지 못하고 실행이 되도록 하는 양보 부사 종속절을 이끈다. anche se를 제외하고 양보 접속사는 접속법 동사를 사용한다. [비록 ~일지라도, 불구하고]

benché	sebbene	anche se	quantunque
malgrado (che)	nonostante (che)	per quanto	con tutto che

Benché tu mi abbia deluso, ti perdono.
비록 네가 나를 실망시켰지만, 너를 용서한다. [격식적 문어체]

Sebbene sia domenica, c'è molto traffico sulle strade.
일요일인데도 길에 교통 체증이 심하다. [격식적 접속사-접속법]

Anche se sono gemelle, loro non si assomigliano per niente.
그들이 쌍둥이인데도 서로 전혀 닮지 않았다. [구어체 접속사-직설법]

Per quanto sia difficile adesso, non devi mollare.
지금 아무리 힘들다 할지라도, 너는 포기해선 안 돼. [문어체 접속사]

Siamo usciti, malgrado il tempo minaccisse pioggia.
우리는 비가 곧 내릴 것 같은 위협적인 날씨에도 불구하고 나갔다.

Nonostante abbia superato gli 80 anni, è ancora in gamba.
그는 80세가 넘었음에도 아직까지 정정하다.

Quantunque fosse stanco, è partito lo stesso.
그는 피곤했지만 그래도 떠났다. [문어체 접속사]

Con tutto che è basso, gioca molto bene a pallacanestro.
그는 키기 작다 하더라도, 농구를 아주 잘한다. [문어체 접속사구]

✎ 참고

1. nonostante (che), malgrado (che)는 오늘날 che를 주로 생략해서 사용한다.
   nonostante, malgrado는 전치사 기능도 하며 명사와 함께 사용된다.

2. benché, sebbene, anche se는 동사를 생략하고 과거 분사만으로도 사용된다.
   Sebbene malato, è andato al lavoro 나는 아프지만 일하러 갔다.

7 결과 접속사 Le congiunzioni consecutive [☞ 253쪽 2. 참조]

결과 접속사는 주절에서 말한 내용의 결과를 나타내는 결과 부사절을 이끈다. 결과 접속사는 직설법이나 조건법을 사용할 수 있다. [☞ 253쪽 2., 257쪽 (3) 참조]

così~che	tanto ~ che	talmente ~ che
cosicché	tale ~ che	a tal punto che
dimodocché (di modo che)	sicché [문어체]	tantoché (tanto che)

Ero così distratto che non ti ho visto.
내가 너무 정신이 없어서 너를 보지 못했다.

Carla è tanto timida che arrossisce per un nonnula.
카를라는 너무 수줍어해서 사소한 일에도 얼굴을 붉힌다.

È talmente stanco che non riesce a stare in piedi
그는 너무나 피곤해서 서 있을 수가 없다.

Non conosco i fatti, cosicché preferisco tacere.
내가 사실 관계를 몰라서 그래서 난 잠자코 있는 것이 더 좋다. [격식적]

Mi ero stancato, sicché sono andato presto a letto.
나는 피곤해서 일찍 잠자리에 들었다. [문어체]

Ero stanco a tal punto che non mi reggevo in piedi.
나는 일어서지도 못할 정도로 피곤했다.

✎ 참고

결과절을 함축형인 부사구로 나타낼 경우: 주절과 결과절의 주어가 같은 경우에 사용한다.

così da, tanto da, tale da, in modo da, al punto dal + 동사 원형

Anna è tanto / così socievole da fare amicizia subito.

안나는 바로 금방 친구를 사귈 정도로 사교적이다.

Ero stanco al punto dal non reggermi in piedi.

나는 피곤해서 일어서지도 못할 정도였다.

8 시간 접속사 Le congiunzioni temporali [☞ 250쪽 시간절 참조]

시간과 때를 나타내는 시간 부사절을 이끈다. prima che는 접속법 동사를 사용한다.

quando	~할 때	**mentre**	~하는 동안
(non) **appena**	~하는 즉시	**finché**	~할 때까지, ~하는 한
prima che	~하기 전에	**dopo che**	~하고 나서
ogni volta che	~할 때마다	**nel momento che**	~하는 순간에
da quando	~한 이래로	**come** [문어체]	~하자마자

Quando sarai grande, capirai tutto.

네가 어른이 되면, 모든 것을 이해할 거야.

Mentre i bambini giocano, la mamma cucina.

아이들이 노는 동안에, 엄마는 요리한다.

Ti richiamerò (non) appena sarò arrivato.

내가 도착하는 즉시 네게 다시 전화할게. (non은 강조)

Lo aspetterò finché (non) arriverà.

그가 돌아올 때까지 나는 기다릴 것이다. (non은 강조)

Finché sto con te, sono felice.

너와 같이 있는 한, 나는 행복하다.

Aspetterò finché tu (non) sia pronto.

나는 네가 준비될 때까지 기다릴 것이다. (non은 강조)

Dopo che sarà arrivato Marco, partiremo.

마르코가 도착한 후에 우리는 떠날 것이다.

Ragazzi, torniamo a casa prima che piova!

얘들아, 비오기 전에 우리 집에 돌아가자.

Ogni volta che chiamo Anna, non risponde.
내가 안나에게 전화할 때마다, 전화를 받지 않는다.

Da quando faccio sport, peso di più.
내가 운동을 하는 이후로 몸무게가 더 나간다.

Lui è arrivato nel momento che uscivamo.
우리가 나가려는 바로 그 순간에 그가 도착했다. [=nel momento in cui]

Come lo vidi, gli corsi incontro. [문어체 접속사]
그를 보자마자, 나는 그에게로 달려갔다.

9 비교 접속사 Le congiunzioni comparative

비교 접속사는 비교 부사절을 이끈다. 비교 부사절에는 격식적인 경우에는 접속법 동사를 사용하고 비격식적인 경우는 직설법을 사용한다. 가정의 의미를 나타낼 경우 조건법을 사용한다.

(così) ~ come	~와 같은	(tanto) ~ quanto	~만큼이나
più ~ di quello che	~보다 더	meno ~ di quello che	~보다 덜
più~ di quanto	~보다 더	meno~ di quanto	~보다 덜
meglio di quanto	~보다 더 잘	peggio di quanto	~보다 더 나쁘게
più ~ più	~하면 ~할수록 더	meno ~ meno	~안 할수록 덜
più ~ meno	~하면 할수록 덜	meno ~ meglio	~안 할수록 ~더 잘

Il cibo non era (così) buona come mi aspettavo.
음식은 내가 기대한 것처럼 그렇게 맛있지 않았다.

Ho lavorato tanto quanto hai lavorato tu.
네가 일한 만큼이나 나도 일했다.

Marco è più furbo di quanto (non) sembri.
마르코는 보기보다 더 영악하다. (non)은 강조

La situazione è andata peggio di quanto mi aspettassi.
상황은 내가 기대하던 것보다 더 안 좋게 되었다.

Più lo vedo, più mi piace.
그를 보면 볼수록 내 마음에 든다.

Più lo conosco meno lo capisco.
나는 그를 알면 알수록 그가 덜 이해간다

Meno studi, meno impari.
네가 공부를 안 하면 안 할수록 덜 배운다.

Meno lo vedo meglio sto.
내가 그를 안 볼수록 마음이 더 편하다.

10 양태 접속사 Le congiunzioni modali [☞ 252쪽 ⑨양태절 참조]

양태 접속사는 행동이나 방법 양식을 나타내는 양태 부사절을 이끈다. 접속사의 성격에 따라서 직설법, 접속법 혹은 조건법을 사용할 수 있다. come se는 접속법 반과거나 대과거를 사용한다.

come ~대로 **come se** 마치 ~처럼 **quasi** (che) 거의 ~처럼[문어]
secondo che ~에 따라서 **nel modo che / nella maniera che** ~식 대로

Mi vesto come voglio. 난 내가 입고 싶은 대로 입는다.
Lui si comporta come se niente fosse. 그는 마치 아무것도 아닌 듯이 행동한다.
Fa caldo quasi (che) fosse estate. 날씨가 거의 여름이 온 듯 덥다.
Le cose cambiano secondo che tu accetti o meno.
네가 받아들이느냐 아니냐에 따라 상황이 달라진다.
Ho fatto tutto nel modo che hanno voluto i miei genitori.
나는 부모님이 원한 방법대로 모든 것을 했다.
L'ho preparato nella maniera che abbiamo deciso insieme.
나는 우리가 같이 결정한 방식대로 그것을 준비했다.

11 반의 접속사 Le congiunzioni avversative

주절에 표현된 내용과는 반대되는 행위나 사실을 나타내는 반의 종속절을 이끈다. quando와 mentre 다음에 부사 invece를 넣어서 강조적으로 사용될 수 있다.

mentre (invece) ~ 반면에 **quando** (invece) 반면에 ~할 때에

Tutti sono andati in macchina, mentre io ho preso il treno.
모두가 자동차로 갔다, 반면에 나는 기차를 탔다.
Per oggi era prevista la pioggia, mentre invece c'è il sole.
오늘은 비가 예보되었는데, 반면에 해가 나 있다.
Stefano è sempre a spasso, quando invece dovrebbe studiare.
스테파노는 대신 공부해야 할 때에 항상 놀고만 있다.

✎ 참고

반의 접속사를 함축형(부사구)**으로 나타낼 경우**: ~하지 말고, ~하는 대신에
anziche + 동사 원형, invece di + 동사 원형

Anziché ridere, ascoltami! 웃지 말고, 내 말 들어!
Invece di cucinare, mangiamo fuori! 요리 대신에, 외식하자!

12 한정(제한) 접속사 Le congiunzioni limitative

'~에 있어서, ~에 관한 한, ~에 의하면' 의미로 주절에서 말하는 내용을 어떤 관점이나 범위로 한정하는 접속사로 한정(제한) 부사절을 이끈다. 한정 부사절은 제한하는 의미에 따라 직설법이나 접속법을 사용할 수 있다. 그러나 한정(제한) 접속사 che 다음에는 반드시 접속법 동사를 사용해야 한다.

per quanto	a quanto	da quanto	secondo quanto
per quello che	a quello che	da quello che	secondo quello che

Per quanto ne so io, va tutto bene. [=Per quanto ne sappia]
내가 그것에 대해 아는 한, 모든 것이 잘되어 간다.

Per quel che possiamo, li aiuteremo. [=Per quello che]
우리가 할 수 있는 한 그들을 도울 것이다.

A quanto è avvisato, il treno per Roma ha un ritardo di 5 minuti.
공지 사항에 의하면, 로마행 기차가 5분 연착이다.

Gli affari non vanno benissimo, a quanto sembra / pare.
사업이 썩 잘 되어가지는 않는다, 겉으로 보기에.

A quanto vedo, stai ancora lavorando sodo.
내가 보기에, 아직도 너는 열심히 일하는 중이군.

Da quanto ho visto in tv, è una casa molto grande.
내가 TV에서 본 바로는, 그것은 매우 큰 집이다.

Da quello che ho sentito, erano molto amici.
내가 들은 바에 따르면 그들은 아주 친했다.

Secondo quanto si dice su Internet, non è così.
인터넷에서 사람들이 하는 말에 따르면, 그렇지가 않다.

La palestra è aperta fino alle 11, che io sappia.
헬스장은 11시까지 열려 있다, 내가 아는 한.

✎ 참고

제한(한정)절을 함축 형태(부사구)로 나타낼 경우: per, da, a+동사 원형, (in) quanto a + 동사 원형

Per andare, la moto va bene.	가는 것이라면, 오토바이는 잘 간다.
A parlare sono bravo, ma non a scrivere.	말하기라면 난 잘한다, 쓰기는 아니다.
Questo libro è difficile da comprendere.	이 책은 이해하기가 어렵다.
In quanto a cucinare, lei è bravissima.	요리라면, 그녀가 아주 잘한다.
Quanto a vincere, non ho speranze.	이기는 것이라면, 난 희망이 없다.

13 예외 접속사 Le congiunzioni eccettuative

예외 접속사는 주절에서 말하는 것과는 다르게 어느 특정한 사실을 예외로 두는 접속사로 예외절을 이끈다. 접속사 뒤에 따라 오는 non은 부정이 아니라 강조 역할의 non이다.

tranne che (non)	eccetto che (non)	salvo che (non)
a meno che (non)	se non che	

Si sta bene qui, tranne che c'è troppo rumore.
소음이 너무 많은 것을 제외하고는 여기에 지내기 괜찮다.

Andrò a sciare eccetto che non cambi il tempo
나는 스키를 타러 갈 것이다, 날씨가 바뀌는 경우를 제외하곤.

Lei assomiglia alla mamma, salvo che ha cappelli biondi.
그녀는 금발 머리를 지닌 점을 제외하고는 엄마를 닮았다.

Domenica andremo al mare, a meno che non piova.
일요일에는 비가 오지 않는 한 해변에 갈 것이다.

È una brava ragazza, se non che ha poca voglia di studiare.
그녀는 공부할 의욕이 거의 없다는 점을 제외하면 훌륭한 소녀이다.

✎ 참고

예외절을 함축 형태(부사구)로 나타낼 경우: furché, tranne (che), eccetto (che), salvo (che) + 동사 원형

So fare tutto, furche', tranne/eccetto/salvo (che), cucinare.
나는 모든 것을 할 줄 안다. 요리하는 것 빼고.

14 배제(배타) 접속사 Le congiunzioni esclusive

주절에서 말하는 사실, 행위, 상황을 배제시키는 접속사로 배제절을 이끌며 접속법을 사용한다.

senza che ~없이	senza + 동사 원형 [함축형]

Uscirò senza che tu lo sappia.
나는 네가 알지 못하게 나갈 것이다.

Non passa un giorno senza che pensi a te.
하루도 네 생각을 하지 않고 지나가는 날이 없다.

Loro parlano senza sapere niente.
그들은 아무것도 모른 채 말한다.

✎ 참고

접속사 che, come, mentre, perché, quando, se는 다양한 역할을 한다.

1. **che**: 명사절(주격절, 목적격절, 서술격절), 형용사절(관계 대명사), 부사절 역할을 한다.

주격절(soggettiva) 접속사 che 이하의 종속절이 주어 역할을 하는 명사절

È vero che Maria si sposa il mese prossimo.

마리아가 다음 달에 결혼하는 것이 사실이다.

목적격절(oggettiva) 접속사 che 이하의 종속절이 목적어 역할을 하는 명사절

So che Maria si sposa il mese prossimo.

나는 마리아가 다음 달에 결혼하는 것을 알고 있다.

서술격절(dichiarativa) che가 주절의 명사나 대명사를 명확하게 설명하는 명사절

Ti prometto questo: che non ti lascerò solo.

네게 이것을 약속한다, 즉 너를 혼자 두지 않을 거란 것을.

관계사절(relativa) che가 관계 대명사 역할을 하는 형용사절

Chi è quella ragazza che sta cantando?

지금 노래하고 있는 저 소녀가 누구야?

원인절(causale) che가 원인을 나타내는 부사절로, 구어체에서 많이 사용된다.

Sbrigati che è tardi! [구어체] 서둘러, 시간 늦었어.

목적절(finale) che 다음에 접속법이 와서 목적을 나타내는 부사절로 사용된다.

Fa' attenzione che non cada. [접속법]

안 넘어지도록 조심해! [구어체]

Controlla che sia tutto a posto. [접속법]

모든 것에 제대로 되었는지 확인해 봐. [구어체]

결과절(consecutiva) che가 설명 결과절로 사용된다. [구어체]

Vieni che ti pettino. 와, 머리 빗어줄게.

Sono così stanco che non posso continuare.

내가 너무 피곤해서 계속할 수가 없다. [così ~ che 결과절]

시간절(temporale) ~한 이후로[=da quando], ~할 때(quando)의 의미이다.

È più di un anno che Marco è partito.

마르코가 떠난 지 일 년이 넘었다. [=da quando]

Mi sono svegliato che erano le 10.

나는 10시가 되었어야 일어났다. [=quando]

예외절(eccettuativa) 부정사 non과 함께 '단지 ~만, ~밖에' 의미를 지닌다.

Adesso non resta che aspettare.

지금은 기다리는 일밖에 안 남았다.

비교절(comparativa) 우등이나 열등 비교절을 이끈다.

È meglio uscire fuori che rimanere qui.

여기에 머무는 것보다 밖으로 나가는 것이 더 낫다.

제한절(limitativa) '~한' 의미로, 주절에서 말하게 될 내용을 제한한다.

Che io sappia, lui non abita più qui.

내가 아는 한 그는 더 이상 여기에 살지 않는다.

2. come

비교절(comparativa) 동등, 우등, 열등 비교절을 이끈다.

Lui non è così intelligente come credevo.

그는 내가 믿고 있던 만큼 영리하지 못하다.

양태절(modale) 주절의 행위가 이루어지는 방식을 나타낸다.

Farò come mi dici tu. 나는 네가 말하는 대로 할 것이다.

Fai come vuoi. 네가 원하는 대로 해라.

시간절(temporale) '~하자마자(appena)', '~함에 따라'의 의미로 문어체이다.

Come lo vide, gli corse incontro.

그/그녀는 그를 보자마자 그에게로 달려갔다.

진술절(dichiarativa) 주절의 진술 동사의 의미를 명확히 설명해주는 명사절 역할

Ti racconto come è andata.

어떻게 되었는지 네게 이야기해 줄게.

간접 의문문절 (interrogativa indiretta) 질문 동사 뒤에 사용되는 명사절 역할

Mi chiedo come lui possa parlare male di me.

그가 어떻게 나에 대해 나쁘게 말할 수 있는지 자문해 본다.

3. mentre (while)

시간절(temporale) '~하는 동안' 의미로 주절과 동시 동작을 나타낸다.

Guardo la tv mentre faccio colazione.

나는 아침 식사를 하는 동안 텔레비전을 본다.

Mentre faccio colazione, lui guarda la tv.

내가 아침 식사하는 동안 그는 텔레비전을 본다.

반의절(avversativa) '반면에'의미로 주절의 내용과 반대되는 절을 이끈다.

A lei piacciono i cani, mentre io preferisco i gatti.

그녀는 개를 좋아하지만, 반면에 나는 고양이를 더 좋아한다.

4. perché

목적절(finale) 목적 의미를 나타낼 때는 접속법 동사를 사용한다.

Ti dico la mia storia perché mi capisca.

네가 나를 이해할 수 있도록 네게 내 이야기를 한다.

원인절(causale) 원인을 나타낼 경우 직설법 동사를 사용한다.

Ti dico la mia storia perché mi capisce.

네가 나를 이해하기 때문에 네게 내 이야기를 한다.

결과절(consecutiva) 결과 의미를 나타낼 경우 접속법 동사를 사용한다.

È troppo difficile perché tu lo possa capire.

그것은 네가 이해하기에 너무나 어렵다.

간접 의문문절 (interrogativa indiretta) 동사 뒤에 의문사 perché가 따라온다.

Vorrei sapere perché non mi rispondi.

네가 왜 내게 대답을 안 하는지 알고 싶어.

5. quando

시간절(temporale) '~할 때, ~하는 동안, ~한 후에'의 의미를 지닌다.

Quando parlo in italiano, mi blocco spesso.

이탈리아어로 말할 때 나는 자주 말문이 막힌다.

Quando avrò finito di cenare, uscirò.

나는 저녁 식사를 마치면 나갈 것이다.

반의절(avversativa) 주절의 내용과 반대되는 의미를 표현한다.

Passi il tempo al mare, quando dovresti studiare.

바다에서 시간을 보내는구나, 공부를 해야 할 때인 반면에.

조건절(condizionale) se(만약에) 의미로, 접속법 동사를 사용한다.

Quando tu decida di trasferirti, ti aiuterò volentieri.

이주를 결정할 경우에, 나는 기꺼이 너를 도울 것이다.

원인절(causale) '~이니까(giacché, dal momento che)'의 의미이다.

Quando ti dico che non lo so, non lo so davvero!

내가 그것을 모른다고 말하는 것이니까, 정말 모르는 것이다.

관계절(relativa) 관계사절 역할을 한다. [=in cui] 비격식적 구어체 표현이다.

Ricordo quel giorno quando ci siamo incontrati.

우리가 서로 만났던 그날을 기억한다. [=che, in cui]

Ho trovato un lavoro l'anno quando mi sono laureato.

나는 내가 졸업한 해에 직장을 구했다. [=che, in cui]

6. **se**

조건절(condizionale) ~인 경우에[nel caso che]

Se ci sono delle novità, avvertimi subito!

만일 새로운 소식이 있을 경우에 당장 나에게 알려줘.

가정절(ipotetico) 만일 ~이라면[nell'eventualità che]

Se fossi in te, andrei in vacanza.

만일 내가 네 입장이라면, 휴가를 갈 텐데.

시간절(temporale) ~일 때[quando], ~일 때마다[ogni volta che]

Se dormo poco, divento nervoso.

나는 잠을 적게 잘 때면, 예민해진다.

원인절(causale) ~이기 때문에, ~이니까[poiché, visto che]

Se le cose stanno così, non c'è rimedio.

일이 이러하니까, 구제책이 없다.

Scusa se ti rispondo solo ora.

지금에서야 답장을 해서 미안해.

양보절(concessiva) 많은 경우 anche, pure, neanche를 동반한다.

Se anche ha sbagliato, non per questo lo condanno.

그가 실수했다 할지라도 그것 때문에 나는 그를 벌하지는 않는다.

Non lo vorrei neanche se me lo regalassero.

그들이 내게 준다고 할지언정 나는 그것을 원치 않을 것이다.

의심절(dubitativa) ~인지

Sono incerto se [devo] partire oggi o domani.

나는 오늘 떠나야 할지 아니면 내일 떠나야 할지 불분명하다.

Non so se [devo] andare o no.

내가 가야 할지 말아야 할지 모르겠다.

간접 의문절 (interrogativa indiretta) ~인지

Chiedi a Marco se vuole venire con noi.

마르코에게 우리와 같이 가고 싶은지를 물어봐.

삽입절(incidentale): 하나의 문장 어구처럼 사용된다.

se ben ricordo, 내 기억이 맞는다면,

se non sbaglio, 내가 틀리지 않는다면,

se ho capito bene, 내가 잘 이해했다면,

se mi ricordo bene, 내가 잘 기억한다면,

4장

감탄사

L'interiezione

감탄사는 성과 수에 따라 형태가 변화하지 않는 품사로서, 정보를 제공하는 것이 아니라 어떤 순간에 화자가 느낀 마음 상태(즐거움, 고통, 경멸, 놀라움, 공포, 위협, 실망, 분노, 노여움)를 나타내는 데 쓰인다. 감탄사가 단순히 마음 상태만을 나타낸다면 나라마다 감탄사가 동일하겠지만, 역사적이고 문화적이며 인위적인 성격을 지니기 때문에 나라마다 감탄사가 다르다. 감탄사의 종류에는 오직 감탄사 역할만을 하는 본질적 감탄사(Ah!, Oh!, Eh!), 다른 품사들이 감탄사 기능을 하는 비본질적 감탄사(Dai!, Bravo!, Coraggio!), 여러 말이나 문장으로 이루어진 감탄 관용구(Dio mio!, Santo Cielo!, Al ladro!)가 있다.

감탄사는 구어체에서 강한 어조로 말하고, 문어체에선 주로 느낌표(!)를 사용하고, 때로는 말줄임표(...)를 사용하기도 한다.

Ah! Ahi! Oh! Ehm... Ops...

감탄사 뒤에 문장이 이어질 때 반점(,)을 찍고, 문장 끝에 느낌표(!)를 붙인다.

Oh, che bello! 오우, 멋져! Ah, sei tu! 아, 너구나!

문장의 어조가 의문(domanda)과 놀라움(meraviglia)을 두 가지 동시에 내포할 경우, 물음표(?)와 느낌표(!)를 같이 사용한다.

Cosa?! 뭐라고?! Davvero?! 정말?!

1 감탄사의 사용

1 본질적 감탄사 Le interiezioni proprie [감탄사 역할만 하는 형태]

(1) Ah: 어조에 따라 다양한 감정을 나타낸다.

ⓐ 신체적이거나 정신적인 고통, 슬픔을 나타낸다.

Ah, che male! 아, 아파!
Ah, che terribile notizia! 아, 정말 끔직한 소식이야!

ⓑ 새로운 상황이나 정보에 직면했을 때 기쁨, 안도, 만족, 놀라움, 무서움 등을 나타낸다.

Ah! Che bella giornata! 와, 정말 좋은 날씨다!
Ah, finalmente a casa! 아, 드디어 집이다!
Ah si? / Ah no? 아, 그래? 아, 아냐?
Ah, che paura! 아이, 무서워!
Aaahhh, un mostro! 으악, 괴물이다!

ⓒ ah는 두 번 이상 반복하여 기쁨이나 장난기 있는 웃음소리를 나타낸다.

Ah-ah-ah! Che ridere! 하하하, 정말 웃긴다!
Ah, ah! Ci sei cascato! 하하, 네가 속아 넘어갔지롱!

(2) Ahi (혹은 Ahia): 주로 고통이나 후회, 불평, 탄식 등을 나타낸다. 강하게 발음하여 갑작스럽고 날카로운 신체적 고통을 표시한다.

Ahi, mi sono fatto male! 아얏, 다쳤어!
Ahi, che mal di pancia! 아이고, 배 아파!
Ahi, mi hai fatto male! 아얏, 너 나 아프게 했어!
Ahia, mi sono punto! 아얏, 나 찔렸어!

(3) Ahimè (오늘날 Ahimé로도 표기한다.): 유감, 후회, 탄식 등을 나타낸다.

Ahimè, come sono infelice! 아이고, 불행해라!
Ahimè, che guaio! Ho rotto il vetro! 아이쿠, 큰일 났어! 내가 유리 깼어!
Tutto è perduto, ahimè! 아아, 모든 것이 상실되었어!

(4) Bah: 불확실함, 체념, 무관심, 경멸 등을 나타낸다.

ⓐ 종종 답변에서 무슨 대답을 해야 할지 모를 때 사용된다.

Ti piace questo libro? -Bah!
이 책 마음에 드니? 글쎄! [뭐라 말해야 될지 모르겠네.]

ⓑ 불확실함(incertezza)이나 체념 혹은 무관심을 나타낸다.

Bah, non capisco perché lui si comporta così.
허참, 왜 그가 그렇게 행동하는지 이해가 안 간다.

Bah, non pensiamoci più!
에휴, 더 이상 그것을 생각하지 말자.

(5) Beh: bene의 어미 절단 형태로 be'로도 표기된다.

ⓐ 대화를 시작하기 위한 담론 신호로 문장 처음에 사용된다. 중요하거나 난처한 질문에 대답할 시간을 벌기 위해 약간 길게 끄는 듯이 발음한다.

Veramente è un po' caro. -Beh, ma è di ottima qualità.
사실 좀 비싸네요. 음, 하지만 최고급이에요.

ⓑ '좋아(bene), 그러면(ebbene), 그래서(e allora)' 등의 결론적 의미로 많이 사용된다.

Allora ci vediamo domani! -Beh, in bocca al lupo, allora.
그러면 그럼 내일 만나요! 좋아, 그럼 행운을 빌어.

ⓒ 의문문에서 대답을 촉구하는 데 사용된다. 그래서[e allora?] 의미이다.

Ho parlato con Marco. -Beh? 내가 마르코랑 얘기했어. 그래서?

(6) Boh: 불확실함, 믿을 수 없음, 무관심을 나타낸다.

비격식적인 구어체에서 많이 사용되는 감탄사로 친한 사이에서 어떤 질문에 대답할 수 없을 때 어깨를 으쓱하는 몸짓과 함께 모르겠다(non lo so)는 의미나 혹은 무관심, 의혹을 나타낸다.

Dov'è andato Luigi? -Boh! [=Non lo so.]
루이지가 어디로 갔어? 몰라! (내가 알게 뭐람!)

Vuoi venire con noi? -Boh, devo pensarci. [=Non lo so.]
우리랑 같이 가고 싶어? 모르겠어, 생각해 봐야겠어.

(7) Eh: 발음되는 어조에 따라서 다양한 의미를 나타낸다.

ⓐ 목소리 억양에 따라서 경악(놀라움), 협박(꾸짖음), 낙담이나 체념 등을 나타낸다.

Eh, davvero? 어, 정말?
Attento a te, eh! 너 조심해, 응!
Eh! Così va il mondo. 어휴, 세상이 그렇게 돌아가는 거지.

ⓑ 문장 끝에 위치하여 부가 의문문처럼 상대방의 시인이나 동의를 구한다.

Bella giornata, eh? 좋은 날씨네, 그렇지?

ⓒ 부르는 사람에게 대답할 때 '나 여기 있어(eccomi)', '왜 불러(cosa vuoi?)' 의미이다.

Mario! -Eh? 마리오! 왜 불러?

ⓓ 의문문에서 '뭐라고?(come, cosa hai detto?)'라는 의미를 나타낸다.

Pulisci tu la casa oggi! -Eh? 오늘 네가 집 청소해! 엥, 뭐라고?

ⓔ sì와 함께 사용되어 동의(accordo)나 확인(conferma)을 표현한다.

Che bella donna è Anna! -Eh sì, veramente è una bella donna.
안나는 정말 멋진 여자야! 응, 그래. 정말 멋진 여자야!

(8) Ehm: 불명료한 소리로 가벼운 기침 소리 [em] [m]를 흉내낸다. 나오는 음색에 따라 과묵함, 주저함, 당혹감, 약간의 위협 등을 나타낸다.

Ehm... voglio dire, potremo fare così.
에헴, 내 말의 의미는 우리가 그렇게 할 수 있다는 거야.

(9) Ehi: 특히 누군가의 관심을 끄는 데 사용된다. [영어의 hey]

ⓐ 친한 사이에서 누군가를 부르거나, 시선을 끌 때 사용된다.

Ehi, Carlo, vieni qui! 어이, 카를로, 이리 와!
Ehi, fai attenzione ai gradini! 야, 층계 조심해!

ⓑ 분개나 감탄(meraviglia)을 나타낼 때 사용한다.

Ehi, questo è troppo! 에잇, 이것 너무한데!

(10) Ih: 발음하는 어조에 따라서 다양한 의미를 나타낸다.

ⓐ 유쾌하지 않는 상황 앞에서 놀람, 혐오감, 성가심, 지루함을 나타낸다.

Ih, che fastidio! 에이씨, 귀찮아!

ⓑ 반복해서 사용하여 빈정거림, 냉소적인 웃음이나 흐느끼는 소리를 모방한다.

Tu stai male e io no, ih ih. 너는 잘못 지내지만 난 아냐, 히히.
Ih-ih-ih, che male! Sono caduto. 잉잉, 아이고 아파, 넘어졌어.

(11) Mah: 접속사 ma에서 유래한 것으로, 회의를 나타내는 감탄사이다.

ⓐ 대답할 때, 불확실함이나 의심 혹은 당황이나 곤혹스러움을 나타낸다.

Come è andato l'esame? -Mah, non lo so.
시험은 어땠어? 글쎄, 모르겠어.

ⓑ 실망감, 체념, 회의감 혹은 비동의(disapprovazione)를 나타낸다.

Mah, vediamo. 글쎄, 어디 보자!
Lui ha lasciato gli studi? -Mah! 그가 학업을 관뒀어? 설마!

(12) Oh: 문맥과 어조에 따라 다양한 의미를 나타낸다.

ⓐ 기쁨, 즐거움, 경탄, 놀라움, 고통, 소망, 경멸, 연민 등을 나타낸다.

Oh, ciao, Marco! 오 안녕, 마르코!
Oh, che bella giornata! 와, 날씨 좋다!
Oh, povero me! 오, 가엾은 내 신세!

ⓑ 목적지에 도달한 안도감이나 만족감을 나타낸다.

Oh, finalmente eccoci arrivati! 아휴, 드디어 우리가 도착했다!

ⓒ 판단 부사 sì, no와 함께 사용되어 그 의미를 강조한다.

Oh no, non è possibile! 오 아냐, 그럴 리가?

ⓓ 신을 부르거나(invocazione)나 저주(imprecazione)할 때 사용한다.

Oh Dio! 오, 하느님!
Oh, Santo Cielo! 오, 하늘이시여!

(13) Ohi: 주로 몇 번 반복하여 사용하며, 신체적 괴로움을 나타낸다.

Ohi, mi fa male il dente! 아야, 이 아파!

Ohi, ohi, ohi, che male di denti! 아야, 아야, 아야, 이가 너무 아파!

(14) Puh, Puah: 역겨움(schifo)이나 불쾌감(disgusto)을 나타낸다.

Pauh, che schifo! 우웩, 역겨워!

(15) Pss (ps, pst): 다른 사람이 알아차리지 못하게 누군가를 부르거나 경고할 때 사용한다.

Pss... proprio tu fai attenzione. 야, 바로 너 조심해!

Pst, vieni qua! 야, 이리 와.

(16) Sciò: 파리나 동물 혹은 농담조로 사람을 쫓을 때 주로 반복해서 사용한다.

Sciò, sciò! Via! 훠이, 훠이! 저리 가!

(17) St, Sst (ss, sstt): 조용히 할 것을 요구하는 감탄사이다.

Sst... parliamo più piano! 쉿, 우리 더 살살 말하자!

(18) To' (togli의 2인칭 명령법 어미 절단 형태로, 문어체에서는 Toh라고도 표기한다.)

ⓐ 개를 오라고 부를 때 내는 소리

To', Fido, vieni quai! 쭈쭈, 피도, 이리 와!

ⓑ 놀라움(meraviglia)을 나타낸다.

To', guarda chi si vede! 어머, 이게 누구야!

ⓒ 아주 친한 사이에, 뭔가를 잡도록 권하는 감탄사이다.

To', ecco qui il libro che mi hai prestato ieri!
자, 어제 나한테 빌려준 티셔츠 여기 있어.

(19) Uff, Uffa

지겨움(noia), 성가심(fastidio), 참을 수 없음(impazienza) 등을 나타내는 감탄사이다.

Uff, non ce la faccio più! 으악, 더 이상 못하겠다!

Uff, il tempo non passa mai! 어유, 시간 안 가네!

Uffa, che noia! 어휴, 지겨워!

Uffa, che caldo! 어휴, 더워!

(20) Uh: 넓은 의미의 감정을 표현한다.

ⓐ 발음되는 길이나 어조에 따라서 고통, 성가심, 실망, 놀라움, 감탄 등을 나타낸다.

Uh, che dolore! 어, 아파라!

Uh, congratulazioni! 와우, 축하해!

ⓑ 자신의 생각을 말로 표현하고 싶지 않아 생략하고자 하는 경우에 사용한다.

Da quanto tempo non fumi più? -Uuuuh!

담배를 안 피운 지 얼마나 되었지? 어 …….

(21) Uhm: 판단을 내리려 할 때 불확실함, 의심, 회의감 혹은 무관심을 나타내다.

Uhm, sarà, ma non ci credo. 음, 그렇겠지만, 난 안 믿어.

Uhm, non mi convince! 음, 나는 납득이 안 되네!

(22) Ops [=Ups]: 영미권(Oops)에서 유래된 감탄사이다.

말하는 사람의 입장에서 별로 중요하지 않은 실수나 부주의를 알아차렸을 때 사용한다. 젊은이들 사이에서 wow와 함께 인기 있는 감탄사이다.

Ops, ho sbagliato il calcolo. 아이고, 계산 잘못했다.

Ups, mi sono dimenticato di chiamarlo. 아이고, 그에게 전화하는 것 깜박했다.

(23) Wow: 영미권에서 나온 감탄사로, 놀라움(meraviglia)과 감탄을 표현한다.

Wow, non posso credere ai miei occchi. 와우, 내 눈을 못 믿겠네.

(24) Brr (의성어): 추위, 공포, 한기로 떨리는 것을 나타낸다.

Brr, che freddo! (부르르) 아이고 추워라!

(25) Urrà: 환호 소리를 나타낸다.

Urrà, abbiamo vinto! 야호, 우리가 이겼다!

Urrà, siamo salvi! 야호, 우리 살았다!

(26) Mm(혹은 Mhmm, mmh): 희열, 당혹감, 의심을 나타낸다.

Mm! Che buon odore! 흠흠, 아 냄새 좋다!

Mm, veramente è un po’ caro. 음음, 사실 조금 비싸요.

2 비본질적 감탄사 Le interiezioni improprie

다른 품사에 속하는 단어가 감탄사로 사용되는 경우이다.

(1) 동물의 이름들

주로 부정적인 평가를 표현하기 위해 사용된다.

asino! (당나귀)	바보, 고집쟁이!	somaro! (노새)	머저리!
coniglio! (토끼)	겁쟁이!!	volpe! (여우)	여우야!
pollo! (닭)	멍청아! (순진한 사람)	cagna! (암캐)	창녀!
pappagallo! (앵무새)	제비야! (여성들을 꾐)	farfallone! (나방)	바람둥이!

(2) 명사, 형용사, 부사, 동사 형태

ⓐ 명사 **형태들**

coraggio!	용기를 내!	attenzione!	조심!
pazienza!	참아야지/참자!	forza!	힘내!
aiuto!	도와줘!	silenzio!	조용!
vergogna!	부끄러운 줄 알아!	diastro!	낭패다!
peccato!	안타깝다!	sorpresa!	서프라이즈!
bugiardo!	거짓말쟁이!	vigliacco!	비겁자야!
puttana!	창녀!	bastardo!	개자식아(사생아)!
puzzo!	악취!/냄새야!	cretino!	멍청아!
scemo!	바보야!	idiota!	천치야!
animo!	기운 내!	allegria!	즐겁게! [기쁨, 격려]

ⓑ 형용사 **형태들**

giusto!	옳아요!	certo!	물론이야!
esatto!	맞아요!	sicuro!	확실해!
corretto!	정확해요!	perfetto!	완벽해요!
buono!	맛있어!/얌전히!	ottimo!	최고야!
zitto!	잠자코 있어!	attento!	조심해!
magnifico!	굉장하군!	splendido!	눈부셔!
bravo!	훌륭해!	bravissimo!	아주 훌륭해!
fantastico!	환상적이야!	stupendo!	놀랍다!

incredibile!	믿을 수 없어!	eccezionale!	이례적이야!
meraviglioso!	경이롭다!	impossibile!	불가능해!
stupido!	바보같이!	semplice!	간단해!
sciocco!	어리석긴!	fermo!	멈춰!

ⓒ 부사 형태들

su!	자, 어서 힘내!	presto!	빨리!
avanti!	앞으로!	piano!	천천히!
fuori!	밖으로!	forte!	세게!
via!	저리 가!/출발!	magari!	그랬으면!
bene!	좋아요!	benissimo!	아주 좋아요!

ⓓ 동사 형태들

basta!	그만해, 됐어!	bada!	조심해!
finiscila!	그만해!	smettila!	관둬!
piantala!	집어치워!	stop!	멈춰!
dai!	자, 그러지 말고!	taci!	입 다물어!

(3) 감탄사로 사용되는 형태

accidenti!	젠장!	caspita!	와! (긍정)/저런! (부정)
evviva!	만세!	viva ~!	~만세!
diamine!	저런!	perbacco!	맹세코!
macché	천만에!	oddio!	맙소사!
ecco!	옳지!	suvvia!	자아! (격려)

(4) 단어나 분절 소리를 이용한 형태

의사 전달을 시작하거나 끝낼 때 사용된다.

pronto?	여보세요?	sì?	네?
già!	물론이죠!	per favore!	부탁합니다!
senta!	저기요, 있잖아요!	senti!	저기, 있잖아!
scusa!	실례해, 미안해!	scusi!	실례합니다, 미안합니다.
guarda!	이봐!	guardi!	이보세요!
ascolta!	들어봐!	ascolti!	들어보세요!

(5) 인사에 사용되는 다양한 품사의 단어

Buongiorno!	안녕하세요!	Buonanotte!	잘 자, 잘 자요!
Addio!	영원히 안녕!	Arrivederci!	다음에 또 만나요!
Ciao!	안녕![=Hi!]	Salve!	안녕[=hellow]
Ci vediamo!	또 보자!	ArrivederLa!	다음에 또 뵐게요.
Piacere!	처음 만나 반가워요!	Molto piacere!	아주 반가워요!

3 감탄 관용구 Le locuzioni interiettive

여러 가지 단어나 짧은 문장이 감탄적으로 사용되는 형태들이다.

Dio mio!	맙소사!	Per amor di Dio	신의 사랑으로
Santo cielo!	맙소사!	Neanche per sogno!	꿈도 꾸지 마!
Povero me!	가엾은 내 신세!	Beato te!	네가 부럽기도 해라!
Chissà!	아무도 모른다!	Chi lo sa!	누가 알겠어!
Al ladro!	도둑이야!	Al fuoco!	불이야!
Va al diavolo!	악마한테 잡혀가라!	Va all'inferno!	지옥에 떨어져라!
Vaffanculo!	엿 먹어라!	Vai a quel paese!	지옥에나 가라!
Guai a te!	너 큰코다쳐!	Mannaja!	제기랄!
Meno male!	휴, 다행이다!	Mamma mia!	어머나!

4 의성어 Le voci onomatopeiche

음성적 소리가 감탄사와 비슷한 형태들

시계 소리(똑딱)	tic tac	벨 소리(딩동)	din don
재채기 소리(에취)	eccì	물건 떨어지는 소리(댕그랑)	patatrac
폭발 소리(펑)	boom, bang	음식 먹는 소리(냠냠)	gnam gnam
잠자는 소리(쿨쿨)	zzz	웃는 소리(하하하)	ahahah
고양이 소리(야옹)	miao	개 짖는 소리(멍멍)	bau bau
염소 우는 소리(매)	beeeh	말 우는 소리(힝힝)	hiii
참새 소리(짹짹)	cip-cip	수탉 소리(꼬끼오)	chicchirichì
소 울음소리(음매)	muh	암탉 소리(꼬꼬댁꼬꼬댁)	coccodè
개구리 소리(개굴개굴)	cra cra	병아리 소리(삐악삐악)	pio pio

2 감탄적으로 사용되는 여러 가지 표현 형태

1 여러 가지 인사법

(1) 생일, 결혼기념일, 영명 축일을 축하할 경우

(Tanti) auguri! 축하해요!
Buon compleanno! 생일 축하해요!
Buon Natale! 메리 크리스마스!
Buon anniversario! 기념일 축하해요!

(2) 각종 어려운 일(시험, 대회, 복권, 응모, 경기 등)에 합격했을 경우 진심으로 기뻐하며 건네는 말

Congratulazioni! 축하합니다! [상대방의 일에 기쁨과 희열을 열렬하게 보내는 인사이다.]
Complimenti! 축하합니다! [어렵게 이룬 일에 대해 감탄과 찬탄의 인사이다.]
Bravo! 훌륭해요!
Bravissimo! 아주 훌륭해요!

(3) 각종 어려운 일(시험, 대회, 새 직장, 임신, 병)을 앞두고 있을 때

Tanti Auguri! -Grazie! 잘되길 빌어요! 감사합니다.
Buona fortuna! -Grazie! 행운이 있기를! 감사합니다.
In bocca al lupo! -Crepi (il lupo)! 건투를 빌어요! 늑대 죽어라! [불운을 쫓는 대답]
-Viva il lupo! 늑대 살아라! [동물 애호가들의 대답]

(4) 축배를 들자고 할 경우

Alla salute! 건배!
Cin Cin! 건배! (잔이 부딪치는 소리)

(5) 부고를 들었을 때

(Sentite) Condoglianze! (삼가) 조의를 표합니다!

✎ 참고

auguri는 기원의 인사로, 반복되는 개인적인 축일뿐만 아니라 집단적인 축일에도 사용될 수 있는 인사이다. 환자에게도 병이 빨리 낫기를 기원하는 인사로 쓰인다.

Auguri di buon natale! 성탄 축하드립니다!
Auguri di buon anno! 새해 축하드립니다.
Auguri di pronta guarigione! 빠른 쾌유를 기원합니다!

2 여러 가지 소식을 접했을 때

(1) 예상하지 않은 소식이 들려올 때

Avete saputo che Laura è incinta?	너희들 라우라가 임신한 것을 알았니?
-Davvero? / Sul serio?	정말?
-Nooo! / No, vabbè! [비격식]	아닐 거야! [믿기 힘들 때]
-Non ci posso credere!	믿을 수 없어!
-Che strano!	너무 이상해!
-Ma va! / Ma dai!	그럴 리가!
-Ma non mi dire!	설마하니(농담이지!)
-Non mi sembra possibile!	있을 수 없는 일 같아.
-Non è vero!	사실이 아닐 거야!

(2) 소식을 예상했을 경우

Era ora!	그럴 때가 됐군! [이제야 됐네!]
Finalmente!	마침내, 드디어! [오래 기다렸던 일에 대해]
Ce l'hai fatta tu!	네가 해냈어!
Lo sapevo!	그것을 알고 있었어!
Me lo immaginavo!	상상하고 있었어!

(3) 희망 사항을 나타낼 경우

Magari!	그랬으면! [실현하기 힘든 희망 사항에 대해서]
Speriamo di sì/no!	그러길/안 그러길 바랍시다!
Lo spero anch'io.	나도 그것을 희망해.
Speriamo bene!	잘되길 바라자!

(4) 좋은 소식을 들었을 경우

Che fortuna!	운이 좋구나!	Che bello!	정말 근사하다!
Che bellezza!	정말 멋지다!	Che bravo!	정말 훌륭하다!
Che meraviglia!	정말 놀랍다!	Benissimo!	아주 좋아!

Mi fa (tanto / proprio) piacere!	너무 기뻐!
Stupendo!	놀라워!
Alla grande!	대단해!

(5) 나쁜 소식을 들었을 경우

Che peccato!	안타까워라!
Che schifo!	역겨워!
Che vergogna!	부끄러워라!
Non ho parole!	할 말이 없다!
Mi dispiace (tanto / prorpio)!	정말 유감이다!
Sono molto dispiaciuto.	무척 유감이다.

(6) 소식이 특별한 반응을 불러일으키지 않을 경우

Ah sì? 아, 그래?　　Ahah? 아하?

3 상대방 의견에 대해서

(1) 의견에 동의할 경우

Sì, è vero.	그래, 정말이야.	Proprio così.	바로 그래!
Hai ragione.	네 말이 맞아.	Certo / Certamente!	당연하지!
D'accordo!	동의해	D'accordissimo!	전적으로 동의해!
Ci sto. [구어체]	그것에 동의해.	Concordo con te.	네 말에 찬성한다.

Sono d'accordo con te.	네 말에 동의해.
Sono quasi d'accordo con te.	네 말에 거의 동의해.
Sono molto d'accordo con te.	네 말에 매우 동의해.
Sono pienamente d'accordo.	나는 전적으로 동의해.
Sono completamente d'accordo.	나는 완전히 동의해.
Sono d'accordo al 100 per cento.	나는 100퍼센트 동의해.

(2) 의견에 동의하지 않을 경우

Non sono d'accordo.	나는 동의하지 않아.
Non sono per niente d'accordo.	나는 전혀 동의하지 않는다.
Non sono affatto d'accordo.	나는 전혀 동의하지 않는다.
Sono contrario/a.	나는 반대야.
Fai male.	네가 잘못하는 거야.
Per me non è così.	내가 보기엔 그렇지가 않아!
Non mi sembra caso.	그럴 경우가 아닌 것 같다.

4 감정을 나타내는 경우

(1) 놀라움을 나타내는 경우

Che sorpresa!	놀라워라! 뜻밖이야!
Che bella sorpresa!	너무 놀라워! 정말 뜻밖이야!
Non credo ai miei occhi!	내 눈을 믿을 수가 없어!
Non ci posso credere!	믿을 수가 없어!
Mi sembra impossibile!	불가능해 보여!
Non mi dire!	설마하니, 그럴 리가!
Ma va!	말도 안 돼!
Caspita!	와우!
Scherzi? /Stai scherzando?	농담하는 거지?

(2) 두려움을 나타내는 경우

Che paura!	아유, 무서워!
Tremo dalla paura.	무서워서 떨린다.
Ho una paura da morire.	무서워 죽겠다.

(3) 용기를 북돋을 경우

Niente paura!	두려울 것 하나도 없어!
Non avere paura!	무서워하지 마!
Non ti preoccupare!	걱정하지 마!
Non bisogna avere paura.	무서워할 필요 없어.
Via! Un po' di coraggio!	그러지 말고 용기를 좀 내!
Forza e coraggio!	힘과 용기를 내!
Su, dai, forza!	자, 어서, 힘내!
Non perdere le speranze!	희망을 잃지 마!
Non mollare!	포기하지 마!
Non buttarti giù!	기운 잃지 마!
Non abbatterti!	의기소침하지 마!
Non demoralizzarti!	낙담하지 마!
Dai! Non arrenderti!	힘내, 굴복하지 마!
Tieni duro!	강하게 견뎌!/힘내!
Tirati su!	기운 내/힘내!

(4) 위로할 경우

Mi dispiace tanto!	무척 유감이야.
Anch'io ci sono passato/a.	나도 그것을 겪었어.
So che è dura.	힘든 거 알아.
Non è la fine del mondo.	세상 끝난 것 아냐.
So come ti senti.	네 기분 어떤지 알아.
So quello che provi.	네가 어떤 감정인지 알아.

5 의사소통 관계에서

(1) 잠시 중단할 것을 요청할 때

Un attimo!	잠깐만	Un attimino!	아주 잠시만!
Un secondo!	일 초만!	Un secondino!	일 초만!
Un minuto!	일 분만!	Un minutino!	일 분만!
Un momento!	잠시만!	Un momentino!	아주 잠시만!
Aspetta!	잠깐만!	Aspetti!	잠깐만요!

(2) 상대방에게 말을 하라고 권할 때

Prego!	하세요!	Dica!	말씀하세요!
Mi dica!	제게 말씀하세요.	Dica pure!	어서 말씀하세요!

(3) 상대방에게 계속 말할 것을 재촉할 때

E poi?	그다음엔?	E allora?	그래서?
E dopo?	그 이후엔?	Dai, continua!	어서 계속해!

(4) 자신이 한 말을 좀 더 정확하게 하고자 할 때

cioè...	즉 ~	voglio dire...	내 말의 뜻은, ~
vale a dire...	바꾸어 말하자면,	mi spiego...	내가 설명하자면, ~
tipo... [비격식]	이를 테면 , ~	diciamo...	말하자면, ~

(5) 상대방에게 자신의 말을 이해했는지 확인할 때

Capisce?	이해하세요?	(Ha) capito?	이해하셨어요?
(È) chiaro?	명확한가요?	(È) tutto chiaro?	다 명확한가요?
Mi spiego?	제 말 이해하세요?	Tutto chiaro finqui?	여기까지 이해되었어요?

Sono stato chiaro?	제 말 뜻이 명확했어요?
Mi sono speigato bene?	제 설명이 충분했어요?
Mi seguite?	여러분, 내 말 듣고 있어요? [이해하나요?]

(6) 상대방의 말을 잘 알아듣지 못한 경우

Prego?	못 알아들었는데, 다시 말씀하실래요?
Come scusi? / Come scusa?	죄송한데, 뭐라고요?/미안한데, 뭐라고?
Come dice? / Come dice?	뭐라고 하시는 거죠?/뭐라고 하는 거니?
Può ripetere? / Puoi ripetere?	다시 말해 주실래요?/다시 말래줄래?
Cosa? / Che?	뭐라고? (친한 사이에서)
Che dici?	무슨 소리야? (친한 사이에서 하는 말)

(7) 어떤 일을 쉽다고 말할 경우

Facile!	쉬워요!
Semplice!	간단해요!
Una cosa da nulla.	별것 아니에요.
Nessun problema!	아무 문제없어요!
È un gioco da ragazzi.	애들 장난이다!
Facile bere un bicchere d'acqua.	물 마시기다. (누워서 떡먹기이다.)
È una passeggata.	정말 쉽다! (껌이지 뭐!)

(8) 원하는 대로 하라고 할 때

Fai / Faccia / Fate pure!	너/당신/여러분, 어서 하세요!
Come vuoi / vuole / volete!	너/당신/여러분들 원하는 대로!
Per me va bene.	저한테는 괜찮아요!
Come ti / Le / vi pare!	너/당신/너희들 좋을 대로!

(9) 어떤 일에 싫증났을 때

Non ne posso più!	더 이상 못 참겠다.
Non ce la faccio più!	더 이상 못 하겠다.
Adesso basta!	이제 그만 됐어!
Mi sono stancato!	지쳤어!
Mi sono stufato.	싫증 났어.

(10) 지겨운 경우

Che noia! 아이, 지겨워!
Che pizza! 아이, 지겨워!
Che barba! 아이, 지겨워!
Che palla! 아이, 지겨워! [속어]

6 부탁이나 요청을 할 경우

(1) 부탁을 할 때

Per favore / piacere / cortesia! 제발! [일반적 표현]
Per carità! 자비를 구하건대!
Ti / La / Vi prego! 네게/당신께/여러분께 부탁해요!
Mi raccomando! 내가 당부할게, 꼭 부탁해!

(2) 요청에 대한 답을 할 때

Certo! 물론이지!
Volentieri! 기꺼이
Come no! 물론이지!
Senz'altro! 틀림없이
Se posso, volentieri! 할 수 있으면, 기꺼이!
Certamente! 틀림없이!
Con piacere! 기꺼이
Perché no! 왜 안 되겠어!
Non mancherò! 잊지 않고 꼭 하지!

7 사과를 청할 경우

(1) 사과를 할 경우

Mi scuso... 제가 죄송한데요. [격식적]
Chiedo scusa. 사과할게, 사과드려요.
Ti / Le chiedo scusa. 네게 사과한다/당신께 사과드려요.
Mi scusi! / Scusami! 죄송해요/미안해.
Mi perdoni! / Perdonami! 저를 용서해 주세요!/나를 용서해 줘.

(2) 사과에 답을 할 때

Si figuri! (미안하다는) 그런 생각 마세요!
Figurati! (미안하다는) 그런 생각하지 마!

Non importa.	중요치 않아.
Va bene, non importa!	괜찮아, 중요하지 않아.
(Non) fa niente!	상관없어/괜찮아.
Niente!	아무 일도 아냐!
Prego!	괜찮아요!
Ma che dici!	무슨 소릴.

8 고마움을 표시할 경우

(1) 고맙다고 할 경우

Grazie!	고맙습니다!
Grazie a te / a voi / a tutti!	네게/당신께/모두에게 감사드려요.
Grazie davvero / di cuore.	정말 고맙습니다.
Grazie di nuovo / ancora.	다시 한번 고맙습니다!
Grazie di tutto!	여러 가지로 고맙습니다!
Grazie mille / tante / molte / infinite.	대단히 감사합니다.
Ti / La / Vi ringrazio!	네게/당신께/여러분께 고마워요!
Non so come ringraziarti / La.	네게/당신께 어떻게 감사해야 할지!
Grazie del complimento!	칭찬해 주셔서 감사합니다.
Grazie per il caffè.	커피 고마워요.

(2) 고맙다는 말에 답할 때 [천만에요!/별말씀을!]

Prego!	천만에요. [가장 전형적인 답으로, 화자의 고마움을 받아들인다는 의미이다.]
Di niente / Di nulla!	아니에요, 아무것도 아닌 걸요.
Non c'è di che!	고맙긴요, 고마워하지 않으셔도 돼요. [상대방에게 부담감을 주지 않으려고 할 때]
E di che! / Di che!	Non c'è di che의 변형으로, 겉으로 상대에게 부담을 주지 않으려는 표현이다.
È stato un piacere.	하나의 즐거움이었어요. [덧붙이는 말]
L'ho fatto con piacere.	제가 기뻐서 한 일인 걸요. [덧붙이는 말]
Figurati!	고맙다니, 그런 생각 마/마세요! [정감 있는 표현]
Si immagini!	뭘요, 별것도 아닌데요. [격식적이고 사무적인 표현이다.]
Ci mancherebbe!	별소릴/별말씀을! [당연히 해야 할 일을 했을 뿐이에요.]

5장

화법

Il discorso

화법이란 다른 사람의 말을 전하는 방식을 말하는 것으로, 어떤 사람이 한 말을 조금도 변화시키지 않고 인용 부호를 사용하여 그대로 전하는 것을 직접 화법(il discorso diretto)이라고 한다.반면에 화자가 다른 사람이 한 말의 의미나 내용을 자신의 관점으로 바꾸어서 자기 식으로 내용을 전달하는 것을 간접 화법(il discorso indiretto)이라고 한다.

1 화법의 종류

1 직접 화법 Discorso diretto

말한 사람의 말을 조금도 변화시키지 않으면서 한 마디도 빼놓지 않고 연극하듯이 그대로 되풀이하여 전달하는 방식을 직접 화법이라 한다. 직접 화법은 독자적인 형태의 독립절이기 때문에, 진술 동사(dire, rispondere, chiedere, domandare...) 다음에 쌍점(:)을 찍고 인용 부호(" ", « », –, – –)를 사용하여 두 문장으로 분리시키고, 인용하는 문장은 대문자로 시작한다. 문장 부호들 중에서 물음표(?)와 느낌표(!), 말줄임표(...) 등은 인용 부호 안에 표기해야 하고, 마침표(.)는 인용 부호 밖에 표기한다. 전달문은 인용문(피전달문)의 앞이나 사이, 또는 뒤에 위치할 수도 있다. 인용문(피전달문)이 앞에 나올 경우 전달문에는 쌍점(:)을 표기하지 않는다. [이 책에서는 대화문을 표시할 때 이 예시 이외에는 시각적인 이유로 하이픈을 사용했다.]

Roberto dice: «Dobbiamo tornare a casa».
로베르토가 말한다.(전달문) "우리는 집에 돌아가야 해."(피전달문/인용문)

Gianni risponde: "Non sono d'accordo!"
잔니가 대답한다.(전달문) "나는 동의하지 않아!"(피전달문/인용문)

Marco chiede alla sua mamma: – Posso uscire?
마르코는 그의 엄마에게 묻는다.(전달문) "나가도 돼요?"(피전달문/인용문)

Vai a casa, – dice Marco – mi hai stancato! [="Vai a casa!" dice Marco]
너 집에 가(피전달문/인용문) – 마르코가 말한다 – 나를 지치게 했어!

2 간접 화법 Il discorso indiretto

간접 화법이란 화자가 다른 사람이 한 말을 자신의 입장에서 바꾸어서 그 내용을 전달하는 방식이다. 인용 부호들(" ", « », –, – –)을 없애고, 접속사 che, se와 전치사 di 등을 사용한다. 간접 화법은 구문론적인 측면에서 명사절(목적격절, 간접 의문절)로 종속절에 해당하기 때문에 진술 동사(dire, chiedere...) 뒤에 종속되어 있고, 그 종속절이 또 다른 종속절들을 이끌 수도 있다.

Marco ha detto che era molto stanco. [목적격절]
마르코는 아주 피곤하다고 말했다.

Marco mi ha chiesto se avevo bisogno di aiuto. [간접 의문절]
마르코는 내가 도움이 필요한지 물었다.

Marco ha detto che era stanco perché aveva lavorato molto.
마르코는 일을 많이 해서 피곤하다고 말했다. [목적격 종속절-부사 종속절]

2 화법의 전환

직접 화법을 간접 화법으로 고칠 때 피전달문(인용 부호 안에 있는 문장)이 평서문인 경우, 의문문인 경우, 명령문인 경우, 가정문인 경우로 구분할 수 있다.

1 피전달문(인용문)이 평서문인 경우

(1) 전달문의 전달 동사(dire, rispondere) 뒤에 있는 쌍점(:)과 인용 부호(" ", « », –)를 없애고 인용문(피전달문)을 접속사 che 이하의 명사절로 만든다.

Giorgio dice: "Oggi sono occupato". [직접 화법]

조르조가 말한다.(전달문) "오늘 나 바빠."(피전달문/인용문)

Giorgio dice che oggi è occupato. [간접 화법]

조르조가 오늘 바쁘다고 말한다.

☞ 피전달문(인용문)이 앞에 오고 전달문이 뒤에 갈 때는 쌍점(:)을 표기하지 않는다.
"Oggi sono occupato" dice Giorgio. "오늘 나 바빠"라고 조르조가 말한다.

(2) 피전달문(인용문)의 인칭 대명사, 지시사, 부사구는 전달자의 입장에서 적당히 바꾼다.

화자(전달자)와 관계가 없는 경우 직접 화법 1, 2인칭(인칭 대명사, 소유격)은 3인칭으로 바꾼다. 그러나 3인칭 단수와 복수(인칭 대명사, 소유격)는 인칭이 변화하지 않는다.

io / tu	→	lui / lei	mio / tuo	→	suo
noi / voi		loro	nostro / vostro		loro

Leo dice: "Io vado a casa di mia sorella, voi restate invece".

그가 말한다. "나는 내 누이 집에 가는데, 대신 너희들은 남아 있어." [직접 화법]

Lui dice che lui va a casa di sua sorella, loro devono restare.

그는 그의 누이 집에 가니까 대신 그들은 남아 있어야 된다고 말한다. [간접 화법]

Maria dice: «Non mi piace la pasta». [직접 화법]

마리아는 말한다. "나는 파스타를 좋아하지 않아."

Maria dice che non le piace la pasta. [간접 화법]

마리아는 그녀가 파스타를 좋아하지 않는다고 말한다.

(3) 직접 화법에서 간접 화법으로 전환할 경우

ⓐ **전달 동사가** 현재와 관련된 시제일 경우 **피전달문**(인용문)**의** 시제는 변화가 없다.

Lui dice / ha detto: "Oggi non posso uscire, perché sto male".

그가 말한다/방금 말했다. "오늘 난 나갈 수가 없어, 몸이 아파서." [현재]

Lui dice / ha detto che oggi non può uscire, perché sta male.

그가 오늘 몸이 아파서 나갈 수가 없다고 말한다/방금 말했다. [현재]

ⓑ **전달문의 동사가** 현재와 관계없는 과거 시제일 경우 **피전달문**(인용문)**의** 동사 시제는 변화하며, 시간 부사와 장소 부사도 함께 변화한다.

i) 피전달문의 동사 시제 변화

직접 화법(discorso diretto)	→	간접 화법(discorso indiretto)
직설법 현재		**직설법 반과거**
Ieri lui ha detto: "Sono felice". 어제 그가 말했다. "행복해."		Ieri lui ha detto che era felice. 어제 그가 행복하다고 말했다.
직설법 근과거		**직설법 대과거**
Carla mi disse: "Sono arrivata in ritardo a lezione". 카를라가 내게 말했다. "수업에 지각했어."		Carla mi disse che era arrivata in ritardo a lezione. 카를라가 내게 수업에 지각했다고 말했다.
직설법 원과거		**직설법 대과거**
Piero gridò: "Non fui io il responsabile!" 피에로가 외쳤다. "책임자가 내가 아니었어."		Piero gridò che non era stato lui il responsabile. 피에로는 그가 책임자가 아니었다고 외쳤다.
직설법 미래		**조건법 과거(복합 시제)**
Fabio aveva detto: "Andrò in vacanza al mare". 파비오는 말했었다. "바다로 휴가 갈 거야."		Fabio aveva detto che sarebbe andato in vacanza al mare. 파비오는 바다로 휴가 갈 거라고 말했었다.
조건법 현재(단순 시제)		**조건법 과거(복합 시제)**
Luca disse: "Vorrei fare una vita tranquilla". 루카가 말했다. "조용한 삶을 살고 싶어."		Luca disse che avrebbe voluto fare una vita tranquilla. 루카가 조용한 삶을 살고 싶다고 말했다.

ii) 피전달문(인용문)의 시간 부사 변화: 동사의 시제와 함께 시간 부사도 변한다.

직접 화법		간접 화법
domani		il giorno dopo / seguente
oggi		quel giorno
ieri		il giorno prima / precedente
adesso / ora		allora
fra poco	→	poco dopo
poco fa		poco prima
tre giorni fa		tre giorni prima
la settimana scorsa		la settimana prima / precedente
la settimana prossima		la settimana dopo / seguente
l'anno scorso		l'anno prima / precedente
l'anno prossimo		l'anno dopo / seguente

Bruno disse: "Oggi è un giorno molto speciale".
부르노가 말했다. "오늘은 아주 특별한 날이야."

Bruno disse che quel giorno era un giorno molto speciale.
부르노가 그날은 아주 특별한 날이라고 말했다. [현재 → 반과거]

Monica disse: "Ieri ho iniziato la dieta".
모니카가 말했다. "나 어제 다이어트를 시작했어."

Monica disse che il giorno prima aveva iniziato la dieta.
모니카가 그 전날 다이어트를 시작했다고 말했다. [근과거 → 대과거]

Anna disse: "Domani andrò al mare".
안나가 말했다. "내일 나 바다에 갈 거야."

Anna disse che il giorno dopo sarebbe andata al mare.
안나가 다음 날 바다에 갈 것이라고 말했다. [직설법 단순 미래 → 조건법 과거]

Franco disse: "Sono partito tre giorni fa".
프랑코는 말했다. "나는 삼 일 전에 떠났어".

Franco disse che era partito tre giorni prima.
프랑코는 그가 삼 일 전에 떠났다고 말했다. [근과거 → 대과거]

iii) 장소 부사의 변화

qui	여기에	→	lì	저기에
qua	이쪽에		là	저쪽에

Francesco disse: “Qui fa un freddo cane”.

프란체스코가 말했다. “여기 엄청 추워.” [현재]

Francesco disse che lì faceva un freddo cane.

프란체스코는 그곳이 몹시 추웠다고 말했다. [반과거]

iv) 지시사(지시 대명사, 지시 형용사)의 변화

questo	이것	→	quello	저것	questi	이것들	→	quelli	저것들
questa	이것	→	quella	저것	queste	이것들	→	quelle	저것들

Ieri Sabina ha detto: “Queste scarpe sono mie”.

어제 사비나가 말했다. “이 신발 내 거야.” [현재]

Ieri Sabina ha detto che quelle scarpe erano sue.

어제 사비나는 그 신발이 그녀의 것이라고 말했다. [반과거]

✎ 참고

직접 화법을 간접 화법으로 전환할 때 시제가 변화하지 않는 경우

인용문(피전달문)이 직설법(혹은 접속법) 반과거와 대과거인 경우 그리고 조건법 과거인 경우에 전달문의 시제가 현재랑 관계없는 과거 시제라고 하더라도 간접 화법으로 전환할 때 시제 변화가 일어나지 않는다.

Paola disse: “Non avevo molto tempo”. [직설법 반과거]

Paola disse che non aveva molto tempo. [직설법 반과거]

파올라는 많은 시간이 없다고 말했다.

Sabina disse: “Avevo già visto quel film”. [직설법 대과거]

Sabina disse che aveva già visto quel film. [직설법 대과거]

사비나는 이미 그 영화를 봤었다고 말했다.

Carlo disse: “Non avrei mai comprato quella casa”. [조건법 과거]

Carlo disse che non avrebbe mai comprato quella casa. [조건법 과거]

카를로는 그 집을 절대 사지 않았을 것이라고 말했다.

2 피전달문(인용문)이 의문문일 경우

(1) 의문사가 있는 의문문

전달 동사(chiedere, domandare) + 의문사 + 접속법(직설법) 동사
접속법을 사용할 경우 격식적인 표현이며, 직설법을 사용할 경우 비격식적인 표현이다.

ⓐ 주절의 동사가 현재와 관련된 시제일 경우: 시제 변화가 없다.

Roberto mi chiede: "A che ora comincia il film?" [직접 화법]
로베르토가 나에게 묻는다. "몇 시에 영화가 시작하지?" [직설법 현재]
Roberto mi chiede a che ora comincia / cominci il film. [간접 화법]
로베르토가 나에게 영화가 몇 시에 시작하는지 묻는다. [직설법 현재(비격식적)/접속법 현재(격식적)]

Adriano mi ha (appena) chiesto: "Dove è Maria?" [직접 화법]
아드리아노가 내게 방금 물었다. "마리아가 어디에 있어?" [직설법 현재]
Adriano mi ha (appena) chiesto dove è / sia Maria. [간접 화법]
아드리아노가 내게 마리아가 어디 있는지 방금 물었다. [직설법 현재(비격식적)-접속법 현재(격식적)]

ⓑ 주절의 동사가 현재와 아무런 관련이 없는 과거 동사인 경우: 시제 변화가 있다.
말하는 시점이 달라지기 때문에 시제 변화가 있다. 간접 의문절에 직설법을 사용할 수 있지만, 격식 있는 구어체나 문어체에서는 접속법 동사를 사용한다.

Marta mi ha chiesto: «Quanti anni hai?» [직접 화법]
마르타가 내게 물었다. "몇 살이니?" [직설법 현재]
Marta mi ha chiesto quanti anni avessi / avevo. [간접 화법]
마르타가 내가 몇 살인지 물었다. [접속법 반과거(격식적)/직설법 반과거(비격식적)]

Adriano le domandò: «Dove stai andando?» [직접 화법]
아드리아노가 그녀에게 물었다. "어디에 가는 중이야?" [직설법 현재 진행]
Adriano le domandò dove stesse andando. [간접 화법]
아드리아노가 그녀에게 어디에 가고 있는 중인지 물었다. [접속법 과거 진행]

Maria gli chiese: «Che cosa hai mangiato?» [직접 화법]
마리아가 그에게 물었다. "뭐 먹었어?" [직설법 근과거]
Maria gli chiese che cosa avesse mangiato. [간접 화법]
마리아가 그에게 무엇을 먹었는지 물었다. [접속법 대과거]

(2) 의문사가 없는 의문문

전달 동사(chiedere, domandare) + se + 접속법(직설법) 동사
이탈리아어 간접 의문절 어순은 직접 의문문의 어순과 동일하다.

ⓐ **주절의 동사가** 현재와 관련된 시제일 **경우**: 시제 변화가 없다.

Viola mi chiede: «Usciamo insieme?» [직접 화법]
비올라가 나에게 묻는다. "우리 같이 외출할까?" [직설법 현재]
Viola mi chiede se usciamo insieme. [간접 화법]
비올라가 나에게 우리가 함께 외출할 것인지 묻는다. [직설법 현재/접속법 현재-동일함]

Sabina mi ha (appena) chiesto: "Puoi prestarmi il tuo libro?" [직접 화법]
사비나가 (방금) 나에게 물었다. "너의 책을 내게 빌려줄 수 있어." [직설법 현재]
Sabina mi ha chiesto se posso / possa prestarle il mio libro. [간접 화법]
사비나가 나의 책을 그녀에게 빌려줄 수 있는지 내게 물었다. [직설법 현재(비격식적)/접속법 현재(격식적)]

ⓑ **주절의 동사가** 현재와 관련이 없는 과거 시제일 **경우**: 시제 변화가 있다.

(Qualche giorno fa) Andrea mi ha chiesto: "Posso entrare?" [직접 화법]
(며칠 전에) 안드레아가 나에게 물었다. "들어가도 될까요?" [직설법 현재]
Andrea mi ha chiesto se potesse / poteva entrare. [간접 화법]
안드레아가 나에게 들어가도 되는지 물었다. [접속법 반과거(격식적)/직설법 반과거(비격식적)]

Giovanna gli chiese: "Luca deve andare a casa?" [직접 화법]
조반나가 그에게 물었다. "루카가 집에 돌아가야만 해?" [직설법 현재]
Giovanna gli chiese se Luca dovesse andare a casa. [간접 화법]
조반나가 그에게 루카가 집에 가야만 되는지를 물었다. [접속법 반과거]

Franco chiese: "Lucia, sei rientrata tardi a casa ieri sera?" [직접 화법]
프랑코가 물었다. "어제 저녁에 집에 늦게 들어왔니?" [직설법 근과거]
Franco chiese se Lucia fosse rientrata tardi a casa la sera prima.
프랑코가 루치아가 전날 저녁에 늦게 집에 귀가했는지 물었다. [접속법 대과거]

Rita chiese: "Mi insegnerai a giocare a tennis?" [직접 화법]
리타가 물었다. "나에게 테니스 치는 것을 가르쳐줄 거지?" [직설법 단순 미래]
Rita chiese se le avrebbe insegnato a giocare a tennis. [간접 화법]
리타가 그녀에게 테니스 치는 것을 가르쳐줄 것인가를 물었다. [조건법 과거]

3 피전달문(인용문)이 명령문일 경우

ordinare	명령하다	di	부정사(동사 원형) [구어체]
chiedere	요구하다		
dire	말하다	che	접속법 동사[문어체]
consigliare	충고하다		

ⓐ 인용문(피전달문)이 명령문일 경우: di + 부정사(동사 원형) 형태의 간접 화법

피전달문(인용문)이 명령문일 경우 주절 동사가 현재와 관계있는 시제이든 현재와 관계없는 시제이든 상관없이 간접 화법에서 di + 부정사(동사 원형)로 형태가 동일하다.

I medici consigliano: «Non mangiate troppa carne!».
의사들은 "고기를 너무 많이 먹지 마세요!"라고 충고한다.

I medici consigliano di non mangiare troppa carne.
의사들은 고기를 너무 먹지 말라고 충고한다.

Ieri Michelangelo mi ha detto: "Telefonami alle 8!"
어제 미켈란젤로가 내게 말했다. "8시에 내게 전화해."

Ieri Michelangelo mi ha detto di telefonargli alle 8.
어제 미켈란젤로가 8시에 그에게 전화하라고 나에게 말했다.

ⓑ 인용문(피전달문)이 명령문일 경우: che + 접속법 동사 형태의 간접 화법

'che + 접속법 동사' 형태의 간접 화법은 주로 문어체에서 사용하는 표현이기 때문에 전달 동사가 거의 현재와 관계없는 과거 동사들이다.

Filippo le chiese: «Passami quel libro!» [직접 화법]
필립포가 그녀에게 요청했다. "내게 그 책 건네줘!" [명령법 현재]

Filippo le chiese di passargli quel libro. [간접 화법-함축형]
Filippo le chiese che gli passasse quel libro. [간접 화법]
필립포가 그녀에게 그 책을 자기에게 건네달라고 요청했다. [접속법 반과거]

Franca ordinò: "Rosella, smetti di piangere!" [직접 화법]
프랑카가 명령했다. "로셀라, 그만 울어!" [명령법 현재]

Franca ordinò a Rosella di smettere di piangere. [간접 화법-함축형]
Franca ordinò a Rosella che smettesse di piangere. [간접 화법]
프랑카가 로셀라에게 그만 울 것을 명령했다. [접속법 반과거]

4 피전달문이 가정문일 경우

전달문의 시제가 현재와 상관없는 과거일 경우 피전달문(인용문)의 가정문 시제(제1 유형, 2유형, 3유형)에 상관없이 간접 화법에서는 동일한 시제 형태가 된다.

전달문	접속사	가정절	결과절
Disse	che	se + 접속법 대과거	조건법 과거

Disse: "Se posso, lo faccio".
"할 수 있으면, 그것을 한다"라고 그가 말했다

Disse: "Se potessi, lo farei".
"만일 갈 수 있다면, 그것을 할 텐데"라고 그가 말했다.

Disse: "Se avessi potuto, l'avrei fatto".
"만일 할 수 있었다면, 그렇게 했을 텐데"라고 그가 말했다.

→ Disse che se avesse potuto, l'avrebbe fatto.
만일 그가 할 수 있었더라면 그것을 했을 것이라고 말했다.

✎ 참고

직접 화법에서 간접 화법으로 고칠 때 venire 동사

1. venire 동사가 화자에게 관계가 없을 경우 andare 동사로 바꾼다.
   Anna ha detto a Rita: "Vieni a trovarmi stasera!" [직접 화법]
   안나는 리타에게 말했다. "오늘 저녁에 나를 만나러 와!"
   Anna ha detto a Rita di andare a trovarla stasera. [간접 화법]
   안나는 리타에게 오늘 저녁에 자신을 만나러 오라고 말했다.

2. venire 동사가 화자에게 관계될 경우 venire 동사를 그대로 사용한다.
   Luca mi disse: "Verrò da te appensa possibile". [직접 화법]
   루카가 내게 말했다. "가능한 한 빨리 너의 집에 갈게."
   Luca mi disse che sarebbe venuto da me appena possibile. [간접 화법]
   루카가 가능한 한 빨리 내게 오겠다고 말했다.

3. venire 동사가 관용 표현일 경우에는 andare 동사로 바꾸지 않는다.
   Marco disse: "Mi è venuta una bella idea". [직접 화법]
   마르코는 말했다. "나에게 좋은 생각이 떠올랐어."
   Marco disse che gli era venuta una bella idea. [간접 화법]
   마르코는 자기에게 좋은 생각이 떠올랐다고 말했다.

4. 간접 화법에서 두 절의 주어가 같을 경우 di + 부정사의 함축 형태로 표현할 수 있다.
   Elisa dice: – Ho fame. 엘리자가 말한다. "나 배고파".
   Elisa dice di avere fame. 엘리자가 배고프다고 말한다.

지은이

김미애

현재 서강대학교 게임&평생교육원 외국어 교육과정 이탈리아어 강사
한국외국어대학교 이탈리아어학과 및 동 대학원 졸업(이탈리아 문학 석사)
한국외국어대학교 비교문학과(이탈리아어) 박사과정 수료
이탈리아 Università italiana per stranieri di Perugia 언어 및 교사연수 과정 이수
삼성그룹 국제지역연구원 양성과정 이탈리아어 강사, 한국번역연구원 이탈리아 문학 연구원 역임
한국외국어대학교, 가톨릭대학교(성심 교정), 대구가톨릭대학교 이탈리아어 강사 역임
주한 이탈리아문화원, 서강대학교 외국어교육원 이탈리아어 강사 역임

저서 『Nuovo 표준 이탈리아어 문법: 품사론 1』(한울엠플러스)
『표준 이태리어 문법 II: 구문론』(한울엠플러스)
『표준 이탈리아어 회화』(편저, 명지출판사)
『알기 쉬운 이탈리아어 입문』(명지출판사), 『초급 이탈리아어』(명지출판사) 감수
『영어와 함께하는 이탈리아어』(명지출판사), 『이태리어 연습문제집』(명지출판사) 감수
『이태리어-한국어 사전』 공동 편찬 작업(한국외국어대학교 출판부)
『한국어-이탈리아어 사전』 공동 편찬 작업(한국외국어대학교 출판부)

번역 「비밀 이야기」(Cesare Pavese)(≪문학사상≫, 2004.8)
『발명과 발명가들』(중앙교육출판사)
『레오나르도 다빈치 동화』(효리원)

통역 이탈리아 I danzatori scalzi di Roma 무용단 통역
각 기업체 비즈니스 통역(삼성물산, 제일모직, 보루네오가구, 에이스침대, 에스콰이어, 금강제화 등)

한울아카데미 2459
Nuovo
표준 이탈리아어 문법
품사론 2

지은이 | 김미애
펴낸이 | 김종수
펴낸곳 | 한울엠플러스(주)
편 집 | 최진희

초판 1쇄 인쇄 | 2023년 9월 5일
초판 1쇄 발행 | 2023년 9월 15일

주소 | 10881 경기도 파주시 광인사길 153 한울시소빌딩 3층
전화 | 031-955-0655
팩스 | 031-955-0656
홈페이지 | www.hanulmplus.kr
등록번호 | 제406-2015-000143호

Printed in Korea.
ISBN 978-89-460-7459-0 94780
978-89-460-8235-9 94780(전 2권)

* 책값은 겉표지에 표시되어 있습니다.